抗日战争时期中国人口伤亡和财产损失调研丛书

主　编　李忠杰

副主编　李　蓉　姚金果

　　　　霍海丹　蒋建农

重庆市抗日战争时期人口伤亡和财产损失

重庆市委党史研究室　编

中共党史出版社

图书在版编目(CIP)数据

重庆市抗日战争时期人口伤亡和财产损失/重庆市委党史研究室编.
—北京:中共党史出版社,2014.7
(抗日战争时期中国人口伤亡和财产损失调研丛书/李忠杰主编)
ISBN 978-7-5098-2684-3

Ⅰ.①重… Ⅱ.①重… Ⅲ.①抗日战争－损失－史料－重庆市
Ⅳ.①K265.06

中国版本图书馆 CIP 数据核字(2014)第 115485 号

出版发行:中共党史出版社
责任编辑:贾京玉
复　审:姚建萍
终　审:汪晓军
责任校对:龚秀华
责任印制:谷智宇
责任监制:贺冬英
社　址:北京市海淀区芙蓉里南街6号院1号楼
邮　编:100080
网　址:www.dscbs.com
经　销:新华书店
印　刷:北京君升印刷有限公司
开　本:170mm×240mm　1/16
字　数:490 千字
印　张:26.75　10 面插图
印　数:1—3000 册
版　次:2014 年 7 月第 1 版
印　次:2014 年 7 月第 1 次印刷
ISBN　978-7-5098-2684-3
定　价:56.00 元

此书如有印制质量问题,请与中共党史出版社出版业务部联系
电话:010—82517197

《抗日战争时期中国人口伤亡和财产损失调研丛书》

本课题在中共中央党史研究室室委会领导下进行。先后三位时任主任孙英、李景田、欧阳淞对本课题给予了重要指导。

主　编　李忠杰
副主编　李　蓉　姚金果　霍海丹　蒋建农

参加审稿的领导和专家：

一、中共中央党史研究室领导和专家

曲青山　孙　英　龙新民　陈　威　石仲泉
谷安林　张树军　黄小同　黄如军　李向前
陈　夕　任贵祥　郑　谦　王　淇　黄修荣
刘益涛　韩泰华

二、有关部门和单位的专家

李景田（第十二届全国人大常委、民族委员会主任
　　　　委员；中共中央党史研究室原主任；中共
　　　　中央党校原常务副校长）

何　理（中国人民解放军国防大学少将、教授、中
　　　　国抗日战争史学会会长）

支绍曾（中国人民解放军军事科学院少将、原军事
　　　　历史研究部副部长、研究员）

罗焕章（中国人民解放军军事科学院研究员）

刘庭华（中国人民解放军军事科学院原军事历史研究部研究室主任、研究员、博士生导师、首席军史专家）

阮家新（中国人民革命军事博物馆原副馆长、研究员）

步　平（中国社会科学院近代史研究所原所长、研究员）

汤重南（中国社会科学院世界历史研究所研究员、中国日本史学会名誉会长）

姜　涛（中国社会科学院近代史研究所研究员）

荣维木（《抗日战争研究》原主编）

郭德宏（中共中央党校党史教研部原主任、教授、博士生导师）

肖一平（中共中央党校党史教研部教授）

杨圣清（中共中央党校党史教研部教授）

李东朗（中共中央党校党史教研部教授、博士生导师）

徐　勇（北京大学历史系教授、博士生导师）

李良志（中国人民大学中共党史系教授）

王桧林（北京师范大学教授、博士生导师）

谢忠厚（河北省社会科学院原现代史研究所所长、历史研究所顾问、研究员）

中共中央党史研究室课题组成员

李忠杰　霍海丹　李　蓉　姚金果　李　颖
王志刚　王树林　杨　凯

《抗日战争时期中国人口伤亡和
财产损失调研丛书》

总　序

中共中央党史研究室副主任　李忠杰

发生在 20 世纪三四十年代的中国人民抗日战争，是中华民族抵抗日本帝国主义侵略的一场规模巨大的战争，是世界反法西斯战争的重要组成部分和东方主战场，是近代以来中国反对外敌入侵第一次取得完全胜利的民族解放战争。中国人民抗日战争的胜利，成为中华民族由衰败走向振兴的重大转折点，也对世界各国人民取得反法西斯战争的胜利、争取世界和平的伟大事业产生了巨大影响。

这场战争，作为世界反法西斯战争的一部分，从根本上来说，是反法西斯正义力量与法西斯侵略势力之间的一场大决战，是文明与野蛮的一场大搏斗。日本侵略者，站在法西斯阵营一边，不仅与中国人民为敌，而且与世界人民为敌，肆意践踏人类的公理和正义，企图以残暴杀戮的手段，将中华民族置于自己的铁蹄之下。日本侵略者先后占领了中国、东南亚、南亚、大洋洲许多国家的领土，杀害居民，掠夺物资，强征劳工，施放毒气，蹂躏妇女和儿童，毁坏和窃取文物，造成了大量人员和财产的损失，给中国人民和亚洲其他许多国家人民留下了巨大的创伤，给世界文明造成了空前的破坏。

中国是受战争摧残最为严重的国家。从 1931 年到 1945 年的 14 年间，日本侵略者先后占领了东北、华北、华中、华南等大片中国最重要的经济政治文化战略地区。在整个战争进程中，日军到处屠杀、焚烧、抢掠、奸淫，使中国人民的生命财产惨遭蹂躏；大量使用生化武器，进行残酷的细菌战和化学战；把大批中国平民和俘虏当作细菌和毒气的试验品；对无辜的中国平民施放毒气，或在河流、湖泊、水井中投毒；掠走大批中国劳工，强迫他们筑路、开矿、拓荒，从事大型军事工程，使其大批冻、饿、病、累而死；强征中国妇女作为"慰安妇"，严重残害妇女的身心健康；对抗日根据地实行"烧光、杀光、抢光"政策，企图摧毁抗战军民起码的生存条件；在许多地方还制造了一系列触目惊心的大惨案。直至今天，日本侵略所造成的后果还难以完全消除，日军遗留的毒气弹还不时地威胁着中国人民的生命安全。

日本侵略者的罪行，违背了起码的人类良知和国际公法，不仅是对人权和人道主义的践踏，而且是对人类文明的挑战。它决不是如某些日本右翼分子所说是解放亚洲和太平洋地区人民的行动，而是亚洲和太平洋地区历史上最黑暗的一幕，是人类文明史上的一场浩劫。第二次世界大战结束后，根据《波茨坦公告》的规定，远东国际军事法庭在东京对日本首要战犯进行了国际审判，确认侵略战争为国际法上的犯罪，策划、准备、发动或进行侵略战争者为甲级战犯。此外，盟军还在马尼拉、新加坡、仰光、西贡、伯力等地，对日本的乙、丙级战犯进行了审判。中国也先后对日本的有关战犯进行了审判。这些审判，与欧洲的纽伦堡审判一起，使发动侵略战争的罪犯受到了应有的惩处，代表了全世界一切爱好和平人民的共同愿望。这是正义的审判，历史的审判！这一审判的结果是不容挑战的！

策划和制造当年这场战争的，是一小撮日本军国主义和法西斯分子。而日本人民，从根本上来说，也是受害者。所以，日本人民也用不同方式对这场战争进行了抵制和反抗。不少参加侵华战争的士兵认识到战争的性质，幡然悔悟，积极参加了国际和日本国内的反战活动。战后，很多人勇敢面对历史事实，以见证人的身份揭露了日本军国主义的罪行。还有很多当年的士兵，真诚忏悔战争的罪行，以实际行动推动世界和平和中日友好，做了很多有益的工作。他们的良知和勇气，应该得到充分的肯定和赞赏。

相反，日本国内一些右翼势力，直到今天仍然否认侵略战争的性质和罪行，竭力推卸侵略战争的责任。对早已由当年远东国际军事法庭作出严正判决的南京大屠杀一案，始终企图翻案。历史不容改变，事实岂能抹杀！企图歪曲历史，掩盖罪行，这是中国人民绝对不能同意的！

中国人民在当年那场战争中的胜利，是正义战胜邪恶、光明战胜黑暗、进步战胜反动的伟大胜利！是正义的胜利、人民的胜利、和平的胜利！既是中华民族永远值得纪念的胜利，也是世界人民永远值得纪念的胜利！但是，在纪念胜利的同时，我们不要忘记，这一胜利是用极为惨重的代价换来的。在这一伟大胜利的背后，是中华民族遭受的巨大人员伤亡和财产损失！中华民族，既为这场战争的胜利作出了巨大的贡献，也在这场战争中付出了巨大的民族牺牲。

1995 年，江泽民同志在首都各界纪念抗日战争暨世界反法西斯战争胜利 50 周年大会上，对当年日本侵略中国造成巨大人口伤亡和财产损失的基本数据作出了重要表述。2005 年，胡锦涛同志在纪念中国人民抗日战争暨世界反法西斯战争胜利 60 周年大会的讲话中，再次郑重宣布，据不完全统计，在抗日战争期间，中国军民死伤 3500 多万人；按 1937 年的比值折算，中国直接经济损失 1000 多亿美元，间接经济损失 5000 多亿美元。中国领导人公开宣布的基本数据，从整体上揭示了中国人口伤亡和财产损失的规模，有力地揭露了日本军国主义侵略的罪行。

数据，是历史的抽象。数据的背后，是大量的事实、确凿的证据，是无数人们的惨痛记忆和血泪控诉。为了更直接、更具体、更全面、更系统、更立体地还原当年的历史，展示中国人民遭受的灾难和损失，揭露日本军国主义的罪行，驳斥日本右翼势力否认侵略罪行的种种言论，我们必须通过更多档案资料的展示、历史文书的挖掘、具体事实的考查、当事人的证词证言、各种各样的物证书证，等等，将侵略者的罪行昭告天下。因此，作为炎黄子孙，作为郑重的历史工作者，有必要、有责任、有义务、也有权利对战争期间中国的人口伤亡和财产损失进行更加系统、详尽、具体的调查研究，将当年中国人民的巨大牺牲和惨重损失永远地记载下来。

这项调查研究工作，本来在抗日战争结束之后，或者在新中国成立时，就应该进行。但由于种种历史原因，未能系统、全面地进行。由于年代久远，资料散失，在世的证人越来越少，现在进行这方面的调查和研究已经有很大困难。但是，无论早晚，这项工作总得有人来做。现在才做，已经晚了几十年。但如果现在再不做，将来就更晚，也更困难了。所以，无论再困难，做，都是必要的。做好这项调研，是对历史负责、对人民负责、对当年的牺牲殉难者负责、对我们的子孙后代负责。根本上，是对整个中华民族负责，也是对国际社会和人类文明负责。

因此，2004 年，中央党史研究室决定开展《抗日战争时期中国人口伤亡和财产损失》的课题调研。从 2005 年开始，组织全国党史部门围绕这一重大课题，开展了系统深入的调研工作。其基本任务，是按照实事求是的原则，调查更加详实、有力、具体、准确的档案、材料、事实，更加清楚准确地掌握日本军国主义的侵略罪行，更加清楚准确地掌握日本侵略在各个不同领域、地区和方面对中国造成的破坏和损失。其中包括：各个省、自治区、直辖市在抗战中的人口伤亡和财产损失情况；历次重大战役战斗中中国军队伤亡的情况；日本从中国掠走各种资源的情况；日本从中国掠走和破坏文物的情况；日军在中国制造的一系列重大惨案；中国劳工的损失情况；中国妇女遭受日军性侵犯的情况，包括"慰安妇"的情况；日军在中国使用细菌武器、化学武器及其造成伤害的情况；日本侵略在其他方面给中国造成破坏的情况；等等。

课题调研的整体布局，实行块块和条条的结合。每个省、自治区、直辖市党史研究室，主要负责把本区域内的情况调查清楚。也可根据实际情况，选择一些重点，进行专题性的调研，形成专题性的研究成果。一些重要专题，单靠某个省（自治区、直辖市）做不了，就采取条条的办法，组织专题性的调研。还有一些，则是条条与块块相结合。如毒气，日军在不同区域使用过，有关的省（自治区、直辖市）都调查。但作为一个专题，由相关的区域进行协调，配合开展调研工作，并形成专项的调研成果。如劳工、性侵犯等，就大致属于这种类型。

课题调研的方式方法，主要是查阅和搜集档案文献资料，包括不同历史时期的统计报表。同时查阅当时有关的报刊资料，查阅多年来涉及有关地方、有关课题的研究成果。对一些特殊的重大事件，特别是重大惨案等，也同时进行社会调查，对当事人、知情人、有关研究人员等进行走访，记录证词证言。对于特别重要的事件，有条件的，还进行必要的司法公证，如南京大屠杀、潘家峪惨案等，使这些调查都成为在法律上可以采信的证据。根据需要与可能，也到国外境外包括台湾地区查阅搜集档案资料。

中央党史研究室进行了大量组织和指导工作。在课题确定前，首先进行了必要的论证，得到了许多专家的支持。随后，制定了详细的工作方案，向各省、自治区、直辖市党史研究室发出正式通知和实施意见，明确了工作的指导思想、组织领导、调研项目、工作步骤、基本要求、注意事项等等。为了提高认识，振奋精神，交流经验，落实措施，专门召开了工作培训会议，就课题的总体规划、调研方法、需要把握的问题等，作了全面部署，特别是提出了把调研工作做成"基础工程、精品工程、警世工程、传世工程"的要求。多年来，一直分阶段、有步骤地把这项课题调研推向前进。有关领导和专家分别到各地参加会议，指导培训，提出要求，统一规格，解答疑难问题。在调研过程中，随时就有关问题进行具体指导。工作班子及时编发简报和简讯，交流情况和经验。

各级党委和政府高度重视。多数地方成立了由党史研究室领导负责的课题组。各地先后召开工作会议、电话会议等，培训人员，落实任务。许多地方形成了由党史研究室牵头，档案、民政、财政、司法、地方志、社科院以及高校等部门单位联合攻关的局面，保证了调研工作扎扎实实、有计划有步骤地向前推进。

《抗日战争时期中国人口伤亡和财产损失》课题调研先后经历了六个阶段。第一，酝酿启动。第二，全面调研。这是最重要的阶段。各地组织专门人员，查询档案，实地走访，搜集了大量资料。第三，起草报告。凡参加调研的县以上单位，都要在搜集整理、考证研究档案文献资料和进行实地调查的基础上，写出调研报告，全面、准确地反映调研成果。同时，将调研中搜集的档案文献资料进行分类整理，制作统计表、大事记和人员伤亡名录等。第四，分级验收。为保证调研成果的科学性、准确性、严肃性，各省、自治区、直辖市调研报告都要经过四级验收。首先由课题领导小组审查通过，然后聘请所在省份资深专家审读验收，合格后报送中央党史研究室课题组。中央党史研究室课题组审读各省、自治区、直辖市的调研报告及相关调研成果，认为合格后，再聘请有全国影响的专家审读，写出书面意见并亲笔署名。根据审读意见，各地都要反复认真进行修改，只有达到规定要求才能通过验收。第五，上报成果。完成调研工作的省、自治区、直辖市，都按统一要求，将调研中收集的档案文献资料等所有文件，精心整理，分类成册，向中央党史研究室提交调研成果。各市县也要逐级向省级报送。第六，反复审核。中央党史研究室召开审稿会，组织各省、自治区、直辖市按照标准自审，相互间互审，将各种材料进行比对，将有关数据核实，解决带有共性的问题，进一步统一标准、统一规范、统一格式。

这项课题调研，作为一项浩大的工程，到目前为止，进行了将近10年之久。前后共有60多万党史工作者、史学工作者和其他各类有关人员参加。将近10年来，各个地方都周密组织，采取有力措施推动工作开展，保证调研质量。如山东省，先在30个县（市、区）进行试点，然后在全省普遍推开，形成了纵向省市县乡村五级联动、步调一致，横向十几个部门优势互补、携手攻关的工作格局。课题调研期间，山东省参加工作的同志共查阅档案238742卷，复印档案资料406912页，查阅抗战期间及战后出版的书刊61301册（期），复制文献资料220177页。走访调查8万余个行政村、609万名70岁以上（即1937年全国性抗战爆发以前出生）老人中的507万余人，收集证言证词79万余份。拍摄照片资料7376幅、录像资料49678分钟，制作光盘2037张。全省1931个乡镇，每个乡镇都建立了包括证人证言证词、伤亡人员名录、财产损失清单、人员伤亡和财产损失数字统计、人员伤亡和财产损失大事记、重大惨案证据材料以及证人和知情人口述录音、录像、照片等内容的抗战时期人口伤亡和财产损失材料卷宗，共12892个。

这项课题调研，也得到了社会各界特别是档案图书部门、专家学者的普遍支持。许多档案馆、图书馆为这次调研提供各种方便。不少专家学者在教学科研任务繁重、经费困难的情况下，承担专题研究任务。有的外请专家利用学校假期全力以赴做课题，缺少交通工具，就以自行车代步或徒步，到档案馆和图书馆查阅文献资料。

为了扩大搜寻面，中央党史研究室还组织查档小组，分赴美国、俄罗斯、日本，搜集了许多抗战史料。很多地方的课题组都到台湾查档。在台北"国史馆"、中国国民党党史馆、"中央研究院"近代史研究所档案馆等，找到了数量巨大、整理比较细致的抗战档案。台北"国史馆"馆藏的国民党在大陆统治时期行政院赔偿委员会档案，涉及抗战时期中国人口伤亡和财产损失的有8924卷，内容十分翔实具体。既有中央机关、军队系统人口伤亡和财产损失情况，也有地方省、市，县、区和个人填报的资料，包括台湾地区和华侨的档案资料。新疆防空委员会也报送有财产损失材料，如修筑防空工事、疏散费等财产损失。重庆市报送有日机空袭慰恤重伤难胞姓名卡，上面有卡号、伤员姓名、性别、年龄、籍贯、受伤时间、受伤地点、犒金额、发犒金时期、所住医院名称、医院地址、入院时间等，受伤部位还配有图片加以说明。所有这些，为查明当时各方面的人口伤亡和财产损失，提供了重要证据。

这项重大课题调研的成果，均编成《抗日战争时期中国人口伤亡和财产损失调研丛书》公开出版，为国内外学者提供并为子孙后代留下一份关于抗战时期中国人口伤亡和财产损失的系统资料。经过验收、审核合格的调研报告和主要档案文献资料，都按统一体例，编辑成为丛书的A、B两个系列。A系列为各省、自治区、直辖市各一本调研成果，以及若干重要专题的调研成果，由中央党史研究室负责审核。B系列为各省、自治区、直辖市的其他大量调研成果，由各省、自治区、直辖市党史研究室负责审核。全部成果统一设计、统一规格、统一版式、统一编号，由中共党史出版社统一出版。全部出齐之后，将有300本左右。

为了集中反映日本侵略者在中国制造的各种重大惨案，我们专门编纂了一套《抗日战争时期全国重大惨案》，收录抗战时期死伤平民（或以平民为主）800人以上的重大惨案100多个，配以档案、文献、口述及照片等作为历史证据。日本一些右翼分子，常常攻击中国为什么不拿出伤亡人员名单。我们专门安排了一个省，即山东省，公布该省具体的伤亡人员名录（第一批先公布该省100个县＜市、区＞的死难人员名录），包括姓名、籍贯、年龄、性别、伤亡时间等多项要素。以此说明，中国的伤亡人员都是有根有据、铁证如山的。

历史的生命在于真实、客观、准确。《抗日战争时期中国人口伤亡和财产损失》这一课题调研的生命也在于真实、客观、准确。所以，在开展这一课题调研的过程中，我们始终把保证调研质量，保证所有材料、事实、成果的真实性、客观性和准确性放在第一位，并在五个重要环节上严格要求、严格把关。第一，严格要求。一开始就明确规定，课题调研工作坚持实事求是的原则和科学严谨的态度。整个调研工作必须尊重历史事实。档案怎么记录的，就怎么记载，不能随意改变。当事人、知情人怎么说的，就怎么记录，不能随意加工。所有的材料、事实都要经得起法律上和学术上的质证。在需要与可能的情况下，对当事人、知情人的证词证言要进行司法公证。各种数据，都要确有根据，不能随便编排、采信。不许追求任何高数字、高指标。第二，统一规范。对课题调研的项目、内容，都做了认真细致的研究，提出了统一要求和严格规范。对全部调研项目设计了统一的表格，对调研报告的内容和格式做了统一规定。每个数字的内涵外延，包括如何计算、如何换算等等，都有明确的规定。事前对调研人员进行了培训。调研过程中，对没有理解的问题、疑难的问题等，都由专家给予统一的解释、说明。第三，责任到人。对所有参与课题调研的人员，都实行责任制。查档的、笔录的、整理的、起草调研报告的、审读的……，每个环节的人员都要签名，以对这一环节自己的工作负责，对子孙后代负责。明确规定，今后凡遇到质疑，有关环节的调研人员都要能够站出来进行证明、解释和辩论。第四，客观撰写。在汇总情况、起草调研报告阶段，要求所有的数据统计都必须客观、真实、准确。一律用事实说话，材料要具体、实在。不允许像写文艺作品那样来写调研报告；不允许作任何想象、编造和煽情性的描写；不允许刻意追求语言的生动华美；不允许使用任何带有夸张性、主观推断性的文字；不允许用"不计其数"、"无恶不作"这类抽象的形容词来概括相关内容；经过调研，凡是能够说清的事实、数字都予采用，但仍然说不清的情况、数据，就客观地说明未查核清楚，在汇总和整理数据时充分考虑这些因素，绝对不得编造数字。第五，逐级验收。除了在调研过程中由特聘的专家随时给予指导外，对各地提交的调研报告和相关材料，都实行逐级验收制度。其中，对省级调研成果实行由地方到中央的四级验收，其他调研成果由有关省、自治区、直辖市党史研究室组织验收。每一验收环节都要有专家审读、签字。凡存在问题和不符合要求之处，都要退回重新核查和修改。

经过艰苦努力，到2010年底，我们在深入调研的基础上，初步编出了几十本成果，先行印制了少量样本作为内部工作用书，组织力量作进一步的研究、审读、复查、校核。从2014年初开始，我们又组织展开了新一轮较大规模的审核工作。第一，召开有关省、自治区、直辖市党史部门参加的审稿会，进一步提高认识，明确规范，听取相互评审以及从社会各方面听到的意见，对审核工作提出要求，进行部署。第二，开展自审、复核、修改，确保准确无误。同时在各省、自治区、直辖市党史部门之间交叉审读，相互间进行比较、核对、衔接。自审互审完成后，都要确认是否具备正式出版的质量水准，签署是否同意交付出版的意见。第三，由中央党史研究室组织专家，对所有拟第一批出版的成果（书稿）进行六个环节的审读、检查、修改、校对，不仅检查是否还有表述不够准确或不够清楚的地方，而且对各本书稿之间、每本书稿各个部分之间的内容、叙述、时间、数字等进行统筹检查，排除表述不一致的内容。第四，如实客观地说明我们工作尽最大努力后达到的程度。始终强调，凡是已经清楚的，就清楚表述。还没有搞清楚的，就如实说明还没有搞清楚。某些数据、结论与其他书籍资料不完全一致的，则说明我们是依据什么材料、从什么角度得出和叙述的，不强求一致。第五，组织各地党史部门继续参与审核。凡有疑问的，都与有关地方党史部门联系、查核。多数省、自治区、直辖市都派专人来京参与审核、修改、校对。审核完毕后，又组织各地党史部门对自己书稿的清样再次进行审核。然后再按出版流程交付印制。今年以来对这些成果再次进行如此繁密、细致的复核工作，都是为了进一步保证成果的质量，保证历史事实的真实性和准确性。

特别需要强调的是，开展这项调研，不是为了简单汇总、计算这样那样的数据，而是为了寻找、展示更多的档案、更多的材料、更多的人证物证、更多的历史事实，用具体的事实来反映当年中华民族遭受的巨大灾难，揭露日本侵略者反人类的罪行。时隔几十年，很多数据难以查清，很多数据可能不很吻合，而且数据的分类、统计、核算都极为复杂，远远不是简单做一做加法就能算出来的。所以，我们在数据上采取了十分谨慎的态度。能统计出来的就统计出来，难以统计的也不强求。统计的口径、结果相互有差别的，也注意说明。今后，我们将会对数据问题作进一步研究。因此，目前的研究还只是阶段性的，不能说已经包罗万象，更不是最终的结论。总体上，还是在为今后更加综合性的研究提供一个详尽、扎实的基础。

由于自始至终都高度重视和强调调研的质量，所以，对于这一项目的真实性、客观性、准确性，我们有充分的信心。当然，无论如何，历史已经过去了六七十年，很多当事人已经去世，很多档案资料已经散失。现在再对发生在六七十年前的灾难进行大规模的调查，其困难是可想而知的。所以，即使做了最大的努力，我们仍然充分预计在调研成果及有关材料中，还是会有不足和差错之处，出版之后，肯定会有不同意见。所以，我们真诚地欢迎所有看到这些调研成果的人们，对其中的内容、材料、数据等进行审查、讨论。如此，必将有更多的人们关心和参与对当年那场灾难的调查，必将会提供和发现更多的档案、更多的资料、更多的见证，必将对我们调研成果中的很多内容进行不断的推敲琢磨，从而使我们能够更加准确、系统地展示当年中国的人口伤亡和财产损失，使我们为子孙后代留下的资料更为完整、更为丰富。我们也欢迎日本和其他国家的人们对这些调研成果进行阅读、审查、讨论、质疑。如此，将会有更多的国家和人们关注中国当年所遭受的灾难，也将会有更多的存留于国外境外的档案资料出现在公众面前，也将会使对当年这段历史和灾难的记录、研究更加准确和科学。

《抗日战争时期中国人口伤亡和财产损失》课题调研，是一项学术性的工作。开展这项课题调研，是为了更加准确和详尽地记录这场战争和灾难的历史，更加充分和有力地揭露日本军国主义的侵略罪行、反击日本右翼势力否认侵略战争的言行，更加充分和有效地进行爱国主义教育，毋忘国耻、振兴中华，更加积极地促进两岸交流、推进祖国和平统一进程，同时，也是为了给全世界所有关注当年这场战争和灾难的国家、政府和人们一个更加负责任的交代，为子孙后代继续研究当年中国人民抗日战争和日本军国主义的侵略罪行留下一笔丰富翔实的历史遗产。因此，虽然是学术性调研，但具有重大的历史意义、现实意义、国际意义、政治意义。作为历史工作者，我们有责任、有义务，实事求是地把中华民族在那场战争中蒙受的巨大灾难和损失尽可能完整地记载下来。推动和开展这项课题调研，是良心所在，是责任所在！每每读到那些令人震颤的历史事实，每每想到那数千万死难者的冤魂亡灵，每每掂量我们今人特别是历史工作者的责任，我们都禁不住潸然泪下。将近10年来，所有调研人员本着对历史和民族负责的精神，殚精竭虑，无私奉献，千方百计寻找各种线索，逐字逐页翻阅档案资料。为了做好对当事人、知情人的调查取证工作，顶酷暑，冒严寒，深入村镇，一家一户进行走访。也许，随着时间的流逝，这样的调研工作，以后再也不可能如此全面深入大规模地进行了。所以，对于能够基本完成这一课题的调研，我们极为欣慰，对能够取得今天这样的成果，我们极为珍惜。将近10年来，调研工作遇到过重重困难，调研人员付出了巨大心血，但只要能够对国家、对民族、对人民有一个负责任的交代，我们所有的努力、辛劳甚至痛苦都是值得的！

现在，《抗日战争时期中国人口伤亡和财产损失调研丛书》A系列第一批成果就要正式出版了，随后我们还将根据工作进程陆续出版第二批、第三批……B系列丛书的编纂和出版工作也将同时推进。而且，这项课题调研工作远没有结束。截至目前课题调研取得的成果，都还是阶段性的、部分的、不完全的成果。很多专题性调研还要继续进行，对大量档案资料还要进行分析研究。所有这些，都还需要我们继续不懈地努力。我们将以对历史负责的精神，一如既往地将这项课题调研工作做好。

历史，是现实的基础，更是未来的起点。打开尘封的记忆，重温昔日的往事，我们可以得到很多的启示和教诲，增长很多的聪明和智慧。所以，研究历史，形式上是向后看，但根本目的是向前看。作为一种科学的研究，我们调查历史的真相，记录历史的灾难，不是为了延续旧时的仇恨，不是为了扩大中日之间的裂痕，不是为了煽动狭隘民族主义的情绪，而是为了以史为鉴，不让历史的悲剧重演；面向未来，书写更加友好合作的美好篇章。经历了太多的苦难和挫折之后，我们更加坚定地热爱和平，更加执着地追求正义，更加珍惜国家的主权与独立，也更加关注世界的文明发展和进步。我们真诚地希望，世界各国能够携手努力，平等协商，求同存异，友好相处，共同推进世界的发展，共享人类文明的成果；我们真诚地希望，中日两国人民能够更多地加强交流、理解和合作，共同开辟中日关系的新局面，使中日关系更加健康稳定地向前发展，使中日两国人民真正世世代代地友好下去；我们真诚地希望，中华民族能够始终以坚韧不拔的努力，坚定不移地走和平发展之路，在中国特色社会主义旗帜下全面建设小康社会，努力实现社会主义现代化，为推动建设一个和平发展、文明进步的世界作出自己的贡献！

2014 年 4 月 30 日

《抗日战争时期中国人口伤亡和财产损失》课题①调研工作规范和要求

2004 年，中共中央党史研究室决定开展《抗日战争时期中国人口伤亡和财产损失》课题调研。2005 年向全国各省、自治区、直辖市党史研究室发出开展此项工作的正式通知，进行相应部署，着重说明工作的指导思想、调查项目、实施步骤及规范和要求。以后又随着课题调研的深入开展，对规范和要求进行了补充和完善。

一、课题调研的基本任务

抗战损失课题调研的目的和任务是深化对抗日战争时期中国人口伤亡和财产损失的研究。1995 年，在首都各界纪念抗日战争暨世界反法西斯战争胜利 50 周年之际，江泽民同志曾经对 20 世纪三四十年代日本侵略中国造成巨大人口伤亡和财产损失的基本数据做出了重要表述。2005 年，在纪念中国人民抗日战争暨世界反法西斯战争胜利 60 周年大会的讲话中，胡锦涛同志再次郑重宣布，据不完全统计，在抗日战争期间，中国军民伤亡 3500 多万人；按 1937 年的比值折算，中国直接经济损失 1000 多亿美元、间接经济损失 5000 多亿美元。中共中央党史研究室组织开展的课题调研，旨在全面详尽调查有关抗日战争时期中国人口伤亡和财产损失的具体事实，为这组基本数据提供强有力的史实支撑，并不是简单地做数据统计。

---

① 本课题亦简称为抗战损失课题或抗损课题。因为抗日战争时期及抗战胜利后国民政府统计人口伤亡和财产损失多采用"抗战损失"等概括性提法，其中将人口伤亡也称作抗战损失之一种，与财产损失并提，故沿用这一表述。

课题调研的基本任务是：按照实事求是的原则，经过广泛、全面、深入细致的调查研究，包括查阅搜集档案资料、对统计数据进行分析等，获得更多的证据，以更加全面和准确地揭露日本帝国主义侵略中国的罪行及其对中国人民造成的伤害。

课题调研的主要内容包括：（1）各个省、自治区、直辖市在抗战中的人口伤亡和财产损失情况；（2）历次重大战役战斗中中国军队伤亡的情况；（3）日本从中国掠走各种资源的情况；（4）日本从中国掠走和破坏文物的情况；（5）日军在中国制造的一系列重大惨案；（6）中国劳工的损失情况；（7）中国妇女遭受日军性侵犯的情况，包括"慰安妇"的情况；（8）日军在中国使用细菌武器、化学武器及其造成伤害的情况；（9）日本侵略在其他方面给中国造成破坏的情况；等等。

二、课题调研的方式和方法

主要是组织有关人员查阅和搜集档案馆、图书馆和其他文博单位以及民间保存的有关中国抗战人口伤亡和财产损失的档案资料、报刊杂志、历年出版的专题资料集和发表的研究成果。对一些特殊、重大的事件如重大惨案，则走访当事人、知情人和有关研究人员，进行录音录像，整理和保存证人证言，有条件的还进行司法公证，努力使这些调查材料成为在法律上可以采信的证据。有些省份的课题组还到境外的有关机构查阅相关档案资料，作为对大陆保存的档案资料的丰富和补充。这次课题调研的整体布局，实行块块和条条相结合。每个省、自治区、直辖市党史研究室在负责开展地区性的广泛调研的同时，也从实际出发开展一些专题性调研。一些重要的、涉及多个地方的带有全局性的专题，则另组织专家进行调研。

三、对搜集档案资料的要求

1. 明确搜集档案资料的范围。搜集档案资料是本课题调研工作的基础，调研成果的质量也主要决定于档案资料是否翔实，是否尽可能完整和全面。所以，凡相关内容的档案资料，不论是直接反映人口伤亡和财产损失的，还是间接反映的（如关于人口状况、财产状况、生产能力、各类资源情况等资料），都尽量搜集，作为撰写调研报告的客观的历史依据。搜集的要件有：档案、报刊、史志、时人日记、专著专论、实地调查报告、图片、影像资料以及出版、发表的研究成果等。

2. 认真整理原始档案和资料。对于搜集到的档案资料，不论是来自原始的档案，还是来自报刊、史志、日记、图书、专题论文等，都认真整理，每份每件都注明保存的地点、单位，文件卷号、出版或发表处等，然后分类汇总，妥善保存。档案资料使用时一律保持原貌，必要时作注释说明，不允许对原件内容增改、涂抹。对搜集到的档案资料要在分门别类整理的基础上进行必要的考证、鉴别和研究。整理后的档案资料，不仅是有关课题承担者撰写课题调研报告的重要依据，其主要内容也作为附件收入有关的调研成果之中。

四、有关数据统计中的几个问题

1. 根据搜集、掌握资料的情况，抗日战争时期中国的人口伤亡分为直接伤亡和间接伤亡两大类。直接伤亡，一般是指日本侵略中国的战争直接导致的中国方面人员的死、伤、失踪等；间接伤亡，一般是指在日本侵略中国的战争包括特定战争环境中造成的中国方面被俘捕人员、灾民、难民、劳工等的伤亡。抗战期间，被俘捕人员、灾民、难民、劳工等伤亡很大，但由于其流动性大等复杂原因，很难形成具体数据资料，统计起来十分困难。因此，本课题调研中，将已确定属于死、伤或失踪的被俘捕人员、灾民、难民、劳工的数据归入有关地方间接伤亡统计数据；无法确定是否伤亡失踪的，可视情况单列相关数据并加以说明。需要补充说明的是，在战争中失踪者，按通常惯例归为死亡。

2. 抗日战争时期中国的财产损失分为直接损失和间接损失两大类。直接损失，一般是指在日军攻击、轰炸或掠夺中直接造成的社会财产损失。居民财产损失列为直接损失。间接损失，一般包括：(1)政府机关等因抗战需要而增加的费用，如迁移费、防空设备费、疏散费、救济费、抚恤费等；(2)各种营业活动可获利润额的减少及由于成本上升等增加的费用；(3)有关伤亡人员的医药、埋葬等费用；(4)为抗战捐献的物资和钱财；(5)有关人力资源的损失。总之，一切因战争造成的间接财产损失均包括在内。

3. 在财产损失中所列的人力资源类损失，包括了被俘捕人员、劳工等在财产方面的损失。中国各级政府所组织的劳役，例如为战争修筑公路、机场、军事工事等抽调民工，都算作人力资源损失。但中国方面征用民工和日本侵略军强征劳工有所区别。日军强征劳工的伤亡率很高，和中国方面征用民工民夫的情况区别很大，因此要分别统计和说明，不能混淆。

4. 中国军队在重大战役战斗中的人员伤亡，分别情况加以统计处理。此次课题调研以统计平民伤亡为主。有关省（自治区、直辖市）如发现有本地发生过军队人员伤亡的重要资料，可以搜集整理并在调研报告中说明，但不计入本地人口伤亡总数。若是本地籍军人的伤亡，则计入本地人口伤亡总数。

5. 海外华侨拥有中国国籍，因此在计算抗日战争时期中国人口伤亡和财产损失时，华侨人口伤亡和财产损失均计算在内。各有关地方在计算本地人口伤亡和财产损失时，视情况可以将本地籍华侨的伤亡、损失计入统计数据总数，亦可单列数据并加以说明。

6. 工厂、学校、机关团体等由于战争原因搬迁造成的损失，算作间接损失，原则上由工厂、学校、机关团体等原所在地方统计。如果原所在地方缺少相关资料，新迁移处具备资料条件，也可由后者统计。为避免交叉和重复，遇到这类情况须特别加以说明。

7. 政党、政府机构的财产损失，归入公用事业的社会团体类财产损失一并计算。

8. 被日军、日本占领当局无偿征用、占用的中国耕地，按农作物的产量及其价值计算财产损失。

9. 伪军、伪政府的人员伤亡和财产损失，一般计入中国人口伤亡和财产损失。

10. 由战争原因导致的如黄河花园口决堤一类重大事件所造成的人口伤亡和财产损失，计算在间接人口伤亡和财产损失中。

11. 重大的财产损失，均以相应数额的货币反映价值。反映财产损失的货币一般要注明币种。

12. 通常用于抗日战争时期财产损失统计的货币（主要是法币），币值问题非常复杂。本课题调研中，涉及财产损失统计的货币数据，有条件进行折算的，一般按 1937 年即全国抗战爆发当年通用货币法币的币值进行折算，并说明折算的方式方法。因条件不具备，保留原始数据未作折算的，则注明有关数据中用以反映财产损失的货币系何种货币、何年币值。

五、关于撰写课题调研报告的要求

本次课题调研，有关课题组和承担专门课题的专家均按要求撰写出调研报告。

1. 各省、自治区、直辖市课题组撰写调研报告，内容大致分为概述、主体、结论三部分。

概述部分主要包括：介绍课题调研工作的基本情况，如：投入多少力量，到过什么地方查阅搜集档案资料，搜集了多少档案资料等。反映本地的自然地理概况，抗战爆发前的经济社会发展和人口状况，以及在抗战时期是重灾区还是大后方，是沦陷区还是根据地等。叙述日本侵略者在本地的主要罪行。还可简略回顾以往相关课题的资料和研究情况。

主体部分主要包括：分析说明本地人口伤亡和财产损失情

况。根据现掌握资料，将本地抗战时期人口伤亡分为直接伤亡和间接伤亡，将本地财产损失分为直接损失和间接损失，并分别说明主要的史料依据和分析结果。

结论部分，汇总本地人口伤亡数据、财产损失数据。据实说明迄今所掌握资料的局限性、本地遭受人口伤亡和财产损失的特点、影响等。

撰写调研报告依据的主要资料以及调研中同步完成的专题研究报告等，作为调研报告的附件，纳入课题调研成果中。

2. 由一批专家承担的全局性专门课题，如抗日战争时期重大惨案、劳工问题、"慰安妇"问题、细菌战、化学战、文化损失、海外华侨人口伤亡和财产损失、中国军队伤亡、重要战役战斗伤亡等，其调研报告的撰写和附件的收录，参照以上要求进行。

六、对调研成果的验收

在各省、自治区、直辖市课题调研工作结束后，完成的包括课题调研报告在内的省级调研成果和市、县等调研成果，要装订成册，通过审阅和验收，逐级上报，送交各省、自治区、直辖市党史研究室和中共中央党史研究室分别保存。

为确保质量，在调研过程中形成的各省、自治区、直辖市A、B两个系列书稿（省级调研成果为A系列书稿，市、县等调研成果为B系列书稿），要分别通过验收。其中，省级调研成果要通过由地方到中央的四级验收，市、县等调研成果则在有关省、自治区、直辖市内验收。

省级调研成果上报验收前，课题组先认真进行自审，以保证内容的完整准确，特别是调研报告和有关专题研究报告、资料、大事记的内容和数据要互相补充、印证，不能互相矛盾。课题组完成自审后，省级调研成果首先报送省级抗战损失课题领导小组验收。省级课题领导小组审查通过后，送省级专家验收组验收。省级专家验收组参加验收的专家一般为3—5人，人选来自党史系统、社会科学院和社科联系统、档案史志部门、高等院校等方面，为较有影响力、权威性的专家。省级专家验收组在本省（自治区、直辖市）课题领导小组的指导下，按照学术规范的严格要求和有关规定审读、验收本省（自治区、直辖市）拟提交中共中央党史研究室的省级调研成果。验收的主要标准和目的是确保调研成果的准确性、可靠性。对于验收中指出的问题、提出的意见和建议，各省（自治区、直辖市）课题组须采取有效措施解决和落实。对一次验收不合格的，修改、完善之后进行第二次以至多次验收，直到合格为止。省级专家验收组验收合格后，填写《A系列书稿验收报告表》。填写的报告表和书稿同时报送中共中央党史研究室课题组。

中共中央党史研究室课题组收到经省级专家验收组验收合格的省级调研成果后，先进行验收。认为合格后，再聘请国内知名专家进行验收，并填写《A系列书稿验收报告表》。验收中所提修改意见，由有关省、自治区、直辖市课题组予以逐条落实，对调研成果做出相应修改或者说明相关情况。

由一批专家承担的全局性专题研究成果，最后形成的书稿也纳入A系列，其验收也参照上述程序和要求，由中共中央党史研究室课题组组织有关专家进行。对于验收中提出的意见，承担课题的专家要逐条落实，对调研成果进行修改完善直至合格为止。

最后，中共中央党史研究室课题组对经过反复修改形成的省级调研成果和全局性专门课题调研成果进行复核。完成各项程序并符合要求的调研成果，包括通过四级验收的A系列书稿和由有关省、自治区、直辖市党史研究室组织验收并合格的B系列书稿，分批次送交中共党史出版社付印出版。

中共中央党史研究室课题组

编 辑 说 明

　　为便于读者阅读利用，在编辑过程中对部分档案资料、文献资料、口述资料作了适当的编辑技术处理。

　　所辑档案资料，一般以一件为一题，其标题重新拟定为"×××（题名加时间）"。档案资料不论其有无标点，一般均由编者另行标点。编辑说明均采用脚注形式。数字的使用按照通常惯例，其中民国纪年采用汉字表示（如民国二十八年五月三日），其他数字均采用阿拉伯数字表示。凡遇残缺、脱落、污损的字，经考证确认者，加□号并在□号内填写确认的字；无法确认者，则以□号替代。错别字的校勘用〔　〕号标明，增补漏字用[　]号标明。原稿中的数字，如本身有错误的，在原数字后加〔　〕号更正，并加注释号说明等。

　　文献资料的编辑，一般以一篇为一题，并将出处以脚注形式标明。难以辨认、缺失或明显错误的内容，经考证确认加（）号并在（）号内填写确认的字；无法确认者，则以□号替代。各种文献资料大体以原件刊载时间先后为序排列。

　　口述资料的编辑，为尽可能保持史料的原貌，对所选用的内容未作改动，只是稍作文字加工，主要是：口述史料的标题由编者根据材料内容提炼而成；删除了与主题无关的内容；对个别明显错漏之处作了处理；难以辨认的姓名或其他内容以□号替代等。口述资料大致以史实发生时间先后为顺序，再以地区分类，进而分人口财产综合类、人口伤亡类、财产损失类进行编辑。

本书编者

1939年5月3日、4日，侵华日军飞机轰炸重庆。图为日军飞机肆虐重庆上空。

日军飞机在重庆城区上空投弹，炸弹爆炸后形成的浓浓烟柱。

1939年5月3日午后1时，日军飞机轰炸重庆。图为朝天门被炸后的情景。

1939年5月3日、4日，日军飞机轰炸重庆。图为被炸的苏联大使馆。

1939年5月3日、4日，日军飞机轰炸重庆。图为被炸的重庆天主教堂。

日军飞机轰炸后，人口最为密集的重庆城区沿江"下半城"几成废墟。

重慶市警察局五月三四兩日敵機空襲傷亡員警伕役報告表

重庆市警察局1939年5月3、4两日敌机空袭伤亡员警伕役报告表（部分）（重庆市档案馆，档案卷宗号：0053宗12目91卷）。

重慶市工務局職員遭受空襲損失清單

1939年5月重庆市工务局职员遭受空袭损失清单（部分）（重庆市档案馆，档案卷宗号：0053宗12目91卷）。

《新华日报》1939年5月4日第2版关于日军飞机轰炸重庆的报道。

1940年8月19日重庆市社会局各科室被炸器皿文具纸张损失总册（部分）（重庆市档案馆，档案卷宗号：0053宗12目87卷）。

1940年8月19日、20日，日军飞机轰炸重庆。图为被日机炸毁的机房街八路军驻重庆办事处。

《以火灭火》（社论），《新华日报》1940年8月21日第1版。

　　1941年5月3日，日军飞机使用重磅炸弹轰炸重庆居民区。这是在市中心观音岩居民区留下的直径为14米的巨型弹坑。

　　1941年6月5日夜，为躲避日军飞机疯狂的轮番轰炸，重庆大隧道发生数千人窒息大惨案。图为从十八梯（大隧道）洞中拖出的遇难者遗体，其中尤以城市平民为多。

1941年6月5日夜，重庆大隧道遇难者的尸体先被运至朝天门河边堆放，然后用驳船运往江北黑石子地区掩埋。

重庆防空监视范围图。1937年9月，重庆防空司令部以重庆城区为中心，在东起石柱、梁山，西通璧山、合川，南经南川、綦江，北贯南江、通江的区域，设置了重庆防空监视区对空监视队哨。到1939年5月，重庆防空监视区扩展到周围32个县，监视队哨扩大到28队、147所。

中国官兵安装调试防空探照灯。

中国士兵
升挂防空信号
灯笼。

在防空洞内躲避日机轰炸的重庆市民。

目　　录

一、重庆市抗日战争时期人口伤亡和财产损失调研报告

重庆市抗战损失调研课题组

根据中共中央党史研究室《关于开展抗战时期中国人口伤亡和财产损失课题调研的通知》的总体部署和要求，在市委的领导和各级党委的支持下，重庆市抗战损失调研课题工作人员历时五年，查阅了大量的档案文献资料，调查采访了大批历史见证人，在征集到的档案文献资料基础上，统计出了抗战时期重庆人口伤亡和财产损失基本数据，抗战损失课题调研形成了一系列成果。现将我市调研工作情况报告如下。

（一）调研工作概述

根据中央党史研究室的要求，重庆调研工作于 2005 年全面启动，成立调研课题工作组，形成了由市委党史研究室牵头，40 个区县党史工作部门组成，市档案局（馆）、市地方志办公室、重庆市地方史研究会、西南大学重庆大轰炸研究中心等单位参与的 110 余人的调研队伍。

在调研过程中，课题组结合实际情况，充分发挥主动性和创造性，探索了符合重庆实际情况的调研工作方法。在史料征集方面，以档案资料为主，以文献资料、口述资料为辅，相互印证、互为补充，确保了史料的全面性和权威性；在调研各环节方面，将资料整理、梳理大事记条目和数据统计相结合，保证了调研结果的科学性和准确性；在统计表设计方面，根据中央党史研究室下发的统计表，调整了统计表格，形成了人口伤亡、社会财产损失和居民财产损失三个大型综合性表格，做到科学、合理和节约时间人力；在数据统计方面，主要采用了：分析比较法，即对不同档案文献资料重复记载情况，通过比较分析，剔除重复内容，选取较为权威的记载作为统计依据；参照折算法，即对档案文献资料中部分未

报送损失价值的实物，参照同一时期同类具有损失价值的实物或物价标准进行折算；图表法，即根据人口伤亡和财产损失数据，以区域或年度为标准制作成图表，便于准确记录和形象比较。为解决由行政区划变化带来的档案交叉问题，我们专门成立了主城六区联合调研工作组，减少了重复查阅档案的工作量，提高了档案的综合利用率，做到了优势互补、互通有无，提高了调研工作效率。

2005 年至 2010 年，重庆市抗战损失调研课题组分别在重庆市档案馆、重庆市各区县档案馆、重庆图书馆、中国第二历史档案馆、四川省档案馆、台北"国史馆"、"中央研究院"近代史研究所和国民党党史馆等单位，查阅档案文献资料，共查阅档案 40 余万卷，图书、报刊等文献资料 50216 册，征集复印档案文献资料 2752 卷、51339 页。此外，还搜集证人证言 308 份近 40 万字，并进行了司法公证。根据档案文献资料，编写大事记 10 余万字，填写人口伤亡、财产损失单份统计表、分类统计表、汇总统计表等，形成各种表格 1566 份。按照中央党史研究室报送调研成果要求，将各种档案文献资料装订成 83 卷 132 册。

（二）调研范围及全国抗战前和战争中重庆经济社会状况

重庆，简称"渝"。1929 年 2 月，重庆市政府正式成立，重庆由此正式建市①。自建市至今，重庆市的行政区划和管辖范围几经变更。1939 年 5 月，由四川省政府直辖乙种市改为国民政府直辖市，到 1940 年底全市面积达到 328 平方公里。1937 年至 1945 年，日本向中国发动全面侵略战争，国民政府移驻重庆，重庆成为中华民国战时首都，是当时全国抗日战争正面战场和国际反法西斯战争太平洋战场中国战区（包括越南、泰国及将来可为同盟国控制地区）的指挥部，中国大后方的政治、经济、文化中心。1946 年，国民政府还都南京初期，重庆仍为直辖市。新中国成立初期，重庆作为中共中央西南局驻地，是西南地区政治、经济、文化中心，为中央直辖市。1954 年后重庆改为四川省辖市。1997 年重庆再度成为中央直辖市，下辖 40 个区县，幅员面积达 8.24 万平方公里。根据中央党史研究室的要求，此次调研即以现在重庆市所辖的 40 个区县为工作范围。

---

① 重庆市地方志编纂委员会总编辑室：《重庆大事记》，科学技术出版社重庆分社 1989 年版，第 113 页。

全国抗战前，重庆处于军阀混战之中，社会经济发展缓慢，人口增长也较迟缓。全国抗战爆发后，随着国民政府迁移重庆，大批社会团体、学校、工厂和外国使馆也随之来渝，大量沦陷区人民也纷纷向重庆逃难而来，从而使人口剧增。抗战期间重庆人口呈现两种变化趋势，一是 1937 年至 1940 年这四年间，由于国民政府迁渝，外地难民大量涌入，人口增长幅度较大，1937 年、1939 年人口数量猛增。二是由于日机的集中轰炸，重庆大量难民又向外地疏散，1938 年、1940年人口数量又锐减。三是抗战胜利后，随着国民政府还都南京，大量工矿企业、机关学校迁离，重庆人口规模又出现逐步萎缩的状态。

1930—1946 年重庆市人口变化情况表

年份	户数	人　　数			
		男	女	不明	合计
1930	—	—	—	—	253899
1931	322981	928449	785375	149600	1863424
1932	452538	843415	761326	694831	2299572
1933	189752	761552	606178	—	1367730
1934	710319	1669258	1518063	709000	3896321
1935	1518818	3867900	3351282	800305	8019487
1936	1358737	3246652	2804171	1656291	7707114
1937	1502421	4296549	4011756	746801	9055106
1938	1194969	3508050	3030608	921158	7459816
1939	1355580	3657279	2928688	1528304	8114271
1940	1152172	3506918	3106194	907760	7520872
1941	1579464	4608719	4215456	689406	9513581
1942	1588541	4250159	3931067	1524222	9705448
1943	1576383	4175028	3947870	1142654	9265552
1944	1614689	4379215	4145856	970975	9496046
1945	1450432	4225403	3867569	836373	8929345
1946	1673969	3960289	3729756	777176	8467221

全国抗日战争爆发前，重庆经济以农业为主，夏季农作物有稻子、玉米、高粱等，秋季作物有小麦、大麦、菜籽等，蔬菜种类上百种，饲养家禽有猪、鸡、鸭、羊、牛等，出口货物有蚕茧、猪鬃、肠衣、药材、牛皮、羊皮、桐油、烟叶等。工业经济总体增长缓慢，在传统手工业的基础上，出现了一定数量的电力、钢铁、水泥、化学、机器制造等近代工业。1937 年全国抗战开始以后，随着国民政府的西迁，重庆成为中国战时首都，社会经济得到长足发展，迅速成为大后方

的政治、经济、金融、文化中心。其间中国沿海厂矿企业陆续内迁，其中 243 家迁到重庆，占全国内迁工厂的 54%，重庆由此成为内陆为战争服务的新工业区。在为战争服务的工业体系里，兵器制造业处于核心地位，担负起了兵器制造中心的历史重任[①]。1943 年大后方有铁厂 114 家，重庆为 23 家，占 20.18%[②]。1941年 12 月，国民政府中央及各省政府银行在重庆设立的部、分、支行及办事处共37 家，商业银行 55 家，钱庄银号 53 家，总数共计 145 家[③]，形成了全国金融中心；城区供电、供水、防空、公共卫生等基础设施进一步扩充，市政公共事业得到快速发展；医疗卫生管理和设施方面，1938 年 11 月，重庆成立市卫生局，具体管理医疗和环卫工作，公共医疗卫生事业得到明显改善；文化教育方面，具有较大影响的科研单位、新闻媒体、报刊杂志等文化机构和中央大学、复旦大学等31 所高等院校先后迁到重庆[④]，使重庆成为大后方的文化教育高地。抗战期间，随着政治、经济、文化等方面的发展，重庆为全国抗战胜利作出了重要贡献。

（三）造成人口伤亡和财产损失的主要原因及日军飞机轰炸重庆的基本情况

抗日战争时期，由于重庆深处中国内陆，日军陆战部队难以进入，主要是用空军对重庆实施战略轰炸。因此，日机的轰炸为重庆地区人口伤亡和财产损失最主要的原因。当然，为了应付抗战需要采取的修路、修机场、服兵役、外出参战等，也是造成一定的人口伤亡和财产损失的原因，但不是主要原因。因此搞清抗战时期重庆地区人口伤亡和财产损失情况，最重要的工作是搞清楚日军对重庆实施战略轰炸的基本情况。

---

① 重庆市档案馆、四川省冶金厅、《冶金志》组委会：《抗战后方冶金工业史料》，重庆出版社 1987 年版，第 3页。

② 本节数据主要参考中共重庆市委党史工作委员会 1985 年 12 编印的《重庆抗战经济大事记》（征求意见稿）；隗瀛涛主编：《近代重庆城市史》，四川大学出版社 1991 年版；周勇主编：《重庆通史》，重庆出版社 2002年版。

③ 中央银行编：《全国金融机构一览表》，1945 年 8 月。

④ 据以下著作统计：四川省政协文史资料和学习委员会编：《四川文史资料选辑》第 13 辑；西南地区文史资料协作会议编：《抗战时期内迁西南的高等学校》，贵州民族出版社 1988 年版。

1. 日军飞机轰炸重庆概况

全国抗战爆发后，重庆成为中国政府的战时首都和世界反法西斯战争远东指挥中心，在政治、军事、经济、文化等方面具有极其重要的战略地位。日本为了彻底"摧毁中国的抗战意志"，达到"迅速结束中国事变"的目的，于1938年2月至1944年12月间，对重庆及其周边地区进行了长期的无差别轰炸，使重庆人民的生命财产和社会经济遭到空前浩劫。

轰炸重庆的日军飞机主要来自两个方向：一是自武汉、宜昌起飞，沿长江西上，经万州、忠县、丰都、涪陵、长寿等地轰炸重庆；二是由山西方向经西安、四川北部向南轰炸重庆。据档案记载，抗战期间，重庆城区、万州、涪陵、永川、江津、南川、綦江、奉节、巫山、梁平等32个区县均遭受日机直接轰炸[①]。轰炸目标主要集中在重庆的政治、经济、商业中心，以及各交通要道、军事基地、空军机场，甚至包括城区的平民居住区、各类学校、医院、外国使领馆等非军事区。1938年2月18日，日军飞机空袭巴县广阳坝（今南岸区广阳坝）机场，投炸弹12枚，炸伤4人，毁房2栋[②]，这是目前档案文献记载日军飞机第一次对重庆的轰炸。1944年12月19日，日机轰炸梁平、万州、开县，在开县南雅、灵通乡（今铁桥镇）二保邓氏、陈家两湾上空，先机枪扫射后投小型炸弹100余枚于山林田地[③]，这是目前档案文献记载日军飞机最后一次对重庆的轰炸。

2. 日军飞机轰炸重庆的三个阶段

第一阶段：从1938年2月到1939年1月，为日军飞机对重庆进行空中侦察和试探性攻击，为后来的大规模轰炸做准备阶段。1938年重庆境内主城区及巴县、梁山、万州、合川遭到日机轰炸，到1939年初轰炸范围扩大到璧山、南川一带。此间，轰炸规模不大，次数不多。

第二阶段：从1939年5月到1941年8月，为日军飞机对重庆实施大规模战略轰炸阶段。这一时期，中国抗战进入相持阶段，日军在对国民党正面战场进行攻击的同时，为了早日结束在中国的战争，凭借其强大的空中优势，先后采用"高密度轰炸"、"疲劳轰炸"、"无限制轰炸"等战术，对战时首都重庆及周边29个区县进行了大规模轰炸，造成了一系列重大惨案，如1939年的"五三"、"五四"

---

① 重庆市档案馆馆藏档案，第三行政区署卷宗：2目：532卷（下文档案全宗、目、卷以"："加以区分）。

② 重庆市警察局：《呈报敌机空袭损失统计》（1938年2月18日），重庆市档案馆馆藏档案，档案号0061：15：4001。

③ 梁山县国民兵团：《呈报轰炸和损失情况》（1944年12月19日），四川省档案馆馆藏档案，档案号41：6156。

大轰炸——日机对重庆最繁华的城区实施无差别轰炸，炸死 3991 人，炸伤 2323 人，炸毁房屋 4871 间①。1941 年 6 月 5 日，日军飞机对重庆城区实施长时间轰炸，造成了震惊中外的"较场口大隧道惨案"，由于空袭时间太长，防空隧道内因空气不足而窒息、践踏死亡的市民达 1010 人，抢救脱险得以生还的市民 1600 余人②。

第三阶段：从 1941 年 9 月到 1944 年 12 月，为日军飞机对重庆实施战略轰炸逐步减少阶段。太平洋战争爆发后，美国对日宣战，美国空军援华参战，从而打破了日军的空中优势，对日军造成直接威胁，因而日军飞机对重庆的轰炸逐渐减少。至 1944 年年底，轰炸结束。

在日机空袭的 32 个区县中，重庆主城区遭到了重点轰炸，其他区县均有不同程度的损失。根据四川省第三行政区署 1941 年 10 月对各市县遭受日军飞机空袭情况的不完全统计，从 1938 年 10 月到 1941 年 8 月，日机 3585 架次 84 次空袭重庆市（城区），投弹 9877 枚；其次为梁山县（今梁平县），日机 394 架空袭 20 次，投弹 2971 枚；万县（今万州区）日机 299 架空袭 19 次，投弹 1059 枚。另外，涪陵、奉节、合川、巫山、南川等地也遭受了较为严重的轰炸③。

（四）人口伤亡和财产损失情况

本次调研以 1931 年至 1946 年为时间范围，以人口伤亡和财产损失为主要统计对象。通过广泛深入调研，据已查阅到的档案文献资料分析统计，抗战期间重庆人口伤亡和财产损失基本情况如下。

1. 人口伤亡

人口伤亡情况分为直接伤亡、间接伤亡两大类。直接伤亡系指因日军侵华战争（含日军飞机轰炸）直接造成的人员死亡、受伤和失踪。间接伤亡系指在日军侵华战争（含日军飞机轰炸）环境中造成的人员伤亡，包括伤残和病故的被

---

① 重庆市政府：《检从历次空袭统计表函复查照由》（1939 年 5 月 3、4 日），重庆市档案馆馆藏档案，档案号 0053：12：95—2。

② 重庆市政府：《关于隧道窒息案请提出书面报告面达查照》，重庆市工务局：《路灯管理处财产损失报告单》，重庆市档案馆馆藏档案，档案号 0053：12：117—1，0053：12：117—2，0067：3：5117。重庆卫戍司令部：《呈报伤亡损失情况》，四川省档案馆馆藏档案，档案号 41：6154。

③ 四川省第三区行政督察专员公署：《四川全省空袭损害统计》（1941 年 10 月），重庆市档案馆馆藏档案，第三行政区署卷宗：2：532。

俘捕人员、灾民和劳工。重庆地处中国内陆，抗战期间，没有日军陆战部队侵入，所以重庆的人口伤亡和财产损失，主要来自日军飞机的轰炸。根据本次调研统计，全市直接人口伤亡共计 32829 人，间接人口伤亡 6651 人。另有灾民 172786 人。同时，抗战期间重庆征发兵役 96 万余人，重庆籍抗日官兵在外地战场对日作战，共计牺牲 1297 人，受伤 913401 人（见附表一：《抗战时期重庆市人口伤亡统计表》）。

（1）直接人口伤亡

根据全市档案文献资料调研统计，从 1938 年 2 月到 1944 年 12 月，在近七年时间里，由于日军飞机轰炸造成的直接人口伤亡为 32829 人。死亡 16376 人，其中男 3453 人，女 1425 人，儿童 408 人，不明者 11090 人；受伤 16453 人，其中男 3527 人，女 1321 人，儿童 190 人，不明者 11415 人[①]。

统计数据显示，抗战期间重庆人口伤亡以日机轰炸造成的直接伤亡为主，而且集中在人口密集的重庆市区和周围较大的县城。重庆主城六区死亡 9300 人，受伤 7782 人，失踪 140 人，共计 17222 人，伤亡人口占全市伤亡总人数的 52.03%。因此，主城六区是全市人口伤亡最为集中的地区。其次为万州，伤亡 2547 人，占全市 7.76%；奉节 2471 人，占 7.53%；合川 2462 人，占 7.50%；梁平 1925 人，占 5.86%；綦江 802 人，占 2.44%；涪陵 664 人，占 2.02%；巫山 629 人，占 1.92%；开县 601 人，占 1.83%；丰都 586 人，占 1.79%。伤亡数在 100—500 人之间的有巴南区、北碚区、渝北区、南川区、永川区、铜梁县、云阳县、忠县。伤亡数在 100 人内有江津区、巫溪县、潼南县、璧山县、城口城、秀山县、彭水县，约占全市伤亡总人数的 7%（见中共重庆市委党史研究室：《重庆市直接人口伤亡区县百分比图》，2008 年 1 月[②]）。

（2）间接人口伤亡

间接人口伤亡主要包括以下三类：

一是由于日军飞机轰炸，房屋或防空洞倒塌造成的人口伤亡。如 1939 年 5 月 31 日，万县防空避难洞倒塌，被压致死 5 人，伤 8 人。1940 年 8 月 11 日，因

---

① 见中共重庆市委党史研究室：《抗战时期重庆市人口伤亡统计表》（2008 年 1 月）。

② 百分比是根据本次调研所形成的各区县人口伤亡数据计算形成。

日机轰炸，重庆市区左营街大隧道9人窒息身亡，53人重伤，94人轻伤[1]。1941年8月8日，第143号公共防空洞被炸，大石垮塌造成60人死亡，数十人受伤。30日，日机分两批侵入黄桷垭，在童家花园对山及街上投弹，洞内挤死小孩3人，受伤老人5人[2]。

二是在日军飞机轰炸环境中因躲避轰炸或在轰炸后救护期间产生的伤亡。如1941年4月29日，梁山县防护团队员在县城扑灭被炸引发的火灾中受伤37人[3]。

三是因修建防空洞、机场、公路等军事设施而造成的人口伤亡。如1936年涪陵动员民工约10万人修筑川湘公路，死亡民工5000余人[4]。1936年1月到1937年2月，酉阳民工修筑国道319线，因工死亡民工160人，伤残16人。抗战时期，万县征用民工52200人，从事修筑飞机场、国防工事、修补道路、装卸军用物资等，其中因公死亡378人。梁山县征调大量民工为军事服务，致使民工死亡530人[5]。

抗战期间，重庆间接人口伤亡共计6651人，其中死亡6333人，受伤318人[6]。

（3）关于灾民情况

抗战期间重庆灾民主要有三大类：

一是在日军侵华战争环境下逃离到重庆的难民。抗战期间，特别是全国抗战爆发后，华东、华中大片地区沦陷，大量难民涌入西南地区。1937年下半年至1939年9月，綦江各收容遣送机构先后收容妇幼老弱难民和灾民204人，遣送江苏、湖南难民9人，资遣流离人员153人，接待过境灾民1196人，救济难民17人[7]。1939年3月，长寿县成立难民收容所，以城内火神庙、川主庙为住址，先后接收难民4267人。四川省重庆中学师生员工483人为躲避日机轰炸迁入长寿

---

[1] 重庆市卫生局：《通报12日午防空洞避难人民昏晕倒毙情形及11日被炸详情由》（1940年8月12日），重庆市档案馆馆藏档案，档案号0066：1：44。

[2] 重庆市政府：《防空司令部关于严禁军队或机关独占防空洞的公函》，重庆市档案馆馆藏档案，档案号0053：12：121—1。

[3] 梁平县档案馆馆藏档案，档案号A308.2。

[4] 四川省涪陵市志编纂委员会：《涪陵市志》，四川人民出版社1995年版，第33页。

[5] 梁平县档案馆馆藏档案，档案号A308.2。

[6] 间接人口伤亡数据根据全市各区县调研数据汇总统计，见中共重庆市委党史研究室：《抗战时期重庆市人口伤亡统计表》（2008年1月），全市间接伤亡人数除修筑川湘公路死亡民工5000余人等项外，应该还有其他方面更多的数据，本次调研尚不掌握，待进一步调查、搜集。

[7] 中共綦江县委党史研究室：《抗战调研綦江县大事记》（2007年12月）。

东街。湖北沦陷区师生员工1364人迁入长寿县松柏乡上、下官庄、桅子湾等处[①]。1939年5月，秀山县政府在平凯镇关帝庙设"秀山赈济委员会难民收容所"，收容抗战沦陷区难民600多人[②]。

重庆市直接人口伤亡区县百分比图

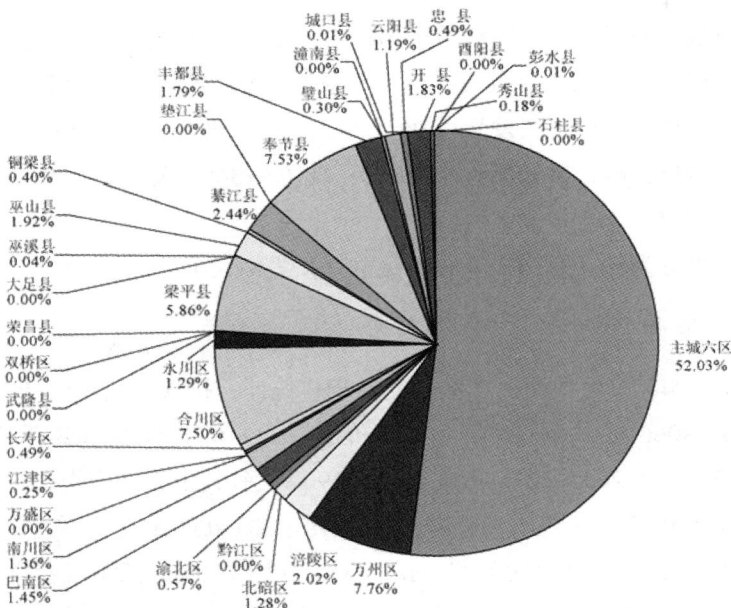

二是日军飞机轰炸重庆造成的灾民。1939年3月29日，日机18架空袭梁山县城，投炸弹100余枚，县政府办公大院、梁山中学、农业职校等十多个机关、单位房舍被炸，烧毁房屋2840间，无家可归灾民3986人[③]。1939年10月10日，日机6架轰炸秀山县城，1260户受灾，灾民达5700人[④]。1940年8月19日、20日，日机连续轰炸重庆，重庆市警察局第一、二、十二等六个分局所辖区域92个街巷4309户受灾，16977人沦为灾民，10852人被分别疏散到合川、江津、长寿、綦江、璧山等地[⑤]。

三是抗战期间因承受自然灾害和瘟疫而冻、饿和病故的灾民，这类灾民数量

① 中共长寿区委党史研究室：《抗战调研长寿区大事记》（2007年12月）。
② 中共秀山县委党史研究室：《抗战调研秀山县大事记》（2007年12月）。
③ 中共綦江县委党史研究室：《抗战调研綦江县大事记》（2007年12月）。
④ 中共梁平县委党史研究室：《抗战调研梁平县大事记》（2007年12月）。
⑤ 重庆市档案馆馆藏档案，档案号0053：12：76-1，0053：12：87。

较小。在以上三种类别中，以日机轰炸重庆造成的灾民为主。

抗战期间，重庆灾民共计 172786 人[①]。由于调研资料缺乏，灾民伤亡情况不详，有待进一步调查研究。

（4）征发兵役及战场伤亡情况

全国抗战爆发后，川军即纷纷出川抗日；整个抗战期间，四川给前线输送了大量兵源，应征赴前线的兵员达 300 多万人[②]。根据各区县对档案文献资料的不完全统计，抗战期间重庆征发兵役 96 万余人，占全四川的 1/3。重庆籍抗日官兵在外地战场对日作战，共计牺牲 1297 人，受伤 913401 人[③]。

2. 财产损失

财产损失分为社会财产损失和居民财产损失两大类。

（1）社会财产损失

根据全市 40 个区县调研档案、文献资料统计，抗战期间重庆社会财产损失共计 80866358066 元法币[④]（折合 1937 年价值为 8371079774.73 元法币）、15826747 元银元、4900 白银、203562618.38 元美金、2290 英镑，其中直接损失 5017871617.96 元法币（折合 1937 年价值）、3354700 元银元、203506938.38 元美金、328000 元大洋、4900 白银、2290 英镑，间接损失 3353208157.04 元法币（折合 1937 年价值）、12144047 元银元、55680 元美金（见中共重庆市委党史研究室：《抗战时期重庆市社会财产损失总表》，2008 年 1 月[⑤]）。

抗战时期重庆市社会财产损失总表

年份	现年损失价值（元）	折合 1937 年价值（元）
1935	112943	112943
1936	3202403.12+1200 银元	3202403.12+1200 银元
1937	2023277.02+13656 银元	1936150.26+13656 银元
1938	2769703322.6+27550 银元	2157089815.1+27550 银元

[①] 见中共重庆市委党史研究室：《抗战时期重庆市人口伤亡统计表》（2008 年 1 月）。

[②] 张群：《胜利日感言》，见周开庆编：《民国川事纪要》下册，（台湾）四川文献研究社印（1972 年），第 272 页。

[③] 本数据档案记载较少，主要根据重庆市各区县方志、大事记等图书文献资料统计，仅供参考。

[④] 法币当时也称为国币，下同。

[⑤] 根据中共中央党史研究室要求，本表数据除法币折算外，其他币种保留原价值数不予折算。表中未注明币种者均为法币。

1939	7350231655.4+278666.98 银元	3549121996.81+278666.98 银元
1940	2757480200.41+3584666 银元	432613774.77+3584666 银元
1941	38621346681.6，203506938.38（美金），4900（白银），458896（银元）	2196891165.05，203506938.38（美金），4900（白银），458896（银元）
1942	168544701+728292 银元+2290（英镑）	3004361.87+728292 银元+2290（英镑）
1943	609816224.4+51053.96 银元	4976872.80+51053.96 银元
1944	3187703432.2+90742.86 银元	7666803.19+90742.86 银元
1945、1946	8688007957.8+896760 银元	4928555.28+896760 银元
年份不详	16808085267.4+9695263.2 银元+55680 美金	9534933.41+9695263.2 银元+55680 美金
共计	80866358066+15826747（银银）+4900(白银)+203562618.38(美金)+2290（英镑）	8371079774.73+15826747（银元）+4900(白银)+203562618.38(美金)+2290（英镑）

注：1942 年、1944 年、1945 年、1946 年现年损失数据为日军飞机轰炸后各年补报直接损失及间接损失数据。各年折合价值根据《国民政府军事委员会军令部各重要城市（重庆）零售物价指数》（中国第二历史档案馆馆藏档案：全宗号 769，卷号 1835）中 1937 年简单几何平均数 100 的标准折算，其中 1945 年、1946 年数据以 1945 年 6 月份物价基础折算，不明年份按 1945 年 6 月份物价基础折算。

社会财产损失主要涉及工矿业、农业、交通、邮电、商业、财政、金融、文化、教育、资源、公共事业等领域（见附表二：重庆市委党史研究室：《抗战时期重庆市社会财产损失分类年度统计表》，2008 年 1 月）。现分述如下：

A、工矿业

抗战期间，遭受日机轰炸造成重大财产损失的工矿企业主要有：兵工业，如军政部兵工署第 20、24、50 等兵工厂。1940 年 5 月 27 日、29 日，第 24 兵工厂两次被日机轰炸，厂房、船舶、器材等被炸毁，造成损失价值约 115325920 元[①]。1940 年 6 月 26 日，日机空袭军政部兵工署第 20 工厂，共计损失 2179500 元[②]，其他兵工厂也不同程度地遭受了轰炸；冶金业，有钢铁厂迁建委员会、中国兴业股份有限公司、大昌矿冶股份有限公司等。从 1940 年 5 月至 1941 年 8 月，渝鑫钢铁厂遭受日机五次轰炸，直接损失 60 余万元，间接损失高达 130 余万元[③]。1940 年 9 月 14 日，日机轰炸重庆钢铁厂（大渡口），机械设备、厂房、钢铁材料、私

① 兵工署：《兵工厂补炸损失情况报告表》（1940 年 5 月 27、29 日），重庆市档案馆馆藏档案，档案号 0178：1：1796。为直接反映损失情况，本文中引用数据为档案记载原始数据。除注明者外，未作折算，计量单位均为"国币元"（即"法币元"）。以下同。

② 兵工署：《兵工厂补炸损失情况报告表》（1940 年 6 月 26 日），重庆市档案馆馆藏档案，档案号 0175：1：908，0175：1：881，0175：1：972。

③ 渝鑫钢铁厂：《为被日机轰炸事呈经济部钢铁管理处文》（1940 年 5 月至 1941 年 8 月），重庆市档案馆馆藏档案，档案号 0194：2：56。

人财产等大部分被炸毁①。1939 年 5 月 12 日和 1940 年 8 月 20 日，日机轰炸重庆晶精玻璃厂、同茂容玻璃厂、荣记玻璃厂等，造成直接损失共计 100 余万元，间接损失共计 360 余万元②；棉纺织业，如郑州豫丰和记纱厂重庆分厂（豫丰纱厂）、汉口裕华纺织公司渝厂（裕华纱厂）、中国纺织企业公司等。1940－1941年，日机相继 13 次轰炸豫丰纱厂，直接损失价值 173 万余元③；机器业、化学工业、电力电器业、煤炭石油业等，在工矿业类别中损失均较为严重。抗战期间，重庆工矿业共造成损失价值法币 7615336824.66 元，银元 2624700 元，4900 白银，美金 203506938.38 元④。

B、农业

农业类以间接损失为主。从 1939 年开始，为避免日机对城区的集中轰炸，部分政府机关和市民被迫疏散到郊区，占用了大量农村土地，也造成了一定的农业损失。如 1940 年 9 月，据重庆郊外市场营建委员会报告，灾民疏散地主要包括唐家沱、黄桷垭、弹子石、观音桥等地。为疏散安置，行政院拨款 25 万元，中央、中国、交通、农业四大银行借款 250 万元，用于疏散区建筑基地购置租赁地价补偿、救济、租赁各贫民住宅、青苗补偿等⑤。直接损失方面，由于日机轰炸以城市为主，农业直接损失相对较轻，集中于城郊的乡村。抗战期间，农业损失共计法币 4994795089 元⑥。

C、交通

日机轰炸给城区公路交通造成了严重的损失。从 1939 年到 1943 年，朝天门、临江门、牛角沱、两浮路、红岩嘴等出城要道几乎连年遭受轰炸，屡炸屡修，耗费了若干人力、财力。日机轰炸重庆期间，以两江沿岸码头、船只，及沿长江主

① 钢铁厂迁建委员会：《空袭损失报告》、《綦江铁矿空袭损失报告》（1940 年 9 月 14 日），重庆市卫生局：《敌机空袭损失报告表》（1940 年 9 月 14 日），重庆市档案馆馆藏档案，档案号 0182：2：394，200：2：115，0066：1：44。

② 重庆市各商业同业公会：《抗战损失调查表》（1939 年 5 月 12 日，1941 年 6 月 21 日），重庆市档案馆馆藏档案，档案号 0085：1：1391。

③ 重庆市各商业同业公会、重庆市政府、豫丰纺织公司：《抗战损失调查表》（1940—1941 年），重庆市档案馆馆藏档案，档案号 0083：1：622，0053：12：88—1，0235：1：26，0235：2：44。

④ 中共重庆市委党史研究室：《抗战时期重庆市社会财产损失分类年度统计表》（2008 年 1 月）。

⑤ 重庆市郊外市场营建委员会：《为呈复该会办理疏建情形拟具说明并呈重庆市政府文》（1940 年 9 月），重庆市档案馆馆藏档案，档案号 0053：2：1021。

⑥ 中共重庆市委党史研究室：《抗战时期重庆市社会财产损失分类年度统计表》（2008 年 1 月）。

要城市如长寿、涪陵、丰都、忠县、奉节、巫山等地的民生分公司损失最为严重。航空方面，日机主要针对郊区白市驿机场、广阳坝机场、大中坝机场等重要军事目标进行轰炸。1938 年 2 月 18 日，日机第一次空袭巴县，目标就是广阳坝机场。根据记载统计，日机共出动 9 批次、923 架次轰炸白市驿机场，投弹 2323 枚；出动 18 批次、825 架次轰炸广阳坝机场，投弹 2782 枚；在大中坝机场投弹 140 枚[①]。梁山机场也遭受了惨重轰炸。抗战期间，重庆公路、水运、航空等交通损失共计法币 320713342.14 元，银元 5606 元[②]。

D、教育

抗战时期内迁重庆的学校主要集中在沙坪坝、北碚和江津白沙镇，这一区域也是受轰炸较为惨重的地区，其中中央大学、重庆大学、复旦大学等高等院校均遭轰炸，损失主要集中在 1938 年、1939 年、1940 年。据重庆市中等学校校长联谊会统计，因日机轰炸，东方中学、中国中学、清华中学等 34 所中学直接损失 447076151.65 元，间接损失共计 610408686 元[③]；据重庆市私立小学校长联谊会统计，复兴小学、东山小学、明德小学、广益小学、青年小学等 24 所小学直接损失 675062342 元，间接损失共计 143212776 元[④]。教育行业损失共计法币 17625562518.2 元，银元 21776 元[⑤]。

E、公共事业

日机轰炸给重庆市政供电、供水、防空、公共卫生等公共事业遭受严重的破坏。1947 年 3 月 6 日重庆市自来水股份有限公司统计，该公司因日机轰炸造成直接损失 3664871.1 元，间接损失 678114234.82 元[⑥]。在城市减灾防灾方面，投入巨资修建了大量防空洞等。据国民政府军政部 1941 年 1 月统计：全市共有防空壕 15 个、避难室 19 个、防空洞 664 个、掩体 38 个，可以容纳 22 万多人[⑦]。

---

① 根据重庆市档案馆馆藏抗战时期重庆市防空司令部档案统计。

② 中共重庆市委党史研究室：《抗战时期重庆市社会财产损失分类年度统计表》（2008 年 1 月）。

③ 重庆市教育局：《重庆市中等学校校长联谊会汇转各校造报战时损失表件清单》（1947 年 8 月），重庆市档案馆馆藏档案，档案号 0065：3：105。

④ 重庆市教育局：《私立小学校长联谊会财产间接损失汇报表》（1947 年 8 月），重庆市档案馆馆藏档案，档案号 0065：3：121。

⑤ 中共重庆市委党史研究室：《抗战时期重庆市社会财产损失分类年度统计表》（2008 年 1 月）。

⑥ 重庆自来水股份有限公司：《重庆自来水公司空袭损失报告表》（1947 年 3 月 6 日），重庆市档案馆馆藏档案，档案号 0224：1：98。

⑦ 重庆市地方志编纂委员会总编辑室：《重庆大事记》，科学技术出版社重庆分社 1989 年版，第 194 页。

在公共卫生管理和设施方面，城市排水管道、公厕等也遭到日机轰炸。公共事业方面的损失，主要分布在各级机关、团体及其他领域，特别是卫生、路灯管理、水电系统等，在各类档案中有详细记载。抗战期间，全市公共事业损失共计法币5922758591.39 元，银元 901843.8 元，美金 18760 元①。

F、邮政电讯

日机轰炸给重庆邮政电讯行业造成不同程度的破坏，如 1940 年 5 月 29 日，日机轰炸化龙桥、磁器口、菜园坝等地，重庆市电话局大部分库房、办公室、办公用品、职工宿舍及私人财产被炸毁②。1941 年 8 月 13 日，神仙洞重庆市电信局被炸，损失数万元③。重庆市邮政、电讯行业的损失，从调研档案资料反映的情况看，主要是直接损失，并且基本上是集中在 1939 年和 1940 年，1945 年至1946 年数据为邮政电讯部门报送抗战期间直接损失。抗战期间，邮政、电讯行业损失总计法币 150586462 元，银元 316453 元④。

G、金融

日机轰炸重庆给包括中央、中国、交通、农业四大银行在内的大小银行及钱庄造成严重损失。如交通银行，抗战期间化龙桥处损失 27707283 元、磁器口处损失 2597023 元、小龙坎处损失 494113 元、李子坝处损失 37488754.06 元，合计损失 6827173.06 元⑤。聚兴诚银行重庆城区及万县分行多次遭到日机轰炸。据1945 年统计，抗战期间日机炸毁聚兴诚银行（重庆）造成直接间接损失 750 余万元⑥。分布在重庆城区、合川、涪陵、万县、璧山等地的四川省、川盐等银行也被日机轰炸。抗战期间重庆市金融行业损失共计法币 111355140.2 元⑦。

H、人力资源

一是因建筑军事设施而造成的人力资源间接损失。为应对日机轰炸，国民政府相继从 1937 年到 1942 年在重庆修建了白市驿、广阳坝、大中坝、梁山、秀山

① 中共重庆市委党史研究室：《抗战时期重庆市社会财产损失分类年度统计表》（2008 年 1 月）。
② 重庆市路灯管理处、交通部重庆电话局、重庆市公务局、兵工署：《敌机轰炸损失报告表》（1938 年至 1941年），重庆市档案馆馆藏档案，档案号 0053：12：99—1，0066：1：44，0346：1：46，0067：3：5107，0178：1：1796。
③ 重庆电信局：《财产损失报告单》（1941 年 8 月 13 日），重庆市档案馆馆藏档案，档案号 0344：1：1156。
④ 中共重庆市委党史研究室：《抗战时期重庆市社会财产损失分类年度统计表》（2008 年 1 月）。
⑤ 交通银行：《财产损失报告单》（1947 年 7 月），重庆市档案馆馆藏档案，档案号 0288：17：105。
⑥ 聚兴城银行：《财产损失报告表》（1945 年）重庆市档案馆馆藏档案，档案号 0295：1：1658。
⑦ 中共重庆市委党史研究室：《抗战时期重庆市社会财产损失分类年度统计表》（2008 年 1 月）。

机场，征调民工近 50 万；二是在日机空袭过后，广大群众在政府组织下，抢救伤亡人员，修筑被炸公路和房屋，抢修机场等造成的人力资源损失。抗战期间，重庆各市县相继成立了空袭服务队，仅 1940 年参加空袭服务人员即有近 2 万人。抗战期间，人力资源损失共计法币 6010059 元[①]。

除以上八个方面损失外，社会财产损失还包括商业、财政等。由于商业行业相对分散，被炸损失难以统计。据档案记载，全市商业损失为法币 40073851.36 元，银元 1000000 元[②]。财政方面的损失，以支援抗战政府向各地区摊派的各种税收损失为主，如关税、盐税、田赋、屠宰税和房捐等，全市财政损失共计法币 1699814932.17 元，银元 61915.2 元[③]。在本次调研中，因抗战档案记载部分财产损失难以区分类别的数据较多，故一并列入其他类，共计法币 43089360254.58 元，银元 10857525 元，美金 36920 元[④]。

（2）居民财产损失

日机轰炸给居民财产（包括土地、房屋、树木、禽畜、粮食、服饰、生产工具、生活用品等）造成重大损失。然而，由于受到日机轰炸影响，当时大部分居民疲于奔命，难以将财产损失情况报送辖区政府，具有档案记载的居民财产损失申报，主要是机关、政府部门、社会团体、企事业单位等，如警察局、防空司令部、救护委员会、工务局等部门工作人员来做的，而且大部分列为社会财产损失，特别是在 1939 年大轰炸早期。

A、居民财产损失概况

居民财产损失与社会财产损失相比较，数据相对较少，共计损失法币 5990640127.72 元，银元 755 元。折合 1937 年价值为法币 1511486915.86 元，银元 755 元（见中共重庆市委党史研究室：《抗战时期重庆市居民财产损失总表》，2008 年 1 月[⑤]）。

---

① 中共重庆市委党史研究室：《抗战时期重庆市社会财产损失分类年度统计表》（2008 年 1 月）。
② 中共重庆市委党史研究室：《抗战时期重庆市社会财产损失分类年度统计表》（2008 年 1 月）。
③ 中共重庆市委党史研究室：《抗战时期重庆市社会财产损失分类年度统计表》（2008 年 1 月）。
④ 中共重庆市委党史研究室：《抗战时期重庆市社会财产损失分类年度统计表》（2008 年 1 月）。
⑤ 根据重庆市各区县报送数据统计。根据中共中央党史研究室要求，本表数据除法币折算外，其他币种保留原价值数不予折算。表中未注明币种者均为法币。

抗战时期重庆市居民财产损失总表

年　份	现年损失价值（元）	折合 1937 年价值（元）
1937	1245148	1191529.19
1938	219316.7	170807.4
1939	2105446380.8	1016632728.53
1940	2767735011.62+530 银元	434222624.98+530 银元
1941	1032019107.8+225 银元	58704158.58+225 银元
1942	7152656	127498.32
1943	47980931	391585.17
1944	16118075.8	38765.88
1945	11046000	6266.20
不明年份	1677500	951.61
共计	5990640127.72+755 银元	1511486915.86+755 银元

注：1942 年、1944 年、1945 年现年损失数据为日军飞机轰炸后各年补报直接损失及间接损失数据。各年折合价值根据《国民政府军事委员会军令部各重要城市（重庆）零售物价指数》（中国第二历史档案馆馆藏档案：全宗号 769，卷号 1835）中 1937 年简单几何平均数 100 的标准折算，其中 1945 年以本年度 6 月份物价基础折算，不明年份按 1945 年 6 月份物价基础折算。

居民财产损失以房屋、服饰、生活用品、生产工具、粮食、禽畜、土地、树木为主。其中最为严重的是房屋被炸毁、烧毁和倒塌造成的损失。

房屋损毁　造成房屋损毁最为严重的主要原因，"除了炸弹以外，还有三种：第一，房屋的倒塌。本市建筑太坏，四五层的危楼，虽在平时，犹有临风欲坠的险象，倘遇空袭，势必多数倒塌。第二，延烧的可能。本市平时火灾，往往延烧数千家不熄，假使敌机抛下一二烧夷弹，本市的火灾，当然有陷于不可思议之境。第三，破片的危险。"①如 1940 年 8 月 19 日、20 日，日机两天轰炸重庆张家花园、两路口、南纪门、十八梯、磁器街、南岸马家店等地，大部分被轰炸的地方，房屋不仅被炸弹炸毁，而且被燃烧弹烧毁，"渝市商业区几完全焚毁，损失奇重为空前所有"②。根据 1945 年重庆市政府统计处统计，重庆城区 1938 年到 1941

---

① 《第二次空袭后》（社论），《国民公报》1938 年 10 月 5 日。

② 交通部重庆电话局、重庆市卫生局：《日机轰炸城区损失统计表》（1940 年 8 月 19、20 日），重庆市档案馆馆藏档案，档案号 0066：1：44，0053：12：76—1。

年因日机轰炸，损毁房屋 11814 栋、21295 间，价值 68075888 元[1]。

生活用品　居民财产损失中，有关档案记载较为详细，类别繁多，主要有家庭生活用具、服装、古玩、书籍、现金等。如 1940 年 6 月 12 日，重庆南岸滴水岩四号车德义住宅遭受日机轰炸，事后，其填写损失报告单（仅录其中一部分）如下[2]：

姓名	车德义	损失项目	单位	数量	损失价值（国币元）	损失项目	单位	数量	损失价值（国币元）
地点		大木床	张	1	25	皮鞋	双	1	27
滴水岩四号		方桌	张	1	10	草帽	顶	1	4
日期		漆方凳	只	4	10	瓷盖杯	只	2	3
6 月		木桶	只	2	4	木棉枕	只	1	6
12 日		电灯	盏	1	10	绸被	条	1	40

抗战期间，类似的居民财产损失报告档案较多，大部分根据国民政府行政院统一表格样式填写，其中损失项目、单位、数量、损失价值等内容都比较具体。档案记载的损失报告单，不仅记录了日机轰炸造成的损失情况，而且更为详细地反映了当时市民的生活状况。据统计，抗战期间重庆城区居民财器具类损失 21312910 元，现款损失 24905 元，衣着物类损失 8759724 元，古物书籍类损失 1233223 元，其他损失 6182974 元[3]。

粮食禽畜　在日机轰炸重庆城区及周边主要城镇过程中，对部分较为集中的农民居住地区也进行了猛烈的轰炸，部分农民的粮食、禽畜等财产受到损失。如 1941 年 8 月 9 日，日机在巴县人和乡投弹，摧残田土稼禾约六七亩，毁坟地 2 棺，爆散菜籽、粮食等约 10 余石[4]。13 日，南岸铜元区农场被日机轰炸，损毁谷子 40 余石、黄豆 15 石、菜籽约 4 石，其他办公用品、桌椅、农具等均有损毁。双十医院被炸库房内受损碛米 18 石、稻谷 25 石、小麦 19 石等[5]。另外，涪陵、万州、梁平、奉节、巫山、丰都、云阳、南川、永川、綦江等地，

---

① 台北"国史馆"馆藏档案，档案号 302：1431。

② 交通部重庆电话局：《电话局员工损失调查表》（1940 年 6 月 12 日），重庆市档案馆，档案号 0346：1：46。

③ 台北"国史馆"馆藏档案，档案号 302：1431。

④ 巴县政府：《巴县政府损害情况报告》（1941 年 9 月），四川省档案馆藏档案，档案号 41：6155。

⑤ 兵工署：《第 20 兵工厂被炸职工私人物件及救济金发放清册》（1941 年 8 月），重庆市档案馆藏档案，档案号 0175：1：972。

大量猪、犬、鸡等禽畜也未能幸免，粮食、土地、树木等居民财产损失也占有很大的比例。

B、地区损失分布

从地区损失分布上看，重庆居民财产损失以主城区最为严重。统计数据显示，从 1939 年到 1943 年的五年间，重庆城区居民财产损失共计 89215476 元。万州损失 34371122 元，包括被炸毁、震倒、焚烧民房、各类器具、衣物、现金及其他物资。梁平损失房屋 2559 间，价值 18806200 元。涪陵在 1938 年到 1941 年间日机轰炸毁损居民房屋 5090 幢，大量猪、犬、鸡等禽畜也被炸。奉节县在遭受日机十五次轰炸中，共炸毁房屋 3717 栋。日机九次轰炸合川，炸毁木船 129 只、房屋 4300 户（见重庆市各区县居民财产损失统计表）。巫山、丰都、云阳、南川、永川、綦江等地在全市居民财产损失中也占有很大的比例。

C、年度损失分布

综合调研数据可以看出：从 1937 年到 1945 年，居民财产损失分布呈现一种不均衡状态。1939 年到 1941 年，占重庆整个抗战期间居民财产损失的 98.6%。其中 1940 年最多，占 46.2%；1939 年，占 35.2%；1941 年占 17.2%[①]。

重庆市居民财产损失年度百分比图（中共重庆市委党史研究室 2008 年 1 月制图）

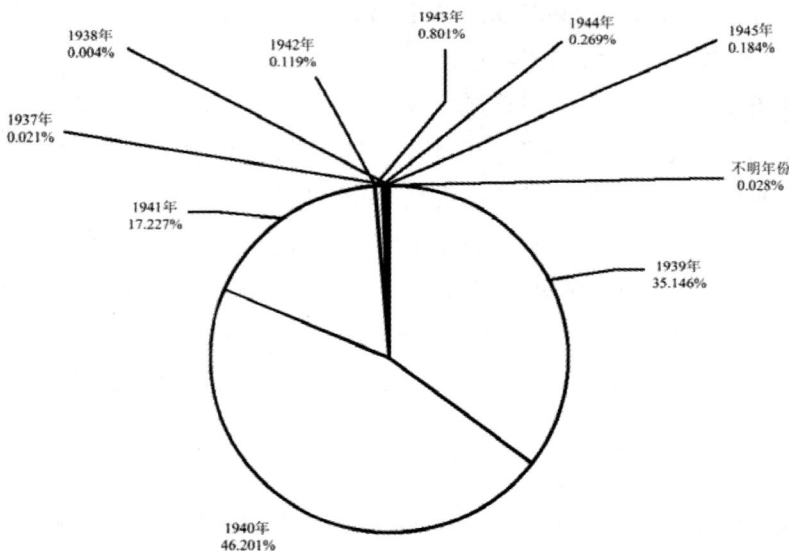

1938年 0.004%
1942年 0.119%
1943年 0.801%
1944年 0.269%
1945年 0.184%
1937年 0.021%
1941年 17.227%
不明年份 0.028%
1939年 35.146%
1940年 46.201%

① 百分比根据全市各年数据计算形成。

（五）调研结论

1. 人口伤亡和财产损失调研数据分析

根据本次调研统计，重庆市抗日战争时期直接人口伤亡共计 32829 人，间接人口伤亡 6651 人。另有灾民 172786 人，征发兵役 96 万余人。财产损失约 100亿元法币（折合 1937 年价值），其中社会财产损失为 8371079774.73 元法币，15826747 元银元，4900 白银，203562618.38 元美金，2290 英镑；居民财产损失为 1511486915.86 元法币，755 元银元。需要说明的是，这些统计数据，是根据截至目前所掌握的资料和进行的相关研究而得出。由于年代久远、搜集资料困难等客观原因，应该说，我们得出的这些数据还只是初步的和尚不完整的数据，并不是研究的最终结果。今后，我们将继续推进本课题调研工作，以期在掌握更多资料和取得研究新成果的基础上对有关数据再做出修订和补充。

综合分析档案文献资料和上述各类统计数据，初步得出抗战期间重庆人口伤亡和财产损失结论如下：

（1）日军飞机轰炸是造成重庆地区各种损害的主要原因

抗战期间，由于日军陆战部队未能直接侵入重庆，因此，日军对重庆地区造成的损害主要是由长期轰炸所致。从人口伤亡上看，全市因日机轰炸直接伤亡 3万余人，间接伤亡 6000 余人，二者分别约占伤亡总数的 80%和 20%；从社会财产损失上看，直接损失约 50 亿元法币，间接损失约 33 亿元法币，二者分别约占社会财产损失总数的 60%和 40%[①]。因此，日机轰炸，是造成抗战时期重庆地区人口伤亡和财产损失的主要原因，这也是重庆有别于全国许多地区的主要特征。

（2）轰炸造成的社会财产损失大于居民财产损失

据档案文献资料统计，在轰炸造成的财产损失中，社会财产损失约 85 亿元法币，居民财产损失约 15 亿元法币，后者仅占前者损失的 17.5%[②]。社会财产损失中尤其工矿业损失惨重，国民政府迁都重庆，大量的工矿企业集中在重庆城区

---

① 根据本次调研汇总数据统计而成，并以 1937 年物价指数（单位：法币元）进行折算。
② 根据本次调研汇总数据统计而成，并以 1937 年物价指数（单位：法币元）进行折算。

及周边地区，承担着抗日物资、武器和城市建设、人民生活用品等的制造和生产任务。由于日机的不断轰炸，工矿业的损失给重庆乃至全国经济造成了重大影响。

（3）轰炸致使中心城镇损害严重

根据档案文献资料统计，遭受日军飞机轰炸的区县有 32 个，约占今天重庆全市区县的 80%，人口伤亡和财产损失集中于各地区中心城镇。从被轰炸的区县比较分析，主城区人口伤亡和财产损失最严重，占人口伤亡总数的 52.3%、财产损失总数的 30%。其次为万州、涪陵、奉节、梁平、巫山、巴南、綦江、永川等 15 个区县，约占全市总数的 60%[①]。重庆主城区及其以东的主要城市（县城）损害比重庆以西南北区域严重，城镇损害比农村严重。

（4）连续轰炸造成的损害较为突出

重庆每到冬季浓雾弥漫，为避免雾季影响，日军飞机一般选择在夏秋两季对重庆进行轰炸。据统计，日机空袭重庆的行动中，有近 60 天袭渝机数超过 50 架，有 30 多天袭渝机数超过 90 架，最多的一天达 178 架。1940 年 8 月 19 日，日机 178 架分五次袭渝，投炸弹、燃烧弹共计 500 余枚，城区 29 处被炸，其中 20 余房屋因中弹炸毁或烧毁，市政设施大部分遭到破坏，重伤 102 人，轻伤 200 余人，死亡 90 余人[②]。20 日，126 架日机再次袭击主城区，炸死 133 人，炸伤 208 人，共计损毁房屋 889 栋又 5060 间，财产损失约 57273800 元[③]。22 日，日机共 135 架轰炸重庆，炸毁房屋 230 余间，炸死男女 27 人，炸伤 55 人[④]。

2. 人口伤亡和财产损失调研结论具有的意义

关于抗战时期重庆人口伤亡和财产损失情况，以往各种文献资料和研究成果

---

① 以上数据根据大轰炸期间被炸各地区人员伤亡和财产损失数量计算得出。

② 重庆市卫生局：《呈报 8 月 19 日被灾地点及被灾户口数目统计表请鉴核由》、《呈报敌机本月 19 日轰炸市区本局损失公物情形仰祈鉴核备案由》（1940 年 8 月 19 日），重庆市公务局：《财产损失汇报表》（1940 年 8 月 19 日），重庆市档案馆馆藏档案，档案号 0053：12：76—1，0053：12：100—1，0067：3：5106，0067：3：5111。

③ 重庆市卫生局：《呈报 8 月 19 日被灾地点及被灾户口数目统计表请鉴核由》、《呈报敌机本月 19 日轰炸市区本局损失公物情形仰祈鉴核备案由》（1940 年 8 月 19 日），重庆市警察局：《人口伤亡请予救济的报告》（1940 年 8 月 20 日），重庆市公务局：《财产损失汇报表》（1940 年 8 月 20 日），重庆市档案馆馆藏档案，档案号 0053：12：76—1，0053：12：100—1，0061：15：215，0061：15：3644，0067：3：5111。

④ 兵工署：《敌机轰炸受损情况报告及受损物品清单》，重庆卫戍司令部：《呈报伤亡损失情况》（1940 年 8 月 22 日），重庆市档案馆馆藏档案，档案号 0178：1：3383；四川省档案馆馆藏档案，档案号 41：6154。

有不同的数据，常见的就有 11 种之多。有的数据常被学术界引用，如 1945 年 8 月重庆市政府统计：1938 年至 1941 年伤亡总数为 15737 人，公私财产损失 692 亿余元（按 1945 年价值计算）[①]。1994 年《重庆市防空志》记载：伤亡总数为 24004 人，炸毁房屋 17452 栋 37182 间[②]。这些数据的不同，分析其原因，固然有研究资料的局限，研究视角、方式方法的不同，但造成差异的主要原因则在于调研涵盖的区域范围、时间范围和损害范围等主要因素未作明确界定所致。本次调研结果与以往的统计数据相比，具有以下几个特点：

（1）地域、时间和损害范围概念更为明确

以往的档案文献资料或研究成果，在地域范围上主要指抗战时期的重庆及其周边地区；在时间范围上，有的以 1938 年至 1941 年为跨度，有的以 1939 年至 1943 年为跨度。本次调研明确以重庆现今所辖 40 个区县为对象，时间跨度为 1931 年至 1946 年。在损害范围方面，以往的调查与研究，主要集中在两个方面：一是人口伤亡，二是房屋损毁。本次调研的范围，集中于人口伤亡和财产损失两大类。在财产损失方面，除房屋损毁以外，还包括工业、农业、财政、商业、交通、文化、教育、公共事业、人力资源等方面的财产损失。

（2）资料来源更为可靠

在档案文献资料的利用上，前后调研也存在一定的差异。如重庆市档案馆、台北"国史馆"馆藏有关重庆市 1938 年至 1941 年人口伤亡和财产损失统计数据档案，均注明"中央主管者概不列入"[③]。事实上，抗战期间驻渝"中央主管者"因日机轰炸造成的损害占有相当的比例。本次调研不仅列入了"中央主管者"档案，而且调研以档案为主，以有关报刊、文献资料和证人证言为辅，并以事件发生的日期为线索将档案文献资料进行比较分析，筛选重复内容，逐一整理统计。

（3）法理依据更为充分

调查采访的 308 份证人证言，涉及的采访对象主要是受害者当事人或其家属，主要内容为受害人口述记录，附以调查对象照片、身份证复印件、手印等资

---

① 重庆市警察局：《呈报敌机空袭损失统计》（1945 年 8 月），重庆市档案馆馆藏档案，档案号 0061：15：4001，0061：15：3995 之一；台北"国史馆"馆藏档案，档案号 302：1431。

② 重庆市人民防空办公室编：《重庆市防空志》，西南师范大学出版社 1994 年版，第 94 页。

③ 台北"国史馆"馆藏档案，档案号 302：1431。其中特别注明：中央主管者概不列入。

料，并在司法部门进行了公证。

总的来看，综合比较重庆在抗战时期、直辖前、直辖后三个阶段的统计数据，就主城及周边地区（抗战时期重庆辖区）而言，本次调研人口伤亡统计数据为17222人，与1994年《重庆市防空志》统计数据虽有较大差别，但是这一次的统计数据主要来源均为原始的历史档案，真实性和可靠性更高，因此具有更大的权威性。

重庆地区由于存在行政区划变化较大、档案资料不完整等特殊情况，调研工作难度大，因此，我们始终把思想认识问题贯穿于在整个调研过程中。全市多次召开专题调研工作会和片区工作会，统一思想，提高认识；调研工作人员克服各种困难，在市内、市外、境外查阅档案文献资料，以百折不挠的精神开展调研。本次调研规模宏大，涉及面广，更由于时间久远，各种档案、文献资料残缺不全，健在的历史见证人少，因此，在调研过程中，我们对来自不同方面的档案、文献资料和证人证言，进行鉴别、分析、比较，甚至进行司法公证，扎实做好原始材料整理的基础工作，以系统分类、图表分析、参照折算等较为科学的方法进行统计，形成了一系列比较可靠的调研数据。

重庆抗战课题调研工作，根据中央党史研究室的要求，在市委的领导下，经过全体调研工作人员五年的艰苦努力，形成了一系列成果。诚然，由于档案资料难以穷尽，数据统计技术难度大，调研结果上浮标准难以确定等原因，部分数据的遗漏或偏差在所难免。然而，我们本着对历史、对民族负责的态度，通过全面、深入的调研，在充分吸收前人成果的基础上，以真实的、科学的和符合法理的史料证据作为支撑，进一步揭示了有关重大问题的历史真相，为揭露日军侵华罪行、戳穿日本右翼势力否认日本军国主义侵华历史的种种谎言，再次提供了铁的证据。

（六）附录

本报告依据材料见本次调研档案文献资料，统计数据见中共重庆市委党史研究室《抗战时期重庆市人口伤亡统计表》、《抗战时期重庆市社会财产损失分类年度统计表》。

主要参考书目

1．重庆市政协学习文史委员会，西南师范大学重庆大轰炸研究中心编：《重庆大轰炸》，西南师范大学出版社 2002 年版。

2．中共重庆市委党史研究室编，周勇主编：《重庆抗战史（1931—1945）》，重庆出版社 2005 年版。

3．重庆市人民防空办公室编，《重庆市防空志》，西南师范大学出版社 1994 年版。

4．中共重庆市委党史工作委员会：《重庆抗战经济大事记》，1985 年编印。

5．重庆市地方志编纂委员会总编辑室：《重庆大事记》，重庆出版社 1989 年版。

6．韩渝辉：《抗战时期重庆的经济》，重庆出版社 1995 年版。

7．唐润明：《抗战时期重庆的军事》，重庆出版社 1995 年版。

8．陆大钺：《抗战时期重庆的兵器工业》，重庆出版社 1995 年版。

9．唐守荣：《抗战时期重庆的防空》，重庆出版社 1995 年版。

10．李定开：《抗战时期重庆的教育》，重庆出版社 1995 年版。

11．郭宗英：《抗战时期内迁西南的工商企业》，云南人民出版社 1989 年版。

12．徐朝鉴：《抗战时期西南的金融》，西南师范大学出版社 1994 年版。

13．重庆文史资料研究委员会：《重庆抗战纪事》，重庆出版社 1985 年版、1991 年版。

14．《国民政府重庆陪都史》编委会：《国民政府重庆陪都史》，西南师范大学出版社 1993 年版。

15．周勇：《重庆通史》第二卷，重庆出版社 2002 年版。

16．杨光彦、刘重来：《卢作孚与中国现代化研究》，西南师范大学出版社 1995 年版。

17．马宣伟等：《川军出川抗战纪事》，四川省社会科学院出版社 1986 年版。

18．周开庆：《四川与对日抗战》，台北商务印书馆 1971 年版。

19．张瑾：《权利、冲突与变革——1926—1937 年重庆城市现代化研究》，重庆出版社 2003 年版。

（执笔人：徐光煦　审稿人：陈国平）

附表一 抗战时期重庆市人口伤亡统计表

区县	直接伤亡（人）										间接伤亡（人）										灾民（人，伤亡情况不详）	备注
	死亡					受伤					死亡					受伤						
	小计	男	女	童	不明	小计	男	女	童	不明	小计	男	女	童	不明	小计	男	女	童	不明		
主城六区	9300	1803	886	235	6376	7782	2094	687	11	4990	83	4	3	4	75	257	1			256	60025	①
万州区	1277	714	290	140	133	1270	656	345	134	135	383	2	3		378							
涪陵区	369				369	295				295	5021				5021						18460	②
北碚区	176	105	31	26	14	244	167	43	34													
黔江区																						
渝北区	188				188																	
巴南区	155	43	10		102	322	41	7		274											2000	③
南川区	198				198	250				250												
万盛区																						
江津区	54	51			3	27	3			24												
长寿区	161	10			151																781	
合川区	1243	26	8		1209	1219				1219											26700	
永川区	155	82	73			269	178	91														
双桥区																						
荣昌县																						
武隆县																						
梁平县	820				820	1105				1105	661				661							
大足县																45			45			
巫溪县	4	1	3		9	9				9												
巫山县	319	144	77	7	91	310	160	63	11	76												

区县	直接伤亡（人） 死亡					受伤					间接伤亡（人） 死亡					受伤					灾民（人）	备注
	小计	男	女	童	不明	小计	男	女	童	不明	小计	男	女	童	不明	小计	男	女	童	不明		
铜梁县	33	22	11			97	72	25													1600	
綦江县	525	404	1		120	277	45			232											6880	
垫江县																						
奉节县	858				858	1613				1613											5437	④
丰都县	105	24	16		65	481	79	33		369												
通南县	1				1																183	
壁山县	41	24	17			58	31	27													13458	
云阳县	165				165	227				227												
忠县	52				52	109				109	25				25						500	
城口县	2				2	2				2												
开县	146				146	455				455											5700	
秀山县	27				27	31				31												
酉阳县						1	1				160				160	16				16	30111	
彭水县	2		2																		951	
石柱县																						
共计	16376	3453	1425	408	11090	16453	3527	1321	190	11415	6333	6	3	4	6320	318	1			317	172786	⑤

32829　　1333　　6651

备注：①主城六区，即渝中、南岸、江北、沙坪坝、九龙坡、大渡口区；②1936年涪陵全县民工约10万人修筑川湘公路，死亡民工5000余人；③在巴南区上报结果基础上与主城六区重复内容处理后的数据；④奉节县是根据重庆档案馆第三行政区藏第2目532卷档案统计；⑤"1333"是除1936年涪陵死亡民工数的间接死亡数统计；"333"是图书报刊等研究成果数据反送数据如表。由于部分区县报送的数据盖外地日战场牺牲兵役的伤亡数据，已将外地战场役牺牲兵籍除数据单列，仅保留抗战期间重庆境内的人口伤亡数据。

数据统计说明：本表数据是根据全市40个区县调研得到的伤亡情况，为准确反映重庆大轰炸造成的人口伤亡情况，汇总过程中，已将外地战场役牺牲兵籍除数据单列，仅保留抗战期间重庆境内的人口伤亡数据。

附表二　抗战时期重庆市社会财产损失分类年度统计表

年份	工业	农业	交通	邮政	商业	财政	金融	文化	教育	公共事业	其他
1935			11200			78200	23543				
1936			3004931.12			19415	37600			57+1200 银元	
1937	10308.72	138411	1200000			270912				21934.47 +1800 银元	192241.83 +482 银元
1938	581611.98		1225	4000 +22620 银元		283801.74	40071.9		2768023933	38442.32+4044 银元	1490871.05 +137451 银元
1939	1023418132		226544.63+ 5606 银元	5000+90962 银元	941084	412384 +3145 银元	33038.77	2641.9	1638439117	4668647034.84 +32273.98 银元	165274671.48 +50000 银元
1940	1269785804.81(美金)，320000（白银）2304700 银元	70	1454341.49	22089+202871 银元	2827123.86 +1000000 银元	441161.8	65923402.28	45628.7	1128561963.2+ 21776 银元	1021447891	
1941	1006862604.11, 203506938.38(美金)，320000（银元），4900（美金）		45546029.85		1000000	17643490.7	503534	50000	30824545	7194642.62, 44157（银元）	37511721765.3 +94619 银元
1942	223890, 2290（英镑）	605255055.2	44300000		15000	99543281	3782000			6657337 +728292 银元	14023193
1943	218520020.9	270030029.4	32779701.13		35068261	86881475.27 +25600 银元	10405592.2			182419453.5 +21728.96 银元	16738691 +3725 银元
1944	3031455	1251653255		72100	210000	497452232.4	2597023		1350190853	17869992 +68347.86 银元	64698622.5 +22395 银元
1945、1946	4006810217	3327306445	192189368.9	150483273	12382.5	994759218.3 +28800 银元	27707283		2999418	17918306.25 +18760 美金	184674156.82 +857960 银元
年份不详	86000000	328168824				1851360 +4370.2 银元	5022	207800000	10706522689		5117134041.6+9690893 银元+36920 美金
共计	7615336824.66 +2624700 银元 +4900（白银）+203506938.38（美金）	4994795089	320713342.14 +5606 银元	150586462 +316453 银元	40073851.36 +1000000 银元	1699814932.17 +61915.2 银元	111355410.2	207898270.6	17625562518.2 +21776 银元	5922758591.39 +901843.8 银元 +18760 美金	43089360254.58 +10857525 银元+36920 美金

注：根据中央党史研究室要求。本表数据除法币进行折算外，其他货币和原留原价值数均不进行折算。表中未标明币种者约为法币（元）。各年份法币值根据《国民政府军事委员会军令部各省重要城市（重庆）零售物价指数》（中国第二历史档案馆藏档案：全宗号769，卷号1835）中1937年简单几何平均数进行折算。其中1945、1946年数据以1945年6月份物价基础折算。不明年份数据按1945年6月份的物价基础折算。

本表根据重庆市40个区县县报送数据统计

二、资　　料

（一）档案资料

重庆防空司令部有关日军飞机空袭重庆等地情况及伤亡损害概况表[①]

1．五月三日敌机袭渝情况暨伤亡损害概况表（1939 年[②]）

二十八年五月三日

敌机经过路线		空袭次数	被炸弹区次数	警报时间	敌机架数	投弹地点	投弹种类枚数		人口伤亡		建筑物损毁			施救情形	备考
窜入路线	逸去路线						爆炸弹	燃烧弹	伤	亡	房屋		交通工具		
											栋	间			
		第16次	第3次	空袭 12:45	26	苍坪街									
				紧急 12:55		大梁子									
				解除 14:35		杨柳街									
				经过时间1小时50分		打铁街									
						道门口									
						东升楼									
						二府街									
						上黄学巷									
						金沙岗									
						下陕西街									
						金鸭巷									

---

① 本部分内容均为重庆市档案馆藏重庆防空司令部全宗，第 1 目，第 82 卷档案。

② 括号内日期为日军飞机空袭发生的年份，由编者根据档案补充。下同。

敌机经过路线		空袭次数	被炸弹区次数	警报时间	敌机架数	投弹地点	投弹种类枚数		人口伤亡		建筑物损毁			施救情形	备考
窜入路线	逸去路线						爆炸弹	燃烧弹	伤	亡	房屋		交通工具		
											栋	间			
						中陕西街									
						饼子巷									
						灯笼巷									
						朝天门河坝									
						白鹤亭									
						象鼻嘴									
						白象街									
						神仙口									
						东川邮局门前									
						人和湾									
						羊子坝									
						老鼓楼									
						关庙街									
						宝善寺									
						段牌坊									
						花街子									
						储奇门									
						玉带街									
						镇守使									
						二三四牌坊									
						刁家巷									
						西四街									
						普安堂									
						王爷庙									
						雷公嘴									
						东华观									
						竹架子街									
						储外河边趸船									
						南岸玛瑙溪、黄桷渡、南坪场									
合计					26		98	68	350	673	846	222			

附记	一、敌机架数系侵入市区或监视县计算之； 二、警报次数系本部发布警报累积计算之； 三、被炸区域次数系一次警报内在何处投弹何处计算一次； 四、投弹数目以调查所得，其他投入江中者未列入。

2. 五月四日敌机袭渝情况暨伤亡损害概况表（1939 年）

敌机经过路线		空袭次数	被炸弹区次数	警报时间	敌机架数	投弹地点	投弹种类枚数		人口伤亡		建筑物损毁			施救情形	备考
窜入路线	逸去路线						爆炸弹	燃烧弹			房屋		交通工具		
									伤	亡	栋	间			
武汉		第17次	第4次	空袭 17:17	27	上下都邮街									
				紧急 18:20		天官街									
				解除 19:05		柴家巷									
						韦家院坝									
						劝工局街									
						至城巷									
						苍坪街									
						鸡街									
						蹇家桥									
						会仙楼									
						代家巷									
						石板街									
						韭菜园									
				经过时间48分		香水桥									
						黄桷街									
						铁板街									
						镇江寺									
						石板坡									
						领事巷									
						下石板坡									
						鱼鳅石									
						川道拐									
						水井坝									
						一字顺城街									

| 敌机经过路线 | | 空袭次数 | 被炸弹区次数 | 警报时间 | 敌机架数 | 投弹地点 | 投弹种类枚数 | | 人口伤亡 | | 建筑物损毁 | | | 施救情形 | 备考 |
窜入路线	逸去路线						爆炸弹	燃烧弹	伤	亡	房屋		交通工具		
											栋	间			
						禄名巷									
						国珍街									
						打铁街									
						中一路									
						兴隆街									
						保节院									
						安乐洞									
						普林寺									
						寄骨寺									
						地母亭									
						太平桥									
						红十字会									
						小较场									
						大阳沟									
合计							78	48	3318	1973	2840	963			

附记	一、敌机架数系侵入市区或监视县计算之； 二、警报次数系本部发布警报累积计算之； 三、被炸区域次数系一次警报内在何处投弹何处计算一次； 四、投弹数目以调查所得，其他投入江中者未列入。

3．五月十二日敌机袭渝情况暨伤亡损害概况表（1939年）

二十八年五月十二日

敌机经过路线		空袭次数	被炸弹区次数	警报时间	敌机架数	投弹地点	投弹种类枚数		人口伤亡		建筑物损毁			施救情形	备考
审入路线	逸去路线						爆炸弹	燃烧弹	伤	亡	房屋		交通工具		
											栋	间			
武汉		第19次	第5次	空袭 18:15	27	江北县属									
				紧急 18:30											
				解除 19:33											
				经过时间 48分											
合计					27		65	51	62	348		362			

附记	一、敌机架数系侵入市区或监视县计算之；
	二、警报次数系本部发布警报累积计算之；
	三、被炸区域次数系一次警报内在何处投弹何处计算一次；
	四、投弹数目以调查所得，其他投入江中者未列入。

4．五月二十五日敌机袭渝情况暨伤亡损害概况表（1939 年）

二十八年五月二十五日

敌机经过路线		空袭次数	被炸弹区次数	警报时间	敌机架数	投弹地点	投弹种类枚数		人口伤亡		建筑物损毁			施救情形	备考
窜入路线	逸去路线						爆炸弹	燃烧弹	伤	亡	房屋		交通工具		
											栋	间			
武汉		第20次	第5次，巴县第6次	空袭 18:00	39	中央公园									是曾广坝及双场，损害不悉，未列入炸34，伤2，死1，房2	日炸阳及河场损害不悉，未列入炸34
				紧急 18:33		四方街										
				解除 21:35		人和湾										
						一牌坊										
						市党部										
						巴县内										
						市商会内										
						王爷庙										
						真安堂巷										
					分2批：1. 27架袭渝，2. 12架袭巴县	文华街										
						老关庙										
						太平桥										
					经过时间3小时35分	相子市										
						玉带街										
						新丰街										
						西四街										
						下新丰街										
						南纪门口										
						左营街										
						东升楼										
						上黄学巷										
						状元桥										
						道门口										
						朱什字										
						肖家凉亭										
						新街口										

敌机经过路线		空袭次数	被炸弹区次数	警报时间	敌机架数	投弹地点	投弹种类枚数		人口伤亡		建筑物损毁			施救情形	备考
窜入路线	逸去路线						爆炸弹	燃烧弹	伤	亡	房屋		交通工具		
											栋	间			
						二府衙									
						操场坝									
						莲花街									
						打铜街									
						打铁街									
						厘金局巷									
						下、中陕西街									
						曹家巷									
						小什字									
						字水街									
						沙井湾									
						治平巷									
						龙王庙									
						观阳巷									
						机房街									
						朝、正阳街									
						雷祖庙									
						鸡街									
						白龙池									
						蔡家湾									
						上陕西街									
						苍坪街									
						中、下大梁子									
						小较场									
						至城巷									
						米花街									
						下都邮巷									
合计							91	19	40	516	126	400			
附记	一、敌机架数系侵入市区或监视县计算之； 二、警报次数系本部发布警报累积计算之； 三、被炸区域次数系一次警报内在何处投弹何处计算一次； 四、投弹数目以调查所得，其他投入江中者未列入。														

33

5．六月十一日敌机袭渝情况暨伤亡损害概况表（1939 年）

二十八年六月十一日

敌机经过路线		空袭次数	被炸弹区次数	警报时间	敌机架数	投弹地点	投弹种类枚数		人口伤亡		建筑物损毁			施救情形	备考
窜入路线	逸去路线						爆炸弹	燃烧弹			房屋		交通工具		
									伤	亡	栋	间			
武汉		第22次	第7次	空袭 17:29	27	勤工局街									
				紧急 18:38		牛皮凼									
				解除 20:48		武器修理所									
						救济院第一所									
						顺城街									
						德领事馆									
						象鼻嘴									
						太平桥									
						五福宫									
						打枪坝									
						东升门外									
						菜园（铁路）坝									
						箢子背									
						珊瑚坝									
				经过时间 3 小时 19 分		枣子岚垭									
						马鞍山									
						罗家湾									
						中四路									
						曾家岩									
						求精中学									
						明诚中学									
						张家花园									
						黄花园									
						双溪沟									
						学田湾									
						玄坛庙									
						黄家巷									
						蒋山									
合计							116	17	180	85	42	69			
附记	一、敌机架数系侵入市区或监视县计算之； 二、警报次数系本部发布警报累积计算之； 三、被炸区域次数系一次警报内在何处投弹何处计算一次； 四、投弹数目以调查所得，其他投入江中者未列入。														

6．七月五日敌机袭[渝]情况暨伤亡损害概况表（1939 年）

敌机经过路线 审入路线	敌机经过路线 逸去路线	空袭次数	被炸弹区次数	警报时间	敌机架数	投弹地点	投弹种类枚数 爆炸弹	投弹种类枚数 燃烧弹	人口伤亡 伤	人口伤亡 亡	建筑物损毁 房屋 栋	建筑物损毁 房屋 间	建筑物损毁 交通工具	施救情形	备考
				空袭 23:30	21	夫子池									
				紧急 0:10		临江门顺城街									
				解除 3:10		天主堂街									
						武库街									广阳坝灾况待查 炸 8，伤 1，屋 3
						百子巷									
						走马街									
						演武厅									
		第 23 次	第 8 次，巴县第 7 次		分 2 批： 1. 18 架袭渝， 2. 3 架袭巴县	小较场									
						山王庙									
						十八梯									
				经过时间 2 小时 40 分		老街									
						道门口									
						茅草坡									
						四德里									
						兴隆街									
						中央公园									
						牛皮凼									
						龙门浩									
						瓦厂湾									
合计							26	11	71	42	18	32			
附记	一、敌机架数系侵入市区或监视县计算之； 二、警报次数系本部发布警报累积计算之； 三、被炸区域次数系一次警报内在何处投弹何处计算一次； 四、投弹数目以调查所得，其他投入江中者未列入。														

7．七月六日敌机袭[渝]情况暨伤亡损害概况表（1939年）

二十八年七月六日

敌机经过路线		空袭次数	被炸弹区次数	警报时间	敌机架数	投弹地点	投弹种类枚数		人口伤亡		建筑物损毁			施救情形	备考
窜入路线	逸去路线						爆炸弹	燃烧弹	伤	亡	房屋		交通工具		
											栋	间			
		第24次	第9次，巴县第8次	空袭23:55	18	水巷子									广阳坝被炸状况调查
				紧急0:30		地母庙									
				解除2:40		丰瑞桥									
						姚家巷									
						朝天门									
						雷公庙									
						天灯街									
						小河顺城街									
					分两批	下陕西街									
				经过时间2小时35分		行街									
						沙湾									
						江家巷									
						下石板街									
						枣子岚垭									
						临华街									
						中国银行新址									
						过街楼									
合计							30	16		2	28	90			
附记	一、敌机架数系侵入市区或监视县计算之； 二、警报次数系本部发布警报累积计算之； 三、被炸区域次数系一次警报内在何处投弹何处计算一次； 四、投弹数目以调查所得，其他投入江中者未列入。														

8．七月二十四日敌机袭[渝]情况暨伤亡损害概况表（1939 年）

敌机经过路线		空袭次数	被炸弹区次数	警报时间	敌机架数	投弹地点	投弹种类枚数		人口伤亡		建筑物损毁			施救情形	备考
窜入路线	逸去路线						爆炸弹	燃烧弹	伤	亡	房屋		交通工具		
											栋	间			
第25次	第10次			空袭 18:30		镇江寺									
				紧急 19:20		牛皮凼									
				解除 21:00		夫子池									
						定远碑									
						韭菜园									
						吉祥寺									
						潘家沟									
						铜鼓台									
						五湖街									
						黄荆桥									
						报恩堂巷									
						司法行政部									
				经过时间 1 小时 9 分		方家什字									
						忠烈祠21号									
						王家坡									
						笆子背									
						国府路									
						中三路									
						大田湾									
						三民主义青年团									
						下南岸中学									
						柳树田									
						佛来洞									

敌机经过路线		空袭次数	被炸弹区次数	警报时间	敌机架数	投弹地点	投弹种类枚数		人口伤亡		建筑物损毁			施救情形	备考
窜入路线	逸去路线										房屋		交通工具		
							爆炸弹	燃烧弹	伤	亡	栋	间			
						遗爱祠									
						大坪凤凰梯									
						染房湾									
						李子坝									
						三牌坊									
						永平门									
						大板桥沟老房子									
						白墙院									
						天神店									
						刘家台									
						官山坡									
						老鹰岩									
						新槽房									
合计							101	31	58	27	85	120			

附记	一、敌机架数系侵入市区或监视县计算之； 二、警报次数系本部发布警报累积计算之； 三、被炸区域次数系一次警报内在何处投弹何处计算一次； 四、投弹数目以调查所得，其他投入江中者未列入。

9．八月二日敌机袭渝、巴县情况暨伤亡损害概况表（1939年）

二十八年八月二日

敌机经过路线		空袭次数	被炸弹区次数	警报时间	敌机架数	投弹地点	投弹种类枚数		人口伤亡		建筑物损毁			施救情形	备考
窜入路线	逸去路线						爆炸弹	燃烧弹	伤	亡	房屋		交通工具		
											栋	间			
武汉		第27次	第11次，巴县第10次	空袭 22:15	18	筧子背26—32号									广阳坝爆14枚，燃1枚，伤1人房3间
				紧急 22:50		筧子背盐务稽核所									
				解除 0:29	分两批进袭：1.12架袭渝，2.6架袭广阳坝	华华公司									
						防护五区团									
						谭家坡									
						李子坝									
						李家花园									
						龙家湾									
						遗爱祠培善堂									
				经过时间2小时14分		遗爱祠招待所									
						遗仁中学									
						遗爱祠张家花园									
						遗爱祠城塞局附近									
						遗爱祠152号									
						上南岸中学附近									
						南坪场中沟									
合计							74	11	134	80	24	21			

附记	一、敌机架数系侵入市区或监视县计算之； 二、警报次数系本部发布警报累积计算之； 三、被炸区域次数系一次警报内在何处投弹何处计算一次； 四、投弹数目以调查所得，其他投入江中者未列入。

10．八月三日敌机袭[渝]情况暨伤亡损害概况表（1939年）

二十八年八月三日

敌机经过路线		空袭次数	被炸弹区次数	警报时间	敌机架数	投弹地点	投弹种类枚数		人口伤亡		建筑物损毁			施救情形	备考
窜入路线	逸去路线						爆炸弹	燃烧弹	伤	亡	房屋		交通工具		
											栋	间			
武汉		第28次	第12次，巴县第11次	空袭0:50	18	法国领事馆									广阳坝灾况爆24枚，伤2人，房4间
				紧急1:42		顺城街									
				解除3:28		四德里									
					分两批进袭：1.9架袭渝，2.9架袭广阳坝	中一路213-216号									
						武器库二门									
						中一支路德园									
						兴隆街口									
				经过时间2小时38分		神仙洞后街195									
						神仙洞后街159号									
						川道拐5号									
						领事巷2号									
						南区马路新建防空洞									
						张家花园73号									
						小龙坎									
合计							53	6	8	12	7	14			
附记	一、敌机架数系侵入市区或监视县计算之； 二、警报次数本部发布警报累积计算之； 三、被炸区域次数系一次警报内在何处投弹何处计算一次； 四、投弹数目以调查所得，其他投入江中者未列入。														

11．八月四日敌机袭[渝]情况暨伤亡损害概况表（1939 年）

敌机经过路线		空袭次数	被炸弹区次数	警报时间	敌机架数	投弹地点	投弹种类枚数		人口伤亡		建筑物损毁			施救情形	备考
窜入路线	逸去路线						爆炸弹	燃烧弹	伤	亡	房屋		交通工具		
											栋	间			
武汉		第29次	第13次，巴县第12次	空袭23:44	18	复华搪磁厂									广阳坝被炸灾况爆18枚，伤1人
				紧急0:25	分两批进袭：1. 9架袭渝，2. 9架袭广阳坝	牛角沱26号									
				解除2:48		上清寺216号									
						上清寺生生花园									
				经过时间5小时4分		大田湾45号前田内									
						筬子背河边									
合计							74	7	22	4	18	42			

附记	一、敌机架数系侵入市区或监视县计算之；
	二、警报次数系本部发布警报累积计算之；
	三、被炸区域次数系一次警报内在何处投弹何处计算一次；
	四、投弹数目以调查所得，其他投入江中者未列入。

12．八月二十八日敌机袭巴县情况暨伤亡损害概况表（1939年）

二十八年八月二十八日

敌机经过路线		空袭次数	被炸弹区次数	警报时间	敌机架数	投弹地点	投弹种类枚数		人口伤亡		建筑物损毁			施救情形	备考
窜入路线	逸去路线						爆炸弹	燃烧弹	伤	亡	房屋		交通工具		
											栋	间			
				空袭 19:50	36	巴县属									
				紧急 20:45		茶亭平桥									
				解除 23:24		庞家岩									
						黄桷□中央广播电台库房公路一带									
						南开学校									
		第31次	巴[县]第14次		分两批进袭；1．18架袭沙坪坝一带，2．18架袭迁建区	树人小学									
						蔡家湾高射炮四连侧									
				经过时间4小时45分		土湾附近									
						新洞岩									
						土桥山坡									
						陈家湾									
						新洞湾									
						草铺子									
						滴水岩									
						川主庙									
						沙坪坝庙湾									
合计							92	10	47	33	42	95			

附记	一、敌机架数系侵入市区或监视县计算之； 二、警报次数系本部发布警报累积计算之； 三、被炸区域次数系一次警报内在何处投弹何处计算一次； 四、投弹数目以调查所得，其他投入江中者未列入。

13．八月三十日敌机袭[巴]情况暨伤亡损害概况表（1939年）

敌机经过路线		空袭次数	被炸弹区次数	警报时间	敌机架数	投弹地点	投弹种类枚数		人口伤亡		建筑物损毁			施救情形	备考
窜入路线	逸去路线						爆炸弹	燃烧弹	伤	亡	房屋		交通工具		
											栋	间			
武汉		第32次	巴县第15次,南川第1次	空袭 23:18	24	巴县属									
				紧急 23:59	分两批进袭: 1. 18架袭白市驿一带, 2. 6架袭广阳坝经南川	白市驿机场									
				解除 3:02		禹王庙后街									
				经过时间3小时44分		东仁井									
						衙门口附近									
						文昌宫									
						英园									
						三棵黄桷树	90	40	29	23	32	57			
						广阳坝	18	3		1		4			
						南川县属									
						鸣玉镇	1		4	5					
合计							109	43	33	29	32	61			
附记	一、敌机架数系侵入市区或监视县计算之； 二、警报次数系本部发布警报累积计算之； 三、被炸区域次数系一次警报内在何处投弹何处计算一次； 四、投弹数目以调查所得，其他投入江中者未列入。														

14．九月三日敌机袭巴县情况暨伤亡损害概况表（1939年）

二十八年九月三日

敌机经过路线		空袭次数	被炸弹区次数	警报时间	敌机架数	投弹地点	投弹种类枚数		人口伤亡		建筑物损毁			施救情形	备考
窜入路线	逸去路线						爆炸弹	燃烧弹	伤	亡	房屋		交通工具		
											栋	间			
武汉		第34次	巴县第16次	空袭 23:05	54	土湾									
				紧急 3:20		中央广播电台									
				解除 3:45		军政部纺纱厂									
						牛奶厂									
						土湾河中									
						大岩石									
						九石岗									
						复旦中学									
						中央大学									
					分三批进袭	重庆大学									
						永利铁工厂									
						磁器口									
				经过时间3小时35分		新街河坝									
						操头街									
						青草坝									
						童家碑									
						大水井									
						燕儿洞									
						朱家湾									
						红岩嘴									
						黄桷堡									
						国民公报									
合计							65	23	27	8	2	18			

附记	一、敌机架数系侵入市区或监视县计算之； 二、警报次数系本部发布警报累积计算之； 三、被炸区域次数系一次警报内在何处投弹何处计算一次； 四、投弹数目以调查所得，其他投入江中者未列入。

15．十月四日敌机袭江北情况暨伤亡损害概况表（1939年）

敌机经过路线		空袭次数	被炸弹区次数	警报时间	敌机架数	投弹地点	投弹种类枚数		人口伤亡		建筑物损毁			施救情形	备考
窜入路线	逸去路线						爆炸弹	燃烧弹			房屋		交通工具		
									伤	亡	栋	间			
		第37次	江北第2次	空袭 0:25	9	江北县属									
				紧急 1:05		石马乡瓦厂嘴									
				解除 2:16		石马乡石朝门									
						石马乡田家坝									
						石马乡包家岩									
				经过时间2小时41分		人和乡纱嘴									
						人和黄金堡									
						人和大坪									
						人和王家湾									
合计							53	11	2	1	2	8			
附记	一、敌机架数系侵入市区或监视县计算之； 二、警报次数系本部发布警报累积计算之； 三、被炸区域次数系一次警报内在何处投弹何处计算一次； 四、投弹数目以调查所得，其他投入江中者未列入。														

16．十月十三日敌机袭南川情况暨伤亡损害概况表（1939年）

二八年十月十三日

敌机经过路线		空袭次数	被炸弹区次数	警报时间	敌机架数	投弹地点	投弹种类枚数		人口伤亡		建筑物损毁				施救情形	备考
窜入路线	逸去路线						爆炸弹	燃烧弹	伤	亡	房屋		交通工具			
											栋	间				
武汉		第39次	南川第2次	空袭 9:55	18	南川县										
				紧急		东街										
				解除 13:22		西街										
						下街										
						后街										
				经过时间 3小时 32 分		中和街										
						县府										
						县警察局										
						邮局										
						电政局										
						征收局										
						县党部										
合计							88	5	164	171	541	330				

附记
一、敌机架数系侵入市区或监视县计算之；
二、警报次数系本部发布警报累积计算之；
三、被炸区域次数系一次警报内在何处投弹何处计算一次；
四、投弹数目以调查所得，其他投入江中者未列入。

17．十二月十九日敌机袭南川情况暨伤亡损害概况表（1939 年）

二十八年十二月十九日

敌机经过路线		空袭次数	被炸弹区次数	警报时间	敌机架数	投弹地点	投弹种类枚数		人口伤亡		建筑物损毁			施救情形	备考
窜入路线	逸去路线						爆炸弹	燃烧弹	伤	亡	房屋		交通工具		
											栋	间			
1．潜江浩子口沙市黔江彭水涪陵，2．慈利桑植龙山彭水南川桐梓赤炎自井梁山，3．由自井分批达宜宾，4．由自井分批经内江资中南川	1．涪陵石柱彭水黔江，2．梁山涪陵丰都万县彭水，3．宜宾合川万县彭水，4．南川石柱秀水	第41次	南川第3次	空袭10:05	63	南川县									梁山宜宾两地被炸，非本部所辖，损害故未计入
				紧急10:23		北门后堡	15	10	14	6	9				
				解除11:28		西外石牛渠	65		3	2	8				
				经过时间1小时23分	1．9架飞至涪陵折返，2．18架袭梁山，3．18架袭宜宾，4．18架袭南川										
合计							80	10	17	8	17				
附记	一、敌机架数系侵入市区或监视县计算之； 二、警报次数系本部发布警报累积计算之； 三、被炸区域次数系一次警报内在何处投弹何处计算一次； 四、投弹数目以调查所得，其他投入江中者未列入。														

18．九月十二日敌机袭渝情况暨伤亡损害概况表（1940年）

二十九年九月十二日

敌机经过路线		空袭次数	被炸弹区次数	警报时间	敌机架数	投弹地点	投弹种类枚数		人口伤亡		建筑物损毁			施救情形	备考
窜入路线	逸去路线						爆炸弹	燃烧弹	伤	亡	房屋		交通工具		
											栋	间			
1. 9:58在建始发现，经恩施、利川，2. 9:32在渔洋关发现，经来凤、丰都、涪陵，3. 9:48在董市发现，经五峰、忠县	1、2、3.经双河涪陵丰都	第98次	渝市38次	空袭10:18	45	王家坡	6				6	20			
				紧急10:45	分3批：1. 9架于11:00在渝市上空盘旋直至第二批侵入市空始逸去，2. 9架于11:10在渝市投弹，3. 27架于12:04在重庆投弹	铁道坝	1				2	8			
				解除14:00		两浮支路	4					4			
				经过时间2小时54分		桂花园	3					2			
						李子坝	1					17			
						半山新村	1					3			
						李子坝河街	7	1	3			30			
						嘉陵新村	4					3			
						遗爱祠正街	14	2				14			
						嘉陵新村8号	7			2		3			
						广黔支路	4	1	11	6	7	10			
						广黔路	9	1	16	17	17	15			
合计							61	5	41	23	32	129			

附记：
一、敌机架数系侵入市区或监视县计算之；
二、警报次数系本部发布警报累积计算之；
三、被炸区域次数系一次警报内在何处投弹何处计算一次；
四、投弹数目以调查所得，其他投入江中者未列入。

19．九月十三日敌机袭[渝]情况暨伤亡损害概况表（1940 年）

敌机经过路线		空袭次数	被炸弹区次数	警报时间	敌机架数	投弹地点	投弹种类枚数		人口伤亡		建筑物损毁			施救情形	备考
窜入路线	逸去路线						爆炸弹	燃烧弹	伤	亡	房屋		交通工具		
											栋	间			
1．渔洋关、施南、长寿，2．奉节、忠县、南川，3．经土溪、施南、忠县、长寿	1．经小观音南川彭水，2．经南川涪陵石柱，3．经长寿涪陵石柱	第100次	渝40次	空袭10:15	53	中四路	29	3	1		24	60			
				紧急11:00	分3批：1. 27架于11:31侵入渝市投弹，2. 15架于11:34侵入渝市投弹，3. 11架于12:03侵入璧山，经我机击溃空战	国府路	24		1		14	29			
				解除13:47		大溪别墅	11				5	10			
						学田湾	1								
						蒲草田	2								
				经过时间3小时32分		梯圣街	5				4	8			
						美专校内	2								
						玛瑙溪	4				3	12			
						南坪正街	4				14	7			
						马家店	2		5		1				
合计							83	3	7		64	133			
附记	一、敌机架数系侵入市区或监视县计算之； 二、警报次数系本部发布警报累积计算之； 三、被炸区域次数系一次警报内在何处投弹何处计算一次； 四、投弹数目以调查所得，其他投入江中者未列入。														

20．九月十五日敌机袭渝情况暨伤亡损害概况表（1940 年）

二十九年九月十五日

敌机经过路线		空袭次数	被炸弹区次数	警报时间	敌机架数	投弹地点	投弹种类枚数		人口伤亡		建筑物损毁			施救情形	备考
窜入路线	逸去路线						爆炸弹	燃烧弹	伤	亡	房屋		交通工具		
											栋	间			
在□□发现，经聂家河、恩施、涪陵		第104次	巴县41次	空袭10:54	31	小龙坎	6							1		
				紧急11:48	1．9 架于12:33 在南泉投弹，2．23 架，3．9 架于12:24 侵入小龙坎投弹并用机枪扫射	小温泉	25	6	38	19	13				
				解除13:38											
				经过时间2小时44分											
合计							31	6	38	19	13		1		
附记	一、敌机架数系侵入市区或监视县计算之； 二、警报次数系本部发布警报累积计算之； 三、被炸区域次数系一次警报内在何处投弹何处计算一次； 四、投弹数目以调查所得，其他投入江中者未列入。														

21．九月十六日敌机袭巴情况暨伤亡损害概况表（1940年）

二十九年九月十六日

敌机经过路线		空袭次数	被炸弹区次数	警报时间	敌机架数	投弹地点	投弹种类枚数		人口伤亡		建筑物损毁			施救情形	备考
窜入路线	逸去路线						爆炸弹	燃烧弹	伤	亡	房屋		交通工具		
											栋	间			
1．9:36在五峰发现，经利川、石柱、丰都、涪陵、长寿、小观音，2．9:15在松滋发现，经忠路、彭水、南川、木洞，3．10:30在长阳发现，经资邱、施南、石柱、丰都、涪陵，4．11:20在建始发现，经施南、石柱、丰都、涪陵、双河	1．经龙岗涪陵彭水，2．经小观音涪陵丰都，3．经丰都彭水，4．经涪陵丰都彭水	第106次	巴42次	空袭10:11	68	巴县：									
				紧急11:20	分4批：1．24架于11:51在南泉投弹，2．9架于12:15内有5架在渔洞溪、内有2架在大渡口均俯冲投弹，3．17架飞至双河分散侵入市空后参加第4批逸去，4．18架于12:30在南温泉投弹	南温泉等处	47	4	48	5		79			
				解除13:31		鹿角乡	7	1	5			8			
				经过时间3小时20分		鱼洞溪	16	2	7	4		15	木船2		
						大渡口	7		2	4		4	木船3		
合计							77	7	62	13		106	木船5		

附记	一、敌机架数系侵入市区或监视县计算之； 二、警报次数系本部发布警报累积计算之； 三、被炸区域次数系一次警报内在何处投弹何处计算一次； 四、投弹数目以调查所得，其他投入江中者未列入。

22．十月六日敌机袭[渝]情况暨伤亡损害概况表（1940 年）

二十九年十月六日

窜入路线	逸去路线	空袭次数	被炸弹区次数	警报时间	敌机架数	投弹地点	爆炸弹	燃烧弹	伤	亡	栋	间	交通工具	施救情形	备考
1．10:12 在聂家河，经五峰、黔江、涪陵、长寿、茨[竹]，2．10:01 在三斗坪发现，经秭归、万县、梁山	经太平涪陵石柱	第109次	1．渝市44次，2．涪陵5次	空袭 10:55	42	望龙门	1								梁山非本部所辖损害不详
				紧急 11:40	分2批：1．27架于12:04在渝市投弹，2．15架其中6架经梁山后东逸，另9架于12:02在渝投弹后经涪陵时有1架投弹	芭蕉园	1		3		3	14			
				解除 12:52		白象街	1		1						
						张家凉亭	2		29	14					
						民生北码头	2								
						金汤街	1		2			9			
						中一路	2					9			
						普灵寺空坝	2								
				经过时间1小时57分		兴隆街	3		2						
						中一路	1		1			28			
						保节院街	3		2			39			
						田德里	1		1						
						双龙巷	1								
						武器修理所	13		1	8					
						下石板坡		1			2	9			

敌机经过路线		空袭次数	被炸弹区次数	警报时间	敌机架数	投弹地点	投弹种类枚数		人口伤亡		建筑物损毁			施救情形	备考
窜入路线	逸去路线						爆炸弹	燃烧弹	伤	亡	房屋		交通工具		
											栋	间			
						上南区马路	2		1	1	1	2			
						鱼鳅石	2	1	4	1	2	9			
						领事巷	2	1			3	18			
						双溪沟教门山	1	1							
						新二十五师二营部	2								
						玄坛庙	2			1		2			
						新院巷	5			12	1	10			
						虎乳街	10			1		2			
						冻绿坊	25	1	7	2		44			
						施家坎	15	2	20	10		16			
						施家河	6	1	10	4		19			
						马房湾	3	2	10	6		7			
						涪陵北门外河坝	1								
合计							115	16	105	48	128	162			

附记	一、敌机架数系侵入市区或监视县计算之； 二、警报次数系本部发布警报累积计算之； 三、被炸区域次数系一次警报内在何处投弹何处计算一次； 四、投弹数目以调查所得，其他投入江中者未列入。

23．十月十日敌机袭北碚情况暨伤亡损害概况表（1940 年）

二十九年十月十日

敌机经过路线		空袭次数	被炸弹区次数	警报时间	敌机架数	投弹地点	投弹种类枚数		人口伤亡		建筑物损毁			施救情形	备考
窜入路线	逸去路线						爆炸弹	燃烧弹	伤	亡	房屋		交通工具		
											栋	间			
1. 9:37在江家畈发现，经五峰、鹤峰、宣恩、咸丰、黔江、石柱、丰都、涪陵，2.10:00在三斗坪发现，经恩施、利川、丰都、涪陵、长寿	1. 复分2批：(1)9架经涪陵丰都石柱，(2)18架经长寿涪陵邮都石柱，2. 涪陵丰都	第110次	北碚4次	空袭10:21	31	北碚黄桷树	6		10	3	14				
				紧急11:08		东洋镇	3	3							
				解除12:25		大明工厂	4		3		2				
					分2批：1. 27架于11:50在北碚投弹后分两批，2. 11:27侵入渝市上空盘旋	庙湾	8								
						盐店	4		5	1	8				
				经过时间2小时04分		监视哨	2				1				
						区署	5		4				3		
						何〔河〕边	2								
						新村	3	1							
合计					31		37	4	22	4	25		3		

附记	一、敌机架数系侵入市区或监视县计算之； 二、警报次数系本部发布警报累积计算之； 三、被炸区域次数系一次警报内在何处投弹何处计算一次； 四、投弹数目以调查所得，其他投入江中者未列入。

24．十月十七日敌机袭渝情况暨伤亡损害概况表（1940年）

二十九年十月十七日

敌机经过路线		空袭次数	被炸弹区次数	警报时间	敌机架数	投弹地点	投弹种类枚数		人口伤亡		建筑物损毁			施救情形	备考
							爆炸弹	燃烧弹			房屋		交通工具		
窜入路线	逸去路线								伤	亡	栋	间			
10:55在长阳发现，经资邱、五峰、恩施、黔江、石柱、丰都、涪陵、隆盛	经太平涪陵丰都石柱	第114次	渝市46次	空袭11:40	18	大溪沟东水门一带	50	7	79	25	49	220	木船19		
				紧急12:29	13:00在渝市投弹										
				解除14:30											
				经过时间2小时50分											
合计							50	7	79	25	49	220	木船19		

附记	一、敌机架数系侵入市区或监视县计算之；
	二、警报次数系本部发布警报累积计算之；
	三、被炸区域次数系一次警报内在何处投弹何处计算一次；
	四、投弹数目以调查所得，其他投入江中者未列入。

25．十月二十五日敌机袭[重庆等地]情况暨伤亡损害概况表（1940年）

敌机经过路线		空袭次数	被炸弹区次数	警报时间	敌机架数	投弹地点	投弹种类枚数		人口伤亡		建筑物损毁			施救情形	备考
窜入路线	逸去路线						爆炸弹	燃烧弹	伤	亡	房屋		交通工具		
											栋	间			
1．9:10在长阳发现，经利川、忠县、涪陵、长寿、邻水、清平、依凤，2．10:35在贺家坪发现，经利川、忠县、涪陵	1．经永兴涪陵丰都石柱，2．长寿涪陵丰都	第115次	1．渝市47次，2．涪陵5次 经过时间3小时56分	空袭10:00 紧急10:52 解除13:56	42 分2批：1．24架于11:20在渝市投弹，2．18架于12:24在渝市投弹内有9架于13:02在涪陵投弹	重庆：								
						打铜街	3				3				
						模范市场	1				2				
						中正路	4	4			13	13			
						莲花池		1			1				
						大洪岗		1			9				
						石门街	2								
						东正街口		1							
						水巷子	3				31				
						行街	1				13				
						七星岩	2		11		3		木船2		
						顺城街河坝	2		5	3	11		木船3		
						丰碑街河坝	3		7	2			木船2		

窜入路线	逸去路线	空袭次数	被炸弹区次数	警报时间	敌机架数	投弹地点	爆炸弹	燃烧弹	伤	亡	栋	间	交通工具	施救情形	备考
						信义街	13				15				
						过街楼	2	2			5				
						陕西路	5	3			8	15			
						顶项子	1				1				
						小河顺城街	6				12				
						姚家巷	12	1			20				
						余家巷	2				5				
						金鸭巷	2				2				
						赣家巷	2								
						嘉陵码头	2			4	6		木船5		
						贺家码头	4			1	13				
						千厮正街	1				12				
						当归码头	2			1	31				
						西水横街	3		1	2	27				
						大田湾	1	1	1		8				
						新村	1				1				
						重庆村	1				1				
						桂花园	3		1						
						下浩正街	1			1		2			
						莲花山	2		3	19					
						天一门	2		4	2					
						门朝街	1		1	1		2			
						渝铁工厂翻砂间	6		2	1					

敌机经过路线		空袭次数	被炸弹区次数	警报时间	敌机架数	投弹地点	投弹种类枚数		人口伤亡		建筑物损毁			施救情形	备考
窜入路线	逸去路线						爆炸弹	燃烧弹	伤	亡	房屋栋	房屋间	交通工具		
						豫丰纱厂	4	1	1	1		1			
						河溪	3					1			
						二十五厂						1	汽车 4		
						小计	102	15	42	46	252	22	木船 13 汽车 4		
						涪陵	12	4	8	6		54			
合计							114	19	50	52	252	76	木船 13 汽车 4		
附记	一、敌机架数系侵入市区或监视县计算之； 二、警报次数系本部发布警报累积计算之； 三、被炸区域次数系一次警报内在何处投弹何处计算一次； 四、投弹数目以调查所得，其他投入江中者未列入。														

26．十月二十六日敌机袭渝情况暨伤亡损害概况表（1940年）

敌机经过路线		空袭次数	被炸弹区次数	警报时间	敌机架数	投弹地点	投弹种类枚数		人口伤亡		建筑物损毁			施救情形	备考
窜入路线	逸去路线						爆炸弹	燃烧弹	伤	亡	房屋		交通工具		
											栋	间			
1．三斗坪发现，经武陵、岳池、南充，2．松滋发现，经枝江、石柱、南川	1.三台岳池广安大竹梁山，2.木耳双河涪陵丰都石柱	第116次	1．渝48次，2.涪陵7次	空袭10:20	32	重庆韦家院、海关、下安乐洞、曾家岩	73	5	33	15	172	78			
				紧急10:54	分2批：1. 14架在遂宁投弹，2. 18架在重庆投弹经涪陵时单投一弹	涪陵	1								
				解除13:56											
				经过时间2小时45分											
合计							74	5	33	15	172	78	木船3汽艇1汽车1		

附记	一、敌机架数系侵入市区或监视县计算之； 二、警报次数系本部发布警报累积计算之； 三、被炸区域次数系一次警报内在何处投弹何处计算一次； 四、投弹数目以调查所得，其他投入江中者未列入。

27．一月十四日敌机袭合川情况暨伤亡损害概况表（1941 年）

敌机经过路线		空袭次数	被炸弹区次数	警报时间	敌机架数	投弹地点	投弹种类枚数		人口伤亡		建筑物损毁			施救情形	备考
											房屋		交通工具		
窜入路线	逸去路线						爆炸弹	燃烧弹	伤	亡	栋	间			
1．10:22 在湖北聂家河发现，经五峰、恩施、忠县，2．11:00 在湖北渔洋关发现，经五峰、忠县、涪陵	1.邻水忠县双河丰都，2.经石柱东逸	第122次	合川4次	空袭11:50	18	合川县：									
				紧急12:20		东水门外打铁街	18		34	51	34	47			
				解除13:59	分2批：1.12架于13:10进袭合川投弹，2.6架于13:00在渝上空用机枪扫射	苏家街	1								
						九长街	1								
				经过时间2小时09分		朝阳门	6								
						棉子口	6								
						子桥街	1								
合计					18		33		34	51	34	47			
附记	一、敌机架数系侵入市区或监视县计算之； 二、警报次数系本部发布警报累积计算之； 三、被炸区域次数系一次警报内在何处投弹何处计算一次； 四、投弹数目以调查所得，其他投入江中者未列入。														

28．二月四日敌机袭合川情况暨伤亡损害概况表（1941 年）

三十年二月四日

敌机经过路线		空袭次数	被炸弹区次数	警报时间	敌机架数	投弹地点	投弹种类枚数		人口伤亡		建筑物损毁			施救情形	备考
											房屋				
窜入路线	逸去路线						爆炸弹	燃烧弹	伤	亡	栋	间	交通工具		
10:38 松滋发现，经五峰、利川、涪陵、北碚，于 13:19 窜至合川投弹	经清平茨竹长寿垫江丰都	第 124 次	合川 5 次	空袭 11:45	9	合川小南门内外									
				紧急 12:37		丁家街									
				解除 13:59	13:19 在合川投弹	金市街									
						古楼街									
				经过时间 2 小时 14 分		白菜园									
						小计	44	10	2		270				
合计							44	10	2		270				
附记	一、敌机架数系侵入市区或监视县计算之； 二、警报次数系本部发布警报累积计算之； 三、被炸区域次数系一次警报内在何处投弹何处计算一次； 四、投弹数目以调查所得，其他投入江中者未列入。														

29．五月三日敌机袭[渝]情况暨伤亡损害概况表（1941 年）

三十年五月三日

敌机经过路线		空袭次数	被炸弹区次数	警报时间	敌机架数	投弹地点	投弹种类枚数		人口伤亡		建筑物损毁		施救情形	备考
窜入路线	逸去路线						爆炸弹	燃烧弹	伤	亡	房屋			
											栋	间	交通工具		

敌机经过路线		空袭次数	被炸弹区次数	警报时间	敌机架数	投弹地点	爆炸弹	燃烧弹	伤	亡	栋	间	交通工具	施救情形	备考
1. 10:14 在贺家坪发现，经野三关、奉节、云阳、万县、梁山、垫江、长寿、茨竹、北碚，2. 10:30 在长阳发现，经五峰、恩施、利川、石柱、丰都、涪陵、长寿、隆盛、茨竹、北碚	1. 经小观音太平涪陵丰都石柱彭水黔江，2. 经双河太平南川	第129次		空袭 11:05 紧急 11:54 解除 13:30 经过时间 2 小时 25 分	63 分 2 批：1. 54 架于 12:25 在渝市投弹，2. 9 架于 12:24 在渝市投弹	中华路 民权路 保安路 新生路 中一路 飞来寺 南区马路 国府路 学田湾 曾家岩 两路口 中美村								
合计					63		83	36	18	6	127	269			

| 附记 | 一、敌机架数系侵入市区或监视县计算之；
二、警报次数系本部发布警报累积计算之；
三、被炸区域次数系一次警报内在何处投弹何处计算一次；
四、投弹数目以调查所得，其他投入江中者未列入。 |

62

30．五月十日敌机袭[渝]情况暨伤亡损害概况表（1941年）

三十年五月十日

敌机经过路线		空袭次数	被炸弹区次数	警报时间	敌机架数	投弹地点	投弹种类枚数		人口伤亡		建筑物损毁			施救情形	备考
窜入路线	逸去路线						爆炸弹	燃烧弹	伤	亡	房屋 栋	间	交通工具		
1．8:48 在王家畈发现，经五峰、鹤峰、黔江、石柱、丰都、涪陵、南川、綦江、渔洞溪， 2．□□□□发现，经五峰、鹤峰、黔江、石柱、丰都、涪陵、南川、綦江、江津	1．经河寿陵丰都，双长涪陵丰都 2．经茨竹寿陵丰都长涪陵丰都	第131次		空袭 9:43	54	重庆市	64	32	20	12	84	105	木船24		
				紧急 10:35											
				解除 11:46	分2批：1．27架于10:56在渝市投弹，2．27架于11:25在渝市投弹										
				经过时间2小时03分											
合计					54		64	32	20	12	84	105	木船24		
附记	一、敌机架数系侵入市区或监视县计算之； 二、警报次数系本部发布警报累积计算之； 三、被炸区域次数系一次警报内在何处投弹何处计算一次； 四、投弹数目以调查所得，其他投入江中者未列入。														

31．五月十六日敌机袭[渝]情况暨伤亡损害概况表（1941 年）

敌机经过路线		空袭次数	被炸弹区次数	警报时间	敌机架数	投弹地点	投弹种类枚数		人口伤亡		建筑物损毁			施救情形	备考
窜入路线	逸去路线						爆炸弹	燃烧弹	伤	亡	房屋		交通工具		
											栋	间			
1．7:33 经西斋发现,经澧县、走马坪、宣恩、来凤、黔江、彭水、涪陵、南川、太平、口南, 2．7:55 在西斋发现,经走马坪、宣恩、咸丰、黔江、彭水、涪陵、木洞	1．经河寿陵都丰忠县, 2．经口关寿长涪陵	第132次		空袭 8:45	27	重庆市	68	18	8	10	24	80			
				紧急 9:40	分2批: 1．53 架于 9:55 在渝市投弹（原54架,内有一架在恩施投弹后折返,余53架在渝投弹后返忠县时投弹3枚）, 2．9 架于 9:56 在渝市投弹										
				解除 10:54											
				经过时间2小时00分											
合计							68	18	8	10	24	80			
附记	一、敌机架数系侵入市区或监视县计算之; 二、警报次数系本部发布警报累积计算之; 三、被炸区域次数系一次警报内在何处投弹何处计算一次; 四、投弹数目以调查所得,其他投入江中者未列入。														

32．六月一日敌机袭渝情况暨伤亡损害概况表（1941年）

敌机经过路线		空袭次数	被炸弹区次数	警报时间	敌机架数	投弹地点	投弹种类枚数		人口伤亡		建筑物损毁			施救情形	备考
窜入路线	逸去路线						爆炸弹	燃烧弹	伤	亡	房屋		交通工具		
											栋	间			
9:24在宜都发现，经恩施、彭水、涪陵、木洞	经长寿丰都石柱	第137次		空袭10:20	24	重庆市									
				紧急11:08		中正路	3	2			4				
				解除12:12		罗汉寺	1								
						民族路	4				3				
						机房街	5				21				
						复兴观	1								
						铁板街	1				1				
						中华路	2								
				经过时间1小时48分	11:18在渝市投弹	中正路	1								
						正阳街	2				6				
						保安路	3	2			4				
						民权路	8	2	1		8				
						临江路	9	2			12				
						五四路	1								
						复兴路	2		3	3					
						江家巷	1								
						飞仙崖		1							
						豆腐石		1							
						毛草坡	1								

敌机经过路线		空袭次数	被炸弹区次数	警报时间	敌机架数	投弹地点	投弹种类枚数		人口伤亡		建筑物损毁			施救情形	备考
窜入路线	逸去路线						爆炸弹	燃烧弹	伤	亡	房屋栋	房屋间	交通工具		
						民生路	5			2					
						勉励街	4			2					
						学院街	6								
						大观坪空坝	1								
						罗家沟空坝	1								
						月台坝	1					6			
						大巷子	1		3	1					
						东升楼	1					8			
						百子巷	5	1		2	10				
						模范市场	3				1				
						会府街	1		3	1					
						和平路	7		1	2	17				
						火药局	1			2	1				
						新民街	6				6				
						新华街	2				3				
						棉絮街	4								
						忠烈祠	5				4				
						铜鼓台	1								
						潘家沟	2				5				
						吴师爷巷	4				7				
						曹家巷	1				3				
						德兴里	3				9				
						报恩堂	2								
						中一路	2	3			3				
						保节院		1							
						劝居巷	1				2				

敌机经过路线		空袭次数	被炸弹区次数	警报时间	敌机架数	投弹地点	投弹种类枚数		人口伤亡		建筑物损毁			施救情形	备考
窜入路线	逸去路线						爆炸弹	燃烧弹	伤	亡	房屋		交通工具		
											栋	间			
						金汤街	3				5				
						通远门城楼上	4				2				
						民生路	2				1				
						四圣巷	1				1				
						石灰市	1		10	3					
						十八梯	1								
						回水沟	1				4				
						螃蟹井	1				2				
						观音岩	1		12	3					
						罗家湾		1				27			
						小石坝	1								
						大石坝	1								
						石桥段	1								
						杨家沟	1								
合计							134	16	33	21	145	41			

| 附记 | 一、敌机架数系侵入市区或监视县计算之；
二、警报次数系本部发布警报累积计算之；
三、被炸区域次数系一次警报内在何处投弹何处计算一次；
四、投弹数目以调查所得，其他投入江中者未列入。 |

33．六月二日敌机袭渝情况暨伤亡损害概况表（1941年）

敌机经过路线		空袭次数	被炸区次数	警报时间	敌机架数	投弹地点	投弹种类枚数		人口伤亡		建筑物损毁			施救情形	备考
											房屋		交通工具		
窜入路线	逸去路线						爆炸弹	燃烧弹	伤	亡	栋	间			
8:21在松滋发现，经五峰、咸丰、黔江、彭水、涪陵、太平、永兴、鱼洞溪	经长寿丰都石柱	第138次	重庆	空袭9:00	32	重庆市									
				紧急9:45		九尺坎	2				7				
				解除10:56		民族路	2				8				
						机房街	1				2				
						育婴堂	2	1			1				
						兴隆巷	2	1			1				
						罗汉寺	2				2				
						二郎庙	1				5				
						棉花街	2				3				
						观阳巷	1								
						新河后街	1					12			
						镇江寺	2				5				
				经过时间1小时56分	10:09在重庆投弹	纸盐河街	2				6				
						蔡家湾	1		2		6				
						千斯正街	1		2		6				
						新生路			2						
						中华路	1				2				
						中正路	2								
						保安路	6								
						左营街	1								
						公园路	1								
						五四路	3				1				
						临江路	1					4			
						大井巷	1					1			
						民权路	2					2			

| 敌机经过路线 | | 空袭次数 | 被炸弹区次数 | 警报时间 | 敌机架数 | 投弹地点 | 投弹种类枚数 | | 人口伤亡 | | 建筑物损毁 | | | 施救情形 | 备考 |
窜入路线	逸去路线						爆炸弹	燃烧弹	伤	亡	房屋		交通工具		
											栋	间			
						韦家院坝	1				1				
						警备部	1								
						北（玄）坛庙	1					7			
						百子巷	14	2			14				
						至圣宫	24	2			5				
						金汤街	8	1				20			
						莲花池	1					7			
						德兴里	3					8			
						铜鼓台巷	2		2	2					
						新华街	2				36				
						棉絮街	1								
						新民街	3	1			15				
						潘家沟	1		3	2	4				
						和平路	6		4	2	34				
						劝学所	1	1							
						报恩堂	2								
						冉家巷	1				1				
						忠烈祠	2				2				
						四贤巷	4				3				
						曹家巷	1								
						果园内	1								
						安乐洞	4								
						民生路	2	1			1				
						宰房沟	1				1				
						地母亭	1								
						杨家花园	1				1				
						中一路	9					34			
						保节院	4				12				
						兴隆街	2				1				
						领事巷	9				2				
						十八梯	1				2				
						清真寺	1				1				
						永兴当巷	3			1	5				

敌机经过路线		空袭次数	被炸弹区次数	警报时间	敌机架数	投弹地点	投弹种类枚数		人口伤亡		建筑物损毁			施救情形	备考
窜入路线	逸去路线						爆炸弹	燃烧弹	伤	亡	房屋		交通工具		
											栋	间			
						厚慈街	4		1	3	38				
						回水沟	5				2				
						柑子堡		1	1	1					
						螃蟹井	1				3				
						二十梯	1				1				
						凤凰台	3				9				
						水沟	1				2				
						观音堂	1		40	49	1				
						国珍街	1	1							
						上南区马路	2	1			36				
						川道拐	1				1				
						下石板坡	1				9				
						鱼鳅石	4		7	4	2				
						川道拐河边	1			1					
						打渔湾	2		10					民船1	
						垮城墙		1			1	4			
						三山庙	1					1			
						公园街		1							
						文庙	1				2	5			
						兴隆桥	1	1							
						水府宫	1	1							
						官山坡		1			5	8			
						衙门口	1				4				
						廖家台	1	1	1						
						毛溪段	1								
						高脚土地	2								
合计							196	18	74	67	318	100	民船1		
附记	一、敌机架数系侵入市区或监视县计算之； 二、警报次数系本部发布警报累积计算之； 三、被炸区域次数系一次警报内在何处投弹何处计算一次； 四、投弹数目以调查所得，其他投入江中者未列入。														

34．六月五日敌机袭渝情况暨伤亡损害概况表（1941年）

三十年六月五日

敌机经过路线 窜入路线	逸去路线	空袭次数	被炸弹区次数	警报时间	敌机架数	投弹地点	爆炸弹	燃烧弹	伤	亡	房屋 栋	房屋 间	交通工具	施救情形	备考
1．17:33在宜都发现，经鹤峰、利川、忠县、丰都、涪陵、长寿，2．18:59在松滋发现，经五峰、石柱、长寿，3．20:07在宜都发现，经鹤峰、利川、长寿、铜梁、大足	1．经双河涪陵丰都忠县，2．经太平涪陵丰都石柱，3．经双河涪陵丰都	第139次	渝	空袭 18:18	24	重庆市								本晚第3批投后，本部督导组全体出动，督饬各勤务部队施救得力，乃能速完成。六二委员长亲临查视时，已完竣矣	本晚八演武厅灰隧发室，经调查后总死伤如列表。本十梯石市道生息，调后至伤二员
				紧急 18:57		安乐洞街	3								
				解除 23:27		宰房沟	1	1			1				
					分3批：1.8架于19:28在渝市投弹，2.8架于20:47在渝市投弹，3.8架于22:35在渝市投弹	德兴里	2					6			
						莲花池正街	3					5			
						新民街	3					6			
						水市巷	1					1			
						和平路	3					4			
						金汤街	2					2			
					经过时间 5小时9分	中一路	1	2				10			
						神仙洞新街	2					8			
						保节院	1								
						上安乐洞街		3				4			
						神仙洞街	2			1					
						纯阳洞	3					3			
						上南区马路	1			2		17			
						上石板坡	2			1	6	1			
						下宰房	1								
						石板后街	1					3			
						神仙洞街	3					12			

敌机经过路线		空袭次数	被炸弹区次数	警报时间	敌机架数	投弹地点	投弹种类枚数		人口伤亡		建筑物损毁			施救情形	备考
窜入路线	逸去路线						爆炸弹	燃烧弹	伤	亡	房屋栋	房屋间	交通工具		
						厚慈街	1				11				
						书帮公所	1	1		1	12				
						韩家巷	2				8				
						放牛巷	1								
						国府路	2				1	1			
						建设路	1					1			
						大德里	1								
						高家庄	2								
						张家花园	3	1							
						枣子岚垭	3				2				
						罗家湾	8				2				
						上清寺	7	4			8	50			
						李子坝上街	2			1					
						李子坝正街	8				1				
						一天门	1	1		2	3	3			
						盐店湾	2		3	1	2				
						海棠溪码头	1			1					
						向家坡	1				1				
						十八梯、演武厅、石灰市隧道			165	1008					
合计							82	13	173	1019	117	73			
附记	一、敌机架数系侵入市区或监视县计算之； 二、警报次数系本部发布警报累积计算之； 三、被炸区域次数系一次警报内在何处投弹何处计算一次； 四、投弹数目以调查所得，其他投入江中者未列入。														

35．六月七日敌机袭渝情况暨伤亡损害概况表（1941 年）

敌机经过路线		空袭次数	被炸弹区次数	警报时间	敌机架数	投弹地点	投弹种类枚数		人口伤亡		建筑物损毁			施救情形	备考
窜入路线	逸去路线						爆炸弹	燃烧弹	伤	亡	房屋		交通工具		
											栋	间			
1．11:35 在宜都发现，经渔洋关、五峰、鹤峰、宣恩、黔江、彭水、涪陵、太平、南川、綦江、龙岗，2．12:10 在宜都发现，经五峰、宣恩、黔江、石柱、丰都、涪涪、双河	1．经木洞长寿涪陵丰都石柱，2．长寿涪陵丰都	第140次	重庆	空袭 12:20	34	重庆市									
				紧急 18:57		石灰码头	1			1	5				
				解除 22:12		新河街	1					6	民船5		
				经过时间9小时52分	分2批：1．27架于13:48在渝市投弹，2．5架于14:07在渝市用机枪扫射	中正路	5				3	8			
						中华路	4	2		1	3	52			
						保安路	4				1	59			
						民国路	2					2			
						新生路	7				1	7			
						民权路	6					24			
						临江路	1					1			
						五四路	1	1							
						小梁子	1	1	2			4			
						瓷器街	2				1	8			
						木货街	1	1		2		12			
						碑坊里	1					1			
						林森路	1					1			
						联升街	1					2			
						三圣殿	1								

敌机经过路线		空袭次数	被炸弹区次数	警报时间	敌机架数	投弹地点	投弹种类枚数		人口伤亡		建筑物损毁			施救情形	备考
窜入路线	逸去路线						爆炸弹	燃烧弹	伤	亡	房屋		交通工具		
											栋	间			
						刁家巷	2				5	1			
						东华观巷		1	1			1			
						文华街		2							
						民生路	1				5				
						若瑟堂	1								
						莲花洞	1	1							
						安乐洞	3		8						
						新民街	1				10				
						莲花池后街	2				2				
						中一路		4							
						金汤街	1	2							
						保节院	1	2							
						维新街	1				1				
						长十间	1				1				
						放牛巷	1				2				
						宰牲院	1				1				
						马蹄街	1				1				
						蔡家石堡	1			1	3				
						土地滩	1			2		2			
合计							60	17	12	6	51	185	民船5		

| 附记 | 一、敌机架数系侵入市区或监视县计算之；
二、警报次数系本部发布警报累积计算之；
三、被炸区域次数系一次警报内在何处投弹何处计算一次；
四、投弹数目以调查所得，其他投入江中者未列入。 |

36．六月十一日敌机袭渝情况暨伤亡损害概况表（1941年）

三十年六月十一日

敌机经过路线		空袭次数	被炸弹区次数	警报时间	敌机架数	投弹地点	投弹种类枚数		人口伤亡		建筑物损毁			施救情形	备考
窜入路线	逸去路线						爆炸弹	燃烧弹	伤	亡	房屋栋	间	交通工具		
1. 10:39 在宜都发现，经五峰、鹤峰、宣恩、丰都、涪陵，2. 11:00 在湖北枝江发现，经五峰、鹤峰、黔江、彭水、涪陵，3. 12:20 在宜都发现，经五峰、鹤峰、咸丰、黔江、石柱、丰都、涪陵、南川、太平	1. 经长寿涪陵丰都石柱，2. 经木洞涪陵丰都石柱，3. 经涪陵丰都石柱。	第141次	1.重庆 2.涪陵 3.巴县	空袭 11:30	68	静石湾	1		2	1					
				紧急 12:23	分3批：1. 34架于13:03在渝市投弹，2. 9架于12:29在渝市上空盘旋后于15:00在涪陵投弹，3. 23架于14:40在渔洞溪大中坝投弹	24工厂	105	20	8	4		15			
				解除 15:36		25工厂	15	4				5			
						小计	121	24	10	5		20			
						涪陵：									
						城外清溪沟	1		1						
						城外观音阁	1		1						
						小计	2		2						
						巴县：									
				经过时间4小时06分		鱼洞镇	9					4			
						大中坝	51					1			
						□家石盘	24								
						人和乡	1	1	1				1		
						永石乡	1		1	1		5			
						小计	86	1	2	1	5	6			
合计					68		209	25	14	6	10	26			
附记	一、敌机架数系侵入市区或监视县计算之； 二、警报次数系本部发布警报累积计算之； 三、被炸区域次数系一次警报内在何处投弹何处计算一次； 四、投弹数目以调查所得，其他投入江中者未列入。														

37．六月十四日敌机袭渝情况暨伤亡损害概况表（1941年）

敌机经过路线		空袭次数	被炸弹区次数	警报时间	敌机架数	投弹地点	投弹种类枚数		人口伤亡		建筑物损毁			施救情形	备考
窜入路线	逸去路线						爆炸弹	燃烧弹	伤	亡	房屋		交通工具		
											栋	间			
1．12:05 在宜都发现，经五峰、施南、利川、石柱、丰都、涪陵后，其中有2架返恩施投弹，余25架经垫江、邻水、广安、岳池、武胜、合川、依凤，2．12:58 在松滋发现，经宜都、渔洋关、五峰、黔江、彭水、涪陵、太平、木洞	1．经永兴涪陵太平彭水黔江，2．经南川龙岗洞木寿丰石柱长陵都陵石柱	第142次	重庆	空袭12:54	34	北坛庙街	3						4		
				紧急14:20		大码头	1						14		
				解除16:02		盐井巷		2					1		
						长八间	4	1					27		
						新码头		1					20		
						丁口街	2						19		
						吉祥寺	1						4		
				经过时间3小时08分	分2批：1．27架于14:35在渝市投弹，2．7架于14:32在渝市上空盘旋	尚武巷	1								
						老街	2								
						磨房街	1								
						老衣服街	1								
						较场坝	1								
						民权路	2								
						大井巷	1						2		
						林森路	1	1					20		
						善果街	2						3		
						大观坪	1								
						九道门	1								
						保节院	1								
						连花洞	1	1				1			
						宰房街	1	2				1			

敌机经过路线		空袭次数	被炸弹区次数	警报时间	敌机架数	投弹地点	投弹种类枚数		人口伤亡		建筑物损毁			施救情形	备考
窜入路线	逸去路线						爆炸弹	燃烧弹	伤	亡	房屋		交通工具		
											栋	间			
						红十字	2				7				
						菜塘湾	2		6						
						民生路	2								
						棉絮街	1				4				
						和平路	8	1			45				
						新丰街	1				2				
						铜鼓台巷	1								
						四贤巷	5				9				
						劝学街	2				11				
						新民街	1	1							
						百子巷	4	1			16				
						第三模范市场	3				23				
						板板桥	1								
						黄花园	4				5		1		
						双溪沟	5	1	12	2	15	5	1		
合计							70	11	19	2	139	119	1		

附记	一、敌机架数系侵入市区或监视县计算之； 二、警报次数系本部发布警报累积计算之； 三、被炸区域次数系一次警报内在何处投弹何处计算一次； 四、投弹数目以调查所得，其他投入江中者未列入。

77

38．六月十五日敌机袭[渝]情况暨伤亡损害概况表（1941 年）

敌机经过路线		空袭次数	被炸弹区次数	警报时间	敌机架数	投弹地点	投弹种类枚数		人口伤亡		建筑物损毁			施救情形	备考
窜入路线	逸去路线						爆炸弹	燃烧弹	伤	亡	房屋		交通工具		
											栋	间			
10:38在宜都发现,经咸丰、黔江、彭水、涪陵、南川、綦江、小观音、渔洞溪	经双河涪陵石柱	第143次		空袭11:40	27	七星岩	2		45		6		木船6		
				紧急12:22	于13:06在渝市投弹	聚兴诚	1		4	2	2				
				解除13:48		药王庙街	1		2		2				
						禹王庙		1			2				
						下黄学巷	1				3				
						石门街	1				2				
						中正路	3			1	6				
						佛学寺	2								
						模范市场	1								
						西湖会馆	1								
						东水门渣子滩	2								
						东正街	1								
				经过时间2小时08分		东水门	1		3	2	2		木船4		
						大码头	2		3	3	1		木船5		
						公园路青年会内	1		25						
						中正路	1				3				
						白象街	4	2		1	5	26			
						西四街	2		3		6	36			
						巴县政府	4				1	4			
						四方街	2				2	12			
						林森路	2				2	20			
						征收局巷	1				1	3			

敌机经过路线		空袭次数	被炸弹区次数	警报时间	敌机架数	投弹地点	投弹种类枚数		人口伤亡		建筑物损毁			施救情形	备考
窜入路线	逸去路线						爆炸弹	燃烧弹			房屋		交通工具		
									伤	亡	栋	间			
						芭蕉园	1			5	1	3			
						林森路	4				10	32			
						下黄学巷	1				2	7			
						石灰市	1				5	16			
						打锣巷	1				3	10			
						肖家凉亭	2				6	45			
						永龄巷	1				1	6			
						操场坝	1					3			
						仓坝子		1			3	17			
						林森路	1				17	102			
						永龄巷	2				2	10			
						中大巷	1				1	4			
						下黄学巷	1				1	8			
						石灰仓	1				1	9			
						望龙门	1				1	3			
						白象街	4				5	20			
						水井院					9	79			
						二府街					8	74			
						元通寺	3	1			5	31			
						张家凉亭	2				1	7			
						石门坎	1		1		1	3			
						王爷庙	2				1	7			
						复兴村	3		5	12	7	30			
						芝江巷	1				1	6			
						太平门	1		11		8	75			
						枣子湾	4	2	22	57	1	4			
合计							76	7	124	77	149	712	木船15		

附记	一、敌机架数系侵入市区或监视县计算之； 二、警报次数系本部发布警报累积计算之； 三、被炸区域次数系一次警报内在何处投弹何处计算一次； 四、投弹数目以调查所得，其他投入江中者未列入。

39．六月二十八日敌机袭巴情况暨伤亡损害概况表（1941 年）

三十年六月二十八日

敌机经过路线		空袭次数	被炸弹区次数	警报时间	敌机架数	投弹地点	投弹种类枚数		人口伤亡		建筑物损毁			施救情形	备考
窜入路线	逸去路线						爆炸弹	燃烧弹	伤	亡	房屋		交通工具		
											栋	间			
1. 11:05 在三斗坪发现，经巴东、巫山、奉节、云阳， 2. 11:25 在宜都发现，经五峰、黔江、彭水、涪陵、南川、綦江	1. 云阳奉节， 2. 经涪陵彭水黔江	第148次		空袭 12:15	52	巴县									
				紧急 13:16	分 2 批： 1. 25 架于 13:30 在万县投弹， 2. 27 架于 14:05 在温泉投弹	南泉枝子沟	24	4	17	12			13		
				解除 14:34		南泉成全洞	23		1						
				经过时间 2 小时 19 分		太和乡龙橧岗	1								
						太和乡观音岩	1		1	1					
						小计	49	4	19	13			13		
合计							49	4	19	13			13		

附记	一、敌机架数系侵入市区或监视县计算之；
	二、警报次数系本部发布警报累积计算之；
	三、被炸区域次数系一次警报内在何处投弹何处计算一次；
	四、投弹数目以调查所得，其他投入江中者未列入。

80

40．六月二十九日敌机袭渝情况暨伤亡损害概况表（1941 年）

敌机经过路线		空袭次数	被炸弹区次数	警报时间	敌机架数	投弹地点	投弹种类枚数		人口伤亡		建筑物损毁			施救情形	备考
窜入路线	逸去路线						爆炸弹	燃烧弹	伤	亡	房屋		交通工具		
											栋	间			
1. 9:06 在宜都发现，经恩施、利川、忠县、丰都、垫江、长寿。2. 10:36 在松滋发现，经渔洋关、五峰、鹤峰、恩施、咸丰、黔江、石柱、丰都、涪陵、长寿、北碚	1. 经涪陵丰都石柱。2. 经双河涪陵彭水	第149次	重庆	空袭10:06	63	新河正街	1				23				
				紧急11:04		天主堂	1		1			5			
				解除14:59		大同路	4			1		6			
						中华路	4				3	12			
						民族路	2		1	1	3				
						五四路					3				
						正阳街	1				6				
				经过时间4小时53分	分2批：1. 36架于11:21 在渝市投弹，2. 27架于13:20 在渝市投弹	民国路	5		1		6				
						新生路	3				3				
						至诚巷	1		4		2				
						左营街	3				3				
						中正路	3				30				
						保安路	3	1	2		5				
						西来街	1				1				
						大井巷	1				1				
						临江门顺城街	1	1			1				
						临江路	8	1	1	1	2				
						戴家巷	4	2			2				
						江家巷	3				1				

敌机经过路线		空袭次数	被炸弹区次数	警报时间	敌机架数	投弹地点	投弹种类枚数		人口伤亡		建筑物损毁			施救情形	备考
窜入路线	逸去路线						爆炸弹	燃烧弹	伤	亡	房屋		交通工具		
											栋	间			
						顺城街	1		1	1	1				
						夫子池	1		1		1				
						来龙巷	2		2		3				
						韦家院坝	1				1				
						北坛庙街	1		1	2	24				
						吉祥寺	4					75			
						临江正街	2	1	1			19			
						磨子巷	1				1				
						凉亭子	1					10			
						九道拐	1			1		4			
						兴隆台	2			1		14			
						二圣宫	1			3		17			
						洒全口	1					17			
						长九间	1					4			
						杜家巷	1	1							
						丁口街	2			1		17			
						铁丝院子	2			4		11			
						罗家湾	3			1		42			
						茅草坡	1		7	1	3				
						柴湾河街	2		7	2					
						长八间	1		1			4			
						太平桥	1		1			4			
						黑巷子	1	1				9			
						拗口街	1			15					
						太平桥	2		46	86		2			
						月台坝									
						镇守使街	1								
						文华街	1					4			
						巴县政府	2					1			
						兴隆街	1		6		3				
						中一路	3					1			
						金汤街	4								

敌机经过路线		空袭次数	被炸弹区次数	警报时间	敌机架数	投弹地点	投弹种类枚数		人口伤亡		建筑物损毁			施救情形	备考
窜入路线	逸去路线						爆炸弹	燃烧弹	伤	亡	房屋		交通工具		
											栋	间			
						培德莹									
						和平路	2		7	7	9				
						火药局	2				7				
						劝学所	2				4				
						报恩堂	3				15				
						曹家巷	1				2				
						忠烈祠	3				15				
						棉絮街	3				2				
						新民街	5				2				
						民生路	2				1				
						上南区马路	2	2	5	7	102	45			
						南纪正街	3		4	3	33				
						石板新街	1		1		66				
						国珍街	1		1		11				
						体心堂	2	1							
						仁爱堂	2								
						领事巷	2	2							
						大八梯		1							
						瓦厂湾	4							汽艇1	
						马鞍山	2								
						盐店湾	10	1	11	5	30	12			
						海棠正街	3		3		20	6			
						菜市场	1		3	3	3	1			
						敦厚中段	1				3	1			
						佘家巷	1				2	1			
						石堡沟	1				12	3			
						河嘴街	7				11	2			
合计							167	15	119	146	488	345	汽艇1		

附记	一、敌机架数系侵入市区或监视县计算之； 二、警报次数系本部发布警报累积计算之； 三、被炸区域次数系一次警报内在何处投弹何处计算一次； 四、投弹数目以调查所得，其他投入江中者未列入。

41．六月三十日敌机袭渝情况暨伤亡损害概况表（1941 年）

敌机经过路线		空袭次数	被炸弹区次数	警报时间	敌机架数	投弹地点	投弹种类枚数		人口伤亡		建筑物损毁			施救情形	备考
窜入路线	逸去路线						爆炸弹	燃烧弹	伤	亡	房屋栋	间	交通工具		
1. 8:46 在宜都发现，经鹤峰、咸丰、黔江、石柱、丰都、涪陵、长寿、邻水、岳池、合川、依凤，2. 9:45 在新江口发现，经资邱、施南、利川、石柱、丰都、涪陵、长寿、茨竹	1. 经涪陵石柱，2. 经涪陵石柱	第150次		空袭 9:50	54	国府路 205 号	1								
				紧急 10:35		国府路 306 号		1							
				解除 13:40		国府路 310 号	3								
				经过时间 3 小时 50 分	分 2 批；1. 27 架于 11:11 在渝市投弹，2. 27 架于 11:49 在渝市投弹	学田湾 25 号	2								
						学田湾 6 号	1								
						学田湾 7 号	1								
						中四路 138 号	2								
						枣子岚垭 24 号	1				1				
						枣子岚垭 57 号	1				1				
						枣子岚垭 68 号	3				3				
						枣子岚垭 69 号	2								
						枣子岚垭 73 号	2					1			
						枣子岚垭 76 号	1								
						枣子岚垭 81 号	1					1			
						枣子岚垭 78 号	2								
						枣子岚垭 88 号	1					1			
						枣子岚垭 89 号	1					2			
						枣子岚垭 43 号	1					10			
						枣子岚垭 62 号	1								

敌机经过路线		空袭次数	被炸弹区次数	警报时间	敌机架数	投弹地点	投弹种类枚数		人口伤亡		建筑物损毁			施救情形	备考
窜入路线	逸去路线						爆炸弹	燃烧弹	伤	亡	房屋		交通工具		
											栋	间			
						枣子岚垭 91 号	1								
						枣子岚垭 92 号	2					5			
						枣子岚垭 95 号	1								
						枣子岚垭 102 号	1								
						枣子岚垭 105 号	1								
						枣子岚垭 89 号	2					4			
						张家花园 18 号	1								
						张家花园 21 号	2					5			
						张家花园 45 号	4					8			
						张家花园 56 号	2								
						临华街 12 号	1								
						临华街 18 号	1								
						临华街 19 号	2								
						临华后街 10 号	1								
						临华后街 26、27 号	2								
						谢家沟	3		1			6			
						金沙街	2				18				
						下横街	1				4				
						六十局	5			1	8				
						兴隆街	2	1							
						高脚土地	3		1		9				
						王家巷	1				3				
						五花洞	2	1			8				
						肖朝庙	7				30				
						石塘口	3				12				
						公园内	3	1	2	2	4				

敌机经过路线		空袭次数	被炸弹区次数	警报时间	敌机架数	投弹地点	投弹种类枚数		人口伤亡		建筑物损毁			施救情形	备考
窜入路线	逸去路线						爆炸弹	燃烧弹	伤	亡	房屋		交通工具		
											栋	间			
						马蹄街	4		6	5					
						节孝街	2		1		20				
						上横街	2				4				
						征收局	1	1		1					
						放生池	1	1		2	8				
						文庙街	5				10				
						书院街	3		4		15				
						吉人巷	2		1		3				
						宝善寺					2				
						芭蕉湾	2		1						
						武库街	1		1		15				
						洗脚塘	1	1	1	1	33				
						曹家凉亭	6				15				
						中山林	2		3	3					
						九蒽巷					2				
						鲤鱼石	4				4				
						汇川门					2				
						保定门河街		4							
						金沙街	2				15				
						简家台河街	1				6				
						肖曹庙	4	1	1		2				
						21厂	5				5				
						21厂	2	2			2				
						田中	4								
						老金厂	1				1				
						伍家坡	1		1	2					
						伍家坡2号	1				1				

敌机经过路线		空袭次数	被炸弹区次数	警报时间	敌机架数	投弹地点	投弹种类枚数		人口伤亡		建筑物损毁			施救情形	备考
窜入路线	逸去路线						爆炸弹	燃烧弹	伤	亡	房屋		交通工具		
											栋	间			
						田中	1								
						会府街	1								
						老君坡	2		8	2					
						大田湾	2				1	3			
						天灯街	4				2	9			
						桂花园	2					2			
						空坝	5		6						
						上清寺69、70号	7	2			4	16			
						牛角沱	2	1				1			
						春森路		1				1			
						中三路		1							
						聚贤岩	2					1			
						麦子市	1								
						复兴村	1					1			
						中三路144号	2					1			
						衡庐	1					1			
						春森路	5					2			
						中二路	2								
合计							181	19	38	19	273	81			
附记	一、敌机架数系侵入市区或监视县计算之； 二、警报次数系本部发布警报累积计算之； 三、被炸区域次数系一次警报内在何处投弹何处计算一次； 四、投弹数目以调查所得，其他投入江中者未列入。														

42．七月四日敌机袭[渝]情况暨伤亡损害概况表（1941年）

三十年七月四日

敌机经过路线 窜入路线	逸去路线	空袭次数	被炸弹区次数	警报时间	敌机架数	投弹地点	投弹种类枚数 爆炸弹	燃烧弹	人口伤亡 伤	亡	建筑物损毁 房屋 栋	间	交通工具	施救情形	备考
1. 5:40在三斗坪发现，经奉节、梁山、丰都， 2. 7:45在王家畈发现，经五峰、宣恩、石柱、丰都、涪陵双河、木洞、龙岗、江津、永川、依凤	1. 经丰都黔江 2. 经太平涪陵彭水黔江	第151次	重庆	空袭6:18	28	建设银行	1				1				
				紧急7:05		纸码头	2	2	4	1			民船10		
				解除10:20		二郎庙	3			2		14			
						汲泉巷	1					19			
					分2批：1. 4架于6:42在梁山用机枪扫射，2. 24架于9:40在渝市投弹	行街		1				2			
				经过时间4小时02分		水巷子	2					7			
						陕西街	3					3			
						马王庙空坝	3			3					
						小河顺城街		4		1	50		船5		
						朝天门河坝	1								
						千厮门下道旁	1		8	2					
						水码头						1			
						千厮门正街	1					11			
						□旧码头	2			2	8				
						高脚土地	3					3			
						观阳门顺城街	2					6			

88

敌机经过路线		空袭次数	被炸弹区次数	警报时间	敌机架数	投弹地点	投弹种类枚数		人口伤亡		建筑物损毁			施救情形	备考
窜入路线	逸去路线						爆炸弹	燃烧弹	伤	亡	房屋		交通工具		
											栋	间			
						观阳门码头	6	1	7	11	32				
						观阳门	1		1	2					
						横街口	1				3				
						四方井街	1				2				
						保定门河街	7	3							
						保定门正街	2	1		4	2				
						五花洞	2				14				
						江北正街									
						黄土坡	1				2				
						放生池	1				1				
						双土地	1	1	1	4	3				
						兴隆街	5	1							
						官山坡		1			15				
						海狮路	1		1	1	4	3			
合计							54	15	29	28	203	3	木船 15		

附记	一、敌机架数系侵入市区或监视县计算之； 二、警报次数系本部发布警报累积计算之； 三、被炸区域次数系一次警报内在何处投弹何处计算一次； 四、投弹数目以调查所得，其他投入江中者未列入。

43．七月五日敌机袭[渝]情况暨伤亡损害概况表（1941年）

敌机经过路线 窜入路线	逸去路线	空袭次数	被炸弹区次数	警报时间	敌机架数	投弹地点	投弹种类枚数 爆炸弹	燃烧弹	人口伤亡 伤	亡	建筑物损毁 房屋 栋	间	交通工具	施救情形	备考
15:56在五峰发现，经鹤峰、黔江、石柱、丰都、涪陵、江津	经长寿丰都涪陵石柱	第153次		空袭16:20	22	天主堂	1	1				8			
				紧急17:26		民生路	1	1			3				
				解除18:26		保安路	1				5				
						民权路	2					4			
						刁家巷	1				23	97			
						凯旋路	2				22	89			
						绣壁街	1				5	21			
						金家巷	1				2	5			
				经过时间2小时6分	17:54在渝市投弹	石灰市	2					2			
						百子巷	3	1				10			
						和平路	1			1	2				
						珊瑚坝		2							
						猪行街		2							
						南纪正街	2								
						国珍街		1							
						厚慈街	2				24				
						回水沟	1				25				
						十八梯	4				89				

敌机经过路线		空袭次数	被炸弹区次数	警报时间	敌机架数	投弹地点	投弹种类枚数		人口伤亡		建筑物损毁			施救情形	备考
窜入路线	逸去路线						爆炸弹	燃烧弹	伤	亡	房屋		交通工具		
											栋	间			
						□□巷	2		42	4	3				
						九块桥	1	1			18				
						马蹄街	5	3			78				
						体心堂	1				3				
						仁爱堂		1			1				
						二十梯	1				5				
						中兴路	1	1			7				
						春森路	26	12			112	230			
						中三路	5	4			21	30			
						重庆村	3	3			29	55			
						新村	1	1			14	32			
						大田湾	8	4			5	19			
						两浮支路	3				41	64			
						川师校	6								
						廖家台河坝	1	1							
						黄桷垭案文路	1								
合计							90	39	42	5	535	666			

附记	一、敌机架数系侵入市区或监视县计算之；ㅤ二、警报次数系本部发布警报累积计算之；ㅤ三、被炸区域次数系一次警报内在何处投弹何处计算一次；ㅤ四、投弹数目以调查所得，其他投入江中者未列入。

44．七月六日敌机袭渝情况暨伤亡损害概况表（1941年）

三十年七月六日

敌机经过路线 窜入路线	敌机经过路线 逸去路线	空袭次数	被炸弹区次数	警报时间	敌机架数	投弹地点	投弹种类枚数 爆炸弹	投弹种类枚数 燃烧弹	人口伤亡 伤	人口伤亡 亡	建筑物损毁 房屋 栋	建筑物损毁 房屋 间	建筑物损毁 交通工具	施救情形	备考
1．17:13在枝江发现，经五峰、黔江、石柱、涪陵、长寿、岳池、遂宁、合川，2．18:04在宜都发现，经宜恩、忠县、丰都、涪陵，3．18:17在秭归发现，经巴东、奉节、万县、长寿	1．经涪陵彭水，2．经南川涪陵，3．经木洞涪陵	第154次		空袭18:25	23	下南[区]马路		1							
				紧急19:10		燕喜洞河边		1							
				解除21:16		飞机场	1	1							
						飞机场河边	3		1	1					
					分3批：1．7架于19:57在渝市投弹，2．7架于20:09在渝市投弹，3．9架于20:22在渝市投弹	中四路	4								
						国府路295、296、306	3								
				经过时间2小时51分		上清寺1—30号	2	2	3	1		28			
						上清寺69号	1	3			8	13			
						美专校	7	1			11	25			
						重庆村	1	1			8	21			
						广播台前后	4	3			32	93			
						大田湾	5	2			6	9			
						孟园	2	2			12	28			
						中国银行后面	2	3			11	15			
						美专街	3								
						中三路工务局	7								
						春森路	6								
						两路口	4								
						曾家岩	2	1	4		1				
						中美村	2	1							
合计							59	22	8	2	120	232			
附记	一、敌机架数系侵入市区或监视县计算之； 二、警报次数系本部发布警报累积计算之； 三、被炸区域次数系一次警报内在何处投弹何处计算一次； 四、投弹数目以调查所得，其他投入江中者未列入。														

45．七月七日敌机袭渝情况暨伤亡损害概况表（1941 年）

三十年七月七日

敌机经过路线		空袭次数	被炸弹区次数	警报时间	敌机架数	投弹地点	投弹种类枚数		人口伤亡		建筑物损毁			施救情形	备考
窜入路线	逸去路线						爆炸弹	燃烧弹	伤	亡	房屋		交通工具		
											栋	间			
1. 7:22 在五峰发现，经黔江、丰都、涪陵、双河，2. 7:00 在宜都发现，经长阳、万县、梁山、邻水、岳池、合川、清平，3. 7:45 在石碑发现，经两河口、巫山	1.经江津后折渝市木洞涪陵彭水，2.南川涪陵陵丰都，3.经巫山两河口	第155次	1.渝 2.涪陵	空袭 8:00	32	下南区路	1		33	18	14				
				紧急 8:28	分3批：1. 6架于8:31在渝市盘旋，2.17架于9:10在渝市投弹后经涪陵投弹，3. 9架于8:35在奉节投弹	铁路坝	1			2	1				
				解除 10:10		丝厂巷	1		1		2				
				经过时间 2小时10分		中四路	16	2			9	5			
						学田湾	1	1			5	2			
						国府路	7	4			13	6			
						大溪别墅	4	1				11			
						曾家岩	2	1				3			
						枣子岚垭		5				4			
						上清寺	13	2			67	204			
						美专校	3	1			10	38			
						中三路	9				31	74			
						大田湾	2								
						成渝路	5								
						小计	65	18	35	18	152	347			
						涪陵：									
						西外东岳庙	3		26	15		172			
合计							68	18	61	33	152	519			
附记	一、敌机架数系侵入市区或监视县计算之；二、警报次数系本部发布警报累积计算之；三、被炸区域次数系一次警报内在何处投弹何处计算一次；四、投弹数目以调查所得，其他投入江中者未列入。														

46．七月八日敌机袭渝情况暨伤亡损害概况表（1941年）

敌机经过路线		空袭次数	被炸弹区次数	警报时间	敌机架数	投弹地点	投弹种类枚数		人口伤亡		建筑物损毁			施救情形	备考
窜入路线	逸去路线						爆炸弹	燃烧弹	伤	亡	房屋		交通工具		
											栋	间			
7:21在松滋发现，经五峰、黔江、长寿、木洞	经南川彭水	第157次		空袭 8:26	25	木货街	1						3		
				紧急 8:55		老街	1						25		
				解除 10:38		尚武巷	2		5				26		
						仙佛岩	1		4				3		
						小巷子	3					4	8		
						守备街	2					3	11		
						瞿永沟	2					1	4		
						大巷子	1								
						军委会	1	1							
						马永巷	1					3	12		
						联升街	4					2	15		
						象鼻嘴	1						1		
					9:51在渝市投弹	宰房沟	5						5		
				经过时间2小时12分		侨庄	1								
						果园	2	1							
						民生路	1						1		
						报恩堂	1						2		
						保节院	1						9		
						中一路	3	1	51	31	2				
						神仙洞新街	1						30		
						兴隆街	1	3					20		
						金汤街	2					3			
						和平路	3								
						新民街	4								
						铜鼓台	2						20		
						德兴里	2					1			

敌机经过路线		空袭次数	被炸弹区次数	警报时间	敌机架数	投弹地点	投弹种类枚数		人口伤亡		建筑物损毁			施救情形	备考
窜入路线	逸去路线						爆炸弹	燃烧弹	伤	亡	房屋		交通工具		
											栋	间			
						百子巷	1								
						三模范市场	1								
						吴师爷巷	2	3			3				
						水市巷	1	2			2				
						国珍街		1			1				
						马蹄街	2	1			15				
						坎井	1				30				
						仁爱堂	3				12				
						领事巷	2				15				
						放牛巷	3				50				
						凉亭子	2	1	1		5				
						中兴路	3	1			35				
						双椼子巷	1		1		2				
						柑子堡		1			14				
						厚慈街	2	1			61				
						寮叶巷	1				23				
						凤凰台	2				28				
						清真寺	1				5				
						自缄巷	1				4				
						回水沟		1	8						
						十八梯	1				90				
						清华后街	1					4			
						中二路	2	1	10						
						中二路后街	1		2	2					
						新民村	1								
合计							84	18	83	33	426	187			

附记	一、敌机架数系侵入市区或监视县计算之； 二、警报次数系本部发布警报累积计算之； 三、被炸区域次数系一次警报内在何处投弹何处计算一次； 四、投弹数目以调查所得，其他投入江中者未列入。

47．七月十日敌机袭渝情况暨伤亡损害概况表（1941 年）

敌机经过路线		空袭次数	被炸弹区次数	警报时间	敌机架数	投弹地点	投弹种类枚数		人口伤亡		建筑物损毁			施救情形	备考
											房屋				
窜入路线	逸去路线						爆炸弹	燃烧弹	伤	亡	栋	间	交通工具		
11:06在松滋发现，经来凤、彭水、綦江、龙岗盘旋后分两批江津	经涪陵黔江	第158次	1.渝 2.江津 3.涪陵	空袭 12:15	51	新市场	35	20	6	10	39		汽车1		
				紧急 13:00		遗爱祠		1				1			
				解除 15:12		李子坝	20	15			10				
						黄沙坝	1					2			
					1. 26架于13:21在渝市，2. 25架于13:25在渝市投弹后在江津投弹2枚并经涪陵时空投1枚	李家花园	1		3						
						新院巷12号、13号	2					1			
						冻房	1					3			
						牛□□田坝	1								
						友干里	2								
						小石坝	1								
						大石坝	1								
				经过时间2小时57分		民生药厂	1	4	5		17	6			
						烟雨堡	6		2		4	1			
						高朝门	8	3	4						
						小计	80	43	20	10	72	12	汽车1		
						江津									
						广兴乡第八保	2								
						涪陵									

敌机经过路线		空袭次数	被炸弹区次数	警报时间	敌机架数	投弹地点	投弹种类枚数		人口伤亡		建筑物损毁			施救情形	备考
窜入路线	逸去路线						爆炸弹	燃烧弹	伤	亡	房屋		交通工具		
											栋	间			
						对外白沙坪	1								
合计							83	43	20	10	72	12	汽车1		
附记	一、敌机架数系侵入市区或监视县计算之； 二、警报次数系本部发布警报累积计算之； 三、被炸区域次数系一次警报内在何处投弹何处计算一次； 四、投弹数目以调查所得，其他投入江中者未列入。														

48．七月十八日敌机袭渝情况暨伤亡损害概况表（1941 年）

三十年七月十八日

敌机经过路线 窜入路线	敌机经过路线 逸去路线	空袭次数	被炸弹区次数	警报时间	敌机架数	投弹地点	投弹种类枚数 爆炸弹	投弹种类枚数 燃烧弹	人口伤亡 伤	人口伤亡 亡	建筑物损毁 房屋 栋	建筑物损毁 房屋 间	建筑物损毁 交通工具	施救情形	备考
10:47在宜都发现，经五峰、鹤峰、石柱、涪陵、南川、綦江、江津	经双河涪陵彭水黔江	第159次	1. 渝 2. 巴县	空袭 11:40	27	飞机场									
				紧急 12:22		滥泥湾大水井	1	1			6				
				解除 13:54		下南区路	3		2		50				
						菜园坝正街	1				1				
						铁路坝	1								
						萧家沟		2							
						大平桥		1							
					13:05在渝市投弹并在巴县二圣乡投1枚	人和街72号	1								
						罗家湾12、13号	2				1				
						大田湾	1				2	12			
						贾公馆	3				3	17			
						广场坝附近	1								
						养花溪防空洞口	1								
				经过时间2小时14分		中三路36、56、80号	2				12	60			
						巴中校空地		1							
						中二路川师内财部	1				4	17			
						老两路口27号	1				4	20			
						两浮支路86号	1				3	15			

敌机经过路线		空袭次数	被炸弹区次数	警报时间	敌机架数	投弹地点	投弹种类枚数		人口伤亡		建筑物损毁			施救情形	备考
窜入路线	逸去路线						爆炸弹	燃烧弹	伤	亡	房屋		交通工具		
											栋	间			
						七分局门空地	1				3	13			
						寒舍门前		1							
						支路口下面	1								
						木牌坊	1	1							
						六合新村		1							
						上海银行	1	1							
						李家花园	3	2			3	5			
						培善堂	1	1							
						警报台	1								
						李子坝中山新村11号	1					3			
						段山堡空地	1								
						新村	1								
						巴县二圣乡	1					2			
合计							33	12	12	9	92	164			

附记	一、敌机架数系侵入市区或监视县计算之； 二、警报次数系本部发布警报累积计算之； 三、被炸区域次数系一次警报内在何处投弹何处计算一次； 四、投弹数目以调查所得，其他投入江中者未列入。

49．七月十八日敌机袭[渝]情况暨伤亡损害概况表（1941年）

| 敌机经过路线 | | 空袭次数 | 被炸弹区次数 | 警报时间 | 敌机架数 | 投弹地点 | 投弹种类枚数 | | 人口伤亡 | | 建筑物损毁 | | | 施救情形 | 备考 |
窜入路线	逸去路线						爆炸弹	燃烧弹	伤	亡	房屋 栋	间	交通工具		
1. 6:05 在宜都发现，经宣恩、利川、石柱、丰都、涪陵、长寿、关口、璧山， 2. 7:38 在松滋发现，经资邱、建始、施南、利川、石柱、忠县、合川、铜梁、大足、隆昌， 3. 8:51 在松滋发现，经资邱、武陵、忠县、垫江、合川、内江， 4. 9:20 在石牌发现，经三里坝、石柱、忠县、丰都、长寿、永川、隆昌， 5. 10:25 在碗市发现，经鹤峰、来凤、黔江、彭水、涪陵、江津、合江、泸县、南溪、宜宾、自井、内江、大足、铜梁	1. 2. 经隆昌合川邻水石柱， 3. 经隆昌合川石柱， 4. 经富顺合川石柱， 5. 经邻水彭水	第161次	1. 渝 2. 璧山 3. 大足 4. 合川	空袭 6:55 紧急 7:50 解除 16:10 经过时间9小时15分	108	曾家岩	7	1	8	5	1	32			
					分5批： 1. 8:00 在渝市投弹（9架并在璧山投弹）， 2. 18架于10:45 在自井投弹后折返内江亦投弹，大足亦投弹， 3. 27架11:28 在自井投弹， 4. 27架于11:26 在渝市投弹，11:55 在泸州投弹3次，12:05在自井投弹， 5. 27架于13:46 在自井投弹，14:31 复在合川投弹	国府路				1					
						大溪别墅	1					1			
						学田湾	1								
						中四路	2								
						罗家湾	2								
						枣子岚垭		1							
						康宁路	1				1	3			
						鲤鱼池	3	7							
						陈家馆河街	1		3	2					
						川主庙	2	1							
						孙家湾	7			1					
						师坝沱	11	2	1	1					
						小计	38	13	13	8	3	41			
						璧山：									
						来凤乡八保七甲	1			1					
						大足：									
						高升乡13保和尚湾	1								
						合川：									
						东北门外	6		2	1		4			
						安家溪江边	7		1	1			木船2		

敌机经过路线		空袭次数	被炸弹区次数	警报时间	敌机架数	投弹地点	投弹种类枚数		人口伤亡		建筑物损毁			施救情形	备考
窜入路线	逸去路线						爆炸弹	燃烧弹	伤	亡	房屋		交通工具		
											栋	间			
合 计					108		55	13	17	10	3	45	木船2		

附记	一、敌机架数系侵入市区或监视县计算之； 二、警报次数系本部发布警报累积计算之； 三、被炸区域次数系一次警报内在何处投弹何处计算一次； 四、投弹数目以调查所得，其他投入江中者未列入。

50．七月二十九日敌机袭渝情况暨伤亡损害概况表（1941 年）

敌机经过路线 窜入路线	逸去路线	空袭次数	被炸弹区次数	警报时间	敌机架数	投弹地点	爆炸弹	燃烧弹	伤	亡	栋	间	交通工具	施救情形	备考
1．6:44 在宜都发现，经资邱、磨刀溪、丰都、垫江、长寿、茨竹，2．7:22 在新江口发现，经燕子坪、来凤、黔江、彭水、南川、綦江，3．9:20 在新江口发现，经五峰、施南、利川、忠县、丰都、垫江、长寿、铜梁、大足、安岳、内江、资中、荣县、仁寿，4．12:29 在曹家畈发现，经建始、施南、万县、武陵、忠县、丰都、涪陵、长寿、木洞，5．13:50 在三斗坪发现，经建始、云阳、忠县、丰都、长寿、关口	1．经长寿涪陵石柱，2．经南川彭水黔江，3．经富顺隆昌合川南川，4．经长寿奉节，5．经涪陵云阳	第162次	渝市	空袭 7:46	101	神仙洞街	21	1		24	34				
				紧急 8:15		纯阳洞	20	1	2		13				
				解除 16:20		中一路	5				18				
						四德里	1			1	1				
						中一支路	1	1			39				
						黄家垭口	4		1	2	46				
					分 5 批：	普灵寺	2	1	3	6	15				
					1．27 架于 8:48 在渝市投弹，	双龙巷	1				8				
					2．4 架于 9:05 在渝市盘旋，	神仙洞新街	1		4		5				
					3．22 架于 12:34 在自流井投弹，	金汤街	1				4				
					4．44 架于 14:36 在渝市投弹，	硝房沟	2	1	4		20	3			
					5．4 架于 15:20 在渝市盘旋	飞机码头	2		4	1		5			
						燕喜洞	2								
						南区马路	2		25	1					
						珊瑚坝		2							
				经过时间 8 小时 34 分		领事巷	1					3			
						枣子岚垭	7				1	4			
						临华街	12				7	4			
						张家花园	7	2			3	1			
						罗家湾	17	2			4	11			
						中二路	25	2	5		116	326			
						黄沙溪	3		10	3	7	11			
						中训团	8				4	15			
						木牌坊	2				1	3			
						塞舍	1								
						遗爱祠	1								
						龙家湾	3		1		3	8			

敌机经过路线		空袭次数	被炸弹区次数	警报时间	敌机架数	投弹地点	投弹种类枚数		人口伤亡		建筑物损毁			施救情形	备考
窜入路线	逸去路线						爆炸弹	燃烧弹	伤	亡	栋	间	交通工具		
						徐家坡	1					1	4		
						李家花园	1								
						新市场	24	1	2						
合计							178	14	61	37	350	398			

附记	一、敌机架数系侵入市区或监视县计算之； 二、警报次数系本部发布警报累积计算之； 三、被炸区域次数系一次警报内在何处投弹何处计算一次； 四、投弹数目以调查所得，其他投入江中者未列入。

51．七月三十日敌机袭渝情况暨伤亡损害概况表（1941年）

三十年七月三十日

敌机经过路线		空袭次数	被炸弹区次数	警报时间	敌机架数	投弹地点	投弹种类枚数		人口伤亡		建筑物损毁			施救情形	备考
窜入路线	逸去路线						爆炸弹	燃烧弹	伤	亡	房屋 栋	房屋 间	交通工具		
1. 6:34 在长阳发现，经建始、万县、梁山、垫江、大竹、广安、合川、清平， 2. 8:24 在新江口发现，经鹤峰、宣恩、黔江、彭水、涪陵、南川、小观音， 3. 10:05 在宜都发现，经五峰、鹤峰、来凤、黔江、彭水、道真、松坎、合江、泸[县]、合江、永川， 4. 10:50 在宜都发现，经施南、石柱、丰都、涪陵、长寿， 5. 12:27 在宜都发现，经鹤峰、来凤、咸丰、黔江、彭水、涪陵、南川、太平、龙岗、江津	1. 经涪陵彭水， 2. 经彭水恩施， 3. 经长寿涪陵彭水， 4. 经江津永川合川县川岗川永龙南川， 5. 经茨竹邻水寿黔江	第163次	1. 渝 2. 邻水 3. 江津 4. 巴 5. 长寿	空袭 7:20 紧急 8:13 解除 15:30 经过时间8小时10分	130 分5批： 1. 31架于8:15在邻水投弹，8:30在渠县投弹，复于8:41在渝市投弹， 2. 27架于10:31在渝市投弹， 3. 27架于12:45在巴县投弹，复于12:50在渝市投弹， 4. 18架于12:27在江津投弹，复于12:35在渝市投弹， 5. 27架于14:50在渝市投弹，复于14:56在长寿投弹	小河顺城街	1		3		3				
						盐井湾	1					2			
						姚家巷	1	1	1			11			
						陕西路	2	2				15			
						余家巷	1					1			
						大河顺城街	3					8			
						赣江街	3			1		23			
						中正路	1	1				30			
						醋房院	5		4	1		27			
						沙井湾	2					4			
						长安街	3								
						药王庙	2					6			
						育婴堂	2					12			
						机房街	2	1				4			
						石门街	2					6			
						白鹤亭	2						木船 2		
						丰瑞桥	1					2			
						中正路	1					2			
						正阳街	1					3			
						官井巷	1					1			
						民生路	1					1			
						元通寺	6	1	5			18			
						二府街	1					4			
						东升楼	2					5			
						白象街	3		4	2	2				
						永龄巷	3					5			

敌机经过路线		空袭次数	被炸弹区次数	警报时间	敌机架数	投弹地点	投弹种类枚数		人口伤亡		建筑物损毁			施救情形	备考
窜入路线	逸去路线						爆炸弹	燃烧弹	伤	亡	房屋		交通工具		
											栋	间			
						中大街	2				2				
						仓坝子	2				4				
						萧家凉亭	4				2				
						操场坝	2				7				
						新街	1				5				
						致中和巷		2			1				
						市商会	1		7						
						新丰街	2				1				
						神仙洞	2				4				
						民生路	4	1				10			
						若瑟堂	1	1							
						地母亭		1							
						保节院	1			2	14				
						安乐洞后街	3				43				
						中一路	1				6				
						报恩堂	2	1			6				
						四贤巷	1	1			4				
						忠烈祠	1				4				
						冉家巷	3				6				
						德兴里	1	1			7				
						莲花池	1								
						新民街		1							
						下南区路	2		17	2	7				
						铁路坝	2				2				
						王家坡	1								
						丝厂巷	1						木船6		
						国府路	7	5			7	9			
						蒲田草	1				1				
						双溪沟	6				2	1			
						罗家湾	2								
						枣子岚垭	11					8			
						临华后街	1				1				
						张家花园	1								
						大德里	1					2			
						三元桥	9				13	10			
						大溪沟	2	1			3		木船1		
						人和街	4				3				
						黄花园	3								
						中三路	1				1	5			
						中二路	3			1	7	27			

敌机经过路线		空袭次数	被炸弹区次数	警报时间	敌机架数	投弹地点	投弹种类枚数		人口伤亡		建筑物损毁			施救情形	备考
窜入路线	逸去路线						爆炸弹	燃烧弹	伤	亡	房屋		交通工具		
											栋	间			
						渝舍	4				2	14			
						康宁路	1				1	4			
						川师内	3				4	15			
						川康直接税局	3				2	12			
						中央统计局	3				2	18			
						财政部	3				1	10			
						李子坝	6	1		4	2	30			
						建设新村	4			2	2	8			
						鹅项颈	8	1	25	7	2	5			
						中训团	2	2			2	3	车辆2		
						上海银行	2	2			4	10			
						朱家岩洞	2					1			
						遗爱祠	3	1			1	7			
						徐家坡	7				1	3			
						石房子	1								
						新市场街		2				5			
						简家台大湾	2				2				
						一天门	1					1			
						枣子□□内	1								
						桂花园	1								
						烟雨堡	1								
						黄泥岗	1								
						朱家河街	1								
						都郎沱	30	5	8			10			
						张家溪	80	7		4		10	汽车1		
						小计	316	41	77	23	385	238	车辆2 木船9 汽艇1 汽车1		
						邻水	15		7	15			木船1		
						江津：									
						吴滩乡黄土坎	2								
						巴县：									
						西彭乡谭家河沟	1								
						西彭乡大坪丘	2								

敌机经过路线		空袭次数	被炸弹区次数	警报时间	敌机架数	投弹地点	投弹种类枚数		人口伤亡		建筑物损毁			施救情形	备考
窜入路线	逸去路线						爆炸弹	燃烧弹	伤	亡	房屋		交通工具		
											栋	间			
						西彭乡土堆子	1								
						小计	4								
						长寿：									
						河街左方岭	1								
						东外沙土	1								
						小计	2								
						渠县：									
						中十字	7			9	4	5			
						城皇庙	4	2							
						南街渠江根杜侧	3	1	3	3	5				
						南街雍家花园	4			2	8				
						四维巷	4		1	7	11				
						西门梁子	3								
						水东门外河边	3								
						衙墙街	3			2	4				
						通济门外	2	2					木船1		
						小计	33	5	13	18	33		木船1		
合计							372	41	89	51	403	271	车辆2 木船11 汽艇1 汽车1		

附记	一、敌机架数系侵入市区或监视县计算之； 二、警报次数系本部发布警报累积计算之； 三、被炸区域次数系一次警报内在何处投弹何处计算一次； 四、投弹数目以调查所得，其他投入江中者未列入。

52．八月八日敌机袭渝情况暨伤亡损害概况表（1941 年）

三十年八月八日

敌机经过路线 窜入路线	逸去路线	空袭次数	被炸弹区次数	警报时间	敌机架数	投弹地点	投弹种类枚数 爆炸弹	燃烧弹	人口伤亡 伤	亡	建筑物损毁 房屋 栋	间	交通工具	施救情形	备考
1．12:34在五峰发现，经利川、石柱，2．13:40在鹤峰发现，经梁山、垫江、长寿，3．13:24在三斗坪发现，经咸丰、恩施	1.经长寿涪陵丰都万县；2.经长寿石柱，3.经梁山恩施	第164次	渝市 丰都	空袭13:16	115	143 号公共防空洞	1		32	14					
				紧急14:18		南区支路	2			1		11			
				解除15:40		天星桥后街	1					3			
						丝厂巷河边	1								
					分3批：1. 58 架于14:24在渝市投弹，复于丰都投弹，2. 14:44在渝市投弹（48 架），3. 9 架于14:00在渠县投弹	肖家沟	2					60			
						太平桥	2					36			
						烂泥湾	1					17			
						燕喜洞街	1					27			
						下南区马路	3					30			
						中四路23号	1								
						青皮树街	2				5	13			
				经过时间2小时26分		忠和段	15	1	15	7	15				
						谢家沟				1					
						中惠段	2								
						体仁堂街	1			5		2			
						潮音寺	2			5		3			
						水市口街	1			3					
						诚厚街	2			5		5			
						孙家凉亭	2			3	1	2			
						布壳街	1			3		1			

敌机经过路线		空袭次数	被炸弹区次数	警报时间	敌机架数	投弹地点	投弹种类枚数		人口伤亡		建筑物损毁			施救情形	备考
窜入路线	逸去路线						爆炸弹	燃烧弹	伤	亡	房屋		交通工具		
											栋	间			
						邓家院	1		2		1				
						沙井街	4		5		3				
						曹家庙	2		3		6				
						街门口顺城街	1		2		10				
						岳家沟	1				9				
						鱼鳅石	2				6				
						经学巷	1				7				
						九龙巷	2				4				
						弋阳观	2				2				
						演武厅	1			1	4				
						洗布塘	1				2				
						问津下顺城街	3			3	16				
						问津顺城街	1				7				
						桂花街	1				24				
						铧头嘴	1				5				
						三倒么门	4		1	1	16				
						八水井	1				1				
						公园内撑花街	7		5		3				
						文庙街	2	1							
						永平门外	1								
						虾蟆口	1		18	22					
						大坡桥山坡	3		1						
						兴业公司	4		2		4				
						相国寺河坝、相国寺码头	1						木船8		
						相国寺后街	2								
						英亚公司	3				1				
						面粉公司		1			1				
						新村一号	1								
						新村小学	2								

敌机经过路线		空袭次数	被炸弹区次数	警报时间	敌机架数	投弹地点	投弹种类枚数		人口伤亡		建筑物损毁			施救情形	备考
窜入路线	逸去路线						爆炸弹	燃烧弹	伤	亡	房屋		交通工具		
											栋	间			
						岩口									
						华新街13号	1								
						新桥田内	2								
						烟雨堡	30	2	1	2	19				
						团山堡	43		3	2	31				
						向家坡	11	1	3	6	9				
						敦厚上段	5				5				
						烟雨段	9		3	11	5				
						民生码头	6		2	2	5				
						海棠河街		1	2		16				
						尊义段	30	1	11	2	17				
						高朝门16号	6			1					
						小计	242	8	136	89	280	184	木船8		
						丰都:									
						纪念亭右侧	1								
						总一路口	1		10	4	4	17			
						县女校侧	1				2	5			
						邓家院子后院	1		14	10	5	26			
						河边	1								
						小计	5		24	14	11	48			
合计							247	8	160	103	291	232	木船8		
附记	一、敌机架数系侵入市区或监视县计算之； 二、警报次数系本部发布警报累积计算之； 三、被炸区域次数系一次警报内在何处投弹何处计算一次； 四、投弹数目以调查所得，其他投入江中者未列入。														

53．八月九日敌机袭渝情况暨伤亡损害概况表（1941 年）

敌机经过路线		空袭次数	被炸弹区次数	警报时间	敌机架数	投弹地点	投弹种类枚数		人口伤亡		建筑物损毁			施救情形	备考
窜入路线	逸去路线						爆炸弹	燃烧弹	伤	亡	房屋		交通工具		
											栋	间			
1．10:24 在德安发现，经五峰、恩施、黔江、彭水、石柱、丰都、涪陵、长寿、茨竹，2．10:05 在陕西丰民发现，经潼关、安康、正安、咸阳	经临潼逸去	第167次	渝市长寿	空袭 11:27	50	纯阳洞	1								
				紧急 12:21		中一路	1				3				
				解除 15:25		篾子背	1		1	2		7			
						篾子背河边	1								
					分2批：1．27架于 12:35 在渝市投弹后于长寿投弹，2．23架于 11:40 在西安投弹复于 12:05 在咸阳投弹	国府路	9				3	18			
						蒲草田	6	1				35			
						大溪沟	8				21				
				经过时间3小时58分		建设路	2								
						观音梁	2					2			
						临华后街	1								
						张家花园	19				14				
						徐家坡	9					2			
						中央训练团	22	3	3	1	14	63			
						权坊沟	8	3				55			
						竹帮街	3		7	4		66			
						长寿									
						治城南郊汪家祠	1								
						治城南郊田内	1								
						小计	2								
合计							95	7	11	7	55	248			
附记	一、敌机架数系侵入市区或监视县计算之； 二、警报次数系本部发布警报累积计算之； 三、被炸区域次数系一次警报内在何处投弹何处计算一次； 四、投弹数目以调查所得，其他投入江中者未列入。														

54．八月十日敌机袭渝情况暨伤亡损害概况表（1941 年）

三十年八月十日

敌机经过路线		空袭次数	被炸弹区次数	警报时间	敌机架数	投弹地点	投弹种类枚数		人口伤亡		建筑物损毁			施救情形	备考
窜入路线	逸去路线						爆炸弹	燃烧弹	伤	亡	房屋		交通工具		
											栋	间			
1．13:00在宜都发现，经长阳、咸丰、黔江、彭水、石柱、丰都、涪陵、太平、小观音，2．13:20在渔洋关发现，恩施	1.经长寿丰都石柱，2.经恩施东逸	第169次	1.渝 2.长寿	空袭14:05	42	沙坪坝正街	7	1	2			3			
				紧急14:55		杨家坪	17		14	6			18			
				解除16:05		凤嘴	6		1	2						
					分2批：1.27架于15:16在渝投弹后于15:34在长寿投弹，2.15架于14:20在彭水折返	重大校内	7		1							
						小龙坎正街	9		20	11			65			
				经过时间2小时		桄子湾	8	1	2	6						
						黄桷湾	3									
						小计	57	2	40	25			92			
						长寿：南门内左侧大巷子新监门外	1		3	1						
合计							58	2	43	26			92			

附记	一、敌机架数系侵入市区或监视县计算之；
	二、警报次数系本部发布警报累积计算之；
	三、被炸区域次数系一次警报内在何处投弹何处计算一次；
	四、投弹数目以调查所得，其他投入江中者未列入。

55．八月十一日敌机袭[渝]情况暨伤亡损害概况表（1941年）

三十年八月十一日

窜入路线	逸去路线	空袭次数	被炸弹区次数	警报时间	敌机架数	投弹地点	爆炸弹	燃烧弹	伤	亡	栋	间	交通工具	施救情形	备考
第172次	1.涪陵 2.渝市			空袭 3:55	108	涪陵：									宜宾开县非本部范围损害不详
				紧急 7:52	分6批：1.9架于5:45在成都与我空军发生剧烈空战并在南郊扫射4次，2.13架于8:35在涪陵投弹，3.27架于9:25在宜宾投弹，4.27架于9:55在渝市投弹，5.9架于10:20在开县投弹，6.23架于12:55在渝市投弹复于13:17其中3架在涪陵投弹	城内	35	4	57	38		200			
				解除 13:43		磁器口	75	22	23	9		285	木船3		
						石桥段新村	3		2	1	3				
						复兴街	1		4		1				
						裕华厂	5			6	5	24			
				经过时间9小时48分		窍角沱街	5		6	9	3	7			
						大佛段	19	4	34	26	14	25			
						□新村	3		1	1	3	8			
						永平街	1			3	5				
						小计	112	26	73	57	29	349	木船3		
合计					108		147	30	130	95	29	549	木船3		

附记	一、敌机架数系侵入市区或监视县计算之； 二、警报次数系本部发布警报累积计算之； 三、被炸区域次数系一次警报内在何处投弹何处计算一次； 四、投弹数目以调查所得，其他投入江中者未列入。

56. 八月十二日敌机袭[重庆等地]情况暨伤亡损害概况表（1941 年）

三十年八月十二日

敌机经过路线		空袭次数	被炸弹区次数	警报时间	敌机架数	投弹地点	投弹种类枚数		人口伤亡		建筑物损毁				施救情形	备考
窜入路线	逸去路线						爆炸弹	燃烧弹	伤	亡	房屋		交通工具			
											栋	间				
1. 6:33在贺家坪发现，经施南、利川、丰都、长寿，2. 6:55在慈利发现，经大庸、黔江、云阳	1.经川陵丰都利川，2.经云阳鹤峰	第175次	1.重庆2.合川3.巴县4.涪陵	空袭7:25	36	代龙桥	11		3	4	6	3			云阳忠县非本部范围损害不详
				紧急8:00	分2批：1. 27架于8:18 在渝市投弹复于 8:30 在合川投弹并于9:00在涪陵投弹，2. 9架于8:31在云阳投弹并于9:07在忠县投弹	瑞华厂	5			2	3				
				解除9:35		李子坝河街	12				3				
						小桥脚	3		7	5					
						大桥头	3			1	15				
						小计	34		10	12	27	3			
						合川：									
						小南街	1					5			
				经过时间2小时10分		药市街		1				6			
						丁市街	7					12			
						双牌坊75、76 号	2			2		2			
						双牌坊民生公司	1								
						柏树街	4		1			3			
						小计	15	1	1	2		28			
						巴县：									
						新发乡	1								
						涪陵：									
						城区	3		24	7		40			
合计					36		53	1	35	21	27	71			

附记	一、敌机架数系侵入市区或监视县计算之； 二、警报次数本部发布警报累积计算之； 三、被炸区域次数系一次警报内在何处投弹何处计算一次； 四、投弹数目以调查所得，其他投入江中者未列入。

114

57．八月十三日敌机袭渝情况暨伤亡损害概况表（1941年）

三十年八月十三日

敌机经过路线		空袭次数	被炸弹区次数	警报时间	敌机架数	投弹地点	投弹种类枚数		人口伤亡		建筑物损毁			施救情形	备考
窜入路线	逸去路线						爆炸弹	燃烧弹	伤	亡	房屋		交通工具		
											栋	间			
04:03 在宜都发现。		第179次	1. 重庆 2. 涪陵	空袭 4:56		中一路	1	3			3				
				紧急 5:35	分5批：	纯阳洞街	5	2			8				
				解除 14:52	1. 23架于 5:56 在渝市投弹，	神仙洞	11	3	125	130	42				
					2. 18架于 8:17 在渝市投弹于 8:08 在万县投弹，	上清寺	14			3	6	30			
						大田湾	3				1	5			
						两路口	1				1	4			
						中二路	1	1			1	5			
				经过时间 10 小时 04 分		美专校	2				3	11			
					3. 18架于 9:30 在涪陵投弹，	七分局	1				1	14			
						广播大厦	3					3			
						中央组织部	5				2	13			
					4. 18架于 11:20 在渝市投弹，	重庆村	6				1	5			
						盐务局	3								
						中二路				4	2	10			
					5. 18架于 13:50 在渝市投弹	经济会议所	1				1	3			
						葛家沟	2								
						童家坪	3								

敌机经过路线		空袭次数	被炸弹区次数	警报时间	敌机架数	投弹地点	投弹种类枚数		人口伤亡		建筑物损毁			施救情形	备考
窜入路线	逸去路线						爆炸弹	燃烧弹	伤	亡	房屋		交通工具		
											栋	间			
						狮子湾	18								
						半边堡	1								
						红土地	2		4	1	2				
						南桥寺	12	1	4	7	1				
						家宁村	21		7	7	15	30			
						康家湾	12		1		3	13			
						头塘	1					5			
						小计	130	14	141	148	93	151			
						涪陵：									
						城区	75	2	25	7		25			
合计							205	16	166	155	93	176			
附记	一、敌机架数系侵入市区或监视县计算之； 二、警报次数系本部发布警报累积计算之； 三、被炸区域次数系一次警报内在何处投弹何处计算一次； 四、投弹数目以调查所得，其他投入江中者未列入。														

58. 八月十四日敌机袭渝情况暨伤亡损害概况表（1941年）

敌机经过路线		空袭次数	被炸弹区次数	警报时间	敌机架数	投弹地点	投弹种类枚数		人口伤亡		建筑物损毁			施救情形	备考
窜入路线	逸去路线						爆炸弹	燃烧弹	伤	亡	房屋		交通工具		
											栋	间			
在松滋发现，经建始、彭水、石柱、南川		第182次	分2批：1.78架于12:00在渝市投弹，其中26架于12:16分合川投弹并于12:40在南川投弹，并于13:00在忠县投弹，2.22架于12:37在渝市投弹并在巴县、长寿投弹	空袭10:56 紧急11:35 解除14:12 经过时间3小时16分	100 分两批1.78架于12:00在渝市投弹其中26架于12:16在合川投弹并于12:40在南川投弹并于13:00在忠县投弹2.22架于12:37在渝市投弹并在巴县、长寿投弹	神仙洞	1					3			忠县非本部所辖损害不详
				中一路	1					7					
				象鼻嘴	1					1					
				富成路											
				鼓门山	11		1	1	5						
				大水井	2	3				3					
				王家坡	3					3					
				铁路坝	1					1					
				南浮支路教门所	5		7								
				桂花园	10	2			1	6					
				陈家馆	2	1			9						
				中央工厂河坝		1									
				廖家台	3				10						
				简家台	8		1		6						
				刘家台	7	1	10	2	1						
				喜乐溪	9				9						
				伊家坡	4	1									
				马耳湾	4	1	1		3						
				通顺桥	1										
				二十一兵工厂	1	2			1						

敌机经过路线		空袭次数	被炸弹区次数	警报时间	敌机架数	投弹地点	投弹种类枚数		人口伤亡		建筑物损毁			施救情形	备考
窜入路线	逸去路线						爆炸弹	燃烧弹	伤	亡	房屋		交通工具		
											栋	间			
						小计	74	12	20	3	56	13			
						合川：									
						小南门外鸭嘴	3		3			5	木船1		
						蟠龙山	2		1	1		5			
						南津镇	4								
						小计	9		4	1		10	木船1		
						南川：									
						南外南街	7	1	1	1		7			
						小河嘴	5		1			1			
						新村	4	1				2			
						较场坝	6					3			
						观音阁	8					2			
						李家扁	12		2			5			
						小计	32	2	4	1		20			
						巴县：									
						蔡家乡	1			1					
						长寿：									
						河街	2								
						河街河边	1					1			
						兑窝升	1								
						小计	4					1			
合计							120	14	28	6	57	43	木船1		

附记	一、敌机架数系侵入市区或监视县计算之； 二、警报次数系本部发布警报累积计算之； 三、被炸区域次数系一次警报内在何处投弹何处计算一次； 四、投弹数目以调查所得，其他投入江中者未列入。

59．八月二十二日敌机袭[重庆等地]情况暨伤亡损害概况表（1941年）

三十年八月二十二日

敌机经过路线 审入路线	逸去路线	空袭次数	被炸弹区次数	警报时间	敌机架数	投弹地点	投弹种类枚数 爆炸弹	燃烧弹	人口伤亡 伤	亡	建筑物损毁 房屋 栋	间	交通工具	施救情形	备考
1．10:06在松滋发现，经恩施、利川、石柱、忠县、丰都、涪陵、长寿、清平、合川、铜〔潼〕南、安岳、资中，2．10:15在宜都发现，经五峰、恩施、利川、石柱、涪陵、双河，3．10:48在长阳发现，经巴东、恩施、利川、石柱、忠县、丰都、涪陵，4．12:46在松滋发现，经採花、恩施、石柱、涪陵、长寿、清平	1．经隆昌铜梁邻彭水，2．太南川恩施、涪陵彭水，3．涪陵彭水，4．经茨竹邻长寿石柱	第187次	1．渝 2．合川 3．丰都 4．巴 5．长寿	空袭11:00 紧急11:45 解除15:38 经过时间4小时38分	131 分4批：1．54架于12:49内有9架在内江投弹其余于13:49在合川投弹，2．26架于12:25在渝市投弹，3．27架于12:41在渝市投弹复于13:11在丰都投弹，4．24架于14:42在渝市及飞机场投弹并在长寿投1弹	观音梁	1					2			
						自来水厂	7						木船3		
						建设路	4	2							
						安息会	1			8					
						龙家湾	5					2	木船3		
						第星街	1								
						中四路	5								
						国府路	11	16				24			
						学田湾	8					6			
						曾家岩	6					5	木船3		
						美专马路	1								
						中宣部	1				1	3			
						嘉陵新村	1	4							
						小石坝	1								
						上土湾	3								
						黄桷湾	3								
						小龙坎街	7	4	5		56				
						柏树林	5	2	1		5				
						双巷子	17	3	8	5	62		汽车2		
						南开校内	14	1	1		36				

敌机经过路线		空袭次数	被炸弹区次数	警报时间	敌机架数	投弹地点	投弹种类枚数		人口伤亡		建筑物损毁			施救情形	备考
窜入路线	逸去路线						爆炸弹	燃烧弹	伤	亡	房屋		交通工具		
											栋	间			
						中渡口	3	5	6			96			
						中央大学	9	3				27			
						重庆大学	4	2	1			16			
						中央工校	1					4			
						小计	119	22	49	6	72	273	汽车2木船9		
						合川：									
						文明街	2		3	1		17			
						青龙街	8		3	4		57			
						学昌门外	3		5	6			木船7		
						大巷子	2		2						
						饭驿门外	2		1			2			
						南津镇、白塔街	10		5			2			
						柑子园	1								
						东津沱	12		26	4		12			
						豫丰纱厂	7	3	27	8					
						小计	47	3	82	23		90	木船7		
						丰都：									
						高家镇	1		1	1		19			
						巴县：									
						马王乡	29	2	7	5		35			
						新发乡	7								
						人和镇	2								
						长寿字库巷		1	2						
合计							205	28	141	35	72	419	汽车2木船16		
附记	一、敌机架数系侵入市区或监视县计算之； 二、警报次数系本部发布警报累积计算之； 三、被炸区域次数系一次警报内在何处投弹何处计算一次； 四、投弹数目以调查所得，其他投入江中者未列入。														

60. 八月二十三日敌机袭[重庆等地]情况暨伤亡损害概况表（1941年）

三十年八月二十三日

敌机经过路线		空袭次数	被炸弹区次数	警报时间	敌机架数	投弹地点	投弹种类枚数		人口伤亡		建筑物损毁		交通工具	施救情形	备考
窜入路线	逸去路线						爆炸弹	燃烧弹	伤	亡	栋	间			
1. 9:30在长阳发现，经五峰、宣恩、石柱、丰都、涪陵、双河， 2. 9:54在长阳发现，经建始、梁山、垫江、长寿， 3. 10:02在宜都发现，经恩施、石柱、垫江、邻水、合川、叙永、简阳、成都、安岳、遂宁、合川、长寿、梁山、万县、奉节， 4. 11:14在五峰发[现]，经宣恩、南川双河、清平、合川、铜梁	1.经万县山斗三坪， 2.经涪陵石柱， 3.经斗三坪， 4.经铜梁水邻水彭水	第188次	1.丰都 2.渝市 3.合川 4.綦江	空袭10:25 紧急11:05 解除15:42 经过时间5小时17分	135 分4批： 1. 27架于11:20内有9架在丰都投弹复于11:49在忠县投弹， 2. 27架于11:40在渝市投弹， 3. 54架于11:39内有11架在合川投弹，于14:56内有9架在梁山投弹，于15:05内有6架在奉节投弹， 4. 27架于13:18在渝市投弹，复于13:39在綦江投弹	沙坪坝街	16	1				31			梁山忠县奉节非本部范围损害不详
						电力厂	3		1			5			
						庙湾	26		2			19			
						汤家湾	39	6	2	2		64			
						柏树林	23					8			
						双巷子	17								
						女职校	7					7			
						小龙坎后街	2					8			
						黄桷湾	2								
						圣泉寺	2								
						官山坡	2								
						蔡家湾	2								
						中心小学	2		2	7		8			
						地主宫巷	1					10			
						金蓉街	1					91			
						黄桷坪	1					109			
						金蓉巷	2		3	4		22			
						金蓉正街	1	1				4			
						金蓉河街	3					4			
						大码头	3		2						
						地主宫巷	4								
						金沙街	5					6			
						小计	164	8	12	13		396	木船8		

121

敌机经过路线		空袭次数	被炸弹区次数	警报时间	敌机架数	投弹地点	投弹种类枚数		人口伤亡		建筑物损毁			施救情形	备考
窜入路线	逸去路线						爆炸弹	燃烧弹	伤	亡	房屋		交通工具		
											栋	间			
						合川：									
						柏树街		6				14			
						特训班	3								
						黑龙池		5	1	1		52			
						梓桥街	1					1			
						溪子口	1					2			
						久长街		4				11			
						祁家巷	2		2			10			
						察院街	2					6			
						万寿宫	2					9			
						仁和门外	1					9			
						西市场	3					11			
						文华街		4	2	1		13			
						洛阳门外		4	2	2		17			
						塔耳门外	2		1	1		4			
						莹盘上街		3				9			
						药市街		2	2			12			
						小计	17	28	10	5		180			
						丰都：									
						上王爷庙	2					12			
						老米市街	2					10			
						黄豆市街	1					5			
						梧桐街	1					3			
						上口街城墙边									
						商业场	2	1				100			
						中正路	2	1				70			
						稻谷仓	1	1				6			
						县政府	3					5			
						丁字街	2			4		60			
						冉家石堡	3		5	3		20			
						省银行侧边	1					5			
						关岳庙	2					20			

敌机经过路线		空袭次数	被炸弹区次数	警报时间	敌机架数	投弹地点	投弹种类枚数		人口伤亡		建筑物损毁			施救情形	备考
窜入路线	逸去路线						爆炸弹	燃烧弹	伤	亡	房屋		交通工具		
											栋	间			
						张爷庙	2			1		15			
						药王庙	1		2			20			
						下米市街心	2		1			30			
						三抚街	2	2	15	2		100			
						下王庙	2		5	1		57			
						喜鹊街	3		2	2		20			
						陆家巷子	3		1			19			
						观音堂街	3		10	2		50			
						东岳殿河沟	3								
						新桥	1								
						平桥	2		2	3		10	桥梁1		
						后坝	2		2	2		15			
						北门街口	1								
						半边街	1					10			
						衙门口河边	2								
						东门外河边	2								
						盐店背面	2								
						河街	1								
						北门城墙边	1								
						小计	59	5	47	20		680	桥梁1		
						綦江:									
						城南路59号	1		2	1		2			
						城南路61号		1	1			7			
						荒郊	8		3	1					
						小计	9	1	6	2		9			
合计					135		249	42	75	40		1265	木船8 桥梁1		

附记	一、敌机架数系侵入市区或监视县计算之； 二、警报次数系本部发布警报累积计算之； 三、被炸区域次数系一次警报内在何处投弹何处计算一次； 四、投弹数目以调查所得，其他投入江中者未列入。

61．八月三十日敌机袭渝情况暨伤亡损害概况表（1941 年）

敌机经过路线		空袭次数	被炸弹区次数	警报时间	敌机架数	投弹地点	投弹种类枚数		人口伤亡		建筑物损毁			施救情形	备考
窜入路线	逸去路线						爆炸弹	燃烧弹	伤	亡	房屋栋	房屋间	交通工具		
		第189次	1. 达 2. 渝 3. 涪陵	空袭 9:24	205	储奇门人和湾		1			71				
				紧急 10:30	分8批：1. 17架于8:36在云阳双江镇投弹，2. 14架于9:24在达县投弹，3. 54架于10:55在渝投弹，4. 27架于11:35在渝市投弹后在涪陵投弹，5. 27架于12:30在渝市投弹，6. 27架于12:56在渝市投弹，7. 12架于12:42在万县梁沱投弹，8. 27架于14:05在渝市投弹	纯阳洞街	1								
				解除 14:45		中一支路	1								
						临华前街	1					4			
						张家花园	1								
						高家庄	4				2				
						建设路						1			
						梯口街	4								
						国府路	3		1		4				
						蒲草田	3		1						
						下罗家湾	5	2							
						两路口	2				1	10			
						盐务局	8	1			4	23			
						中三路	8				11	53			
						美专校	1				1	6			
						巴中校	4				1	8			
						养花溪	6				6	35			
				经过时间5小时21分		胡家旁	1		2	2					
						高滩岩	1					5			
						黄山	8		1		1				

敌机经过路线		空袭次数	被炸弹区次数	警报时间	敌机架数	投弹地点	投弹种类枚数		人口伤亡		建筑物损毁			施救情形	备考
窜入路线	逸去路线						爆炸弹	燃烧弹	伤	亡	房屋 栋	房屋 间	交通工具		
						汪山	5		8	2					
						丁家垭									
						黄桷垭	13	1	30		10				
						南山	5	4				10			
						王村									
						新村马路									
						柴支马路	3		3	3					
						凉风垭	20		14	11		2			
						老君洞	3		5						
						文峰塔	10		15	14					
						新市场	10		17	8		13			
						中新路	2		5	1		1			
						新场坝	5		8	4		15			
						小计	146	9	100	45	112	186			
						达县：									
						附近城郊	47		39	8		16	木船1		
						涪陵：									
						城区	3		5	1		3			
合计					205		196	9	154	54	112	205	木船1		

附记	一、敌机架数系侵入市区或监视县计算之； 二、警报次数系本部发布警报累积计算之； 三、被炸区域次数系一次警报内在何处投弹何处计算一次； 四、投弹数目以调查所得，其他投入江中者未列入。

62．八月三十一日敌机袭渝情况暨伤亡损害概况表（1941 年）

三十年八月三十一日

敌机经过路线		空袭次数	被炸弹区次数	警报时间	敌机架数	投弹地点	投弹种类枚数		人口伤亡		建筑物损毁			施救情形	备考
窜入路线	逸去路线						爆炸弹	燃烧弹	伤	亡	房屋		交通工具		
											栋	间			
1. 在松滋发现，经五峰、石柱、长寿、重庆、合川、遂宁、安岳、资中，2. 在松滋发现，经五峰、石柱、涪陵、重庆、江津、永川、乐至、盐亭、中江、金堂，3. 在黔江发现，经彭水、南川、綦江、合江、泸县、叙永、西昌，4. 在宜都发现，经石柱、涪陵、邻水、江北，5. 在施南发现，经黔江、涪陵、南川，6. 在三斗坪发现，经巴东、奉节、云阳、开县，7. 在潼关发现，经广元	1. 经简阳内江泸县合川邻水彭水，2. 经长寿自井铜梁彭水，3. 经贵州松坎黔江，4. 经太平南川黔江，5. 经茨竹邻水彭水，6. 经茨竹邻水彭水，7. 经开县巫山，8. 经昭化广元	第190次	渝市	空袭9:58 紧急10:17 解除15:40 经过时间6小时42分	136　分7批：1. 18架于11:50在成都投弹，2. 9架于11:16在成都用机枪扫射，3. 36架于13:58在云南昭通机场投弹，4. 25架于11:50在渝市投弹，5. 27架于在渝市投弹，6. 17架于14:00在梁山投弹，7. 4架于14:08在阆中投弹，	国府路	5								查本日被炸计有成都昭通梁山阆中非本部范围损害不详
						学田湾	2								
						中四路	1					9			
						曾家岩	6								
						下曹家湾	4				6				
						下罗家湾	1								
						枣子岚垭	1								
						美专校街	2				3	27			
						中三路	3			1	3	28			
						中宣部	3								
						大田湾	6								
						交通部驿运处	3				2	16			
						春森路	1								
						中国银行	1						1		
						七分局对面	1				1	3			
						陈家馆河街	4	1	1						
						陈家馆正街	2								
						鲤鱼池	22								
						安家堡	2			6	3				
						塔坪	2								
						袁家堡	4			1					
						学堂堡	5		8	9	1				

敌机经过路线		空袭次数	被炸弹区次数	警报时间	敌机架数	投弹地点	投弹种类枚数		人口伤亡		建筑物损毁			施救情形	备考
窜入路线	逸去路线						爆炸弹	燃烧弹	伤	亡	房屋		交通工具		
											栋	间			
						牌坊堤	1			1					
						观音□	24	5	3	27	15				
						放牛坪	19	5	3	5		2	汽车2		
						双河场	15	4	6	8		2			
						大兴场	83	4	45	17		105	木船3		
合计					136		223	19	73	67	35	193	汽车2 木船3		

附记	一、敌机架数系侵入市区或监视县计算之； 二、警报次数系本部发布警报累积计算之； 三、被炸区域次数系一次警报内在何处投弹何处计算一次； 四、投弹数目以调查所得，其他投入江中者未列入。

63．九月二日敌机袭巴情况暨伤亡损害概况表（1941 年）

敌机经过路线		空袭次数	被炸弹区次数	警报时间	敌机架数	投弹地点	投弹种类枚数		人口伤亡		建筑物损毁			施救情形	备考
窜入路线	逸去路线						爆炸弹	燃烧弹	伤	亡	房屋		交通工具		
											栋	间			
11:50 在松滋发现，经长阳、施南、黔江、彭水、南川、綦江	经太平涪陵彭水	第191次	巴县	空袭 12:39	27	巴县：									
				紧急 13:25		马王乡、大渡口等	85	45	68	33	67		木船11		
				解除 14:47	在马王乡投弹										
				经过时间2小时08分											
合计					27		85	45	68	33	67		木船11		
附记	一、敌机架数系侵入市区或监视县计算之； 二、警报次数系本部发布警报累积计算之； 三、被炸区域次数系一次警报内在何处投弹何处计算一次； 四、投弹数目以调查所得，其他投入江中者未列入。														

64．八月二十三日敌机袭渝、巴情况暨伤亡损害概况表（1943 年）

三十二年八月二十三日

敌机经过路线		空袭次数	被炸弹区次数	警报时间	敌机架数	投弹地点	投弹种类枚数		人口伤亡		建筑物损毁			施救情形	备考
窜入路线	逸去路线						爆炸弹	燃烧弹	伤	亡	房屋		交通工具		
											栋	间	木船		
1. 8:53 在宜都发现，经五峰、恩施、利川、丰都、长寿 2. 8:56 在宜都发现，经五峰、恩施、利川	1. 经木洞长寿丰都，2. 经云阳巫山巴东	第202次	1.渝 2.巴	空袭 9:24	55	石门街65号	5		1	3		7			
				紧急 9:53		盘溪河边		2	6	3			5		
				解除 11:20		玉带山37号	1					5			
						盘溪侧	18	6	3	8		11			
					分2批：1. 27 架于 10:25 在渝市投弹并附在巴县境内投1弹，2. 28 架于 10:20 在万县投弹	石门街中工窑业工厂	6	3		3		9			
						石门街50号中工试验所	3	1	1			10			
				经过时间2小时04分		石门街38号纺织工厂	4	3	1			7			
						石门街49号中工试验所	5		5	4		18			
						石门街55号	2	1				20			
						忠烈祠	30					5			
						五保十二甲田中	15	1							
						玉带山58号附1	2			1					
						玉带山41号	25								

129

敌机经过路线		空袭次数	被炸弹区次数	警报时间	敌机架数	投弹地点	投弹种类枚数		人口伤亡		建筑物损毁			施救情形	备考
											房屋		交通工具		
窜入路线	逸去路线						爆炸弹	燃烧弹	伤	亡	栋	间	木船		
						小龙坎豫丰纱厂后面	1	1							
						老田庄2号	2	1							
						桃子林3号	1	1							
						陈家坪2号		2							
						烟灯山13号	1								
						邹家湾情报派出所附近	1					3			
						联芳桥15号		1				2			
						陈家坪5号	1								
						黄泥湾5号		1							
						黄泥湾8号	1								
						小计	124	25	18	21		99	5		
						巴县：									
						马王乡狮子岩	2								
合计							126	25	18	21		99	5		

附记	一、敌机架数系侵入市区或监视县计算之； 二、警报次数系本部发布警报累积计算之； 三、被炸区域次数系一次警报内在何处投弹何处计算一次； 四、投弹数目以调查所得，其他投入江中者未列入。

重庆防空司令部有关防空情报及防空情况报告表、日军飞机空袭情况表①

1. 四月三十日防空空情报报告表（1940年5月2日②）

情报内容（区分）		第一批	当阳	长阳	恩施	涪陵	广阳坝	第二批	沙市	长阳	宣恩	成丰	黔江	涪陵	长寿	依凤	白市驿	丁家坳
日期	4月30日 （梁山巫山非本部辖区）																	
空袭地点	巴县广阳坝、白市驿																	
空袭次数	第41次																	
敌机架数	约18架（昏夜难辨致机确数）																	
经过航线 来	时间		01:11	01:51	02:34	03:18	03:41		01:21	01:45	02:27	02:51	02:57	03:20	03:28	03:50	04:05	04:12
经过航线 去	地点		长寿	涪陵	彭水	黔江			龙岗	太平	涪陵	丰都	梁山	开江	开县	奉节	巫山	
经过航线 去	时间		03:56	04:03	04:20	04:28			04:21	04:27	04:37	04:45	05:09	05:33	05:40	05:52	05:57	

处置情形	警报时间	
	空袭	2时38分
	紧急	3时20分
	解除	4时53分
指挥与连络概况		

①本部分内容均为重庆市档案馆藏重庆防空司令部全宗、第1目、第82卷档案。
②括号内日期为填报时间。山编者根据档案补充。下同。

区 分		日期	4月30日 （梁山巫山非本部辖区）
		空袭地点	巴县广阳坝、白市驿
		空袭次数	第 41 次
袭击状况	着弹地点		白市驿、广阳坝附近
	种类		爆炸弹
	弹数		约 50 余枚
损害情形	房屋	炸毁	20 余间
		震坏	
	人口	死	
		伤	据报伤亡 70 余人
	其他		
高射部队战斗经过	射击情形		我照测部队于 4 时 20 分照明第二批敌机 9 架，敌急皇投弹而去
	弹药消耗	种类	
		数量	
备考			1. 本日敌机分批在广阳坝、白市驿仓皇投弹，均落附近空地，我无损害； 2. 截至本日止敌机共袭川 54 次。

中华民国二十九年五月二日

重庆防空司令刘 峙

副司令李根固、毛邦初、吴国桢、胡伯翰

2. 五月二十六日防空情报报告表（1940 年 5 月 31 日）

日期	5月26日															
空袭地点	白市驿、化龙桥															
空袭次数	第 45 次															
敌机架数	99架（分3批：第一批 27架，第二、三两批各 36架）															

情报内容 经过航线	第一批	沙洋	松滋	宜都	宣恩	咸丰	彭水	道真	綦江	永川	白市驿	第二批	潜江	松滋	利川	石柱	长寿
来 地点		沙洋	松滋	宜都	宣恩	咸丰	彭水	道真	綦江	永川	白市驿		潜江	松滋	利川	石柱	长寿
来 时间		09:31	09:58	10:04	10:45	11:06	11:20	11:45	12:53	13:32	13:45		10:00	10:29	11:31	11:46	12:28
去 地点		涪陵	石柱										龙岗	南川	彭水	黔江	
去 时间		14:12	14:30										13:49	13:57	14:20	14:35	

（续上表）

情报内容 经过航线	第二批	合川	邻水	北碚	白市驿	第三批	潜江	沙市	鹤峰	宣恩	涪陵	广安	邻水	化龙桥
来 地点		合川	邻水	北碚	白市驿		潜江	沙市	鹤峰	宣恩	涪陵	广安	邻水	化龙桥
来 时间		12:45	13:24	13:37	13:45		10:29	10:47	11:36	11:50	12:27	12:43	13:00	13:45
去 地点							彭水	酉阳						
去 时间							14:20	14:42						

处置情形 警报时间	
空袭	10 时 50 分
紧急	11 时 43 分
解除	14 时 40 分
指挥与连络概况	

日期		5 月 26 日
区分	空袭地点	白市驿、化龙桥
	空袭次数	第 45 次
袭击状况	着弹地点	白市驿、化龙桥国民公报馆附近、复旦中学、龙隐路、红岩嘴、新村正街、小桥河边
	种类	爆炸弹
	弹数	210 枚
损害情形	房屋 炸毁	25 间
	房屋 震坏	
	人口 死	64 人
	人口 伤	103 人
	其他	化龙桥河边船只（木船）被炸沉 5 只，炸伤 46 只
高射部队战斗经过	射击情形	本日敌机侵入市空高度约 4800 公尺，炮兵 45 团第二、三、五、六各连向敌机猛烈射击，似有 2 架负伤模样
	弹药消耗 种类	
	弹药消耗 数量	
备考		截至本日止敌机共袭川 61 次

中华民国二十九年五月三十一日　重庆防空司令刘 峙

副司令李根固、毛邦初、吴国桢、胡伯翰

3. 五月二十七日防空情报报告表（1940年5月31日）

日期	5月27日
空袭地点	北碚、重庆市郊
空袭次数	第46次
分 敌机架数	99架（分3批袭渝：第一批36架、第二批27架、第三批36架）

情报内容 — 经过航线

第一批

	地点	时间	地点	时间	地点	时间	地点	时间	地点	时间	地点	时间	地点	时间
来	潜江	07:46	沙市	08:08	松滋	08:24	长阳	08:35	利川	09:23	石柱	09:37	丰都	10:08
来	涪陵	10:30	长寿	11:07	广安	11:21	岳池	12:10	合川	12:45	北碚	13:12		
去	长寿	13:20	涪陵	13:25	石柱	13:40								

第二批

	地点	时间	地点	时间	地点	时间	地点	时间	地点	时间
来	沙洋	08:08	松滋	08:27	渔洋关	08:45	黔江	09:45	彭水	09:53
去	长寿	12:05	涪陵	12:14	彭水	12:27	黔江	12:40		

（续上表）

情报内容 — 经过航线

第二批（续）

	地点	时间	地点	时间	地点	时间	地点	时间
来	綦江	10:32	永川	11:17	璧山	11:27	磁器口	11:51

第三批

	地点	时间	地点	时间	地点	时间	地点	时间	地点	时间	地点	时间	地点	时间
来	监利	08:10	公安	08:36	慈利	09:12	桑植	09:41	米风	10:07	西阳	10:17	彭阳	10:25
来	道真	10:38	綦江	10:57	习水	12:20	綦江	13:27	龙岗	14:05	小龙坎	14:17		
去	汶竹	14:32	长寿	14:40	石柱	14:54								

处置情形

警报时间	空袭	9时28分
	紧急	10时16分
	解除	15时12分
指挥与连络概况		

区分	项目	内容
	日期	5月27日
	空袭地点 空袭次数	北碚、重庆市郊 第46次
袭击状况	着弹地点	北碚：南京路、中正路、蔡锷路、菜市场、体育场、河街、黄桷树、复旦大学 重庆市郊：磁器口（土湾、石岑团口桃嘴）、小龙坎、大鑫炼钢厂、大龙坎
	种类	爆炸弹、烧夷弹
	弹数	137枚 3枚
损害情形	房屋 炸毁	11栋又10余间
	房屋 震坏	
	人口 死	131人
	人口 伤	78人
	其他	磁器口我高射阵地被炸，指挥仪炸毁，军政部第二十四厂被炸
高射部队战斗经过	射击情形	敌机由歌乐山侵入市空时，炮兵45R第三、五、七各连向敌猛烈射击，有敌机一架受伤落后
	弹药消耗 种类	爆炸弹
	弹药消耗 数量	120枚
备考		截至本月（日）止敌机共袭川62次

中华民国二十九年五月三十一日　　重庆防空司令刘　峙

副司令李根固、毛邦初、吴国桢、胡伯翰

4. 五月二十八日防空情报报告表（1940年5月28日）

日期	空袭地点	空袭次数	敌机架数
5月28日	重庆市郊	第47次	98架（分3批袭渝：第一批36架，第二批26架，第三批36架）

情报内容　经过航线

第一批	潜江	松滋	长寿	建始	恩施	利川	石柱	涪陵	长寿	邻水	合川	重庆	第二批	沙市	潘洋关	五峰
来 时间	08:18	08:45	08:55	09:25	09:37	09:52	10:06	10:27	10:32	10:38	10:43	11:20		08:53	09:00	09:12
去 地点	南川	彭水												丁家坳	涪陵	丰都
去 时间	11:34	11:55												11:32	11:44	11:54

（续上表 1）

第二批	新塘	黔江	彭水	涪陵	长寿	邻水	合川	北碚	重庆	第三批	洒阳	遭县	慈利	桑植	来风	酉阳
来 时间	09:33	10:06	10:17	10:30	10:50	10:55	11:05	11:25	11:30		09:00	09:46	10:10	10:30	10:50	11:06
去 地点	黔江										长寿	涪陵	石柱			
去 时间	12:13										13:14	13:26	13:46			

（续上表 2）

第三批	彭水	道真	江津	合川	□□
来 时间	11:19	11:30	12:01	12:15	13:05
去 地点					
去 时间					

区分			内容
日期			5月28日
空袭地点			重庆市郊
空袭次数			第47次
处置情形	警报时间	空袭	9时55分
		紧急	10时34分
		解除	14时40分
	指挥与连络概况		
袭击状况	着弹地点		重庆市区：白鹤亭、黑巷子、纯阳洞、电话局、神仙洞、果园、张必果家祠、上南区马路、珊瑚坝机场、消防沟、燕喜洞、大水井、天路口、下南区马路、肖家沟后街、中四路、罗家湾、枣子岚垭、张家花园、黄花园、大田湾、桂花园、牛角沱、上清寺、春森路、中三路、吉人巷、放生池、永平门、文昌宫、保定门、中山林、廖家台、广阳坝机场、康宁路、飞米寺、
	弹类	种类	爆炸弹、烧夷弹
		弹数	253枚 烧夷弹 20枚
损害情形	房屋	炸毁	204间又44栋
		震坏	
	人口	死	154人
		伤	372人
	其他		137号公共防空洞震崩，压伤4人
高射部队战斗经过	射击情形		敌机侵入市空时，炮兵45团第二、三、四、五、六各连均予猛烈射击，敌机2架似有受伤模样
	弹药消耗	种类	爆炸弹
		数量	240枚
备考			截至本日止敌机共袭川63次

中华民国二十九年五月三十一日　重庆防空司令刘　峙

副司令李根固、毛邦初、吴国桢、胡伯翰

5. 五月二十九日防空情报报告表（1940 年 6 月 3 日）

区分　情报内容		内容
日期		5月29日
空袭地点		重庆市郊
空袭次数		第48次
敌机架数		63架（分2批：第一批27架，第二批36架）

情报内容　经过航线

		第一批	沔阳	遭县	米风	黔江	彭水	江津	璧山	重庆	第二批	荆门	当阳	巴东	巫山	奉节	云阳	开县
来	地点																	
	时间		08:30	09:35	10:10	10:20	10:41	11:41	11:48	11:55		09:09	09:29	09:45	09:55	10:08	10:21	10:35
去	地点		南川	道真	酉阳							江津	綦江	南川	酉阳			
	时间		12:17	12:23	12:46							12:31	12:32	12:43	13:11			

（续上表）

情报内容　经过航线

		第二批	巴中	渠县	岳池	南充	武胜	合川	重庆
来	地点								
	时间		11:05	11:15	11:25	11:29	11:32	12:07	12:13
去	地点								
	时间								

处置情形		
警报时间	空袭	10时25分
	紧急	11时03分
	解除	12时55分
指挥与连络概况		

续表

区分		内容
日期		5月29日
空袭地点		重庆市郊
空袭次数		第48次
袭击状况	着弹地点	洋坪坝、化龙桥、小龙坎、磁器口一带
	种类	爆炸弹、燃烧弹
	弹数	167枚　9枚　内有7枚未爆炸
损害情形	房屋　炸毁	15所
	房屋　震坏	46栋
	人口　死	24人
	人口　伤	34人
	其他	
高射部队战斗经过	射击情形	
	弹药消耗　种类	
	弹药消耗　数量	
备考		截至本日止敌机共袭川64次

中华民国二十九年六月三日　重庆防空司令刘峙

副司令李根固、毛邦初、吴国桢、胡伯翰

6. 五月三十日防空情报报告表（1940年6月3日）

日期	5月30日																
空袭地点	广阳坝机场、涪陵、合川																
空袭次数	第49次																
分区																	
敌机架数	27架																

情报内容

经过航线		沙洋	江陵	宜都	长阳	五峰	恩施	忠县	丰都	涪陵	长寿	邻水	广安	岳池	武胜	合川	铜梁	大足
来	地点	沙洋	江陵	宜都	长阳	五峰	恩施	忠县	丰都	涪陵	长寿	邻水	广安	岳池	武胜	合川	铜梁	大足
	时间	07:32	07:42	08:02	08:10	08:20	08:54	09:11	09:33	09:40	09:45	09:56	10:08	10:14	10:23	10:37	10:44	10:55
去	地点	涪陵	丰都	彭水														
	时间	12:16	12:24	12:34														

（续上表）

情报内容	经过航线		永川	江津	綦江	太平	小观音	永兴场	广阳坝
	来	地点	永川	江津	綦江	太平	小观音	永兴场	广阳坝
		时间	10:57	11:06	11:24	11:50	11:53	11:57	11:59
	去	地点							
		时间							
处置情形	空袭 警报		9时07分						
	紧急		9时45分						
	解除		12时37分						
指挥与连络概况									

区分		项目	内容
日期			5月30日
空袭地点			广阳坝机场、涪陵、合川
空袭次数			第49次
袭击状况	着弹地点		广阳坝
	种类		爆炸弹　燃烧弹
	弹数		66枚　30枚
损害情形	房屋	炸毁	
		震坏	300余间
	人口	死	175人
		伤	84人
	其他		
高射部队战斗经过	射击情形	种类	
	弹药消耗	种类	
		数量	
备考			截至本日止敌机共袭川65次

中华民国二十九年六月三日

重庆防空司令刘峙

副司令李根固、毛邦初、吴国桢、胡伯翰

7. 八月九日防空情况报告表（1940 年 8 月 16 日）

日期	8 月 9 日
空袭地点	重庆市区
空袭次数	第 75 次
敌机架数	90 架（分 2 批：第一批 63 架，第二批 27 次）

分区 情报内容			第一批	宜都	恩施	利川	石柱	丰都	涪陵	南川	綦江	重庆	第二批
情报内容	经过 航线	来	地点										
			时间	10:30	11:11	11:29	11:39	12:07	12:13	12:50	14:28	14:39	
		去	地点	隆盛	三峡山								
			时间	14:46	15:07								

（续上表）

分区 情报内容			长阳	五峰	恩施	石柱	丰都	南川
情报内容	经过 航线	来 地点 时间	10:57	10:41	10:41	12:23	12:45	14:06
		去 地点	隆盛	三峡山	黄河坝			
		时间	14:46	15:07	15:20			

情报 内容	经过航线	来 地点	第二批	綦江	龙冈	重庆
		时间		14:28	14:30	14:39
		去 地点				
		时间				

处置情形	警报 时间	空袭	11 时 30 分
		紧急	12 时 10 分
		解除	15 时 55 分
	指挥与连络概况		

区分 / 分区			8月9日
日期			8月9日
空袭地点			重庆市区
空袭次数			第75次
袭击状况	着弹地点		机房街、石门街、中正路、储奇顺城街、林森路、中四路、曾家岩、国府路、民生码头等共88处
	种类		爆炸弹　燃烧弹
	弹数		237枚　41枚
损害情形	房屋	炸毁	332栋又948间
		震坏	185栋又338间
	人口	死	男173人　女26人
		伤	男140人　女33人
	交通工具		车辆30　汽车8　民船6只
	财产（元）损失估计		约3361800元
高射部队战斗经过	射击情形		
	弹药消耗	种类	
		数量	
备考			

附记：黄河坝属丰都，三峡山属涪陵。

中华民国二十九年八月十六日　　重庆防空司令刘　峙

副司令李根固，毛邦初、吴国桢、胡伯翰

· 144 ·

8. 八月十一日防空情况报告表（1940 年 8 月 11 日）

区分	情报内容													
日期	8月11日													
空袭次数	第76次													
敌机架数	90架（分2批：第一批36架，第二批54架）													

经过航线

	松滋	施南	长阳	利川	重庆	2. 长阳	利川	石柱	忠县	垫江	广安	合川	北碚	重庆
来 地点时间	1. 松滋 11:10	施南 12:10	长阳 11:25	利川 12:16	重庆 14:06	长阳 11:36	利川 12:25	石柱 12:35	忠县 12:50	垫江 13:20	广安 13:37	合川 13:40	北碚 13:56	重庆 14:06
去 地点时间	关口 14:17	彭水 14:30	涪陵 14:26			关口 14:17	涪陵 14:26	彭水 14:30						

处置情形

空袭警报	12点18分
紧急警报	13点15分
解除	15点33分

袭击状况

指挥与连络概况	
着弹地点	保安路、林森路、下南区马路、蒲草田、国府路、曾家岩、俄使馆、遗爱祠马路、浮图关、大田湾、法使馆等 72 处
弹种	爆炸弹　燃烧弹
弹数	165 枚　17 枚

损害情形

房屋	炸毁	170 栋又 55 间
	震坏	85 栋又 18 间
人口	死	男 39 人　女 11 人
	伤	男 51 人　女 14 人
交通工具		木船 4 只
财产损失估计（元）		673400 元

高射部队战斗经过

射击情形		
弹药消耗	种类	
	数量	

备考

中华民国二十九年　月　日　　重庆防空司令刘峙
副司令李根固、毛邦初、吴国桢、胡伯翰

· 145 ·

9. 八月十九日防空情况报告表（1940 年 8 月 27 日）

项目		内容
日期		8 月 19 日
空袭地点		重庆、大中坝、涪陵
空袭次数		第 83 次
情报内容	敌机架数	轰炸机 117 架、驱逐机 9 架（分 2 批：第一批 90 架、第二批 36 架）
	经过航线 来 地点	1. 涴市 松滋 宜恩 咸丰 丰都 黔江 重庆 大中坝 重庆　　2. 潼关 雒南 安康 巫溪 武陵 木洞 重庆
	经过航线 来 时间	9:20　9:36　10:26　10:38　11:02　11:26　12:57　13:05　13:04　　11:04　11:24　12:10　12:32　13:06　13:36　13:45
	经过航线 去 地点	小观音 南川 涪陵 黔江　　邻水 渠县 达县
	经过航线 去 时间	13:17　13:24　13:32　13:34　　14:02　14:17　14:20
处置情形	警报时间 空袭	10 时 30 分
	警报时间 紧急	11 时 20 分
	警报时间 解除	14 时 36 分
指挥与联络概况		涪陵六郎街
袭击状况	着弹地点	重庆市第二区至第七区共 175 处　　涪陵六郎街
	种类	爆炸弹　燃烧弹　爆炸弹
	弹数	262 枚　52 枚　4 枚
损害情形	房屋 震坏	643 栋又 1180 间
	房屋 炸毁	37 栋又 95 间　28 间
	人口 死	男 161 人 女 195 人
	人口 伤	男 117 人 女 15 口人　1 人
	交通工具	民船 24 只
	财产损失（估计）（元）	约 5214 1400 元
高射部队战斗经过	射击情形	敌机高度 6200～6280 公尺、击伤敌机 1 架
	弹药消耗 种类	爆炸弹
	弹药消耗 数量	116 发
备考		

附记：大中坝机场着弹地点及损害情形不明，未列入。

重庆防空司令刘峙

二十九年八月二十七日

副司令李根固、毛邦初、吴国桢、胡伯翰

· 146 ·

10. 八月二十日防空情况报告表（1940 年 8 月 26 日）

日期	8月20日
空袭地点	重庆
空袭次数	第84次
敌机架数	126架（分4批：第一批36架，第二批36架，第三批27架，第四批27架）

情报内容 经过航线																
来 地点	1. 潼关	雒南	安康	邻水	汰竹	木耳	白塔	重庆	2. 长阳	随南	利川	丰都	涪陵	长寿	双河	丁家壩
来 时间	10:46	10:57	11:35	12:45	13:00	13:04	13:14	13:14	11:26	12:01	12:14	12:39	12:50	13:07	13:09	13:10
去 地点	合川	广安	渠县	宣汉					璧山	木洞	涪陵	丰都	石柱			
去 时间	13:22	13:37	13:39	14:08					13:25	13:38	13:47	14:00	14:06			

（续上表）

情报内容 经过航线																
来 地点	2. 江北	3. 松滋	燕子坪	来凤	咸丰	丰都	垫江	邻水	南坪場	4. 磨刀溪	忠县	涪陵	长寿	綦江	江津	白市驛
来 时间	13:33	11:04	11:25	11:50	12:02	12:24	12:49	12:56	13:40	11:34	11:53	12:14	12:26	13:07	13:18	13:35
去 地点		长寿	涪陵	丰都	石柱					长寿	涪陵	丰都				
去 时间		13:48	14:05	14:09	14:18					14:10	14:24	14:38				

处置情形 警报时间	
空袭	11时57分
紧急	12时40分
解除	15时
指挥与连络概况	

续表

区　分		日期	8月20日
		空袭地点	重庆
		空袭次数	第84次
袭击状况		着弹地点	共91处
		种类	爆炸弹　燃烧弹
		弹数	216枚　206枚
损害情形	房屋	炸毁	832栋又4807间
		震坏	57栋又223间
	人口	死	男101人　女32人
		伤	男116人　女32人
	交通工具		民船8只　汽车5辆
	财产（元）损失估计		约37273800元
高射部队战斗经过	射击情形		射击高度5000—6000公尺，第一批敌机击落2架、伤2架；第二批击伤2架，第三批队形散乱
	弹药消耗	种类	
		数量	200余发
备考			

二十九年八月二十七日　　司　令刘　峙

副司令李根固、毛邦初、吴国桢、胡伯翰

· 148 ·

11. 八月二十三日防空情况报告表（1940年8月26日）

区分				情报内容								附记
日期				8月23日								
空袭地点				重庆								
空袭次数				第86次								
敌机架数				81架								
情报内容	经过航线	来	地点	松滋	长阳	施南	忠县	涪陵	长寿	江北	茨竹	
			时间	09:52	10:02	10:45	11:08	11:23	11:27	11:43	11:37	
		去	地点	夹口	涪陵	丰都	石柱					
			时间	12:00	12:07	12:10	12:25					
处置情形	警报时间	空袭		10时54分								
		紧急		11时33分								
		解除		12时32分								
	指挥与连络概况											
袭击状况	着弹地点			南岸谦泰巷、泰昌街、中兴街、和平街、太平街、庆新纱厂、裕华纱厂等28处，又江北烟雨堡、玛瑙溪等4处								
	种类			爆炸弹	燃烧弹							
	弹数			207枚	77枚							
损害情形	房屋	炸毁		137栋又69间								
		震坏		52栋又90间								
	人口	死		男7人 女3人								
		伤		男22人								
	交通工具											
	财产（元）损失估计			581700元								
高射部队战斗经过	射击情形											
	弹药消耗	种类										
		数量										
备考												

二十九年八月二十六日　司令刘峙　副司令李根固　毛邦初、吴国桢、胡伯翰

12. 九月三日防空情况报告表（1940 年 9 月 12 日）

区分	情报内容														附记
日期	9 月 3 日														
空袭地点	南充、广安、安康														
空袭次数	第 87 次														
敌机架数	126 架（分 2 批：第一批 90 架，第二批 36 架）														
经过航线		1. 长阳	施南	利川	石柱	丰都	垫江	南充	广安	2. 雒南	安康	城口	宣汉	开江	南充广安
来 地点/时间		9:50	10:35	11:00	11:20	11:28	11:38	12:20	12:25	10:50	11:27	11:48	12:11	12:04	场非本部
去 地点		垫江	梁山	开县						宣汉	安康				辖区损害
去 时间		12:45	13:23	13:41						12:31	13:05				情形不明
警报时间 空袭	11 时 06 分														
警报时间 紧急	12 时 03 分														
警报时间 解除	13 时 24 分														
处置情形 指挥与连络概况															
袭击状况 着弹地点	广安横街、万寿宫、小北门外北街体育场、火柴厂、小西门外白花街等处														
袭击状况 种类															
袭击状况 弹数	100 余枚														

区分 / 分区				附记
日期			9月3日	
空袭地点			南充、广安、安康	
空袭次数			第87次	
损害情形	房屋	炸毁	200余间	南充广安
		震坏		场非本部
	人口	死	死伤约300余人	辖区损害
		伤		情形不明
	交通工具			
	财产（元）损失估计			
高射部队战斗经过	射击情形			
	弹药消耗	种类		
		数量		
备考				

二十九年九月十二日　司　令　刘　峙

副司令李根固、毛邦初、吴国桢、胡伯翰

13. 九月十二日防空情况报告表（1940年9月18日）

项目	内容
日期	9月12日
空袭地点	重庆
空袭次数	第88次
敌机架数	重装炸机27架，轻装炸机9架，驱逐机27架，共56架，分3批
附记	

情报内容（经过航线 来／去）

第1批：

经过（来）	渔洋关	恩施	石柱	丰都	涪陵	太平	重庆
时间	09:32	09:56	10:16	10:29	10:37	10:43	11:10
航线（去）	小观音	涪陵	丰都	利川	恩施		
时间	11:20	11:25	11:35	12:08	12:17		

第2批：

经过（来）	建始	忠县	丰都	涪陵	长寿	木洞	重庆
时间	09:58	10:26	10:43	10:50	10:58	11:07	11:23
航线（去）	永兴	长寿	涪陵	黔江			
时间	11:42	12:14	12:27	12:35			

（续上表）

第3批：

经过（来）	董市	五峰	恩施	利川	丰都	涪陵	长寿	木耳	重庆
时间	09:48	10:05	10:28	10:38	10:55	11:23	11:29	11:39	11:49
航线（去）	永兴	涪陵	彭水	黔江					
时间	11:54	12:04	12:26	12:35					

处置情形

项目	时间
空袭警报	10时18分
紧急	10时45分
解除	14时02分
指挥与连络情况	

袭击状况

着弹地点	王家坡、铁路坝、两浮支路、桂花园、李子坝、遗爱祠、广黔支路、广黔路等处	
种类	爆炸弹	燃烧弹
弹数	61枚	5枚

区 分			日期	9月12日
			空袭地点	重庆
			空袭次数	第88次
损害情形	房屋		炸毁	32栋又129间
			震坏	23栋又60间
	人口		死	男20人 女3人
			伤	男27人 女5人
	交通工具			汽车2辆
	财产（元）		损失估计	94700元
高射部队战斗经过	射击情形			第一、第二批29架混合编组、队形分散，故未射击；第三批重轰炸机27架，我高射部队第二、第三、第五连集中射击
	弹药消耗	种类		
		数量		67发
备考				
附记				

二十九年九月十八日　司　令刘　峙

副司令李根固、毛邦初、吴国桢、胡伯翰

14. 九月十三日防空情况报告表（1940 年 9 月 19 日）

区分	内容
日期	9 月 13 日
空袭地点	重庆
空袭次数	第 90 次

情报内容

敌机架数：轻重轰炸机、驱逐机 45 架，分 3 批：第一批 27 架，第二批 7 架，第三批 11 架

航线																	
经过（米） 地点	1. 渔洋关	施南	丰都	长寿	隆盛	重庆	2. 奉节	忠县	丰都	南川	大平场	重庆	3. 红土溪	施南	忠县	长寿	璧山
时间	9:34	10:03	10:35	10:57	11:22	11:31	10:28	10:47	11:04	11:29	11:31	11:34	9:56	10:14	10:37	10:51	12:03
去 地点	小观音	南川	彭水				南川	涪陵	石柱				长寿	涪陵	石柱		
时间	11:45	11:47	12:00				11:35	11:54	12:10				12:45	12:56	13:04		

处置情形	
警报 时间 — 空袭	10 时 15 分
警报 时间 — 紧急	11 时
警报 时间 — 解除	13 时 47 分

指挥与连络概况

袭击状况	
着弹地点	重庆中四路、国府路、中央党部、学田湾、蒲草田、玛瑙溪、南纬场、马家店等处
种类	爆炸弹、燃烧弹
弹数	83 枚、3 枚

区 分		日期	9月13日
		空袭地点	重庆
		空袭次数	第90次
损害情形	房屋	炸毁	64栋又133间
		震坏	50间
	人口	死	
		伤	男6人 女1人
	交通工具		
	财产（元）损失估计		163300元
高射部队战斗经过	射击情形		高射部队第二、第四、第五、第六各连射击40余发，独立营第三连对敌驱逐机射击200余发
	弹药消耗	种类	
		数量	240余发
备考			

二十九年九月十九日　司　令　刘　峙

副司令李根固、毛邦初、吴国桢、胡伯翰

15. 九月十六日防空情况报告表（1940 年 9 月 23 日）

项目	内容
日期	9月16日
空袭地点	重庆
空袭次数	第96次
敌机架数（来）	轰炸机联逐机共68架

情报内容　经过航线

来	1.	五峰 9:36 ｜ 利川 10:16 ｜ 石柱 10:37 ｜ 丰都 10:42 ｜ 涪陵 11:13 ｜ 小观音 11:31 ｜ 南温泉 11:51
来	2.	松滋 9:15 ｜ 五峰 9:38 ｜ 忠路 10:19 ｜ 彭水 10:49 ｜ 南川 11:20 ｜ 永兴 11:50 ｜ 渔洞 12:15 ｜ 大渡口 12:20
去	1.	龙岗 11:56 ｜ 涪陵 12:08 ｜ 彭水 12:24
去	2.	小观音 12:33 ｜ 涪陵 12:41 ｜ 丰都 12:58

（续上表）

方向		停经地点与时间
来	3.	长阳 10:30 ｜ 施南 11:05 ｜ 石柱 11:27 ｜ 丰都 11:30 ｜ 长寿 11:34 ｜ 双河 11:47
来	4.	建始 11:20 ｜ 丰都 11:55 ｜ 涪陵 12:04 ｜ 双河 12:13 ｜ 南温泉 12:30
去	3.	丰都 11:02 ｜ 彭水 12:14
去	4.	涪陵 12:50 ｜ 丰都 12:57 ｜ 彭水 13:08 ｜ 涪陵 13:13

处置情形　警报时间

警报	时间
空袭	10时12分
紧急	11时24分
解除	13时30分

指挥与连络概况

附记

区分		重庆
日期		9月16日
空袭地点		重庆
空袭次数		第96次
袭击状况	着弹地点	南温泉、南泉路堤坎、民间二路、口水沟、桃子沟、新村、白鹤林附近
	种类	爆炸弹、燃烧弹
	弹数	47枚　4枚
损害情形	房屋　炸毁	38间
	房屋　震坏	41间
	人口　死	男3人　女2人
	人口　伤	男31人　女17人
	交通工具	
	财产（元）损失估计	50000元
高射部队	射击情形	距离较远
	照测情形	
战斗经过	弹药　种类	
	弹药　数量	40余发
	消耗	
备考		
附记		

二十九年九月二十三日　司　令　刘　峙

副司令李根固、吴国桢、毛邦初、胡伯翰

16. 十月六日防空情况报告表（1940年10月9日）

日期	10月6日								
空袭地点	重庆、梁山、涪陵								
空袭次数	第99次								
情报内容　敌机架数	42架（第一批27架、第二批15架）								梁山非本部所辖区，损害情形不明，敌机42架

经过航线

1.

	聂家河	五峰	黔江	涪陵	长寿	茨竹	重庆
来（时间）	10:12	10:26	11:05	11:35	11:43	11:50	12:04
去（地点）		太平	三峨山	石柱			
去（时间）		11:15	11:28	12:36			

2.

	三斗坪	秭归	奉节	万县	梁山	涪陵	垫江	茨竹	重庆
来（时间）	10:01	10:26	10:46	11:08	11:18	11:25	11:40	11:50	12:02
去（地点）	永兴	涪陵	丰都	石柱					
去（时间）	12:07	12:18	12:27	12:33					

附记（敌机架数行下）：内有6架在梁山投弹后东逸

处置情形　警报时间

空袭	10时52分
紧急	11时43分
解除	12时50分

指挥与连络概况：

袭击地点：重庆：望龙门、芭蕉园、白象街、肖家凉亭、民生北码头、金汤街、中一路、普灵寺、兴隆街、保节院街、四德里后、双龙巷、武器修理所上口、川道拐、下石板坡、下南区马路、领事巷、玄坛庙、鱼鳅石、虎儿背、张绿坡、施家坡、施家口处等；涪陵：北门外河场着弹1枚。

弹着状况

着弹地点		
种类	爆炸弹	燃烧弹
弹数	15枚	16枚

续表

区分			10月6日
日期			10月6日
空袭地点			重庆、梁山、涪陵
空袭次数			第99次
损害情形	房屋	炸毁	128栋又162间
		震坏	76栋□□7间
	人口	死	男27人　女21人
		伤	男64人　女42人
	交通工具		木船8只
	财产（元）损失	估计	357100元
高射部队	射击情形		敌机侵入重庆市空，隐藏于7600及6900公尺之高空，目标难于发现
	照测情形		
战斗经过	弹药	种类	
		数量	10发
	消耗		
备考			
附记			梁山非本部辖区损害情形不明，敌机42架内有6架在梁山投弹后东逸

二十九年十月九日　　司　令　刘　峙

副司令李根固、毛邦初、吴国桢、胡伯翰

· 159 ·

17. 十月十七日防空情况报告表（1940 年 10 月 19 日）

区分		情报内容							处置情形				袭击状况				附记
日期		10 月 17 日																
空袭地点		重庆																
空袭次数		第 104 次																
敌机架数		18 架																
经过航线	来	地点	长寿	五峰	恩施	黔江	石柱	丰都	涪陵	隆盛	重庆							
		时间	10:55	11:08	11:17	11:50	12:01	12:20	12:30	12:47	13:00							
	去	地点	太平	涪陵	丰都	石柱												
		时间	13:12	13:16	13:25	13:31												
警报时间	空袭	11 时 40 分																
	紧急	12 时 39 分																
	解除	14 时 30 分																
指挥与连络概况																		
着弹地点		大溪沟、东水门一带																
种类		爆炸弹	燃烧弹															
弹数		50 枚	7 枚															

续表

区分			10月17日	附记
	日期		10月17日	
	空袭地点		重庆	
	空袭次数		第104次	
损害情形	房屋	炸毁	49栋又220间	
		震坏	51栋又117间	
	人口	死	男23人　女2人	
		伤	男72人　女7人	
	交通工具		民船9只	
	财产（元）损失估计		277600元	
高射部队	射击情形		敌机高度6000公尺，航速95公尺/秒，经高射部队射击，队形分散，慌忙投弹后逃遁	
	照测情形			
	弹药消耗	种类		
		数量		
战斗经过				
备考				

二十九年十月十九日　　司　令　刘　峙

副司令李根固、毛邦初、吴国桢、胡伯翰

· 161 ·

18. 一月十四日防空情况报告表（1941年1月14日）

区分			情报内容										
日期			1月14日										
空袭地点			合川										
空袭次数			第112次										
敌机架数			共18架										
情报内容	经过航线	来	第一批	聂家河	五峰	恩施	利川	忠县	合川	第二批	渔洋关	鹤峰	忠路	重庆
		地点		聂家河	五峰	恩施	利川	忠县	合川		渔洋关	鹤峰	忠路	重庆
		时间		10:22	10:39	11:13	11:25	11:52	13:10		11:00	11:27	11:40	13:00
		去 地点		邻水	垫江	忠县					双河	丰都	石柱	
		时间		13:34	13:35	13:40					13:24	13:40	13:48	
处置情形	警报时间	空袭	11时20分											
		紧急	12时20分											
		解除	13时59分											
	指挥与连络概况													
袭击状况	着弹地点		合川东水门外打铁街、朝阳门、苏家街、九长街、棉子口、子桥街											
	种类		爆炸弹											
	弹数		33枚											

附记

区分		日期	1 月 14 日	附记
		空袭地点	合川	
		空袭次数	第 112 次	
损害情形	房屋	炸毁	47 间	
		震坏		
	人口	死	51 人	
		伤	34 人	
	交通工具			
	财产（元）损失估计			
高射部队	射击情形			
	照测情形			
战斗经过	弹药消耗	种类		
		数量		
备考				

三十年一月十四日　兼司令刘　峙

副司令李根固、毛邦初、吴国桢、胡伯翰

· 163 ·

19. 五月三日防空情况报告表（1941 年 5 月 3 日）

区分		情报内容		
日期				5 月 3 日
空袭地点				重庆市
空袭次数				第 118 次
敌机架数				63 架

情报内容·经过航线

	第一批							第二批							
米·地点	野三关	奉节	万县	梁山	垫江	长寿	重庆		长阳	五峰	恩施	石柱	丰都	涪陵	长寿	重庆
米·时间	10:26	10:45	11:05	11:28	11:34	11:46	12:25		10:30	10:44	11:02	11:20	11:37	11:40	11:44	12:24
去·地点	涪陵	彭水							太平	南川						
去·时间	12:45	13:01							12:35	12:40						

处置情形·警报

	时间
空袭	11 时 02 分
紧急	11 时 50 分
解除	13 时 27 分

指挥与连络情形概况

中华路、民权路、保安路、中一路、下南区马路、国府路、曾家岩、两路口、飞来寺、中华村等处

袭击状况

着弹地点	中华路、民权路、保安路、中一路、下南区马路、新生路、国府路、学田湾、曾家岩、两路口、飞来寺、中华村等处
弹种	爆炸弹　燃烧弹
弹数	127 枚　5 枚

损害情形

房屋	炸毁	32 间
	震坏	75 栋又 237 间
人口	死	4 人
	伤	12 人
交通工具		
财产（元）损失估计		214000 元

高射部队战斗经过

射击情形	
照测情形	

弹药消耗

种类	
数量	

备考

三十年五月三日　兼司令刘峙

副司令李根固、毛邦初、吴国桢、胡伯翰

20. 五月七日防空情况报告表（1941 年 5 月 9 日）

区分				5 月 7 日								附记
	日期			5 月 7 日								
	空袭地点			重庆								
	空袭次数			第 119 次								
情报内容	敌机架数			80 架								
	经过航线	来	地点	长阳	五峰	咸丰	彭水	南川	綦江	江津		
			时间	10:30	10:57	11:21	11:50	12:09	12:23	12:45		
		去	地点	木耳	涪陵	石柱						
			时间	13:56	13:15	13:36						
	警报时间	空袭		11 时 40 分								
		紧急		12 时 10 分								
		解除		14 时								
处置情形	指挥与连络概况											
袭击状况	着弹地点			朝天门、陕西街、菜园坝、国府路、中四路、曾家岩等处								
	弹种			爆炸弹　燃烧弹								
	弹数			147 枚　24 枚								
损害情形	房屋	炸毁		91 栋又 93 间								
		震坏		50 栋又 1 间								
	人口	死		47								
		伤		74								
	交通工具			民船 1 只								
	财产（元）			约 458000 元								
	损失估计											
高射部队	射击情形											
战斗经过												
弹药消耗	种类											
	数量											
备考												

三十年五月九日　兼司令刘峙
副司令李根固、毛邦初、吴国桢、胡伯翰

· 165 ·

21. 五月十日防空情况报告表（1941年5月10日）

区 分				5月10日			
	日期			5月10日			附记
	空袭地点			重庆			
	空袭次数			第120次			
情报内容	敌机架数			54架			
	经过航线	来	地点	宜都	五峰	黔江	南川
			时间	08:46	09:10	09:56	10:03
		去	地点		长寿	涪陵	
			时间	11:17	11:20		
处置情形	警报时间	空袭		9时43分			
		紧急		10时25分			
		解除		11时46分			
	指挥与连络概况						
袭击状况	着弹地点			大田湾、桂花园、牛角沱、李子坝			
	种类			爆炸弹 燃烧弹			
	弹数			153枚 8枚			

区分		日期	5月10日	附记
		空袭地点	重庆	
		空袭次数	第120次	
损害情形	房屋	炸毁	264栋	
		震坏	11间	
	人口	死	13人	
		伤	34人	
	交通工具			
	财产（元）损失估计		约95000元	
高射部队战斗经过	射击情形			
	照测情形			
	弹药消耗	种类		
		数量		
备考				

三十年五月十日　兼司令刘　峙

副司令李根固、吴国桢、毛邦初、胡伯翰

22. 五月十六日防空情况报告表（1941 年 5 月 16 日）

区分			5 月 16 日					附记
日期			5 月 16 日					
空袭地点			重庆					
空袭次数			第 121 次					
情报内容	敌机架数		63 架					
	经过航线	来	地点	西淙	遭县	来凤	彭水	南川
			时间	07:32	07:44	08:39	09:10	09:38
		去	地点		长寿	涪陵		
			时间		10:08	10:12		
处置情形	警报时间	空袭	8 时 45 分					
		紧急	9 时 40 分					
		解除	10 时 54 分					
	指挥与连络概况							
袭击状况	着弹地点		民族路、中正路、南区公园、枣子岚垭、学田湾、中二、三路、浮图关等处					
	种类		爆炸弹	燃烧弹				
	弹数		129 枚	14 枚				

区分			5月16日	附记
日期			5月16日	
空袭地点			重庆	
空袭次数			第121次	
损害情形	房屋	炸毁	240栋又547间	
		震坏	11栋又52间	
	人口	死	17人	
		伤	34人	
	交通工具			
	财产（元）损失	估计	约748700元	
高射部队战斗经过	射击情形			
	照测情形			
	弹药消耗	种类		
		数量		
备考				

三十年五月十六日　兼司令 刘峙

副司令 令李根固、毛邦初、吴国桢、胡伯翰

23. 六月一日防空情况报告表（1941 年 6 月 6 日）

区分			情报内容								
日期			6月1日								
空袭地点			重庆								
空袭次数			第122次								
敌机架数			27架（一批）								
情报内容	经过航线	来	地点	宜都	长寿	施南	黔江	彭水	涪陵	木洞	重庆
			时间	09:24	09:27	10:03	10:27	10:45	10:53	11:09	11:18
		去	地点	关口	长寿	涪陵	丰都	黔江	忠县		
			时间	11:26	11:28	11:36	11:48	12:04	12:07		
处置情形	警报时间		空袭	10时25分							
			紧急	11时10分							
			解除	12时15分							
	指挥与连络概况										
袭击状况	着弹地点		重庆市区								
	种类		爆炸弹	燃烧弹							
	弹数		134枚	16枚							
附记											

· 170 ·

区分		附记
日期	6月1日	
空袭地点	重庆	
空袭次数	第122次	
损害情形 · 房屋 · 炸毁	143栋又41间	
损害情形 · 房屋 · 震坏		
损害情形 · 人口 · 死	20人	
损害情形 · 人口 · 伤	33人	
损害情形 · 交通工具		
损害情形 · 财产（元）损失估计	207600元	
高射部队战斗经过 · 射击情形		
高射部队战斗经过 · 照测情形		
高射部队战斗经过 · 弹药消耗 · 种类		
高射部队战斗经过 · 弹药消耗 · 数量		
备考		

三十年六月六日　兼司令刘峙
副司令李根固、毛邦初、吴国桢、胡伯翰

24. 六月二日防空情况报告表（1941年6月6日）

日期	6月2日						
空袭地点	重庆市						
空袭次数	第123次						
情报内容 敌机架数	27架（一批）						
经过航线 来 地点	松滋	五峰	黔江	彭水	涪陵	太平	重庆
经过航线 来 时间	08:21	08:30	08:56	09:09	09:30	09:49	10:08
经过航线 去 地点	长寿	丰都	石柱				
经过航线 去 时间	10:19	10:36	10:40				
处置情形 警报时间 空袭	9时10分						
处置情形 警报时间 紧急	9时50分						
处置情形 警报时间 解除	11时00分						
指挥与连络概况							
袭击状况 着弹地点	重庆市区						
袭击状况 种类	燃烧弹	爆炸弹					
袭击状况 弹数	18枚	192枚					
附记							

续表

日期	6月2日			
空袭地点	重庆市			
空袭次数	第123次			
区分				附记
损害情形	房屋	炸毁	269栋又93间	
		震坏	10栋又8间	
	人口	死	77人	
		伤	64人	
	交通工具		民船1只	
	财产（元）损失 估计		349350元	
高射部队战斗经过	射击情形			
	照测情形			
	消耗	弹药	种类	
			数量	
备考				

三十年六月六日　　兼司令刘　峙

副司令李根固、毛邦初、吴国桢、胡伯翰

25. 六月五日空袭情况表（1941年6月5日）

日期	6月5日
空袭地点	重庆市
空袭次数	第124次
分 敌机架数	24架

情报内容 经过 来

地点	第一批	宜都	五峰	鹤峰	利川	忠县	丰都	涪陵	长寿	口口	口口	松滋	五峰	鹤峰	咸丰
时间		17:33	17:48	17:52	18:15	18:27	18:52	18:49	18:57	19:01	19:28	18:59	19:06	19:23	19:42

情报内容 航线 去

地点		双河	涪陵	丰都	忠县							太平	涪陵	丰都	
时间		19:37	19:46	19:54	20:01							21:03	21:13	21:20	

附记：本市十八梯大隧道因空袭时间过久发生窒息惨案共窒死伤1500余人

（续上表）

情报内容 经过 来

地点	第二批	黔江	石柱	涪陵	长寿	丰都	第三批	宜都	五峰	施南	利川	涪陵	长寿	重庆
时间		19:59	20:04	20:21	20:24	20:47		20:07	20:18	20:48	21:05	21:38	21:46	22:17

情报内容 航线 去

地点								双河	涪陵	丰都				
时间								22:25	23:02	23:13				

警报时间 情报注意

空袭	18时18分
紧急	18时57分
解除	23时27分

区 分	空袭次数	空袭地点	日期				附记
袭击状况	着弹地点			国府路、枣子岚垭、美专校、重庆村、两路口、七星岗、建设路、罗家湾、大田湾新村、中二路、南岸—天门等处			
	种类			爆炸弹	燃烧弹		本市十八梯大隧道因空袭时间过久发生窒息惨案共死伤1500余人
	弹数			22枚	13枚		
	炸毁房屋	栋		116栋			
	震毁房屋	间		79间			
损害情形	人口	死		11人			
		伤		8人			
	交通工具						
	财产（元）						
	损失情形						
备考							

空袭次数	空袭地点	日期
第124次	重庆市	6月5日

26. 六月七日空袭情况表（1941年6月7日）

日期	6月7日
空袭地点	重庆市
空袭次数	第125次
敌机架数	32架

区分		第一批											第二批			附记
情报内容 经过航线	来 地点	宜都	五峰	鹤峰	宣恩	黔江	彭水	涪陵	太平	南川	綦江	重庆	宜都	五峰	宣恩	
	来 时间	11:35	11:48	12:06	12:11	12:26	12:32	12:59	13:20	13:24	13:27	13:48	12:04	12:20	12:40	
	去 地点	木洞	长寿										木洞	龙岗	江津	
	去 时间	13:52	13:56										13:36	13:41	13:45	

（续上表）

情报内容 经过航线	来 地点	黔江	石柱	丰都	涪陵	重庆
	来 时间	12:52	12:56	13:04	13:10	13:24
	去 地点	重庆	长寿	涪陵	丰都	忠县
	去 时间	13:07	14:36	14:44	14:51	14:56

情报注意	空袭	12时20分
警报时间	紧急	13时
	解除	15时08分

· 176 ·

日期	6月7日	
空袭地点	重庆市	
空袭次数	第125次	
区分	袭击状况	着弹地点	民生路、中华路、米子亭、保安路、大场沟、维新街、中一路、林森路、七星岗、金汤街、骡马店、大阳沟等
		种类	爆炸弹　燃烧弹
		弹数	60枚　17枚
	损害情形	炸毁房屋　栋	49栋
		震毁房屋　间	436间
		人口　死	6人
		人口　伤	12人
		交通工具	
		财产（元）	
		损失情形	
备考			
附记			

27. 六月十一日空袭情况表（1941年6月11日）

分区　　情报内容		第一批	五峰	鹤峰	宣恩	黔江	丰都	涪陵	重庆	第二批	枝江	五峰	鹤峰	黔江	彭水	涪陵	附记
日期		6月11日															
空袭地点		重庆市															
空袭次数		第126次															
敌机架数		72架															
经过航线	来 地点	宜都							重庆								
	来 时间	10:39							13:00	11:00							
	去 地点	长寿	涪陵	丰都					木洞		涪陵	丰都	石柱				
	去 时间																

（续上表）

情报内容		第三批	鱼洋关	鹤峰	黔江	丰都	涪陵	南川	重庆（大渡口）	
经过航线	来 地点	重庆							重庆（大渡口）	
	来 时间	12:29							14:40	
	去 地点									
	去 时间									
情报内容	情报注意									
警报时间	空袭	11时30分								
	紧急	12时23分								
	解除	15时36分								

日期	6月11日		附记
空袭地点	重庆市		
空袭次数	第126次		
区分 着弹地点	瓷器口附近之张家溪、申家湾、第二四、二五兵工厂，大中坝等处		
袭击状况 种类	爆炸弹 燃烧弹		
弹数	121枚 24枚		
损害情形 炸毁房屋 栋			
震毁房屋 间	20间		
人口 死	5人		
伤	10人		
交通工具			
财产（元）			
损失情形			
备考			

28. 六月十四日空袭情况表（1941 年 6 月 14 日）

日期		6 月 14 日													附记
空袭地点		重庆市													
空袭次数		第 127 次													
敌机架数		34 架													
情报内容 经过航线	来 第一批	地点	宜都	五峰	施南	利川	石柱	丰都	涪陵	□□	广安	岳池	武胜	合川	依凤	重庆
		时间	12:05													14:35
	去	地点	永兴	太平	涪陵	彭水										
		时间														

（续上表）

情报内容 经过航线	来 第二批	地点	松滋	宜都	□□	五峰	鹤峰	黔江	彭水	涪陵	太平	木洞	重庆
		时间	12:58										14:32
	去	地点	南川	龙岗	木洞	长寿	丰都	涪陵	石柱				
		时间											

情报注意 警报时间		
空袭	12 时 54 分
紧急	14 时 20 分
解除	16 时 02 分

区 分				日 期	6月14日
				空 袭 地 点	重庆市
				空 袭 次 数	第127次
袭击状况			着弹地点		较场口、十八梯、石灰市、林森路、临江门、大同路、黄花园、双溪沟、白骨塔、和平路等处
			种类		爆炸弹 燃烧弹
			弹数		70枚 11枚
损害情形	炸毁房屋	栋			139栋
	震毁房屋	间			119间
	人口	死			2人
		伤			19人
	交通工具				民船1只
	财产（元）损失情形				
备考					

附记	

29. 六月十五日空袭情况表（1941 年 6 月 15 日）

区 分				宣恩	咸丰	黔江	彭水	涪陵	南川	綦江	□□	重庆		附记
日期			6 月 15 日											
	空 袭 地 点		重庆市											
	空 袭 次 数		第 128 次											
	敌机架数		27 架											
情报内容	经过航线	来	地点	宣都										
			时间	10:28	11:33	11:42	11:48	12:00	12:14	12:30	12:46	13:00	13:04	
		去	地点	双河	涪陵	丰都	石柱							
			时间	13:12	13:29	13:30	13:34							
	情报注意													
警报时间	空袭		11 时 40 分											
	紧急		12 时											
	解除		13 时 48 分											
袭击状况	着弹地点		中正路、药王庙、七星岩、东水门外、下黄学巷、林森路等处											
	种类		爆炸弹　燃烧弹											
	弹数		76 枚　6 枚											
损害情形	炸毁房屋	栋	149 栋											
	震毁房屋	间	712 间											
	人口	死	77 人											
		伤	124 人											
	交通工具		民船 15 只											
	财产（元）损失情形													
备考														

30. 六月二十九日空袭情况表（1941年6月29日）

项目	内容				附记
日期	6月29日				
空袭地点	重庆市				
空袭次数	第130次				
敌机架数	63架				

情报内容			第一批							第二批					
经过航线	来	地点	宜都	利川	忠县	丰都	垫江	长寿	重庆	松滋	五峰	鹤峰	宣恩	咸丰	黔江
		时间	09:06	10:07	10:20	10:33	10:46	10:53	11:21	10:56	11:25	11:40	11:49	11:59	12:05
	去	地点	涪陵	丰都	石柱					双河	涪陵	彭水			
		时间	11:36	11:50	12:01					13:25	13:34	13:50			

（续上表）

情报内容								附记
经过航线	来	地点	石柱	丰都	涪陵	长寿	重庆	
		时间	12:23		12:44	12:14	13:20	
	去	地点						
		时间						

警报时间	情报注意		
空袭	10时06分		
紧急	11时04分		
解除	13时59分		

区分		袭击状况 / 损害情形	附记
日期		6月29日	
空袭地点		重庆市	
空袭次数		第130次	
袭击状况	着弹地点	上南区马路、民生路、劝学所、临江路、左营街、仓平街、夫子池、石板坡、巴县县府、杨家什字、铜鼓台、中正路、中华路、新生路、来龙巷、南岸等处	
	种类	爆炸弹　燃烧弹	
	弹数	167枚　15枚	
损害情形	炸毁房屋　栋	483栋	
	震毁房屋　间	347间	
	人口　死	146人	
	伤	119人	
	交通工具	汽艇1只	
	财产（元）损失		
备考			

31. 六月三十日空袭情况表（1941年6月30日）

日期	6月30日											附记
空袭地点	重庆市											
空袭次数	第131次											
敌机架数	48架											
情报内容 经过航线 来	第一批											
地点	宣都	鹤峰	石柱	丰都	涪陵	长寿	□□	合川	铜梁	依凤	重庆	
时间	08:46	09:20	09:59	10:11	10:26	10:31	10:40	10:50	10:59	11:03	11:13	
经过航线 去 地点	永兴	木洞	涪陵	丰都	石柱							
时间	11:16	11:18	11:22	11:38	11:43							

（续上表）

情报内容 经过航线 来	第二批								附记
地点	双河	恩施	利川	石柱	丰都	涪陵	长寿	重庆	
时间	09:50	10:22	10:41	11:04	11:08	11:05	11:26	11:49	
经过航线 去 地点	太平	涪陵							
时间	11:59	12:06							
情报注意									

警报时间		
空袭	09时50分	
紧急	10时35分	
解除	13时40分	

区　分			内容	附记
日期			6月30日	
空袭地点			重庆市	
空袭次数			第131次	
袭击状况	着弹地点		苧田湾、枣子岚垭、张家花园、罗家湾、国府路、中四路、曾家岩、上清寺、牛角沱、桂花园、中二路、大田湾、江北一带	
	种类		爆炸弹　燃烧弹	
	弹数		182枚　19枚	
损害情形	炸毁房屋	栋	272栋	
	震毁房屋	间	88间	
	人口	死	25人	
		伤	37人	
	交通工具			
	财产（元）损失情形			
备考				

32. 七月四日空袭情况表（1941 年 7 月 4 日）

日期	7 月 4 日								附记
空袭地点	重庆市								
空袭次数	第 132 次								
敌机架数	28 架								
情报内容 经过航线 来	第一批	三斗坪	巫山	奉节	云阳	忠县	梁山	丰都	涪陵
地点		三斗坪							涪陵
时间		06:40							07:05
情报内容 经过航线 去 地点		彭水	黔江						
时间		07:21	07:34						

（续上表）

		宜都	五峰	宣恩	黔江	丰都	涪陵	江津	永川	依凤	重庆	附记
情报内容 经过航线 来	第二批	松滋		彭水	黔江							
地点												
时间		07:45			10:23							
情报内容 经过航线 去 地点		木洞	涪陵									
时间		09:45									09:41	
情报注意	空袭	06 时 03 分										
	紧急	06 时 18 分										
警报时间	紧急	07 时 05 分										
	解除	10 时 20 分										

日期		7月4日	附记
空袭地点		重庆市	
空袭次数		第132次	
袭击状况	着弹地点	千斯门、朝天门、小河顺城街、江北、观阳门、口沙门、五花洞等处	
	种类	爆炸弹　　燃烧弹	
	弹数	54枚　　15枚	
	炸毁房屋　栋	205栋	
	震毁房屋　间	3间	
损害情形	人口　死	28人	
	伤	29人	
	交通工具		
	财产（元）损失情形	713000元	
备考			

33. 七月五日空袭情况表（1941年7月5日）

区分 \ 分区		宣恩	黔江	丰都	涪陵	南川	江津	重庆	附记
日期		7月5日							
空袭地点		重庆市							
空袭次数		第133次							
敌机架数		21架							
情报内容	经过航线 来 地点 / 时间	五峰 / 15:56						17:54	本日据巴县电告，敌机在该县投弹5枚，伤1人。
	经过航线 去 地点 / 时间	太平 / 15:04	涪陵	石柱 / 18:25					
	情报注意								
警报时间	空袭	16时06分							
	紧急	16时45分							
	解除	17时24分							
		18时50分							
袭击状况	着弹地点	两浮支路、川东师范、财政部、大田湾、政治部、十八梯、石灰市、观音岩、民族路、重庆村、大公馆一带							
	弹类 种数	爆炸弹 燃烧弹							
	弹数	90枚 39枚							
损害情形	炸毁房屋 栋	535栋							
	震毁房屋 间	566间							
	人口 死	5人							
	人口 伤	42人							
	交通工具								
	财产（元）损失情形	795700元							
备考									

34. 七月六日空袭情况表（1941年7月6日）

日期	7月6日	附记
空袭地点	重庆市	
空袭次数	第134次	
敌机架数	23架	

分区	枝江	五峰	黔江	石柱	涪陵	长寿	岳池	遂宁	合川	重庆
情报内容 经过航线 第一批 来 地点	枝江									重庆
来 时间	17:13									19:17
去 地点	涪陵	彭水								
去 时间	20:11	20:32								

（续上表）

分区	宜恩	忠县	丰都	涪陵	重庆	第三批	秭归	巴东	奉节	万县	长寿	重庆	附记
情报内容 经过航线 第二批 来 地点	宜都				重庆		秭归					重庆	
来 时间	18:07				20:09		18:17					20:22	
去 地点	南川	涪陵			木洞			涪陵					
去 时间	20:23	20:29			20:27			20:40					

警报时间	
情报注意	16时00分
空袭	18时25分
紧急	19时10分
解除	21时16分

区 分					
日期			7月6日		
空袭地点			重庆市		
空袭次数			第134次		
袭击状况	着弹地点		国府路、学田湾、上清寺、大田湾、南区支路、瑚坝等处		
	种类		爆炸弹	燃烧弹	
	弹数		59枚	20枚	
损害情形	炸毁房屋	栋	120栋		
	震毁房屋	间	232间		
	人口	死	8人		
		伤	2人		
	交通工具				
	财产（元）损失情形				
备考					
附记					

35. 七月七日空袭情况表（1941年7月7日）

区分	细目	1.五峰	黔江	三都	涪陵	双河	重庆	2.宜都	长阳	万县	梁山	垫江	合川	重庆	3.黔江	巫山	奉节	附记
日期		7月7日																
空袭地点		重庆市																
空袭次数		第135次																
敌机架数		32架																
情报内容 · 经过航线	来 地点	1.五峰					重庆	2.宜都							3.黔江			
	来 时间	07:22	07:22				08:31	08:00							08:43		08:58	
	去 地点	木洞	涪陵	彭水				永兴	南川	涪陵	丰都				巫山			
	去 时间	09:32		09:47				09:11			09:26				09:02			
情报注意																		
警报时间	空袭	07时36分					08时											
	紧急	08时28分																
	解除	10时10分																
袭击状况	着弹地点	下南区马路、中四路、学田湾、国府路、曾家岩、上清寺、中三路、大田湾等处																
	种类	爆炸弹、燃烧弹																
	弹数	65枚 18枚																
损害情形	炸毁房屋 栋	156栋																
	炸毁房屋 间	342间																
	震毁房屋 间																	
	人口 死	15人																
	人口 伤	35人																
	交通工具																	
	财产（元）损	328000元																
大情形																		
备考																		

附记：本日据涪陵电告，敌机12架，经行该县，投弹3枚，死12人，伤27人，毁房屋59栋又178间。

36. 七月八日空袭情况表（1941年7月8日）

区分 项目		重庆市（主记录）	松滋	五峰	鹤峰	咸丰	黔江	彭水	涪陵	长寿	隆盛	木洞	重庆
日期		7月8日											
空袭地点		重庆市											
空袭次数		第137次											
情报内容	敌机架数	25架											
情报内容	经过航线 来 地点		松滋										
情报内容	经过航线 来 时间		07:21										
情报内容	经过航线 去 地点	永兴		南川	涪陵	彭水							
情报内容	经过航线 去 时间	09:59				10:26							09:07
情报内容	情报注意	08时											
警报时间	空袭	08时26分											
警报时间	紧急	08时55分											
警报时间	解除	10时39分											
袭击状况	着弹地点	桂花街、木货街、军委会办公厅、大巷子、七星岗、中一路、临华路、下南区马路一带											
袭击状况	种类	爆炸弹 / 燃烧弹											
袭击状况	弹数	90枚 / 18枚											
损害情形	炸毁房屋 栋	427栋											
损害情形	震毁房屋 间	187间											
损害情形	人口 死	84人											
损害情形	人口 伤	33人											
损害情形	交通工具												
损害情形	财产（元）损失情形	416600元											
备考													

附记

37. 七月十日空袭情况表（1941 年 7 月 10 日）

区 分			7 月 10 日									附记
日期			7 月 10 日									
空袭地点			重庆市									
空袭次数			第 138 次									
敌机架数			51 架									
情报内容	经过航线	来	地点	松滋	鹤峰	来凤	彭水	南川	綦江	口口	重庆	本日据涪陵电告，敌机9架在该县投弹1枚，伤1人。
			时间	11:06								
		去	地点	双河	涪陵	石柱	黔江	米凤				
			时间	13:25				14:28			13:21	
	情报注意											
警报时间	空袭		11 时 08 分									
	紧急		12 时 05 分									
	解除		15 时 12 分									
袭击状况	着弹地点		新市场、沙金湾、王家花园、大坪、扫荡报馆、民生马路、凤祖山一带									
	种类		爆炸弹 燃烧弹									
	弹数		80 枚 43 枚									
损害情形	炸毁房屋	栋	72 栋									
		间	12 间									
	震毁房屋											
	人口	死	10 人									
		伤	20 人									
	交通工具		汽车 1 车辆 5									
	财产（元）损失情形		50000 元									
备考												

38. 七月十八日空袭情况表（1941 年 7 月 18 日）

日期	7月18日
空袭地点	重庆市
空袭次数	第139次
敌机架数	27架

情报内容

经过航线：

	重庆	江津	綦江	南川	涪陵	石柱	忠路	施南	鹤峰	五峰	宜都
来 地点	重庆							黔江	彭水	涪陵	宜都
来 时间	12:00							13:48			10:47
去 地点											双河
去 时间											13:09

情报注意：

警报时间

空袭	11时17分
紧急	11时40分 · 12时22分
解除	13时54分

袭击状况

着弹地点	飞机场、莱园坝、莱花溪、两浮支路、李家花园、英大使馆、中三路、天星桥等处	
种类	爆炸弹	燃烧弹
弹数	32枚	20枚

损害情形

炸毁房屋	栋 62栋	间 162间
震毁房屋	栋	间
人口	死 2人	伤
交通工具		
财产（元）损失	94100元	

备考：

附记：

39. 七月二十八日空袭情况表（1941 年 7 月 28 日）

日期	7月28日													
空袭地点	重庆市													
空袭次数	第140次													

情报内容		第一批								第二批				
敌机架数	36架													
经过航线 来 地点		宜都	宣恩	利川	石柱	涪陵	长寿	关口	重庆	石牌	屯堡	石柱	茨竹	重庆
经过航线 来 时间		06:16							08:00	09:30				11:36
经过航线 去 地点		木洞	涪陵	石柱						永川	荣昌	长寿	涪陵	丰都
经过航线 去 时间		08:16		08:36						12:25				13:19
情报注意														

警报时间	
空袭	06 时 39 分
紧急	06 时 55 分　07 时 50 分
解除	15 时 10 分

袭击状况	
着弹地点	曾家岩、国府路、学田湾、罗家湾、枣子岚垭、磁器口郊外、张家溪等处
弹类	爆炸弹　燃烧弹
弹数	38 枚　13 枚

损害情形		
炸毁房屋	栋 3栋	间 41间
震毁房屋	栋	间
人口	死 8人	伤 13人
交通工具		
财产（元）损失情形		

备考	

附记	

40. 七月二十九日空袭情况表（1941 年 7 月 29 日）

日期	7月29日	附记
空袭地点	重庆市	
空袭次数	第 141 次	
敌机架数	79 架	

区分	第一批									第二批				
经过航线 来 地点	宜都	熊家岩	磨刀溪	利川	丰都	垫江	长寿	茨竹	重庆	新江口	来凤	彭水	南川	重庆
经过航线 来 时间	06:44								08:48	07:22				09:15
经过航线 去 地点	木洞	南川	涪陵	彭水						木洞	长寿	涪陵	丰都	石柱
经过航线 去 时间	08:55			09:25						09:20				09:49

（续上表）

区分	第三批							第四批						附记
经过航线 来 地点	曹家畈	建始	恩施	万县	长寿	木洞	重庆	三斗坪	建始	云阳	忠县	长寿	重庆	
经过航线 来 时间	13:39						14:36	13:50					15:20	
经过航线 去 地点	木洞	涪陵	石柱					木洞	涪陵					
经过航线 去 时间	14:45		15:14					15:11	15:53					

情报注意	07 时 25 分
警报时间 空袭	07 时 46 分
警报时间 紧急	08 时 15 分
警报时间 解除	16 时 46 分

日期	7月29日
空袭地点	重庆市
空袭次数	第141次
袭击状况 分区 着弹地点	罗家湾、枣子岚垭、张家花园、飞来寺、中二路、中一路、中二支路、神仙洞街、南区马路、石板坡、珊瑚坝、复兴关、木牌坊等处
种类	爆炸弹、燃烧弹
弹数	178枚、14枚
损害情形 炸毁房屋 栋	349栋
震毁房屋 间	402间
人口 死	37人
人口 伤	62人
交通工具	
财产（元）损失情形	
备考	
附记	

41. 七月三十日空袭情况表（1941 年 7 月 30 日）

日期	7 月 30 日																附记
空袭地点	重庆市																
空袭次数	第 142 次																
敌机架数	130 架																
情报内容 经过航线	来 地点	1. 长阳	野三关	梁山	大竹	武胜	合川	重庆	2. 新江口	黔江	彭水	涪陵	南川	重庆	3. 宜都	五峰	彭水	合江
	时间	06:34						08:41	08:04					10:31	12:23			
	去 地点	小观音	涪陵		石柱	忠路		茨竹	邻水		垫江	云阳			木洞	涪陵	忠县	
	时间	08:56				09:25			10:46			11:34			13:05		13:26	

（续上表）

情报内容 经过航线	来 地点	4. 宜都	施南	石柱	长寿	重庆	南川	5. 宜都	来凤	黔江	彭水	重庆	涪陵	南川	江津	重庆
	时间	10:50				12:50	12:27	12:33								14:50
	去 地点	道真	酉阳					木洞	长寿	涪陵	石柱					
	时间	14:17	14:29					14:53			15:18					
情报注意																
警报时间	空袭	06 时 58 分														
	紧急	07 时 20 分														
		08 时 13 分														
	解除	16 时 20 分														

日期			7月30日
空袭地点			重庆市
空袭次数			第142次
袭击状况	着弹地点		陕西路、中正路、民生中大街、神仙洞、中一路、下南区马路、国府路、罗家湾、枣子岚垭、中山路、桂花园等处
	种类		爆炸弹　燃烧弹
	弹数		316枚　41枚
损害情形	炸毁房屋	栋	385栋
		间	238间
	震毁房屋	栋	
		间	
	人口	死	23人
		伤	77人
	交通工具		民船9只　汽艇1只　车1辆
	财产（元）损失情形		
备考			
附记			

42. 八月八日空袭情况表（1941 年 8 月 8 日）

区分	情报内容			
日期	8月8日			
空袭地点	重庆市			
空袭次数	第143次			
敌机架数	106架			

情报内容 — 经过航线

	第一批							第二批							
	五峰	利川	忠路	石柱	涪陵	长寿	重庆	宣都	鹤峰	恩施	梁山	垫江	长寿	重庆	
来 时间	12:34						14:24	13:28						14:44	
去 地点	长寿	涪陵	彭水	黔江				木洞	长寿	涪陵	石柱				
去 时间	14:41			15:13				14:49			15:19				

情报注意：

警报时间

空袭	12时46分
紧急	13时16分
	14时08分
解除	15时45分

袭击状况

着弹地点	复兴关、王家花园、彭家花园、菜园坝新村、上清寺、中三路、牛角沱、海棠溪、罗家坝、三洞桥、擦花街等处
弹种类	爆炸弹　燃烧弹
弹数	242枚　8枚

损害情形

炸毁房屋	栋	172栋
震毁房屋	间	154间
人口	死	89人
	伤	136人
交通工具		民船8只
财产（元）损失情形		

备考：

附记：

43. 八月九日空袭情况表（1941 年 8 月 9 日）

日期	8月9日
空袭地点	重庆市
空袭次数	第 146 次
敌机架数	50 架

情报内容 经过航线		第一批	公安	五峰	恩施	黔江	彭水	石柱	忠县	涪陵	长寿	夹竹	重庆	第二批	渔洋关	五峰	建始
来	地点	第一批	公安	五峰	恩施	黔江	彭水	石柱	忠县	涪陵	长寿	夹竹	重庆	第二批	渔洋关	五峰	建始
	时间		10:24	10:45	11:10	11:37	11:44	11:52	11:54	12:00	12:15	12:29	12:35		12:36	12:43	13:13
去	地点		双河	涪陵	彭水										木洞	长寿	涪陵
	时间		12:39	12:56	13:08										14:40	14:50	14:55

情报内容 经过航线								
来	地点	云阳	万县	忠县	涪陵	长寿	双河	重庆
	时间	12:22	12:37	13:51	14:11	14:15	14:16	14:31
去	地点							
	时间							

（续上表）

情报内容注意	
空袭	11 时 01 分
紧急	11 时 27 分

警报时间	
	12 时 21 分
解除	15 时 20 分

附记

				附记	
日期	8月9日				
空袭地点	重庆市				
空袭次数	第146次				
区 分					
袭击概况	着弹地点	大溪沟、张家花园、纯阳洞、复兴关、黄沙溪、木帮街等处			
	种类	爆炸弹	燃烧弹		
	弹数	93枚	7枚		
损害情形	炸毁房屋	栋	55栋		
	震毁房屋	间	248间		
	人口	死	7人		
		伤	11人		
	交通工具	民船2只			
	财产损失情形（元）				
备考					

44. 八月十日空袭情况表（1941年8月10日）

日期	8月10日
空袭地点	重庆市
空袭次数	第150次
敌机架数	6架

区分	情报内容		第一批	秭归	巴东	奉节	云阳	万县	开江	梁山	邻水	广安	合川	重庆	第二批	三斗坪	巴东	奉节	附记
情报内容	经过航线 来	地点	第一批	秭归	巴东	奉节	云阳	万县	开江	梁山	邻水	广安	合川	重庆	第二批	三斗坪	巴东	奉节	
		时间		19:56	20:04	20:20	20:35	20:50	20:57	21:06	21:23	21:25	21:35	22:10		22:32	22:50	23:07	
	去	地点		木洞	南川	涪陵	石柱	垫江									长寿	涪陵	石柱	
		时间		22:14	22:20	22:29	22:46	22:50									00:36	00:40	01:01	

（续上表）

情报内容	经过航线 来	地点	云阳	万县	梁山	丰都	长寿	重庆	附记
		时间	23:15	23:27	23:40	23:48	00:10	00:18	
	去	地点							
		时间							
警报时间	情报注意		20时15分						
	空袭		20时50分						
	紧急		21时32分						
	解除		01时12分						

区 分			空袭概况			损害情形					备考
日 期		8月10日	着弹地点	中四路、曾家岩、大溪沟、学田湾、国府路							
空袭地点		重庆市	种类	爆炸弹		燃烧弹					
空袭次数		第150次	弹数	77枚		26枚					
			炸毁房屋 栋	55栋							
			震毁房屋 间	1034间							
			人口	死	13人						
				伤	35人						
			交通工具								
			财产（元）损失 情形	99000元							

附记	

45. 八月十一日空袭情况表（1941年8月11日）

项目	内容
日期	8月11日
空袭地点	重庆市
空袭次数	第151次
敌机架数	50架

情报内容（经过航线）

区分	汉阴	万源	开县	梁山	垫江	长寿	綦江	重庆	渔洋关	五峰	云阳	万县	忠县	石柱	丰都	涪陵	重庆
批次	第一批								第二批								
来 时间	07:56	08:31	08:35	09:04	09:15	09:21	09:45	09:55	10:50	11:31	11:50	12:17	12:27	12:32	12:46	□□	12:55
去 地点	合川	岳池	广安	营山					双河	长寿	涪陵	丰都	石柱				
去 时间	10:03	10:06	10:30	10:36					13:05	13:10	13:17	13:27	13:30				

项目	内容
情报注意	
警报时间 空袭	8时35分
警报时间 紧急	9时24分
警报时间 解除	14时40分
袭击概况 着弹地点	磁器口、金碧街、正街、弹子石、三十兵工厂、裕丰纱厂、中央警官学校、新村
袭击概况 弹类	爆炸弹、燃烧弹
袭击概况 弹数	4枚
损害情形 炸毁房屋 栋	37
损害情形 震毁房屋 栋/间	30栋 77间
损害情形 人口 死	48人
损害情形 人口 伤	53人
损害情形 交通工具	
损害情形 财产（元）损失情形	56000元
备考	

46. 八月十二日空袭情况表（1941 年 8 月 12 日）

日期	8月12日
空袭地点	重庆市
空袭次数	第153次
敌机架数	（1）27架 （2）27架 （3）27架（共81架）

情报内容

经过航线 来（第一批）

地点	贺家坪	恩施	利川	忠县	石柱	丰都	涪陵	长寿	重庆
时间	06:33		07:08		07:41		07:57		08:18

经过航线 去（第一批）

地点	太平	忠县
时间	08:33	09:07

经过航线 来（第二批）

地点	宜都	恩施	万县	石柱	忠县
时间	10:27		11:32		11:41

经过航线 去（第二批）

地点	南川	涪陵	丰都	忠县
时间	12:31	12:39	12:48	13:00

（续上表）

经过航线 来（第三批）

地点	丰都	涪陵	重庆	桃源	沅陵	西阳	彭水	涪陵	长寿	南川	重庆
时间		12:00	12:18	13:50	13:50	14:59	16:25	15:11	15:53		15:48

经过航线 去（第三批）

地点	长寿	涪陵	彭水
时间	15:53	16:13	16:25

情报注意

	第一批	第二批	第三批
情报注意	07时00分	11时09分	14时40分

警报时间

	第一批	第二批	第三批
空袭	07时25分	11时27分	15时04分
紧急	07时50分	16时00分	15时30分
解除	09时35分	13时05分	16时42分

附记

区 分				袭击概况			损害情形					备考
日期				8 月 12 日								
空袭地点				重庆市								
空袭次数				第 153 次								
着弹地点				枣子岚垭、化龙桥、李子坝、建设路、双巷子、江家湾、小龙坎、沙坪铺（坝）、磁器口二十四工厂、九龙坡铺、马王场、七公里、杨家溪、江岩嘴等处								
种类				爆炸弹								
弹数				121 枚								
炸毁房屋	栋			30 栋								
震毁房屋	间			155 间								
人口	死			31 人								
	伤			29 人								
交通工具												
财产（元）损失情形				损失 68000 元								
附记												

47. 八月十三日空袭情况表（1941 年 8 月 13 日）

区分		项目		长阳	奉节	忠县	丰都	垫江	涪陵	长寿	重庆	附记
日期				8 月 13 日								本日 2 时 45 分，有敌机 3 架（一批）袭炸小龙坎、磁器口、歌乐山等处，损害甚微。
空袭地点				重庆市								
空袭次数				第 154 次								
敌机架数				25 架								
情报内容	经过航线	来	米 地点	长阳								
			时间	04:03		05:13		05:31		05:36	05:56	
		去	地点		永兴	彭水			涪陵			
			时间	06:44	06:21	06:20						
	情报注意			4 时 35 分								
警报时间	空袭			4 时 36 分								
	紧急			5 时 35 分								
	解除			6 时 44 分								
袭击概况	着弹地点			上清寺、两路口、大溪沟、通远门、中二路、大田湾、中三路、神仙洞、贺家坪等处								
	弹种类			爆炸弹　燃烧弹								
	弹数			130 枚　14 枚								
损害情形	炸毁房屋	栋		93 栋								
		间		115 间								
	震毁房屋	栋										
		间										
	人口	死		128 人								
		伤		141 人								
	交通工具											
	财产（元）损失情形											
备考												

48. 八月十四日空袭情况表（1941 年 8 月 14 日）

日期	8月14日													
空袭地点	重庆市													
空袭次数	第156次													
敌机架数	74架													
情报内容		松滋	宜都	长阳	五峰	宣恩	忠路	黔江	口口	石柱	涪陵	南川	重庆	第二批
经过航线 来	第一批 地点	松滋		长阳	五峰	宣恩	忠路	黔江		石柱	涪陵	南川	重庆	宜都 / 长阳
	时间	09:45											11:00	10:25
经过航线 去	地点	合川	长寿	涪陵	丰都	忠县								永兴 / 长寿
	时间	12:16				13:05								12:38
附记	本日又有敌机 27 架在合川投弹													

（续上表）

情报内容													重庆	
经过航线 来	地点	利川	忠路	石柱	丰都	涪陵	长寿						重庆	
	时间												12:37	
经过航线 去	地点	涪陵	石柱	彭水										
	时间			13:11										
警报时间	情报注意	10 时 36 分												
	空袭	10 时 56 分												
	紧急	11 时 35 分												
	解除	14 时 12 分												

区分		日期	8月14日	附记
		空袭地点	重庆市	
		空袭次数	第156次	
袭击概况	着弹地点		神仙洞、中一路、王家坡、通顺桥、二十一兵工厂、大溪沟、观音岩、上清寺、曾家岩、七星岗等处	本日又有敌机27架在合川投弹
	种类		爆炸弹 燃烧弹	
	弹数		74枚 12枚	
	炸毁房屋	栋	52栋	
	震毁房屋	间	13间	
损害情形	人口	死	3人	
		伤	20人	
	交通工具			
	财产（元）损失情形			
备考				

49. 八月二十二日空袭情况表（1941年8月22日）

日期	空袭地点	空袭次数	敌机架数	附记
8月22日	重庆市	第157次	77架	

区分			第一批							第二批					
经过航线	来	地点	松滋	宜都	恩施	五峰	利川	石柱	涪陵	长寿	重庆		长阳	巴东	恩施	利川	石柱
		时间	10:06								12:15		10:42				
	去	地点	南川	涪陵		丰都							永兴	涪陵	石柱		
		时间	12:30			12:36							12:46	12:57	13:09		

区分			第三批										
经过航线	来	地点	忠县	□□	重庆	松滋	恩施	石柱	涪陵	长寿	清平	重庆
		时间		涪陵	12:41	12:46						14:42
	去	地点		涪陵		龙冈	涪陵					
		时间				14:09	15:13					

情报注意	
警报时间	空袭　10时35分
	紧急　11时20分
	紧急　11时43分
	解除　15时35分

（续上表）

附记：一、本月15日，敌机18架在万县投弹；16日，有敌机27架在阆中投弹；17日，敌机16架在开县投弹，又27架在自贡投弹；19日、27架在本部辖区投弹；以各处均为非本部辖区，损失详情不明。二、本日敌机54架于12时03分在合川投弹；12时49分内有9架在内江投弹；13时47分内有17架又在合川投弹。

区 分	日期	8月22日	
	空袭地点	重庆市	
	空袭次数	第157次	
空袭概况	着弹地点	国府路、大溪沟、孚田湾、曾家岩小□□、双巷子、土湾、中渡口、两路口、李子坝等处	
	种类	爆炸弹　燃烧弹	
	弹数	113枚　22枚	
损害情形	炸毁房屋　栋	16栋	
	震毁房屋　间	329间	
	人口　死	6人	
	伤	45人	
	交通工具	民船9只　汽车2辆	
	财产（元）损失情形		
备考			
附记			

日期	8月23日													附记
空袭地点	重庆市													
空袭次数	第158次													
区分 / 情报内容														
敌机架数	54架													本日有敌机9架于11时20分在涪陵投弹，14时39分有敌机11架在合川投弹，14时56分有敌机9架在梁山投弹。
经过航线 来 地点	第一批	长阳	建始	梁山	垫江	长寿	重庆	第二批	五峰	宣恩	南川	清平	合川	铜梁／重庆
来 时间		09:54	10:29	11:03	11:16	11:19	11:40		11:14	11:26	12:33	12:53	12:59	13:09／13:18
去 地点		清平	长寿	涪陵	石柱				江津	綦江	南川	涪陵		
去 时间		11:05	12:01	12:08	12:25				13:32	13:37	13:52	13:54		
警报时间 情报注意	09时56分													
空袭	10时25分													
紧急	11时05分													
解除	15时42分													
袭击概况 着弹地点	重庆市区沙坪坝、沙坪新街、黄角坪、电力厂、杨湾、茶湾、高家花园、重大校、蔡家湾、金城银行附近													
种类	爆炸弹 燃烧弹													
弹数	169枚 8枚													
损害情形 炸毁房屋 栋／间	413间													
震毁房屋 间														
人口 死	13人													
人口 伤	12人													
交通工具														
财产（元）损失情形														
备考														

51. 八月三十日空袭情况表（1941年8月30日）

日期	8月30日
空袭地点	重庆市
空袭次数	第159次
敌机架数	162架

情报内容·经过航线

经过航线																
米 地点	1.城固	南江	巴中	阆中	南充	遂宁	铜梁	合川	依凤	重庆	2.镇安	通江	巴中	阆中	广安	岳池
米 时间	09:35	09:46	09:51	09:56	10:02	10:06	10:28	10:32	10:38	10:59	09:35	10:10	10:27	10:29	10:35	10:40
去 地点	双河	涪陵	丰都	忠县							清平	邻水	渠县	宣汉		
去 时间	11:10	11:18	11:33	11:42							11:13	11:15	11:26	11:51		

（续上表 1）

经过航线														
米 地点	3.松滋	五峰	鹤峰	黔江	彭水	涪陵	南川	重庆	4.松滋	长阳	恩施	利川	石柱	涪陵
米 时间	09:44	10:06	10:22	10:30	10:44	11:08	11:20	11:35	10:25	10:45	11:26	11:28	11:56	12:11
去 地点	太平	南川	涪陵						太平	南川	涪陵			
去 时间	12:40	12:34	12:52						12:40	12:43	12:51			

（续上表 2）

经过航线																
米 地点	重庆	5.松滋	五峰	施南	彭水	涪陵	南川	綦江	重庆	6.松滋	五峰	忠路	石柱	涪陵	长寿	重庆
米 时间	12:30	10:44	11:25	11:50	12:17	12:20	12:29	12:48	12:56	12:15	12:29	13:10	13:22	13:35	13:40	14:03
去 地点	长寿	涪陵								木洞	南川	涪陵	彭水			
去 时间	13:13	13:07								14:14	14:16	14:18	14:25			

日期		8月30日
空袭地点		重庆市
区 分	空袭次数	第159次
警报时间	情报注意	
	空袭	09时12分
	紧急	09时24分
	解除	10时30分
	情报注意	14时43分
袭击概况	着弹地点	国民政府、学田湾本部、国一、二、三路、中一支路、曾家岩、化龙桥、小龙桥、沙坪坝、中央大学、南岸黄桷垭、新市场
	种类	爆炸弹 燃烧弹
	弹数	146枚 9枚
损害情形	炸毁房屋 栋	132栋
	震毁房屋 间	145间
	人口 死	4人
	伤	42人
	交通工具	
	财产（元）损失情形	94000元
备考		本部学田湾云庐中2弹，大部炸毁

52. 八月三十一日空袭情况表（1941年8月31日）

日期	8月31日
空袭地点	重庆市
空袭次数	第160次
敌机架数	52架

情报内容 — 经过航线

	第一批									第二批						
	松滋	宜都	宣恩	忠路	石柱	丰都	涪陵	邻水	重庆	松滋	施南	黔江	石柱	涪陵	南川	重庆
来 时间	10:07	10:14	10:48	10:57	10:05	11:17	11:19	11:34	11:50	11:25	12:13	12:40	12:45	12:55	13:08	13:30
去 地点	永兴	涪陵								双河	长寿	涪陵				
去 时间	12:00	12:12								13:39	13:40	13:46				

情报注意：09时37分

警报时间

空袭	09时58分
紧急	10时17分
解除	15时30分

袭击概况

着弹地点	国府路、学田湾、中四路、曾家岩、中三路、中国银行、春森路、牌坊坝、双合场、大兴场
弹类 种类	爆炸弹　燃烧弹
弹数	240枚　15枚

损害情形

炸毁房屋	栋 35栋	间 88间
震毁房屋	栋	间
人口	死 50人	伤 28人
交通工具	汽车2辆	
财产（元）损失情形		

备考

附记

53. 九月一日空袭情况表（1941 年 9 月 1 日）

区分			内容								
日期			三十年九月一日								
空袭地点			重庆市								
空袭次数			第 161 次								
敌机架数			27 架								
情报内容	经过航线	来	地点	宜都	长阳	施南	黔江	彭水	涪陵	南川	綦江	重庆
			时间	11:52	11:59	12:41	12:52	12:55	13:20	13:34	13:40	13:54
		去	地点	江津	永兴	涪陵						
			时间	14:01	14:15	14:24						
	情报注意		12 时 13 分								
警报时间	空袭		12 时 39 分								
	紧急		13 时 25 分								
	解除		14 时 14 分								
袭击概况	着弹地点		大渡口、马王场								
	种类		爆炸弹	燃烧弹							
	弹数		85 枚	45 枚							
损害情形	炸毁房屋	栋	71 栋								
	震毁房屋	间	33 间								
	人口	死	68 人								
		伤	13 人								
	交通工具										
	财产（元）损失情形										
备考											
附记											

54. 八月二十三日空袭灾况调查报告表（1943年8月23日）

日期	投弹地点	炸弹种类数量						房屋损毁						死伤人数（渝）（第一次）				死伤原因	其他
		爆炸		毒剂		烧夷		炸毁		震毁		烧毁		死		伤			
		已爆	未爆	已爆	未爆	已爆	未爆	栋	间	栋	间	栋	间	男	女	男	女		
三十二年八月二十三日 时	第十区盘溪中国纺织厂	9						1	2		3							被炸死伤	
	石门街沿江一带	10							7		2			3		1	13	被炸死伤	
	运通炼油厂	5																	
	中央水利试验所附近水池	6												10		1		因在池沐浴未能避难以致伤亡	
	舒家院子	10	8					10	4		5				1		6	投弹死1伤6	已伤特务连前往清除
	小计	40	8	1				11	13		10			15		1	22		
	第十四区小龙坎豫丰纱厂后面					1													空地
	第十七区老田庄2号	2				1													
	桃子林3号	1				1													

日期	三十二年八月二十三日 时						空袭次数						(渝)第一次					
投弹地点	炸弹种类数量						房屋损毁						死伤人数				死伤原因	其他
	爆炸		毒剂		烧夷		炸毁		震毁		烧毁		死		伤			
	已爆	未爆	已爆	未爆	已爆	未爆	栋	间	栋	间	栋	间	男	女	男	女		
陈家坪 2 号					2													
陈家坪 5 号	1																	
烟灯山 13 号	1																	
郡家湾清报训练所附近	1						1	2										
联芳桥 15 号					1			2										
黄泥湾 5 号					1													
黄泥湾 8 号	1																	
巴县马王乡狮子岩	2	1																弹投空池粮食稍见破毁
小计	9	2			7		1	4										
总计	49	10			7		12	17		10				15		22		

附注：
一、本表现规定各项调查人员应分别详细填报。
二、已爆炸口径，量其漏斗孔之直径；侵激力，量其漏斗孔之深度。（编者按：此两栏原在表中有列，因无具体数字且为制表方便计，在编辑时删除）
三、弹投江中无从查明者，概未计入。

（二）文献资料

1. 防空司令部昨成立李根固等宣誓就职[①]

（本报特讯）防空司令部，昨（一日）午前十时在绥靖主任行署举行成立典礼，由兼正司令李根固主席，各机关出席代表共约五十余人，行礼如仪后，对本市消极、积极防空，讨论甚详，正司令李根固，副司令李宏琨、王秉章同时宣誓就职，内部人选亦分别委定，今（二日）午前八时起，即正式开始办公，进行筹备，设置本市安全防空。

2. 防空司令部邀新闻界茶会，李根固报告筹备经过，及当前防空具体计划[②]

（本报特讯）重庆市防空司令部于昨日午后二时许，在左营街绥靖主任公署，邀集新闻界举行茶话会，至时计到本市各日报通信社记者二十余人，防空正司令官李根固氏于三时入座，即席报告奉命筹组防空司令部之经过及当前防空设备之初步具体计划，极为详尽，盖李氏奉命时，已是京沪抗战展开之后，以极短之时间，进行繁重之组织，第一步即将原有之"防空办事处"与"防空演习筹备处"改组合并，第二步即集中人才筹划经费，第三步正式成立司令部，第四步开始各种防空设施，惟司令部已成立二日，一切经费尚无办法，最初预算二万元，请示省府，亦无回电，刻虽决定就市区房捐内按额抽款百分之四，然为数甚微，全年不过十余万元，故须另谋更好办法，日前本市发生没收仇货问题，纠纷重重，迄未解决，但原则上业已决定将全数拍卖，以百分之四十兑交政府，慰劳前线抗敌将士，百分之六十，即移作防空经费。惟此中困难极多，为清理及鉴定仇货等手

---

① 《国民公报》1937 年 9 月 2 日第 3 版。

② 《国民公报》1937 年 9 月 4 日第 3 版。

续，均未办竣，连日复有商人多人，前来请愿，但余（李自称）今日已令人将已知仇货一律就地封存，静待政府派人鉴定，一俟鉴定手续完结后，即实行拍卖云。至本市积极防空，已寝室配备驱逐机口口架，以便迎击来袭之敌机，不过需费极巨，除现已调到口架外，其余购置经费，即出仇货拍卖中。最后要司令官对于消极防空办法，亦说明甚详，希望全市民众，一致动员，从物质上精神上积极援助防空司令部俾得顺次推进各种计划以完成保卫重庆市之目的。李致辞毕，各报社记者复纷纷发言，贡献防空意见，并代表新闻界一致拥护李司令官，以严格之手段。

3．市府昨召各慈善团体组防空急赈会，将来若受敌机袭击，即由该会实施救济[①]

（本报特讯）此间市府以本市防空积极筹备过程中将来若受敌机攻击时，势必有无数流离失所及被伤害民众，昨（十七）日午前十一时，特假公益委员会召集本市各慈善团体开会，商决成立重庆市防空急赈委员会，本市各慈善团体为委员，推陈智若、蔡家彪为正副主席，商讨结果为：（一）慈善团体办理分区急赈事务；（二）每一慈善团体准备尸板三十付，本市共有四十余慈善团体，共准备一千二百余付；（三）急赈会经费由每慈善团体担任一百元，共四千余元，如遇空袭后，即以此款办理施粥等事云。

4．防护团筹划建筑两大地道，一由太平门通千厮门，一由临江门通十八梯[②]

（本报特讯）此间防护团，对消极防空方面，以经费关系，办理颇为困难，惟防护团方面仍尽力设法完成本市消极防空，据息，本市前筹划之大地道，一由太平门通千厮门，一由临江门通南纪门十八梯，现正由市府工务科拟造图表计划，

---

① 《国民公报》1937年9月18日第3版。
② 《国民公报》1937年11月12日第3版。

准备短期内设法动工,此两地产不但对于空防上之意义甚大,即对本地交通方面,亦予以莫大之便利云。

5. 防空司令部昨颁布奖惩条例,凡遇空袭警报停用私用电话①

(本报特讯)防空司令部奖惩条例,顷已经行营批准,此后该部人员一切奖惩事宜,皆以引条例为准绳,再抚恤办法,该条例中未有规定,概依陆军抚恤条例办法,兹志奖惩各条如次。《重庆市防空司令部奖惩条例》:

第一条,重庆市防空司令部之官佐士兵、团体人民,对于防空工作应付敌机空袭时,除防空法及其他法令别规定外,所有功过勤惰,均依本条例列奖惩之。

第二条,参加防空工作,应付敌机空袭之官佐士兵团体人民,各左(下)列情形之一,得由本部予以褒奖:努力工作著有成绩者,发明防空利益,并依照防空部第六条之规定,核准且有最大效率者;捐助防空经费者;捐助防空材料者;捐资建筑公共被难室,减少市民损害者;节省公款公物,而效率不减者;勇于参加演习工作,或应付敌机空袭,因而受伤甚重,或内伤至残废死亡者;敌机空袭时应变方,因而减少损害者;敌机空袭时服务异常忠实者;敌机空袭时击落敌机或俘虏敌人者;其他堪予褒奖之事项。

第三条,参加防空工作,应付敌机空袭之官佐士兵团体人民,如左(下)列情形之一,得由本部予以相当之惩罚:不服从命令者;违犯防空法令者;工作不力者;应缴防空经费延措缴,或占抗不缴者;应备防空器材,防空工程,延不办理或占抗不办者;闻警迟到者;遇变规避者;阻扰或破坏防空工作者;泄露防空机密者;敌机空袭时工作疏懒因而使公私遭受极大损害者;其他堪予惩罚之事项。

第四条,本部褒奖分左(下)列各项:传语嘉奖;记功;奖金;奖状(分甲乙丙三种);奖章(甲乙丙各一种,甲种金色,乙种银色,丙种其他);题匾;呈请上级机关从优奖励。

第五条,本部惩罚人左(下)列之各项:申斥、记过、罚金、降级、罚薪、停职、撤职,呈请上级机关从严处罚。

第六条,第四条规定之奖状奖章之式样另订之。

第七条,须给奖状奖章之仪式另订之。

---

① 《国民公报》1938年1月29日第3版。

第八条，本条例自公布日施行。

第九条，本条例如未尽事宜，须修改者，另行修订颁布。

（又讯）凡遇空袭警报发出后，所有市民私有电话，一律禁止使用，以免妨害发布命令，及生其他弊端，此项办法除由防空司令部通知电话局，依照办理外，并将布告市民周知云。又江北区现赶制电灯线机关，以便灯火管制时灵活运用云。

6. 敌机九架首次袭渝，广阳坝昨被炸，我有准备损失不大，市民受惊，防空愈宜加紧^①

（本报特讯）昨日午前九时三十六分，敌机九架，首次飞至距本市下游四十六里之广阳坝轰炸，计投弹共十七枚，因我方有充分准备，故无大损失，仅伤工人数名，倒塌房屋数间。至十时顷，敌机始行分散，作两队逸去，一队三架循长江东飞，一队六架，向合川、广安、渠县方面飞过，至忠县合队而返，兹将各情详志如次：

本市防空司令部，于昨晨黎明时，接长沙电报，谓有敌机由东飞来，显系夜间起飞，稍顷，又连续接到巴东奉节及成都防空部之情报及电话，知敌机已过巫峡，侵入四川领空，八时五十分，复万县情报，证明敌机以重庆为目标，本市遂于此时发出空袭警报，而大部分市民，犹以为演习警报也，迨九时零五分，敌机九架，成品字阵形，过忠县石堡塞，九时零七分过丰都，十五分过涪陵，九时十八分，本市乃发紧急警报，防空部加紧督促各部人员，克尽职务，故此时全市已准备完全，大部市民亦已疏散，顿成死寂，即有通行证之车辆与人员，亦绝少通告者，至九时二十八分，敌机以加速度驶过麻柳场，三十分还不过木洞镇，三十六分防空部即接广阳坝被轰炸之报告。

事后据记者调查及目击轰炸之防空人员报告：敌机九架飞达广阳坝，以三架在麻柳场一带盘旋掩护，六架在广阳坝投弹，我高射炮队当即发炮射击，敌机仓皇投弹，一部分投入江中，有十七枚则落陆地，地面略有损毁，炸毁深度，多为九尺余，亦有一丈数尺者，最浅者为三四尺不等，并震塌民房数间，及伤数平民，他无损失，据目击轰炸者云，敌机九架，全为双尾双翅，红色太阳徽号，所遗碎片约厚二寸余，及所炸深度推测之，大略所投之炸弹，重量为一百五十磅至二百

---

① 《国民公报》1938 年 2 月 19 日第 3 版。

公斤以上者，其轰炸之声音，市区亦略可闻及，敌机于十时顷分散遁逸后，本市区于十一时二十分解除警报，防空部参谋长蒋逑，巴县县长罗国钧，市党部龙文治等，随即赶赴广阳坝察看情形，而本市第二次演习之第三日程序，因此遂停止举行，本市市民未亲见敌机之凶残，然侥幸之心理，必从此完全打破也。

7．江北石船场险被炸中①

（江北石船场通讯）十八日午前八钟，有敌机六架，由广阳坝对岸之鱼嘴镇，经龙兴镇到达本镇。投弹一枚，并掷下反宣传之传单多张，当向长寿方面驶去，所掷之弹，适落于离场约半里之石家湾水田中，横震口约二丈余，深度约二丈，附近（石家湾）之锅厂窗格，均被破坏云。

8．防空司令部管理公共避难壕，颁布简则十二项②

（本市消息）防空部颁布管理公共避难壕管理简则，通令饬遵：

一、本简则为便于本市公共避难壕管理者之依据而制定之。

二、防止避难壕平时须上锁由管理机关派人负责守护。

三、锁之钥匙，由守护者负责保存，以便空袭时迅速开放。

四、前项锁钥，由防空司令部发给各该管理机关转发守护人保管。

五、避难壕除由防空司令部雇夫专司洒扫外，并由管理人随时检查，保持壕内清洁，清洁夫役之勤惰，得由管理人随时督饬考核之。

六、各避难壕如被损毁，管理人须将其立即修复，如系故意损毁者，一面交由就近军警机关拘办，一面报请防空部核办。

七、各避难壕如遇不可抗力损毁时，应即由管理人电知防空部，（电话001），以便派人修理。

八、各避难壕内如发现有水滞积时，由整理人就近督请清洁夫除之。

---

① 《国民公报》1938 年 2 月 21 日第 3 版。

② 《国民公报》1938 年 4 月 2 日第 4 版。

九、如遇空袭警报时，各处管理机关，应立即开放，解除警报后，仍应上锁妥为保护。

十、如有参观防空避难壕时，须防空司令部领得参观证后，得由管理人导其参观。

十一、本简则如有未尽事宜，得随时修正之。

十二、本简则自公布之日施行（促进）。

9. 行营公布《疏散渝市人口办法》[①]

（本市消息）行营为疏散人口起见，曾由第二厅召集各机关系机关开会讨论，兹闻行营已采纳各机关会商意见，制定《疏散重庆市人口办法》，颁发施行，关于被疏散人口沿途及到达地点之治安，暨居所职业等问题，已由行营分别电令长江、嘉陵江上下游及成渝川黔两公路旁县政府动员委员会，救济委员会、驻防团队、壮丁队负责保护及指导一切，关于救济无力迁移人口之经费问题亦已派员与中央赈济委员会会商，兹录疏散办法如下：

一、现在重庆市无职业者及眷属，由重庆市政府会同警备司令部、警察局、宪兵第三团查明应行疏散之人口，限期迁出本市，惟为经济时间及应付时机计，应一面调查，一面即实行疏散，以免临时拥挤。

二、经查明应疏散之人口，由市府填发迁移证，分别通知，限于接到通知后，一星期内迁出。

三、经查明确属无力迁移人口，得暂缓迁移，另候市府定期通知。

四、疏散人口接到疏散通知而逾期不肯迁移者，得由市府强制执行之。

五、如谋疏散人口迁移之便利，应于沿途设置类似施行社之指导处所，其办法另定之。

六、疏散人口暂指定分向长江嘉陵江上下游及成渝川黔两公路旁各县县城及附城地带，暨重庆市各防护区迁移，并令饬各该县期将该县能容迁移人口数量调查明确，迅速具报。

七、疏散人口需用车船，应予便利，由各交通机关协助市府办理，其手续如左：1. 由市府调查征集各公私停驶之小汽车，交公路局承租，专作运输被疏散

① 《国民公报》1938 年 10 月 2 日第 3 版。

人口之用。2．由营行交通处行驶成渝川黔两公路之空车，搭运无力购票之被疏散人口。3．由民生公司设法增加轮船航行班次。4．由川江航务管理处调查沿江各县木船数量，报请行营，令各该县调集重庆，并通知市府作运送疏散人口之用。5．由市府警察局准备陆路运送夫。6．无力迁移人口，除向陆路疏散者，准依第二条办理外，水路疏散人口，由市府予以救济，其余搭坐车船者，仍须一律购票。

八、车船运送地点，暂定川黔路到松坎止，成渝路至内江止，长江上游至叙府止，下游至涪陵止，嘉陵江上游至合川止，所有各路补疏散人口到达上列各地点时，如欲另往其它各地一切应自选料理，但县府仍应尽量协助，俾臻便利。

九．疏散人口经过途径及到达地点，由行营电令川康绥靖公署，四川省政府主席兼保安司令令各该县驻军沿线壮丁队，负责保护，并迁入各县军队遵照。

十．疏散人口到达迁移地点后，由所在县政府及党部及动员委员会□调委员会代租处所，□□□□。

10．敌机九架昨晨西侵，渝市区首遭空袭，来往皆炸广阳坝投弹多枚，牛角沱投弹爆炸死伤六人①

（本报特讯）本市自前次广阳坝首遭敌机空袭后，迄今十月之久，迄无敌机侵袭，自是皆习于安护，惟昨日年前九时，本市防空部忽接电报称：有敌机三十七架相继侵入川境。当即发出空袭警报，约十余分钟，复据敌机迫近，九时五十分发出紧急警报，除敌机二十八架向梁山进袭外，九架进犯广阳坝，其中六架，并窜本市市空，分别在各处投弹，并用机枪扫射我平民，敌机在广阳坝投弹计五十余枚，死伤平民六十余人，炸广阳坝后即越南山侵入市空在牛角沱生生花园附近投弹一枚，死伤平民六人，又在菜园坝及南岸南城坪附近各投弹一枚，市空曾散发荒谬传单。本市于十时五十分解除警报，随即恢复常态，兹交详情分志于后。

---

① 《国民公报》1938 年 10 月 5 日第 3 版。

11．市区共落三弹，南岸菜园坝无死伤，牛角沱被炸死四人[①]

死气沉沉的重庆市民，需要吗啡针来刺激一下！昨天敌机在市区市郊投下几十个炸弹，开几十响机关枪，可说正起了这吗啡针的作用，成千成万死气沉沉的重庆市民们，将在敌机轰炸之余，今后该可奋发起来罢！

"警报"在重庆市民的听觉里，并不是完全生疏的东西，十个月以前，他们不是曾尝过"警报"甚而至于"轰炸"的味道么？也许那是太久违了吧！当昨天九点多钟"空袭警报"传到市民们耳鼓分阶段的时候，真像晴天霹雳一般，情形颇为紧张。

"空袭警报"开始的第一分钟，至于"紧急警报"的末尾，整个的重庆市，静寂如死。

敌机在新市区牛角沱生生花园附近掷了一枚炸弹。

警报解除后，记者即赴牛角沱作详细查看，只见复兴面粉厂左边的一个高约五六丈的石岩之上，有一两个新的被炸的痕迹，的确有三四具给炸损了肉体的死者尸体，尚停厝石岩下，死者共四人，二十五岁的拉船夫秦树清，是莫明其妙的在船舱里给打死的，腰上打个大洞，肠肺都流了出来，当是石块或弹片打死的，两个年不满十的小孩，原是永川的一个哀苦无告的孩子，由永川下来，却不想昨天就死在敌人机关枪扫射之下，（从小孩的伤口看，有进出口，显系枪弹痕迹）此外在那石岩上面，还倒着一个中年人，身上并无伤口，大概是给震死的。至于受伤的人数，一共也是四人，其中有个"帮大娘"中年的妇人，子弹从大腿前进，大腿后出，样子很惨，现此四人，都已送往医院诊治，其中之一，听说大有性命危险！

此外南坪场天台岗，菜园坝天星桥均各落一弹，幸在旷野，并未伤人。午后一时许防空部又据报有敌机十八架通鄂境施南西飞，后无续报。

---

① 《国民公报》1938 年 10 月 5 日第 3 版。

12．廿八架敌机袭梁山，被我空军击落二架[①]

敌机二十八架，向梁山飞行，十时三十分，我空军即起飞迎击，当击落二架，敌机仓皇投弹百余枚，详情待查。

13．寇机十八架，昨图袭川未逞，飞至奉节因雾大折回，本市正午发空袭警报[②]

（又讯）昨日午前十时许，渝防空部即据宜昌报告，有寇机十八架越荆门西飞，有入川模样，该部当飞饬所属准备并注意，旋又据奉（节）巫（山）沿江各县电报，寇机沿江西上，十二时十分，又据石柱方面报告，寇机已接近石柱县境，渝防空部乃于是发出空袭警报，市民纷纷奔避，沉寂，秩序甚佳，各高射炮队，均实弹准备杀敌，我机亦起飞迎敌。十二时五十分，又据确报敌机窜入奉节后，因雾大关系，仍沿来道折返。防空部乃发出"解除警报"，市面秩序，立即恢复云。

14．市民防空须知（警报识别）[③]

一、空袭警报，[甲]电（汽）笛一拉响二十秒钟长音后，连拉两声短音（共三秒钟）即停止两秒钟，像这样连拉六次。[乙]旗帜信号—各街岗警，手持红绿两色各半三角旗帜舞动表示。

二、紧急警报，[甲]电（汽）笛一拉响三十秒钟长音后，连续短音若干次，约一分钟。[乙]旗帜信号—各街岗警，手持红绿三角旗帜舞动表示。

---

① 《国民公报》1938 年 10 月 5 日第 3 版。
② 《国民公报》1938 年 10 月 6 日第 3 版。
③ 《国民公报》1938 年 10 月 7 日第 3 版。

三、解除警报，[甲]电（汽）笛—继续拉二分钟的长音。[乙]旗帜信号—各街岗警，手持绿色三角旗帜舞动表示。

重庆防空司令部制。

15．市民防空须知（防火的方法）[①]

一、准备水（每家最少储水五担以上），轻便灭火器、水桶、橡皮管、沙包（每小家五个、大家十五个以上等）。

二、燃烧弹落下时，应自迅速用沙扑灭。

三、知系大火，应从容离开火区，不要搬运笨重物件。

四、在自宅附近发生火灾，应情事报告消防队，一方面去参加救火工作。

重庆防空司令部制。

16．市民防空须知（敌机夜袭时灯火管制实施办法）[②]

一、空袭警报发出后，所有一切灯火，必须使用者，须依左（下）列各款之规定予以遮蔽，但紧急警报后，无论如何应一律熄灭。

二、室内外电灯必须使用者，须改用最小光度之灯泡，并须以本部规定之黑布屏蔽遮蔽之。

三、公私机关团体，夜间必须办公者，除使用灯火依照前项规定遮蔽外，在各窗口须用黑布窗帘严密遮蔽务使灯光绝不外泄，其有关军事之制造工厂，必须继续工作者，除灯火依照上述规定外务须设法减低其声响。

四、各项油灯必须使用者亦须依照本部规定以黑布屏蔽遮蔽之。

五、各项手电筒必须使用时，须于灯头包以黑布，以资遮蔽，且灯光不准向上方及四围照射。

六、违反上列各款规定者，除经该管防护团团员察觉者依照本部违反灯火管

---

① 《国民公报》1938 年 10 月 10 日第 3 版。

② 《国民公报》1938 年 10 月 13 日第 3 版。

制处罚暂行办法以重处罚外，一般市民更负有互相监督之责，其有不听劝导制止者，得向就近防护区分团检举，分别惩奖。

重庆防空司令部制。

17．市民防空须知（防炸的办法）①

一、每户应自建简易防空壕，或地下室。

二、地下室或防空壕内应备斧锯以及电棒等物，以防出口被毁后，可以挖掘通路，并须用泥土或沙包围护窗户。

三、如无地下室等设备，可伏在地下、床下、楼下，或其它可掩护的地方，切忌在楼上站立观察。

四、路上行走，如遇空袭，立即伏于田沟，或低洼处。

18．市民防空须知（防毒办法）②

一、一闻毒气警报，即将防毒面具、口罩、衣履佩戴齐全，跑到高处去，或到顶楼，或进入防毒室去。

二、管中窥豹多购备漂白粉，或其它消毒药品。

三、遇着毒气时，要往上风或左右去避毒，不可随风的方向跑。

四、如无防毒面具或口罩，可用手巾包土壤用水浸湿掩盖口鼻。

19．市民防空须知（避难的方法）③

一、老弱妇孺，遵守本部规定，于必要时，退出市区居住。

---

① 《国民公报》1938 年 10 月 16 日第 3 版。

② 《国民公报》1938 年 10 月 20 日第 3 版。

③ 《国民公报》1938 年 10 月 22 日第 3 版。

二、避难要让老弱妇孺在先，严守秩序，不要争先恐后。

三、在市面行走时，要接受避难管制人员之指导。

四、在公共避难处所的人，要绝对遵守避难规则。

五、房屋须改涂灰色。

重庆防空司令部制。

20. 敌机十八架昨袭川，长寿闻机声本市紧急警报，梁山又被炸，我方损失甚微[1]

（本报特讯）此间防空司令部于十时四十二分，据宜昌电告，敌机十八架已过石门向西飞行，该部于十时五十六分发出空袭警报，后据万县电称：涪陵已闻飞机，该部当于十一时二十六分发出紧急警报，殊紧急警报拉动一声长音，尚有若干短音继续拉动之际，电力厂已将电门关闭，致紧急警报未能完全发出，嗣后该部又据万县询，十一时四十八分，敌机十八架分批在梁山投弹，向去阳方向飞行，十一时五十八分，敌机九架经万县向南飞行，该部始于十二时零一分发出解除警报云，事后据该部负责人语记者，此次梁山被炸损失情况尚不明确云。

（本报成都昨晚电话）敌机炸梁山，在郊外投弹百余枚，我无甚损失。

21. 敌机二十六架，昨发现川东上空，宜昌万县皆发警报，巴东汉中传被轰炸[2]

（本市消息）重庆市防空司令部，于昨晨八时十五分，据宜昌电报，敌机八架，向宜昌飞行，当地即发出空袭警报，继接万县军报，敌机二十六架犯川，由川东向西飞行，该批寇机抵云阳后，即向开县附近吴亮山飞去，转飞万源，因我有备敌机遁去，下东各地亦于十时许解除警报，据息，昨日汉中巴东之十珠铺，敌机均投弹轰炸云。

---

[1] 《国民公报》1938 年 10 月 22 日第 3 版。

[2] 《国民公报》1938 年 11 月 5 日第 3 版。

22．渝市昨饱受虚惊，两度警报，寇机一架炸广阳坝，投弹三枚均落河中[①]

（本市消息）昨（八）日上午八时四十七分，据报沙市、枝江、宜都、衡阳、东流等地，先后均发现敌机西飞，嗣万县于九时零五分，亦先后据报，敌机西飞，乃于九时三十五分发空袭警报，九时三十分，防空部据万县巴东报，敌机十八架西飞，后据报，石柱发现敌机转向大竹垫江，防空部并据垫江报，垫江已闻敌机声音，该部即发空袭警报，旋复据合川上空，亦发现敌机，向遂宁方面飞行，转向铜梁安岳方面飞去，成都于十时五十五分，发空袭警报，十一时三十分据成都报告，敌机十八架已过龙泉驿，向蓉方飞行旋报，敌机现有两批飞来，均九架，第一批经市空向机场方面飞去，第二批九架亦将正向机场方面飞去，两批共十八架，十一时三十六分，又据蓉报，我机升空，正在与敌机作战敌机不支，仓皇投弹而去，并称我将敌机击落一架，敌机嗣后一批向北，一批向东飞去，于十一时五十五分，解除警报，继据报，敌机十七架，由三台、潼南、蓬溪、遂宁、顺庆，均先后报敌机东飞，十二时四十七分，合川报，敌机已由岳池向合川飞行，旋又报，敌机已至武胜，转向江北飞来，防空部当复发空袭报，紧急警报，后据报，敌机一架，飞广阳坝，投弹三枚，均落水河中，我无损失，嗣后据报，该敌机一架，向东飞去，另九架经忠州，八架经石柱东飞，下午一时四十二分，发解除警报。

23．敌机昨在万县肆虐，市区死伤百余人，广济小学竟为投弹目标，日前渝泸被袭死伤亦逾六十[②]

（本市消息）此间防空司令部，顷据万县报告，昨（十四）日午刻，敌机六架飞至万县，当在大桥西较场，一马路、二马路、三马路等处，共投弹二十余枚，

---

① 《国民公报》1938年11月9日第3版。

② 《国民公报》1939年1月15日第3版。

广济小学被炸，房屋倒塌，死伤学生数十人，现正设法挖除瓦石，闻此次敌机袭渝万，肆意狂炸，共死学生平民五十余人，伤八十余人，其状甚惨云。

（又讯）日前敌机十余架袭渝，在郊外某处投弹十七枚，死三人，伤二十一人，又在某处投弹十二枚，死四人，伤五人。又八架窜泸县投弹十枚，死伤二十余人云。

24．敌机二十七架昨午猛袭市区，投弹多枚死伤平民数百人，大兴场坠落敌机一架[①]

（本市消息）此间防空司令部昨（十五）晨先后据利川石柱等处电告，敌机二十七架有袭川企图，该部当于十二时十五分，发出空袭警报，继续紧急警报。敌机旋即侵入市空，经我机及高射炮队迎头痛击，敌机作出仓皇投弹数十枚遁去，除毁房屋数栋外，死伤平民数百人，厥状甚惨，详情正调查中，一时五十分始解除警报，并有敌机一架，被我击落，已在南岸大兴场寻获。

25．前日空袭伤亡惨重，赈委会赈恤难民[②]

全市二十八处被炸死伤二百九十人，尸体尚续有发现，前日敌机袭渝，投弹多枚，损失甚重，伤亡人数，已经警局统计完毕，事后赈济委员会代委员长许世英，当即拨款前往灾区，抚慰难民分别赈恤，并于昨日召集各有关团体开会，决设联合办事处，在空袭时负责办理紧急救济事宜，至市民惊骇之余，多不疏自散，昨晨起络绎出城者，不绝于途，各机关学校，亦纷纷准备迁移，藉免损害，兹志各情于次：

（本市消息）敌机前日袭渝。投弹甚多，死伤甚众，警察局长徐中齐，当令各分局从事划查，被灾地区及死伤确实数目，昨日已经统计完毕，分别呈报上峰，并请赈委会救济，计敌机投弹共五十八枚，被炸二十八处，毁房屋二十余栋，死

---

① 《国民公报》1939 年 1 月 16 日第 3 版。

② 《国民公报》1939 年 1 月 17 日第 3 版。

亡一百二十四人，伤一百六十六名，又防护团仍继续挖掘，发现尸体不少，亦将造表具报。

（中央）十五日敌机狂炸本市市区，死伤我平民数百人，赈济委员会代委员长许世英氏，至深轸念，即于警报解除后，亲偕该会常委黄伯度，科长宁哲夫等，驰往被炸灾区，逐处视察，代表中央暨孔院长抚慰被灾难胞，并当场按照死者每名三十元，重伤每名二十元，轻伤十元之标准，发给死伤家属恤金，所有未及查放完竣者，复于昨（十六）日清晨派员多名，分成数队，立即获得政府抚恤，无不感激。

26．各机关团体昨商定设空袭紧急救济处[①]

赈济委员会，于昨（十六）日下午五时，为本市空袭之紧急救济事宜，召集卫生署、市政府、防空司令部、市警察局、市社会局等有关机关即会商办法，由访会许代委员长亲自出席，决定五项办法，当即由许氏呈报孔院长立即实行，兹采录该办法如下：

一、设立重庆空袭紧急救济联合办事处，由赈济委员会、卫生署、市党部、重庆市政府、新运总会、防空司令部、市防护团、宪兵第三团、市社会局、市卫生局、市公务局、市警察局、市商会、川江航务管理管理处、巴县县政府、江北县政府、重庆总站、红十字会、华洋义振会、八省公益委员会等二十一机关团体组织之，以赈济委员会为主任，卫生署、防空司令部及市政府为副主任，分总务、救护、调查、医疗、抚济、掩埋六组，即日办公。

二、由赈济委员会拨款十万元，交由该处临时办理紧急救济。

三、在郊外及江北南岸安全地点设置临时医院，暂先设床位一千个，一面由卫生署市卫生局分向本市各医院接洽，尽量扩充收容。

四、在郊外设立临时收容所。

五、该办事处在防空司令部。

① 《国民公报》1939 年 1 月 17 日第 3 版。

27. 敌机炸毁文化机关，淑德女中一部被毁[①]

（本报特讯）前日敌机轰炸重庆，美以美会主办之淑德女子中学，惨遭炸毁，该校右前侧围墙内中弹一枚，墙外中弹两枚，均爆炸，该校理化室图书馆全毁，高中部教室毁一半，初中部教室毁一小部分，幸值礼拜时，学生多数离校返家，得免死伤，事后记者特往该校视察，见投弹处所呈四尺深，六尺半径之洞，下面教室顶及墙壁，全被碎片损坏，幸未倒塌，机枪扫射痕迹，历历可睹，所有附近树木，多成残枝断叶，景象凄然，记者至时，犹见被炸之鸟尸暴露于地上，满地瓦砖之中，闻亦发现炸弹之碎片，按淑德女中为美国美以美会所主办，有高初中学生三百余人，在教会学校中成绩卓著，今遭敌机惨加毁炸，十数年之经营，一旦大受挫折，诚属不幸之至云。

28. 敌机在万县竟投烧夷弹[②]

（万县航讯）前日敌机狂炸本市，所遗弹片，防护团正搜集中，昨于新码头拾得烧夷弹一枚，幸犹未完全爆炸，尚有半截，形稍完整，防护团业已备文送请航空兵器技术研究处，研考去讫，该弹注明重量一百公斤，为九四式，倭寇竟于不设防的万县，投下烧夷弹，疯狂残暴，已亘古无匹矣。

29. 敌机暴行有加无已，渝市民继续疏散，
万县多处中弹损失奇重[③]

（本报特讯）自经上月十五日敌机袭渝后，一般市民，目击敌机轰炸下之惨

---

① 《国民公报》1939 年 1 月 17 日第 3 版。
② 《国民公报》1939 年 1 月 19 日第 3 版。
③ 《国民公报》1939 年 2 月 6 日第 3 版。

状，为避免无谓牺牲计，纷纷过江避难者在三万人以上，近以半月来渝市未发警报，市面恢复常态，走避渐少，下乡者且有回城准备度岁者，惟前日敌机竟又在贵阳万县肆虐，滥施轰炸，伤亡惨重，市民得此消息适昨日天气晴明，又自动向四乡郊外疏散者为数更伙，总计在三万余人，所有轮渡木船，极形拥挤，幸各渡口均有宪兵及航务处兵士维持治安，秩序甚为良好云。

（万县电讯）四日敌机袭万县市区，投弹地点为二马路、清真寺、真元堂、南门外河坝、杨家街等处，二马路真元堂两处投有烧夷弹，约烧五百余家，昨五时尚有余火，二马路各银行计中国重庆中弹、美丰、中央、民生公司等遭波及，共死四百余人，又云阳、秭归两处各发现击落敌机一架，正派人调查中。

30．万筑两地被炸损失惨重，旅渝同乡亟谋救济[①]

（本报特讯）本月四日加寇机分袭筑万，在两地各投弹百余枚，伤亡惨重，贵阳方面，灾区计已调查明白者如市区繁盛区域之大什字、小什字、中华南路、中山路、禹门路、金井街、光明路各处，均中弹起火，以禹门路、光明路燃烧尤烈，延烧达十小时，文化机关遭受损失甚大，计此次被炸毁房屋八百余栋，死亡数百人，主为空前惨祸，被难人民，无家可归，伤者亟等医治，生者尤须赈济，以恤难胞，贵阳当局八日特电复赈委会及各当局报告被难情形，并请迅为赈济。

万县方面如陈家坝、兴隆里、西门坡、南门河坝等处，均遭敌烧夷弹惨炸，毁屋五百余间，死伤五百余人。损失惨巨，黔万两地同乡会均定期召开大会商讨救济办法，黔省旅渝同乡定于今日午后三时在社交会堂召开大会，万县旅渝同乡定明日午后三时在市商会召开大会，并请求赈济机关从速增拨巨款抚济云。

31．万县被炸详情，难胞亟待救济[②]

（万县航讯）四日敌机惨炸万县，损失详情，本市各报，尚无揭载者，按是

---

① 《国民公报》1939 年 2 月 9 日第 3 版。
② 《国民公报》1939 年 2 月 14 日第 3 版。

日天气晴明，敌机分两批来袭，投炸弹燃烧弹共百余枚，第一批九架，第二批分为三组，每组三架，分批投弹，西门坡首先着火燃烧，其余杨家街口、南津街、盐店巷、鞍子坝、真元堂、何家沟、五显庙等处，亦投重磅炸弹甚多，幸未燃烧，惟二马路丽芳像馆真元堂一带，燃烧最烈，次晨始熄，计炸毁之房屋，约百余栋，死伤人数近千，是日正值天晴，县人因前次之经验，晨间避往乡间者极多，否则死伤人数，当不只此，查万县灾情之重，不下贵阳，被灾难胞，亟待救济，赈委会虽云拨给二万，省府拨四千，为数太微，无济于事，尚望政府当局及社会有力人士，本县旅外同乡，一致重视，筹款善后，则灾民之福也，至当日轰炸情形，兹报告如次：

灾区视察记。四日十一点左右，本市防空部发出空袭警报，全市的人民一齐动员，向着安全的地方跑，记者为了保全生命，亦只得随着人们奔跑（冒着生命危险采访）。走在山脚里停步坐下，这是天然的防空壕。紧急警报发出后，大略十分钟光景，在东方上闻有嗡嗡机声，当然是敌机来了，声音由小而大，天空中一千公尺以上，发现了银灰色敌机，心里深深的□□。"万县不幸的命运降临了"，刹那间耳听有砰砰的响声，知道万县市面已经被炸了，接着又是三架一队的向万市猛袭，这时的炸弹声，震耳欲聋，自己感着自己的命运就在顷刻间了。

市空机声没有了，抬头见河对岸徐沱的房屋，火光熊熊，黑烟冲天，不知有许多同胞又死在这残暴的敌机下了。

记者为忙于视察被炸的情况，冒着险走入了被炸区域，那是西门坡黎树坪的焦土，同那颓垣残壁，地上有未燃完的木料还在冒着青烟，这里烧去的房屋大略有二十间，都是一些平民区域，炸死人的数目大略有四位，他们身上都流着鲜红的血，谁个见了不伤心呢。解除警报未发，消防队搬运救火器。救护队忙于担架工作，大众都忙得不可开交，记者向二马路走去，发现丽芳像馆被炸，左右五六间铺面已没有了，在美丰银行门前不远处被炸下一个很大的坑，大略有一丈深，直径有二丈余，这儿另外又投了硫磺弹，炎热仍在燃烧，虽有消防队，可是救火器大部属于旧式，究竟没有太大的效力，截至六时止，仍未熄灭，盐店巷亦投有弹。

生活书店被炸毁，左右邻近的铺面，亦被殃及，街头上的碎玻璃片、泥块、尘埃、断下的电线，瞧着是一幅惨景，只会令人流泪。听说商务印书馆分馆的经理，已经炸死。

中国银行行址被炸去一半，杨家街口靠右手边亦被炸，死去宪兵周松林一名，因他在这儿维持秩序，敌机来进躲避不及，故而殉职，身首异处，其情之惨，亦可想见。

盐店巷被炸伤的同胞，有的伤头，有的伤脚，都奄奄一息的睡在地上，这些人周身铺上了灰尘，只见着一对眼睛，创口在流血，其它都被灰尘盖满了。

真原堂炸毁三分之二，礼拜堂听说有许多避难的大致已作了泉下人，保育会的职员住处，楼被震倒，职员跌下楼来，都未受伤，难童亦安全无恙，施美洋行全毁，附近院子亦然，华通公司毁去二分之一，此处被炸房屋计算起来在五十间左右，马巷子所投之弹，坑深一丈，直径二丈余，其炸弹重量估计在五百磅以上，残垣颓屋里停下了五个尸首，旁边有很伤心的女人哭着。

在鞍子坝，八角井一带，有的是被炸死的，尸首随处都可以看见，记者发现有一具遗尸，四肢皆无，身截两段，头也没有了，鲜血淋淋，鸡公岭又有一只小孩的脚，上体已不知去向，高楼门蔡屠户家死了三人，门外一个老婆由该处飞升空中，旋落至八角井一屋上，已颓然死去，实为惨状，谁个见了不流泪呢。

走上果园外面发现几个大坑，有一个深有二丈许，直径有三四丈，□这弹的重量，不知是好多了，南门外口、土桥子、南津门、都被炸了，计算投的弹，大小有百余枚。

32．敌空军侵华之结果，损失达千余架，平均每月损失约六十架，敌大本营公布与我统计相符[①]

（中央社□□二十六日电）空军发言人向记者称，据敌大本营二十八年一月二十日公布，自侵华战争开始以来，截至二十七年十二月三十日有止，损失陆海军飞机共七百十架另有损失不堪使用者三百架，共计一千零十架，核与我方之统计数字适相符合，计被我空军在窜击落者二二一架，被我空军炸毁者一七九架，被我高射炮队击落者八十三架，被我陆军袭击毁坏者一零七架，被我炮兵击毁者十一架，敌机自行迫降者一九架，被我击落而行方不明者，或受伤迫降敌阵地者

---

① 《国民公报》1939 年 2 月 27 日第 2 版。

二七架，共计六四七架，再加共飞行失事之最低损失率估计，约为三六三架，（实际数字必不止此）总计一零一零架，平均每月损失五十六架以上，可谓损失惨重矣，廿八年元旦以来，被我空军击落炸毁者，及高射炮与陆军部队击落者，已达廿四架，其中以我英勇空军战士在兰州上空击落最近欧西之最新式精锐重轰炸机十五架，实予敌空军以严重之打击。

33．生活书店万县支店被炸，抚恤死难职员[①]

（本市消息）生活书店抗战期中，调派干练职员在前线、后方及游击区经营分店，已达四十余处。该店干部多属青年，对文化教育工作抱极大热心，重视职务并严守纪律。二月四日，敌机轰炸万县，该店万县支店全部轰毁，职员何中五君与店同毁身死。万吸纳文化界深抱同情，纷纷慰问，并有学生百余名自动参加发据，该店总管理处以何君因公致死，按照规定之津贴办法，除给予二百元之丧葬费及向其家属敬致慰唁外，并决定按月由其家属继续支取何君之原有薪水，时期以二十年为限，即至民国四十六年一月止。同人方面并为何君筹备开追悼会，转赠其家属，并愿永久照顾其子女。

34．本市疏散委员会克日成立[②]

（本市消息）渝市疏散人口，现已开始，市长蒋志澄，为贯彻疏散计划鼗，呈准当局设立重庆市民疏散委员会，由当局派大员主持，市政及军警机关为委员，执行疏散办法，刻间各应参加委员机关，已经当局指定，并严限市府积极筹办，于本月内成立，市府十七日特达各机关办理，日内即宣布成立云。

① 《新华日报》1939年3月3日第2版。
② 《国民公报》1939年3月18日第3版。

35．敌机前日袭川，梁山死伤数百人，监狱被炸死囚犯四十余，万县亦落一弹[①]

（本市消息）防空部（廿九）日敌机十八架，侵袭梁山县城，掷弹百余枚，毁损房屋三百余栋，县立小学前后水东门豆芽巷监狱等处均中弹，计死一百余人，伤约二百余人，狱内囚犯炸死四十余人，至敌机折返万县时，亦曾将余弹一枚投掷城内文化街，炸毁房屋四间云。

36．人人必读防空法，防空部转布全文[②]

（本市消息）防空司令部，以本市空防日紧，而市民对国府所制定之防空法内容，多未周知，特将该法全文公布，俾市民有所遵循，原文如次：

第一条，为防敌机空袭，减少其发生之危害，以卫护国家之安全，保障人民之生命财产，特制定本法。

第二条，全国防空宜事（事宜），由国民政府最高军事机关主办之，其有关各院部会署及地方机关者，由各该关系机关协同执行。

第三条，中华民国人民对于实施防空，有服役及供给物力之义务，战时或事变时，人民及民用飞机及航行之船舶，对于敌国或同情敌国之飞机行动，或有监视并报告附近军警防空机关之义务。

第四条，在中华民国领域内，有住所居所或财产之外国人事无国籍人，及有事务所营业所或财产之法人机关团体，均负有防空之义务，但以不抵触条约及国际法为限。

第五条，有左（下）列情形之一者，得免防空服役：

一、身体残废者；

二、有精神病者；

① 《国民公报》1939年3月31日第3版。
② 《国民公报》1939年4月13日第3版。

三、因年龄或健康状态，不适于服役者；

四、因担任公务或服常务兵现役，不能中转者。

第六条，左（下）列行为应呈经国民政府最高军事机关，或其指定机关核准：

一、经营防空器材或工具；

二、发布或散布印品（刷品）；

三、演映防空影片；

四、举行防空展览会。

第七条，战时或事变时，防空情报及警报，得优先使用国有公有民有通信设备，并改善或变更之。

第八条，因防空之必要，各地防空主管机关，陈请会同当地军政机关，得行使左（下）列各种，但第六款第七款应呈经国民政府最高军事机关核准：

一、命令人民参加防空工作，及防空设备；

二、利用人民或外侨在当地开设之医院诊疗所等，供防空设施之用；

三、依法征用或征收人民之土地及建筑物；

四、修改或扩大街道住宅建筑之全部或一部；

五、命令或限制人民迁移；

六、禁止或限制民用飞机之航行；

七、征收人民防空附捐；

八、关于防空有调查之必要时，得令提出资料或实施检查。

第九条，违反本法第三条第四条第六条之规定者，处三十日以下之拘役，或一百元以下之罚金，煽惑他人为之者，加倍处罚。

第十条，泄露防空上秘密，或破坏防空设备，致妨碍防空工作或发生危险者，依陆海军刑法飞机防护法处断。

第十一条，防空设备及实施所需经费，依其性质及实际情形，由中央与地方分别支给之。

第十二条，人民之土地或建筑物，因实施防空被征用时，所受之损失，由地方政府依法补偿。

第十三条，人民因防空服役致伤害或死亡时，应由中央或地方政府依法酌给医药经费抚恤之费。

第十四条，本法施行细则，由国民政府最高军事机关定之。

第十五条，本法自公布之日施行。

37. 垂死前的挣扎，敌机昨狂炸重庆，无辜民众伤亡极重，繁华市区多处焚毁，残暴兽行更坚定我抗战决心①

（本报特写）这是青天白日下兽性的屠杀！

日本法西斯的杀人机器进入了重庆上空，无辜的人民又一次做了强盗们残暴兽行的目标。呈现在眼前是无尽的悲惨画面。

担架队走过，柏油路上留下了一条条血滴的红线，被抬着的，失去了腿，血水浸透裤管，灰渣、木屑混作一体。没有力量呻吟，只是面部肌肉痛苦地抽搐。

血肉模糊中，分辨不出人的眼鼻，强烈的痛楚使他们不能丝毫动弹，断断续续的轰炸声刺激着人们的神经，不容置疑的血淋淋的事实就是最有力的控告。

一张门板上躺着一个中年男子，身上的赤血一阵阵往外流，旁边地上坐着他的妻，满身满脸灰土，种种从未体验过的痛苦经历骇呆了她，好容易从震塌的房屋里拖出了重伤的丈夫，却失去了两个孩子。

打铁街被毁房屋的废墟中，埋了三十余具尸体，已挖出的凄凉地放在路旁，从这里看全是赤着脚的劳动者。

法西斯的毒手毁灭了他们的生命，像已经毁灭过无辜良善的生命一样。是的，死者至死还是无辜的，不可掩饰的罪恶是属于法西斯者的。

火舌吐出毒焰，从新丰街、陕西街一带织成一片乌黑的网，像是吞食地球上的光明，又像是怕太阳把罪行照得太清晰。一栋栋民房被火舌舔光了，人们在火光中跳出来，抱着被褥，拖着孩子，一只鞋穿在脚上，另一只抓在手里。无助的老妇们弯躬的背上压着沉重的衣箱，有的妇人还抢出了锅碗什物，毕竟还要继续生活下去啊。这群人，有的是被日本法西斯的炮火从江浙、湖北轰到后方来的。在后方，又被日本法西斯把他们驱到街头。尽管情形是那么的乱吧，人民脸上却呈现了二十二个月抗战中锻炼出来的刚毅神情，哪怕是女人和小孩，没有啼哭，只有愤恨。

红十字会的救护队在警报中来回奔走着。女救护员带着药箱飞奔过山坡往被炸地区，替受害同胞敷药包扎。防护队、消防队出入于火光中忙着拆墙救火。救护队亦同样有不敷分配的感觉，没有卡车运送受伤者，许多重伤的未及到医院就

---

① 《新华日报》1939 年 5 月 4 日第 2 版。

死在途中的担架床上了。

本报一部分房屋被炸坍塌。大公报、新蜀报，都遭受了一些损失，法西斯存心毁灭文化，所收的效果将是为保卫文化的反攻。

夜色苍茫了。重庆到处是被陷在黑茫茫的桥头、巷尾、公路、石级上的无家可归的人群。火还在燃烧，到处是血腥，又一笔血债更坚定了中国人斗争到底，讨还血债的决心，黑夜度过了将是光明，这是不容置疑的！

中央社常德三日电：防空部消息，敌机五十四架，今午十一时二十分，此间防空司令部据阮陵报告，敌机多架，由东向西飞行，十二时卅分左右，复接酉阳报告，敌机两批各十八架，向西北飞，当于十二时四十五分发出空袭警报。我机亦即升空迎击，十二时五十五分发紧急警报。敌机于下午一时十七分侵入上空，其投弹目标似为某某军事机关。但军事机关皆早已疏散乡间，而敌机技术又极恶劣，落在附近使商店居民惨遭轰炸，除投重型炸弹外，并有多数燃烧弹，四四街、左营街等处立即起火，延烧甚久。此时我防护团警察及各救护团体均于爆炸声中出动施救，终极在愤慨中精神奋发，工作紧张，其悲愤情绪与责任观念，充分表现无遗。一般市民亦极镇定，遵守秩序，终未紊乱，尤见人民已具有最大决心。现死伤人数及公司损失，正在积极发掘清查，同时防空部并与空袭紧急救济联合办事处会同办理善后，至敌机经我猛烈攻击，即于下午一时三十分仓皇逸去。闻曾被我击落一架。现正在郊近各地收索中。又本日敌机并投下红色包装之"大号新月牌"香烟数百包，其中是否含有毒质，现正检验中。

救护赈济，悲愤紧张。中央社讯：今午十二时半，本市发出空袭警报，赈济委员会委员长屈映光，常务委员长黄伯度、陈访先工作极为紧张。黄氏于警报声中偕同该会高级职员赶赴重庆空袭紧急救济联合办事处，召集全体职员准备一切，俾使及早救济。死伤之民众，亦由办事处尽量收容于事前筹为之收容场所，不使露宿。晚间黄氏复电告急支援，亲赴各医院视察诊疗情形及指导救治方法，并代表中央慰问受伤民众及其家属。

中央社讯：昨日空袭后，本市空袭紧急救济联合办事处各重要职员均分赴各被炸区域查视，并由救济处派四十人出动，共分三队，购买大批面包烧饼，分给无家可归之被炸难民。在收容所方面，已另派私人分别负责照料各被炸难民之不能行动者，该处并各车转送。复制临时旗帜两面，写明一、收容无家可归被炸难民；二、慰问被炸难民以便难民有所归宿。

敌机昨日肆虐，轰炸渝市，各处焚毁民房，死伤民众极多，警察官长警士防护团员死伤食欲人，惨不忍睹，重庆警察局长兼重庆防护团团长徐中齐于空袭警报后出发，即出发巡视指挥，并先后到达被炸地区，指挥消防队，救火拆卸房屋，及救护受伤人员，并对死伤警官警士消防人员防护团员，及被灾人民加以慰问。并闻为避免无谓之牺牲，劝市机关人口，决定加紧疏散，必要时决强制勒令迁移处境。再敌人飞机上撒下红色软纸数十支装新月牌香烟甚多，内中必含有毒品，拾得者退交各警察局所汇呈化验万勿吸食。

38. 敌机昨续来渝肆虐，十万难民自动疏散[①]

昨日敌机口架分两批袭渝，首批于上午十时袭渝，我空军有备，起飞还击，敌机不逞逃回。第二批卅余架，于下午五时，再次来袭，因我机阻击，至六时有部分敌机窜入市空，在繁华市区投燃夷弹数十枚，损失待查。

群力来电：自敌机前日（三日）在渝市用燃夷爆炸弹滥施轰炸后，所有受伤及死亡市民以及烧毁民房现尚在调查中，即各被难家属，正纷纷准备掩埋及治疗，但被难者贫民占十分之七，演成了一场残酷惨案。在敌机投弹时，除抛掷星月牌毒质纸烟数十包外，并还有白色棉花，在金紫门外，被一无知小孩拾得，手指登时红肿、疼痛难当，敌人之用毒物，残害我无辜民众，已经证据确实。由此一般民众为避免敌机的凶暴，于昨日各自动向郊外疏散，轮渡拥挤不堪，幸得宪兵加派得力人员指挥，秩序异常良好。轮渡公司见汽船一只不敷应用，即迅调一只，往来运输，虽每船俱告人满，片时即告松散。午前十一时许，虽闻空袭警报，人心安然镇静，得宪兵之指挥，纷纷各入防空洞暂避，秩序井然无紊，可见我市民防空是越趋进步。计昨日自动疏散赴郊区，达十万人左右。

39. 南川被炸，旅渝人士协商救济[②]

（本市消息）敌机前在南川城内肆虐，共投弹及烧夷弹数十枚，平民伤亡甚重，商店住宅炸毁亦多，天主教堂亦中弹被毁，该县人士异常愤恨，南川旅渝同

① 《新华日报》1939年5月5日第2版。
② 《国民公报》1939年10月19日第3版。

乡除已发动各方努力急救外，并订开今日午后三时，假东林公司开会共商救济办法，望全体同乡踊跃参加云。

40．敌机前袭巫山，投空中爆炸弹①

（中央社成都七日电）省府据报，敌机十月二十四日晚，袭巫山时，投弹五十八枚，概系空中爆炸弹，致死伤多人。查此种炸弹，最能杀伤疏散郊外之露天民众，寇既在巫试用，难免不继续在各地滥投，顷已令各县政府广为宣传，务使避难民众进入防空洞免遭无谓牺牲。

41．敌机三十六架，昨图袭渝市未逞，
在我高射炮压迫下逸去，梁山南川被投弹无甚损失②

（中央社讯）昨日（十九日）午前七时五十五分，湖北沿江发现敌机三十六架，经过沙市来风向西飞行。渝市于十时发出空袭警报，十时二十八分发出紧急警报，敌机抵涪陵后，向东逸去。有一批敌机三十六架，于午前八时四十分在慈利发现，经桑植、龙山西飞，至自流井又分为两批，一批二十七架，在宜宾散发传单，在梁山投弹，一批九架，在南川投弹，我无甚损失。敌机经过渝市市空时，经我高射炮轰击，仓皇向东逸去，午后二时三十五分，渝市解除警报。

42．敌机罪行记录之一：川东被炸赈济经过③

（万县通讯）本报记者据此间赈委会难民总站主任张健冬氏谈称，本年以来，敌机空袭川东，多至四十八次，先后出动敌机，约在一千八百架以上，姑一计其

---

① 《新华日报》1939 年 11 月 9 日第 2 版。
② 《新华日报》1939 年 11 月 20 日第 2 版。
③ 《国民公报》1939 年 11 月 24 日第 3 版。

空军人员及飞机之损失，单就消耗汽油与炸弹而论，价值亦在五六千万元以上，其在川东肆扰及救济情形如下：

万县，先后于一月十四日、二月四日、三月二十九日、六月七日、九月一日，来袭五次，中央赈委会先后拨款三万元，饬令总站会同此间空袭紧急救济联合办事处办理救济，除伤者送医院治疗，被炸无依者设所收容，并发给一月粮饷外，所有死伤抚恤，悉依中央规定，分别死亡、重伤及轻伤三种，第名各给抚恤费三十元、二十元、及十元，举凡一切收容、发款、救济事项，亦均遵照命令于四十八小时内办理完竣。总计五次，除中赈会拨三万元外，余省府拨六千元，及捐款八千余元，合共四万四千余元，五次共发三万一千余元，尚存准备金一万二千余元。

梁山，于三月九日、六月卅日、九月一日、廿九日、十月十三日，来袭五次，中央赈委会拨款五万元救济，张氏曾奉派前往视察施赈，目睹惨状，益增人民同仇敌忾之心。当地救济除遵照中央规定办理外，并于郊外建筑公共避难所及防空壕以备急需，川省另拨七千元救济赤贫难民，该县赈款现结存准备金二万五千余元。

奉节，于六月二十八、七月十二、九月三日、二十九日、卅日、二月二十四日，来袭六次，万县总站当即垫款一万一千元，派沈委员昌圻前往办振，并组医疗救护队赶往救护，中赈会先后拨款五万元，派钱专员前往视察，此外川省府拨款一万元，其它捐款一万五千，最近中赈会又拨一万元，合计八万五千余元，结存该照空袭紧急救济金一万五千余元。

巫山，先后于七月十三、七月十五，十月二十四，敌袭三次，中央赈委会拨款三千元，连同其它捐三千余元，饬金巫山难民分站会同该县空袭紧急救济联合办事处负责办理。

以上四县，中央赈济委员会先后共拨赈款十四万三千元，并先后分别派员赴该县设组空袭紧急救济联合办事处，故办理赈济，尚称敏速，各地灾民，对于中央关怀百姓之至意，极为感奋，目前川东各县消极防空，日益健全，人民防空常识，亦日见丰富，而疏散事宜，亦大体完竣，至此张民并详述万县总站看来救济难民之各种工作经过，及中央赈委会对前方难民之救济情形，按张氏奔走赈务甚力，前曾赴渝述职，中赈会许委员长极备嘉慰云。

43．昨经过渝市空，敌机袭梁山南川^①

（本市消息）昨日先前七时五十五分，湖北潜江发现敌机三十六架，经过沙市来凤向西飞行，本市于十时发出空袭警报，十时二十八分发出紧急警报，敌机抵涪陵后，抽东逸去，又一批敌机三十六架，于午前八时四十分在慈利发现，经桑植龙山西飞，至自流井又分为两批，一批廿十七架，在宜宾散发传单，在梁山投弹，一批九架，在南川投弹，我无甚损失，敌机经过本市市空时，经我高射炮轰击，仓皇向东逸去，午后二时三十五分，本市解除警报云。

44．敌机三架侵扰川境，本市昨发警报两次^②

（本市讯）昨日上午九时四十五分，湖北潜江闻敌机机声，自东而西，经江陵沙市一带至宣恩盛丰间之小关，机声隆重，高度不明，向西飞行，十一时十四分，黔江又闻隆重机声，高度仍不明，本市于十一时十九分发放空袭警报，十一时五十五分解除警报，又十六时，湖北沙市潜江等处先后发现敌机三批，每批十架，向西飞行，本市于十七时二十八分悬挂红球一个，十七时四十五分悬挂红球两个，并发放空袭警报，十八时十五分发紧急警报，敌机先后在某地投弹多枚，多落郊外，无甚损失，本市于二十三时发放解除警报。

45．袭川敌机沿途遭我截击^③

二十四日深夜，敌机三十余架，分批偷袭我行都等地，经我空军迎头痛击，乃盲目投弹于郊外乱山中后，仓皇东遁，又经我空军于梁山等地沿途截击，敌机

---

① 《国民公报》1939 年 12 月 20 日第 3 版。

② 《国民公报》1940 年 4 月 23 日第 3 版。

③ 《国民公报》1940 年 4 月 26 日第 3 版。

多架，遭受重创，负伤逃去，二十五日清晨，敌侦察机一架复图侵入渝市窥探，又被我神通空军围攻于长寿上空，尾冒白烟，狼狈遁去，绝无安全归还敌巢之望，敌机经此打击，非惟日间不敢前来，即在夜间将心寒胆碎矣。

46. 昨晨袭川寇机，被我击落一架[①]

（本市讯）昨（三十）晨一时放，湖北之西部先后发现隆重机声，向西飞行，二时许，抵川境，本市于二时三十分发放空袭警报，敌机两批先后在江巴边境投照明弹，爆炸弹多枚，随即向东逸去，本市于四时五十三分解除警报，惟小龙坎方面，昨日并未发出解除警报之信号，据电力厂云，因电力不足，故未鸣放汽笛。

（又讯）昨（三十）晨三时许，敌机多架袭我行都，经我空军及照测部队，协同犯击后，敌机溃不成队，分股东窜，其中一小群逃至梁山上空，又遭我空军拦截，迎头痛击，当见敌机一架，被击中离群下坠，因天犹未明，不能鸟瞰敌机葬埋地点，现正在寻觅中。

47. 行都昨晨空战，敌机再负创，在荒郊投弹二架重伤[②]

（本市讯）连日敌机迭来渝袭扰，均遭重创尤以廿日梁山空战，我神通空军大奏凯歌，击落敌机达七架之多，敌惨败之余，昨（二十二日）上午九时三十三分复以敌机五十四架倾巢袭我行都领空，徒施报复，我空军得讯，即凌空迎击，敌机队形散乱，胆寒心碎，毫无斗志，向高空遁窜，希图避开我空军交织之大网，但仍遭我空军反复攻扑，敌机二架当即负重创逃去，其余敌机于慌乱中，投弹郊外荒地复狼狈遁去，我方毫无损失。

---

① 《国民公报》1940 年 5 月 1 日第 3 版。
② 《国民公报》1940 年 5 月 23 日第 3 版。

48．敌机日前袭碚时，孙寒冰罹难，复旦大学职员学生汪兴楷等同时殉难①

复旦大学教务长兼《文摘》主编孙寒冰及职员汪兴楷，学生阮思枢、王茂炳、朱锡华、刘晚成等，二十七日中午在北碚该校被炸惨死，孙氏江苏南通人，年三十九岁，美国哈佛大学硕士，华盛顿大学学士，归国后，历任复旦大学法学院院长、教务长，暨南大学商学院院长，中山大学教授等职，驰名出版界之《新闻报道》半月刊，系孙氏一手创办，数年来风行海内，孙氏遗妻子女四人，其遗骸二十八日大殓，于院长、孔副院长、邵大使，皆派员前往致祭慰唁。

49．空袭救济处陆续发放急赈，已散发千人款八千余元，被炸区域现正在赶办中②

（本市讯）连日以来，敌机狂炸市区，本市空袭服务救济联合办事处，对于医护救济等事，均日夜赶办，凡被灾区域之贫苦民众，因住所被炸，无力谋生者，均由派员赶到灾区发放急赈。本市急赈工作，自月初以来，每次空袭后均于十二小时内将当地急赈清册，经抽查后，即由抚济组派员会同服务总队，及各保长前往施放，截至二十七日止计第一区共发急赈大小人口共一百八十余人，大口每人十元，小口每人五元，第二区共发六十余人，第三区共发五十余人，第四区共发四十余人，第五区五十余人，第六区三十余人，第七区三百六十余人，第八区七十余人，第九区六十余人，总计将及千人，共发急赈数八千余元，至其余被炸区，及市区以外各地，现正在赶办中。

---

① 《国民公报》1940 年 5 月 30 日第 3 版。

② 《国民公报》1940 年 6 月 28 日第 3 版。

50. 渝空激烈空战，被我重伤敌机三架，英大使公馆被波及[①]

（中央社讯）敌机八十余架，昨（八）日上午分三批袭渝，均遭我迎头痛击，尤以第三批敌机被我机猛烈围攻，更番冲击，敌慌张失措，队形凌乱，其中三架被我机多次猛射后，冒烟落后，时已迫近南川附近，预料该三敌机必难回巢，而葬身我川鄂边境之丛山中。

（中央社讯）昨（八日）敌机袭渝，又故意轰炸外人财产，致英大使卡尔之公馆后面被投弹，损失不易翻修，幸卡尔大使适已赴沪，公馆中用人亦多避开，故无死伤。又美国安息会附近亦落弹甚多，该会房屋亦被震损。

51. 行都昨空战告捷，我击落敌机四架，另有五架受重伤恐难返旧巢[②]

（中央社讯）敌机二批，昨（九）日又在我行都逞凶，所有中二路、南纪门、江北等处均被滥炸，我方死伤平民七十余名炸毁房屋三百八十余幢，七星岗之天主教若瑟堂亦被狂炸，惟市区秩序，因防空部队及防护人员之努力、尽职，当日即已恢复常态。

（中央社讯）（九）日上午十时许敌机五十四架，分三批来袭，由南向北窜扰，我空军以迅雷不及掩耳手段，迎头痛击，敌领队机当时受伤落伍离开后，致敌机全部溃乱，我空军见杀敌良机已至，遂分头猛烈追击，当于陈家坝上空击落敌机两架，立时在空中爆炸焚毁，同时又将另一敌机在上元场上空，控制在手集中射击，该敌机冒烟下坠，因其弹未得投掷，值遭爆炸，机中战斗员七名，被焚灰烬，我空军杀敌心切又将一敌机在垫江上空围困，神枪准射，该敌机被我击落坠于垫江北部，机骸已在寻觅中，另有敌机五架，受伤惨重，飞经万县上空时机尾冒烟离群欲坠，敢信此五敌机绝不能安返旧巢矣，袭渝敌机其第一批经此惨败后，其余各批均胆落心寒，于郊外盲目投弹后仓皇遁去，另有敌机十余架，窜至贵阳郊

① 《新华日报》1940年7月9日第2版。

② 《新华日报》1940年7月10日第2版。

外投弹，我空军于任务达成后虽所驾之飞机，亦多中弹，然均安全归返。

（中央社讯）敌机迭次袭渝，故意轰炸第三国财产已屡见不鲜。昨（九）日敌机袭渝时，若瑟天主堂又被炸毁，查自今年敌机袭渝以来天主堂之教堂学校医院等被炸毁者，已达十一所之多。

52．我击落敌机三架，飞将军丁寿康英勇成仁，
　　各服务队工作精神实堪钦佩[①]

（中央社讯）敌机五十四架，于昨（十六）日分二批犯我行都，此为本年度敌机袭渝之第三十一次，我空军因蓄锐已久，永健更甚，故今日敌机进袭时，经我空军于迎头处略作打，而敌机三架犹如秋风落叶，着火坠落，其余敌机受伤累累，狼狈东遁，我空军除飞将军丁寿康君不幸于空战时受重伤，跳伞降落后，因流血过多，不及施救而成仁外，其余各机均安全凯旋，查丁君勇敢慷慨，曾击落敌机五架，今竟不幸成仁，空军同人，莫不悲愤填膺，誓为烈士复仇。

（中央社讯）昨（十六）日敌机十架分二批袭渝市，盲目投弹，于警报未解除时，各服务队即纷纷出动，前赴灾区服务，其努力服务之精神，实堪嘉许，如国民自强联队第十队，医务第三第五队，国民党海员党部服务队，保联第二十九队等，均甚努力，尤以工联第十六十九两队除扫除各街道外，并维持交通，发掘受伤灾民数人，复由该会部服务担架队前往救护，其乐于服务，同仇敌忾之精神，实为吾人所钦佩，又服务总队供应组是日于太平门，上清寺，磁器口等处设置茶粥站，谷总队长毛副总队长亲赴灾区慰问灾民，指导服务。

53．敌侦察机一架昨晨偷窜市空，被我空军击落，
　　午后警报敌机炸合川綦江[②]

（中央社讯）敌机每次袭渝，均利用其高速度侦察机预为侦察航路，自肆虐

① 《新华日报》1940年7月17日第2版。

② 《新华日报》1940年7月23日第2版。

以来，我方除于六月十二日曾击落其一架外，其余各次，均被其漏网。昨（廿二）日晨九时敌机侦察机又偷窜入市空，施其惯技，我空军早有准备，遂以最新式驱逐机两架，自后猛扑，弹仅数发，该敌机即着火坠落于彭家花园，市民目击之下，无不称快。记者前往观察，并遇何总长、毛司令及张主任治中等参观归来，快愉之情，溢于言表，沿途乡民争相参观，途为之塞。该敌机前部已粉碎四处，其后部尚余空壳，机头坠于溪中，机翼焚毁，机中机关枪、无线电机及照相机等，均已检获。机身上书九八式全日本号，机尾有八六一五三数字，飞行军官为加藤大尉、桑原中尉二名，血肉模糊，肢骨不全，为状至惨。当时乡民与兵士争相埋葬敌尸，及担架机骸之敌忾情绪，目观之余，益为振奋。下午一时许，敌轰炸机一百廿余架，分四批进袭行都，曾窜进市郊，因其侦察机已被我方击落，耳目全失，且因天气阴雨，及我方戒备严密，不敢始终窜入，乃于郊外盲目投弹后逸。

（中央社讯）敌机一百廿余架，昨（廿二）下午一时许，图袭行都未逞，分窜合川、綦江等地投弹后，向东逸去。綦江落弹数十枚，起火三处，立即扑灭，死伤十余人，余弹均落荒郊。合川被炸情形正调查中。赈济委员会据报后，即派该会委员朱赤虞，携款一万五千元，率同本市空袭服务救济人员星夜专轮赶赴合川，办理紧急救济。并闻綦江又被惨炸，该会亦极轸念，并已急电日昨派赴綦江办理急振之重庆总站主任姚慈仁，继续负责，妥为办理紧急救济，并抚慰难胞。

54．二十二日合川市区敌机残暴肆虐①

（合川通讯）二十二日下午二时许本县发出紧急警报后，敌机分三批侵入本县城区上空，连续在城中心区及江干平民区投下重量爆炸弹及大批燃烧弹，城中随即有数处起火，因风向关系，炎热甚为猛烈，幸经当地军民努力抢救，至翌日晨六时许始熄，全城精华已付之一炬，死伤人数以江岸一带为最多，（正确人数现正积极调查中），断壁残尸，不妨目睹，然生者对敌之仇恨，将随敌之滥炸更进一步矣。

---

① 《国民公报》1940 年 7 月 27 日第 3 版。

55．炸后合川，各方努力救济难胞[①]

（合川通讯）二十二日此间遭敌机狂炸后，中央赈济委员会即派员携款来此会同县府登记难胞，施行急赈，重庆空袭救护服务处，亦派大批干员来此服务，驻县之□□班，三民主义青年团、国立中等团体均在各要道施药、施茶、施饭，临时招待难胞，救护队、掩埋队等工作均甚努力，情绪亦异常兴奋，商店均临时摆摊营业，并挂牌曰："任何轰炸，照常营业"，由此可见我后方民众之抗战情绪云。又□□及□□等处现经□□班打扫后，划为临时难民收容所，所内情形颇好，并各方现正积极募款，筹划难民之饮食云。

56．敌机昨分批袭川，万县南川被投弹[②]

（中央社讯）昨（二十八）日上午十一时五十分鄂西某地，发现敌机六十三架，分三批袭川，在万县城郊投弹多枚，起火数处，死伤甚微。又渔阳关方面敌机廿七架，沿江西飞，经涪陵，至本市东方之某地，因我戒备严密，折返南川，分三次投弹，并掷下荒谬传单，损害情形正详查中。

57．击落敌机五架，遭我痛击受伤十余架，
汉口敌大队长被我空军炸毙[③]

（中央社讯）昨（卅一）日上午十二时，敌陆军航空队以轰炸机三十六架，企图犯我行都飞至北碚时，一见我机，即慌乱滥投炸弹，向北遁去。嗣飞至合川上空，盘旋半小时之久，企图自渝西地带潜入市空，不料于铜梁上空，与我机遭

---

① 《国民公报》1940 年 7 月 28 日第 3 版。
② 《新华日报》1940 年 7 月 29 日第 2 版。
③ 《新华日报》1940 年 8 月 1 日第 2 版。

遇，我当予以猛烈之攻击，敌机受伤极重，仓皇投弹于铜梁郊外后北窜。飞至南江北郊时，敌机一架因受伤过重，坠落山谷中。下午二时许，敌海军机八十架分三批来渝，先以其第一二两批同时由北方窜入市空，我机早有准备，乃以锥形战术先后突入敌阵，迎面猛攻，敌机望风披靡，受伤而尾冒黑烟者达十余架，我机猛烈追击，至彭水之东，当将其因重伤而落伍之敌机四架，分别击落，地点在清查中，第三批，敌机目视其第一二两批溃败惨然，遂在涪陵附近肆虐后，狼狈东遁，渝市于三时四十五分发解除警报，我机除有一架未曾归还外，余均安全凯旋。

又讯：敌机昨日袭川涪陵被炸，赈委会得报后，即派重庆运配难民总站主任姚慈仁携带赈款一万元，并偕同此间渝市空袭服务救济联合办事处及服务人员，星夜搭轮前往办理紧急救济。

58．璧山城区被炸情形①

（璧山通讯）本县城区素以幽静著称，既无军事设置，亦无重要机关，不意本月二日午后一时许，竟遭寇机惨炸，计投弹五十余枚，城区落二十余枚，投硫磺弹二百余枚，城区落四十余枚，其余均落郊野，共计震毁及焚烧房屋四十余栋，死三十余人，伤五十余人，残暴敌寇，蓄意屠杀平民，于此又获一铁证矣。

59．今晨袭渝，空袭服务人员在轰炸中艰苦工作②

重庆的市民们真能做到吃了苦连眉头都不皱的地步了。那种坚毅，临危不惧的精神更衬出了敌人的卑怯和畏缩，前天午夜，第二次紧急警报后半小时，坐在我旁边的一个服务员轻轻地告诉我："外面的火起得很大，我必须外出了，我要马上赶到着火的地方去。"高度的责任心使他忘记了敌机还在高空，紧急警报尚未解除，同他本身的安危。

解除警报同时，我看到很多人们飞奔到被炸和着火的地点去，他们谁都想为

① 《国民公报》1940 年 8 月 6 日第 3 版。

② 《新华日报》1940 年 8 月 19 日第 2 版。

了帮助别人抢救生命、财务而尽一些力量，当正义需要人们舍己救人的时候，即使是一个最胆小最没有力气的人，也能做出勇敢的大事业来。

临江路公平拍卖行斜对门炸了，转一个湾的来龙巷也遭到了相当多的炸弹。小樑子一带火光灼天，消防车，老式的救火车都出动了，四五支水龙一起向烈火中射着。宪兵，警察，防护团维持着街道的秩序。火势是旺盛的，但我们伟大的毅力毕竟能克服和战胜一切，当自来水不及供应的时候，我看到很多消防队员用满装了水的机筒来递补上去，（人们把洗脸水也愿意一起倒进），敌人，你们大量的烧夷弹只换到了我们三家的铺面，仅仅只有三家，一墙之隔的□□百货商店就在众力之下保全了。都邮街的炸弹偏巧落在国货公司的露天花园里，今年夏天，这个地方的泗水瓜和冰淇淋曾经出过大风头，多少绅士淑女在夜花园里流连忘返，现在可省下了一笔放纵胃部的漏卮！

60．新民报排字房被炸毁，今起暂行停刊[①]

（本市讯）敌机昨（十九）日午袭渝时，由京迁渝出刊之新民报，其工厂正中一弹，排字房全部炸毁，据该报负责人云，现正积极整理，明（二十）日起暂行停刊，一俟整理完毕，即照常出版。

61．敌人的凶焰，燃烧起中国人民心中的愤怒之火。要把人民的伟大力量加以组织，加以培养，崭新的中国将在这正义之火光中，锻炼出来。（社论）[②]

以 火 灭 火

日本强盗在它侵华的罪恶历史上，又写下了最血腥的最无耻的一页。敌机散布着火种，半个重庆都在烟雾弥漫之中。许多同胞不幸牺牲了，更多的人，成了无家可归的流浪者，敌寇的兽行，又一次在全国同胞们的心坎上刻下一个深深的

① 《国民公报》1940 年 8 月 20 日第 3 版。
② 《新华日报》1940 年 8 月 21 日第 1 版。

愤怒的烙印。我们仅以热诚向一切被难同胞，一切防护队员，致恳挚的慰问。敌寇现在轰炸我国战时行都，出动飞机几达两百架，这数目与德国袭击英国相比，自然渺不足道。但对于国力贫弱的日寇，这就算很吃力的举动了。日寇现在为什么要如此蛮干？我们究竟要如何应付？在痛定思痛之余，大家应当清楚地思考一下。我们屡次指出，日寇在远东的动作，是和德国在欧洲的动作，相配合，相呼应的。德国想在最近几个月内解决对英战争。日寇对华自然也有这种妄想。以最残酷野蛮的手段迅速解决"中国事件"，这是近卫二次内阁的中心任务。对重庆的轰炸焚烧，就是他的野蛮手段之一种表现。这次日寇在重庆放火，对于我们，不啻暮鼓晨钟，它警告着，敌人最近将以最恶毒的手段来对付我们，它预示着，在最近时期内，日寇将把它手中的一切法宝，全部使用出来。军事的进攻，政治的分化，经济的破坏，就是敌人手中的无形的炸弹。它想从四面八方燃烧起罪恶之火，来威胁我国。他的阴谋，就是要使我们在他的凶焰之前，放下手中的武器。但我们要以正义之火，来消灭敌人的凶焰。这是四万万五千万人的决心。这是全国同胞一致的怒吼。任凭敌人的炸弹多么狂暴，任凭敌人的阴谋怎样毒辣，我国人民抗战到底的意志，是消灭不了的。每次血债，只能增加这海样深的仇恨，使中国人民在后退无路的情形下，愈益坚决，愈益勇敢。被灾的同胞们，没有哭泣，没有悲伤，只有把牙齿咬得更紧，把拳头捏得更牢，前天重庆有一位被难同胞，望着他的正烧的房子，对他的儿子说："去叫妈妈不要哭，哭没有用，明天总有办法"——这并不是几个人的豪语。这是代表极大部分民众一般的战斗心情。

"明天总有办法"——这种对于胜利的坚强的信心，是伟大的精神长城

这种希望，鼓动着我们奋斗，鼓动着我们牺牲，鼓动着我们去创造历史的奇迹。这是中国人民手中的武器，使用这个武器，我们将能取得一切的阵地。但这"办法"是什么呢？全国人民都这样的问着。时间已经急迫了！现在应当是把这"办法"拿出来的时候了。如果以前我们是用空间换时间，则现在我们就要反过来争取时间了。敌人妄图东施效颦，以"闪电"战术，逼我投降。我们就要以坚决，迅速，勇敢的姿态，把我们的"办法"拿出来给敌人颜色看看。今天已经是存亡待决的时候。马上就要采取决定！不能把希望寄托在"明天"了。

全国人民要求以中国人民正义之火来扑灭日本强盗的罪恶之火

全国人民要求必须立即把这个伟大的火焰发动起来，把日本强盗烧为灰烬。对中华民族担负着历史责任的人们，应当冷静地思量一番，在今天危急存亡的时

候，只有抗战决心，已经不够了。要有切实的具体的办法。要能组织力量，创造力量，只有力量才能扑灭侵略者的凶焰。现在应当是采取实际步骤的时候了。不能犹疑！不能动摇！要坚决根据"国家至上，民族至上"的原则，牺牲小我，保全大我。不能讳疾忌医！要痛切改正我们的错处，克服我们的弱点。如能以此精诚谋国，则康庄大道近在咫尺，立起沉疴，指日可期，有何难乎？要证明么？眼前边就是事实。前日大火之后，电线毁坏，但在修理电灯的员工努力工作之下，三小时后，全市重见光明。这是何等的大忠大勇的精神！防护人员，舍身为公，每至牺牲自己的生命。许多劳苦同胞，自动参加防护工作，虽汗流浃背，备极辛劳，而毫无怨言。这是何等的大忠大勇的精神！这只是两个例子。其实全国人民都是这种取之不尽，用之不竭的伟力的源泉，今日救亡图存的首要任务，就在于掘发这种力量，动员这种力量，把这种力量使用到抗战中来。这种力量，是解决问题一切办法的关键。离开这个关键，其他各种计划，方案，都是不对症之药，或者亦是治标而不能治本。敌人疯狂的凶焰，把中国人民心中的正义之火，更加燃烧起来。任务是在于把这些力量加以组织，加以培养。崭新的中国，将在中国人民的正义之火光中，锻炼出来。

时机急迫了！迟疑犹豫，都再不能容许了。政府要立即采取实际办法。全国同胞，要负起推动督促的责任。

62．银行区火舌四窜，商业场殆成灰烬，本报营业部全被焚毁（本报特写）[①]

当前天的余烬还没有完全熄灭的时候，昨天下午，敌机又在重庆市区倾下了大量的燃烧弹。火区从上大樑子起，通过小什子，再向左折向龙王庙街，小锞子一直到会仙桥；再从苍坪街附近的瓦砾堆中把没有烧尽的残梁断柱重新点起来，连接到青年会，整整尽了一个大圈子，火焰熏了半个天空。

太平门和新丰桥也着了燃烧弹，顷刻之间火蛇爬上了商业场，西大桥西二街也着了起来。火焰成为全城最猛烈的一处，居民们把家私搬上了公园，焦急地期待着救火车赶速到来。但救火车却配备在银行区，青年会和商业最繁盛的小□□。

无何，火焰越来越猖獗起来了，顷刻之间从苍坝子到西三街再到去年就被毁

---

① 《新华日报》1940 年 8 月 21 日第 2 版。

了的西四街，完全夷为平地！这场区虽不太大，但包含着一整复杂的内容。市商会、人力车行、妓院、商店、新华日报营业部、商务日报馆、开明书店。——一个中国的缩影，——完全不分彼此地在日寇的暴力下受了摧残！

千厮门的平民区里也没有例外地燃起来了，那里的建筑物大都是干燥的木头，只在侧光一片木板的一霎那，一里多路方圆的山坡上，被摧毁了千余幢房屋，这是辛勤的建设与残酷的破坏的对比，这是时代的悲哀！记得有许多人曾经为银行区的没有被炸而惊奇的，但今天的事实却告诉我们，日本对银行并没有和对我们小百姓稍有两样，当你不愿做人奴隶的时候，他的暴行是一视同仁的。现在银行区已经被毒焰包围起来了。当夜幕已经深垂着的时候，美丰银行每一层楼窗里都在颤动着火舌着；川盐银行吃着了三个爆炸弹，中央储蓄会剩下了一堆残烬！交通银行，川康平民银行，重庆银行等等，都带了深重的创伤。银行界的首脑部——银行工会，它的遭遇比几个银行还要惨，连钢筋架子也挺不起来了。两个报纸——中央日报和时事新报的营业部，一同殉难。在水上，火焰也起来了，千厮门码头上两只轮船着了火，水面浮着一条活动的火龙。几十条在水上谋生的性命，完结在水里。昨天火势的猖獗，比前天还要厉害得多，昨天的防护人员，还要比前天辛苦得多，但由于连续几天的大轰炸，使这些有限的人力流尽了最后的汗滴。但站在火圈外观火的人们仍然是那么拥挤，乃至使守护交通的童子军无法驱散塞在救火车往来的要道上的人们。我们希望防护工作应该更广泛地把这些观火的人组织进去。只有彻底的广泛的组织，才足抵御残暴的轰炸而无恐！

重庆的精华，大部分在火中毁灭了！也毁灭了那些陈旧的腐烂的。那散布着霍乱的校场口的小食摊，那流着浓臭的沟水的十八梯，那藏匿了许多污秽堕落的女人和游手好闲的男子的模范市场，那浪费了几多金钱的西餐馆，那陈列着珍贵的西点的沙利文，那刀叉铿锵声达户外的裕泰饭店，那几十元一宿的大招待所，那黝黑潮湿的贫民窟。我们决不因重庆在火中的毁灭而悲观，我们要在旧重庆的废墟上建立起崭新的正轨的坚强的合理的新重庆！

我们敢正告凶猛残暴的敌寇，旧重庆的毁灭不是投降，这是准备在血和火的锻炼中，哺育新生的坚强的力量来答复残暴的死敌！

63. 每日专载，发动五百架飞机运动——长虹[①]

经过八月十九、二十两日的夜袭，重庆城的精华，已大半付之一炬了。在我们方面，这原不是完全意料之外的事情。在敌人方面，这是近卫二次登台以后所演的一出拿手好戏，在全世界的文明面前显露了日本帝国主义最丑恶的面目。全国作家协会已经呼号世界作家纠合一切正义的力量，与敌人以制裁，国内的献机运动，也乘时崛起，此唱彼合。作家们早在进行发动的有钱人出钱，买五百架飞机的运动，现在也到了必须及时展开的时候。

只有用飞机才可以制服飞机，这是老百姓们都已经明白了的简单真理。六月空袭所以那样多和那样厉害，是因为我们保卫重庆的飞机数量太少。七八月间，重庆的空袭比较减少，天气的关系以外，敌机来袭的时候，大半是分配在飞机场和防空力量薄弱的外县城市。我们同敌人是在作战，这不是什么客气事情。所以我们防空力量的增长，必须展开五百架飞机运动。现在痛定思痛，必须来详细思量一下，这已被烧毁大半的重庆，我们能从此不要了吗？如果还要重庆的话，还要准备把重庆二次再建筑起来的话，那末五百架飞机运动不嫌太晚，正是时候，必须赶快把它展开而完成的。

敌人轰炸重庆，目的是固然在重庆各种机构的毁灭，但他最希冀的，还是毁灭人心。在这次最凶残的轰炸之后，不但妥协议和的风说，寂然无闻，而且首先直接反应的，是市参议会再建新重庆的号召，这固然可使敌人攻心战略，归于粉碎，可是再建起新重庆来，而没有足够的积极防空力量为之保障，仍不免有往复循环，再蹈覆辙的戒惧。所以不再建重庆？罢，如果要再建重庆，一定要把保卫重庆的防空力量也充实起来。五百架飞机运动应与再建新重庆的运动，密切联系起来，同时并进。二者缺一，便是不智，也将没有真正成功的可能。

把五百架飞机的购置费用，都放在再建新重庆的费用里边，这是不必要的，不过在再建新重庆的费用里边，最少也应该有一定的数目作为购制飞机的费用。比例可以是四与一至三与一。这可作为五百架飞机购制费的补助费。主要的经费，最公平、最合理、最省事和轻而易举的，莫过于有钱人拿钱来。有钱人只要把他的财富每人拿出十分之一来，五百架飞机就可以到手了。全国人的财富虽然

---

① 《国民公报》1940 年 9 月 12 日第 4 版。

没有精确的统计，不过可以大略而言的。全国有财富在一万万元以上的，就算有十个人，每人十分之一，就是一万万元，在一千万元以上的以百人计，每人十分之一，又是一万万元。有一百万以上的千人，又是一万万元。有十万以上的万人，又是一万万元。一万元以上的十万人，又是一万万元。这样算来，一万元以下的富人还没有动手，五万万元的飞机购制费已经齐备了。美国的飞机价格，每架自五万至二十五万金元，合法币约一百万至五百万元，每架且照一百万计算，五百架飞机的购制费不正是五万万元吗？航空建设协会成都分会发起的献机运动，预定买飞机一百架，预备捐的经费是二千万元。如照上面的价格计算，这是不敷用的；只能买到二十架罢了。不过，他们用什么方法筹款，还不知道。现在要买飞机，如不是说空话，是要实干，只有一法，就是有钱人出钱。有钱人们出的钱很少，而所收获的很多，不然的话，再建再毁，还不是最坏的结果，比这再坏的事，也是很可能遇见的呢！

有了钱，就定能够买到飞机吗？在现在这也许的确可以成为问题，不过拿出理由来阻挠买飞机运动，这是不容许的，有钱固然可以买不到那么些飞机，可是也可以用那较少的钱买来更多的飞机。这只看怎么样把外交运用罢了。如果外交运用得当的话，不但五百架飞机保卫重庆是可以指头间办到的事，而且我们的飞机运动，它正应发展成为扩充空军的第一步骤，它正应发展成为扩充空军运动，不但用它来保卫重庆而且它准备以至于进行反攻，击败顽炽凶恶的敌人！

五百架飞机运动，它不但关系于重庆的安危，而且有关于每个市民的身家性命。所以每一个市民都应当起来响应，参加，都有热烈拥护它和完成它的责任！

64．敌机昨袭渝，先后在南岸及市郊投弹，时事新报馆中弹被炸[①]

（中央社）敌机昨袭渝时，时事新报馆址适中一弹，职工宿舍全部被毁，印刷与编辑部分亦受影响，幸全体员工均安好无恙，该报决以大无畏之精神继续出报，据该报负责人谈，自十三日起，将暂出半张，三五日即可恢复原有篇幅，联报馆与职工损失颇巨，惟印刷机器尚无大碍云。

（中央社）我神鹰昨痛惩飞寇，击落敌机六架，我空中战士司徒坚成仁、德

---

① 《国民公报》1940 年 9 月 15 日第 3 版。

大使馆及求精中学等被炸。

（中央社）驻高棉直属支部电慰渝市灾胞，外交协会函慰德大使馆。

65．仇恨的种子——敌机昨再袭渝记[①]

防 空 洞 里

在防空洞里，电灯光似乎较以前暗淡了许多，而人声烦杂又似乎比昔日更加倍的使人讨厌。

"一个人住重庆，租这末一间破房子，一个月二十块，吃饭也须要四十块，加零用，再算他二三十，那末，八九十大元。一百减了九十，还有二十。"

"哼，你说多一二十，那老弟每个月还要亏五六十哩。"

"老二哥，老二哥，管他妈的，二十也罢，五十也罢，咱们今晚还得去……"

"你别嘴硬！"嘶嘶……嘶……空气顿然沉静下来。高射炮的响声，隐约可闻。接着像疾风暴雨似的，洞中空气更紧张着。一个，两个……十个，二十个，沉重的爆炸声，响着。接着黑漆一片，像午夜一般的死寂。许久，许久之后，空气暖和。一个陌生的声音，打破了这死寂的包围。

"敌机走了，大家不要挤，要守秩序！"嗡嗡的人群之声，又一阵一阵的扩张开来。有的说："炸了□□街"，有的讲："□□□楼上中了弹，□□□背后中了弹。"有的道："□□街口上，一个卖香烟的没有了头壳。"有的绘声绘影地说："那里炸后如何，那里又炸得如何……"当其时，记者的目睹，不禁烦躁焉，暗中奇怪他们得到消息之快，但是洞中管理者说"情报线是被截断了"。

恐怖的嗡嗡的声音传递到一个小孩的耳鼓里。一种大哭的声音冲破了一切，压倒了一切嗡嗡的声音。洞中的避难者的视线一致中着，注视着这个哭的孩子。其中一个年纪大的老年人，在这个孩子的邻左，询问着："你家的大人呢？……孩子、孩子不要哭……""我的妈，没有下来，因为没有防空证。"哭泣的声音满布着洞中，而其他一切的声音却已沉寂下去了。坐在记者旁边的一位东北朋友，他慢慢俯下头去，绳把他自己的头靠在两只手臂上，这两只手原是由一根笔直的手杖支持着的。我仿佛看见那把刀刺进他的胸膛，我仿佛看见他在默念着东北原野

---

① 《国民公报》1940 年 10 月 26 日第 3 版。

上的儿女，我仿佛看见他那个所感的仁爱的心在悲泣。他是一个理想主义者，他最富有坦白刚毅的性格。忽然仰起头看看洞顶，看看四周，继而他又注目的望着那个犹在痛哭的孩子。"仇恨的种子！"把它种在壮年人的心上，同时也把它种在一代人的心上。

炸 后 所 见

一个，一个连续不断地走上防空洞的石阶，光明也跟着一级一级显现出来，四五小时的黑暗生活，只不过四五个钟点而已。算得什么，光明终究是我们的。

明亮的阳光挟着街上的尘土习气着□□□□一带的烈焰与□□□背后冲出来的黑烟，弥漫着蔚蓝的晴空。太阳公公依旧在自由的笑着！却是卑视的笑着。

由□□□一直伸展到□□街，有两条像长蛇一般的橡皮管躺在地上，运输着水量，来扑灭前面的魔焰。街中心被自来水沫喷湿着、救护车一辆两辆往返巡回着。红十的旗帜也插在街旁。在旗底底下，摆着一个小木棹，棹上放着许多药瓶，护士小心地为着受伤者在那里裹伤。街头人群渐渐增多了，机声也渐渐变得更厉害了。而从汽车上走下来的乘客，却似乎仍然带着几分余惊。

有几条街，交通仍旧断绝。听说□□街附近尚有一颗未爆炸的炸弹，还未被抬走哩。行百货商店，厦门虽然紧闭着，而香气却会偷偷地跑了出来，据说商店里的香水瓶几乎都给震破了，所以香味冲散到各方。记者踏着碎玻璃片，走过一家百货商店，照到一个油色肥肥的商人模样的人，他尚自得地说，"运气，运气，香水总算损失得不多"。□□地挤着许多人，有的在挪，有的在拖地板，有在擦玻璃，灰尘一阵一阵冲出窗口和门槛之外的。至于被震倒的断墙，断断续续地发着声响，电线的铁丝好像枯藤一般地挂在瓦砾场上。

一 幕 悲 剧

阳光在我的眼前淡下去，我已经进了那条窄的古巷。在巷口里，我瞭然瞧着原先在洞中那个孩子，跟随在他妈妈的身后边。他的妈妈背后还扛着一个被盖，沉重地负着前行。他母子俩的背影也淡淡的看不到了。

我用同情和崇敬的眼光跟着他们前面走。但是我的眼前一道光亮，一股血、一阵黑，我吃惊了。我仿佛听见呼唤帮助的声音，我看见那个青年女子被一座断墙压了下来，我想叫着，但是早有救护人员给她抬着走了。

我走到前面出事的地点，一个年纪六七岁的男小孩却已死在碎片上面。俯在这个男孩子身旁的，是一个三十五六岁的女人，仓皇地和别处一个老人家在讲话。至于他们在说些什么，我并不晓得。我只觉得后来这个妇人发现着她的"受伤者"，像在回忆着，像在悲哀着，像在愤恨着。但是她并没有流泪。

这是一幕人间的悲剧，儿子的死夺去了她的孤寂生活中的最大安慰，因为她曾告诉我们"哭，我要为中国哭，为我丈夫和家庭哭……只要他（指她的儿子）不死，他也一定不会忘记这个仇恨的。"当我听完还谈话，我知道她是一个知识妇女。唉，她是多么坚决多么伟大啊。当记者伏在案上找笔记本的时候，也不过在解除警报的两个钟头之后，但是墙上滴滴的钟声，使得我更加怀疑不安起来。白昼那幕悲剧始终盘旋在我的脑海之中，那种勇敢的中国伟大的母性的声音一道鼓励着我，依我不知有若干次想跑到那个处所对她申诉，我的最敬佩的胸怀。炸后的晚上是那么静，除了电力人员用手电照着损坏的机件，坐以待旦一切都已入睡了。（孙东）

66．东川邮局囤船被炸沉没，漂失邮件打捞中[①]

（本市讯）据确处，本月二十六日敌机袭渝时专用邮政管理局停泊太平门江边之铜壳轮船中弹沉没，存放该舰之邮袋全部漂散，虽经该局员工于警报未解除前奋勇抢救，但江流湍急，闻该局已函请川江航务管理处转饬沿江航警稽查哨及船户居民等协助打捞，并发布悬赏通告，捞送一袋，奖国币五元，经调查所得，迄今忆捞获者已有四五百袋之多。又该局房屋因受震及为弹片所中，门窗及墙壁破坏之处甚多，内部凌乱不堪，但经迅速整理，警报解除后三刻钟内即恢复办公云。

67．渝市防空洞将可容卅五万人[②]

（远东讯）据重庆防空司令部息，重庆公共防空洞及隧道与私人防空洞，约计容二十四万余人，现正积极扩充建筑，预计至本年春季止，可增加容量十一万余人，共计容卅五万人，以后重要陆续加强云。

---

① 《国民公报》1940 年 10 月 29 日第 3 版。

② 《国民公报》1941 年 1 月 10 日第 3 版。

68. 疏散人口以廿万人为准[①]

（远东社）重庆卫戍总司令部及市政府奉令办理疏散渝市人口，兹已大体决定者为（一）疏散地点，暂以涪陵、长寿、江津、永川、垫江、邻水、綦江、璧山、合川，等县产米区域，（二）疏散人数，以二十万人为准，分四十日疏散，每日约计五千人，预定三月底完毕，必要时得延长之，（三）人数划分计长寿、涪陵、江津，每县四万人，合川、永川，每县两万人，綦江八千人，璧山一万二千人，垫江、邻水每县一万人云。

69. 渝中行员工发起：一角献金运动
（击落敌机一架即捐款一次）[②]

（中央社讯）渝市中央银行国库局全体员工，为激励空军士气，协助政府充实国防起见，曾发起"击落敌机一架献金一角运动"，约定每经中央社报报道我空军击落敌机一架，该局每人即献金一角，多则类推，名为"一角献金"，中央银行国库局队，计队员二百十六人，该队并今全国各机关人民，踊跃响应，以收集少成多之效，则敌机被击落一架，同时我国可增加铁鸟若干架。上月成都附近我空军曾击落敌机六架，该队每队员献金六角，共计一百二十九元六角，已送达工报社转交航空委员会。

又讯，中国远东建设协进会，昨午假检察院大礼堂，欢迎黑水族花夷胞代表献金团，由于会长右任主席。该团即席报告此次来渝献金之动机及经过，最后于会长询各代表当地生活情况甚详。

---

① 《国民公报》1941 年 2 月 14 日第 3 版。

② 《新华日报》1941 年 4 月 13 日第 1 版。

70．陪都疏散人口共计十三万（一个月为疏散期）[①]

（中央社讯）本市疏散问题各方至为注意，顷据市警察局长唐毅谈称，略谓本市必须居留之市民已颁发居住证，自本月廿日起践历执行疏散，并分发疏散证，限期五日内自动疏散，过期即予强迫执行，并封闭其住宅，每日以疏散五千人为标准，以三十天为疏散期，疏散地区以离本市一日可进，而以水道为主者为范围。一系疏散期间完毕，当由军警宪会组检查队，检查无证居民，对于已领有疏散证而仍留居民区者，即予以罚款处分，赔价政府因办理疏散而消耗之用费。目前本市现有人口约为四十三万余人，除有防空洞及住在近郊者可留居二十万人外，疏散人口约在十三万人以上，故希望本市无留居市区必要之市民，迅速自动疏散。

71．敌机昨袭渝，市区被投二百余弹，赈委会明发放急赈[②]

（中央社讯）昨（三）日敌机六十三架，分两批由鄂袭渝，计第一批五十四架，第二批九架，于十二时许先后侵入市空，经我高射部队猛烈射击，即在我市区附近仓皇投弹约二百余枚后，向东逸去，我被毁房屋五十余栋，共死五人伤十一人，并有六处起火，旋即扑灭，所有消防抢修救护人员，此次出动皆极迅速，故敌人所造成之凶惨景象，一刹那间即被吾人之血汗涤除净尽，又复常态。赈委会许委员长，卫戍总部刘总司令于警报解除时，亲往各被炸地点视察督导救护人员工作，当以被炸毁房屋之民众无处栖宿，特饬抚济组设法收容，规定每名先给急赈二十元，该款于明（五）日在各被炸地点分组发放，以宣示中央及蒋委员长轸念之德意，再死亡者每人发其家属抚恤费六十元，重伤者发给救济费四十元，轻伤者发给十五元。

---

① 《新华日报》1941 年 4 月 18 日第 1 版。
② 《新华日报》1941 年 5 月 4 日第 2 版。

72. 敌机昨狂炸渝市郊，英大使馆附近落弹甚多，求精中学安息会均中弹[①]

（中央社讯）昨（九）日敌机八十架，分三批由鄂袭渝，第一批四十四架，第二批二十七架，于十二时五十六分同时侵入市空，嗣第三批九架，于十三时许扰入市空，时我高射部队曾予猛烈射击，当有一架落伍，数架散乱，乃仓惶盲目向市郊投弹约三百枚以上而去，弹落江中者极多，我被毁房屋二百余栋，死伤百余人，并有数处起火，英大使馆受震甚烈，卡尔大使之寓邸附近，投弹甚多，门窗俱损，英空军参赞伯华敦中校之汽车，适停卡尔大使寓前，被炸半毁，几不能驶，其他外侨财产如求精中学、安息会，俱直接中弹，英美会亦濒危险。

73. 敌机又袭渝，昨分批在市郊投弹，外人财产多被波及[②]

（中央社讯）敌机五十四架，昨（十）日分二批由鄂袭渝，每批各二十七架，于十时四十七分及十一时二十五分，相继侵入，经我高射部队射击后，即在市区附近投弹约二百余枚向东逸去，被毁房屋百余间，死伤十余人，英大使卡尔爵士寓邸附近，落弹甚多，房屋震毁一部分，法大使馆附近亦落巨弹，一部被波及，美以美会求精中学内今又中弹，居渝三十余年之美教士汉普其住宅即在校中，被震毁不能居住。

又讯：九十两日敌机在市区肆虐，英大使卡尔爵士住宅亦遭波及，外交部王部长得讯后，特于十日下午派该部凌秘书向英大使面致慰问。

---

① 《新华日报》1941年5月10日第1版。

② 《新华日报》1941年5月11日第1版。

74．敌机残骸一架散落丰都石砫（柱）县[①]

（丰都特讯）五月九日袭渝之敌机一架被我高射炮击中，其散落于丰都境内栗子沟者有机关枪二挺，收音机二架并信号弹一盒，枪座上刻有"横须贺海军工厂制造及昭和十五年"等字样，兹由当地保甲检运来城不日拟公开展览。据目击者谈，该敌残骸落于石砫（柱）境内。

75．敌机又袭渝，在市区投二百余弹，英法领事馆遭炸毁[②]

（中央社讯）敌机二十七架，昨（二）日由鄂境窜扰本市，十时许侵入市空，我防空部队当予猛烈射击，敌机仓惶投下大小型炸弹二百余枚逸去，我被毁房屋百余栋，死伤数十人。（中央社讯）敌机昨（二）日袭渝后时，外侨房屋复遭损毁，计英大使馆中六弹，其中一弹正中在该使馆防空洞上，参事包克本住宅遭震毁，按包氏之住宅，先后遭敌机轰炸，连此次已达四次。

又法驻渝领事馆则全部被毁。

又敌机前（一）日袭渝时，曾炸毁慈母堂全部及真原堂大部分，法籍天主教尚维善之办公室及厨下房均被炸毁，损失达数十万元。

76．敌机分三批昨晚炸渝市，市郊数处曾起火， 某防洞发生惨剧[③]

（中央社讯）敌机二十余架，于昨（五日）晚分三批袭渝，在市郊投掷多量燃烧弹，曾有数处起火，旋经扑灭。又有某处防空洞，曾发生窒息情事，致有死伤，当经救护医疗机关团体，分别迅速救治，并抚恤。

---

① 《国民公报》1941 年 5 月 21 日第 3 版。
② 《新华日报》1941 年 6 月 3 日第 1 版。
③ 《新华日报》1941 年 6 月 6 日第 1 版。

77. 前晚空前惨剧各方极为重视，市参会惩办肇事者，
蒋委员长昨赴灾区慰问①

（中央社讯）重庆市临时参议会，六日举行第四届第一次驻会委员会，到驻会委员陈铭德、温少鹤、宁芷却、漆中权、王鸣岗、主席议长康心如，秘书长龙文治，市长吴国桢出席报告五日晚隧道内死伤情形，并谓蒋委员长对此事极为重视，除于六日下午亲往视察，并对死伤家属加以慰问外，并而于嗣后应采取凭证入洞办法，俾免死伤，康议长临时紧急议，提出四点：

（一）肇事之原因及其真实情况，请市政府迅予查明报告本会。

（二）肇事实责任究应谁属，查明之后，应请政府严加惩办。

（三）请市府严切注意，勿使今后再有此类事件发生。

（四）善后办法及死伤者抚恤，请政府从优办理，各案通过后，全体参议员由市长引导亲往肇事处视察，并对死伤家属一一慰问而散。

（中央社讯）赈济委员会许代委员长世英，商承最高当局，对于五日晚空袭无家可归之灾民，按名增发急赈三十元，连旧例发放之二十元，共计五十元，所有伤亡抚恤，亦均案例加倍发给，已分别令行各主管机关，迅妥办理。又陪都空袭服务总队联合国民党市党部全国慰劳总会，合组慰问队四队，自今（七）日起，携带慰问信及慰问金，分赴各医院分别慰问空袭受伤同胞，每名发慰问金十五元。

78. 为隧道窒息惨案蒋委员长手令彻查，
刘峙胡伯翰吴国桢玩忽职务革职留任②

（中央社讯）蒋委员长对于五日敌机袭渝时，某隧道发生窒息，以致死伤多人一案，以防空司令及市空袭办玩忽之咎，特于七日手令，将刘峙、胡伯翰、吴

---

① 《新华日报》1941 年 6 月 7 日第 2 版。

② 《新华日报》1941 年 6 月 8 日第 2 版。

国桢革职留任，兹警告如下：查本月五日晚间，敌机袭渝，市内某隧道发生窒息惨案，以致避难民众死伤多人，实深痛悼，所有行政当局，实难辞其玩忽之咎，防空司令刘峙，副司令胡伯瀚，重庆市市长吴国桢，着即革职留任，仍责成各该员一面参与救济，以观后效，此令。军事委员会委员长兼行政院长蒋中正，中华民国三十年六月七日。

79．敌机卅二架昨午又袭渝，一批并侵袭江津，新民报被炸照常出版[①]

（中央社讯）七日敌机两批共三十二架（第一批二十七架，第二批五架）袭渝，于下午一时许窜入市空，投弹百余枚后东逸，其中五架窜往江津后，复四窜市空，用机枪扫射。当敌机侵入市空时，我防空部队曾予以猛烈射击，并见敌机一架遭受重创，勉强遁去，似逃返老巢，我被毁房屋百余间，死伤共十三人。

（中央社讯）敌机七日轰炸市区时，新民报社竟遭投燃烧弹，致经理处、发行、广告、会计、事务、各部及战工衣物行李，全部焚毁，损失甚重，幸该报编辑部及印刷室早已迁出，故明日仍照常出版。

80．敌机昨三批袭渝，在西郊南郊投弹，宜昌对岸击落一敌机[②]

（中央社讯）昨（十一）日敌机七十二架，分三批袭渝，于十二时许第一批三十六架，及第二批九架，先后窜入市空后，其一批即在西郊某地投弹后逸去，嗣第三批二十七架，于下午二时许窜至南郊某地投弹后东逸，损失极微，死伤数人。

---

① 《新华日报》1941 年 6 月 8 日第 2 版。
② 《新华日报》1941 年 6 月 12 日第 1 版。

81. 敌机昨袭渝，分二批在市郊投弹①

（中央社讯）敌机三十四架，昨（十四）日分两批袭渝，第一批二十七架，于下午二时许侵入市空，经我防空部队予以猛烈射击，敌机在市区及郊外投弹后逸去。其第二批敌机七架，于窜抵市郊后，旋即东逸，我被毁房屋百余间，死伤共十九人。

（简讯）重庆市空袭服务保健院，在南岸清水溪设立养老所，委托西人岳恪霖君代办，即日开始收容空袭下之贫弱或残废之老人。

82. 寇机昨炸渝市区南岸亦落弹，波及美使馆及美舰，湘滇昨亦被侵扰②

（中央社讯）敌机二十七架（十五）日又袭渝，于下午一时许侵入市空，投弹百余枚逃遁。我防空部队于敌机窜抵市空时，曾予以猛烈射击，我被毁房屋百二十余间，死九人伤二十余人。又敌在以前的所谓安全区之南岸，昨日亦落弹多枚，美大使馆武官办公厅房屋前落弹，办公厅几全部震毁，敌弹碎片击中美军舰"图图拉"号。又望龙门美红十字会募款建筑之平民住宅，亦中二弹，毁屋多间。

83. 驻华英美使馆被炸案，英美均向日抗议，敌机昨炸梁山③

（中央社东京十六日合众电）英国驻日大使克莱祺，本日往访日外次大桥，亲提关于日机轰炸重庆英国大使馆之抗议书，据悉：抗议书中之处英大使馆屋顶

---

① 《新华日报》1941 年 6 月 15 日第 2 版。
② 《新华日报》1941 年 6 月 16 日第 1 版。
③ 《新华日报》1941 年 6 月 17 日第 1 版。

绘有标记，表明其为大使馆。

（中央社讯）敌机前（十五）日袭渝时，美侨财产受损毁最重，除美大使馆武官办公厅被炸震毁，及炮舰图图拉号遭受炸弹碎片击中外，兹查大使馆之办公室及美孚油公司办事处亦遭损害，该公司存有美海军之用品。

（中央社讯）昨（十六）日敌机二十七架袭渝未逞，中途折至梁山投弹后逸去，本市曾发空袭警报未几即行解除。

84. 敌机袭渝万县被炸[①]

（中央社讯）敌机五十二架，二十八日分两批袭川，第一批二十七架，于下午两时十二分侵至渝市上空东逸，损失二十五架，追窜至忠县后，复折返万县，投弹后逸去，损害不详。

85. 敌机昨袭渝英使馆被毁，英籍四馆员被炸伤，桂林柳州前昨亦被炸[②]

（中央社讯）二十九日，敌机六十三架，分两批袭渝，一批三十六架，于十一时二十一分窜入市空，第二批二十七架，于下午一时许窜入市空，两批均在市区及市南郊某地投弹后东逸，我死伤约百余人。当敌机临空时，我高射炮队曾予以猛烈之射击。

（中央社讯）敌机近日袭渝，每在平民住宅区投弹，以逞其兽欲，昨（廿九）日又在市郊平民住宅投弹多枚，据防空司令部公布，死伤平民约百余人，而外国使馆馆区亦同遭投弹，据记者事后调查，英大使馆竟全部被毁，防空洞亦遭轰炸，英大使馆华籍仆人及汽车夫之子均被炸毙，该馆中文参事包克本右颊及耳部受伤甚重，二等秘书艾伦腕部及其夫人头部皆受伤，另有参赞柏高英受伤，第一批敌机甫离市空时，即经我防护部队护送该受伤外侨等至市民医院施行手术，我外交

---

① 《新华日报》1941 年 6 月 29 日第 2 版。
② 《新华日报》1941 年 6 月 30 日第 1 版。

部闻讯后，立派交际科赵金镛前往该大使馆市民医院及英大使住宅代表慰问。又昨日警报期间，有少数市民，未能入洞避难，导致仍有死伤。

86．敌机昨昼夜袭渝，外籍记者住宅多被炸毁[①]

（中央社讯）敌机三十五架，昨（七日）晨六时，由鄂境分三批袭川，一二两批共二十六架，八时窜抵市空，经我高射炮火集中射击，先后在市区投爆炸弹百余枚，震毁平民住宅商店多处，第三批敌机九架，自黔江窜忠县后，既开始投弹，损害尚不祥，又午后六时许，敌机十九架，由鄂境袭川，首批七架，二批三架，先后于八时许窜入市空，在市郊投燃夷弹，炸中燃烧平民住宅数处，外籍记者住所多被炸烧毁，计纽约时报驻渝特派员宝丁，伦敦泰晤士报驻渝特派员史密士，纽约论坛报记者司徒华，"中国航讯"发行人史坦恩，美联社记者慕沙，合众社记者费思等住宅，悉被炸毁，而求精中学内之文华阁图书馆楼房，亦竟遭炸毁，至第三批敌机九架，窜入市空时，仍在市区投弹，其中多枚并未爆炸，故死伤甚少，（又）敌机二十三架，前（六）晚分三批袭渝，第一二批各七架，第三批九架，于下午七时五十七分及至八时零二十二分，先后在市区投弹，被毁房屋数十间，死伤各一人。

87．敌机昨晨袭渝，英大使馆全部被毁[②]

（中央社讯）敌机五十二架昨（八）晨分两批由鄂境侵川，九时卅分第一批二十五架侵入市区，在市区投下爆炸弹百余枚，二批敌机二十七架，于十时侵入市空，投下爆炸弹烧夷弹多枚，曾有数处起火，除平民住宅数十户被炸烧毁外，英大使馆及卡尔大使私寓直接中弹，全部被毁。敌机上月廿九日袭渝，英大使馆一部被毁，参事包克本，秘书艾伦夫妇等，均受重伤，英政府已向东京提出抗议。乃七日晚敌机袭击时，李家花园落弹甚多，英大使卡尔爵士私寓竟遭震毁，损失颇重。

[①]《新华日报》1941年7月8日第1版。
[②]《新华日报》1941年7月9日第1版。

88．敌机昨午分两批轰炸渝郊，防空当局望市民注意避难[①]

（中央社讯）敌机五十一架，昨（十）日午由鄂袭渝，旋分两批侵入市空，第一批二十六架，第二批二十五架，下午一时许，先后在郊外投弹，炸毁贫民住宅数十间。

（中央社讯）据防空司令部负责人云，当敌机有一二架窥探渝市时，悬挂三角表示球一个，迨侵入市空后，每有多数民众，群集仰观，若于此时投下小型炸弹，危险之至，希望以后遇有此种情形时，民众仍加躲避，勿再外出观望。又敌机近多于郊外投弹，一般民众趋避郊外者，不事躲避，以致颇有伤亡，嗣后避难民众，应各进入防空洞内，万勿再有侥幸心理。

89．敌机昨炸渝市区[②]

（中央社讯）敌机二十七架，十八日下午一时许袭渝，在市区六家花园英大使住宅馆一带投弹数十枚，炸毁房屋二十余栋，死伤甚微，记者于敌机投弹五分钟后，至灾区巡视，视防护团七区两路口等团，上海童子军战时服务团空袭服务队等均先后赶到工作。

90．敌机四批袭川[③]

渝市警报昨日长达九小时，空袭服务当局谈饮食问题。

（中央社讯）敌机九十余架，昨（二十九）日上午七时起，分四批飞出窜扰，其中一批从自流井出发，在渝市区一带投弹后，向东逸去。本市于下午四时才解

---

① 《新华日报》1941 年 7 月 11 日第 1 版。

② 《新华日报》1941 年 7 月 19 日第 1 版。

③ 《新华日报》1941 年 7 月 30 日第 1 版。

除警报，防空司令贺国光氏于解除警报前，赶赴灾区视察，闻伤亡二十余人。

（中央社讯）连日警报时间甚长，关于防空洞茶水供应一事，需要迫切，据空袭服务总队部负责人报告，如以后警报时间过长时，本部决临时以小汽车运送干粮供应各洞，且为事先准备起见，凡需要干粮之防空洞，可由洞长或管理人事先至本部商洽，批购干粮存储备用。至关于防空洞饮水一事，屡经试验，清洁及烧煮、储藏等问题，不易解决，是以避难民众，务须自行置备饮水入洞，各地防空洞置有陶罐水瓶，平价销售，可供购用，至茶壶洋铁壶无水瓶玻璃瓶等，均可作为带水工具。

91．敌机袭陪都殃及中国制片厂，昨日全厂动员积极整理，赶拍日本间谍答复敌寇[①]

（本市讯）中国电影制片厂年来大量摄制抗战影片，宣传抗战，厥功殊伟，职是之故，该厂近年在海外放映之影片深遭敌寇之嫉恨、阻挠，其中尤以日本反战同志主演的《东亚之光》为甚，前此敌人曾两度广播否认该片之日本演员为真正日本人，企图一手掩盖天下之耳目。"五三"以后，该厂已遭炸两次，最近敌机连续肆虐渝市，该厂又遭殃及，幸该厂重要器材及员工，已疏散下乡，故被炸以后，一切工作尚能继续推进。事后该厂厂长郑用之召集全体员工训话，决再接再厉，并赶拍《日本间谍》等片，以作对敌寇狂炸之答复，昨日该厂在废墟上举行纪念周后，由郑厂长领导全体员工，业将被炸部分，整理就绪，最近期间，即将筹划修复，近日各界赴该厂慰问者甚多。至于该厂《青年中国》外景队及各部分工作，目前仍在郊外照常进行云。

92．空袭时平价供粮供应办法公布[②]

（本市消息）空袭服务总队，奉令举办空袭期间防空洞内市民干粮供应，除自上月起在各大隧道及大防空洞内已派有供应车尽量供应外，顷为使是项干粮

① 《国民公报》1941 年 8 月 4 日第 3 版。
② 《国民公报》1941 年 8 月 14 日第 2 版。

者遍供应全市防空洞起见，自即日起，已订定办法，各公共防空洞洞长及每人防空洞管理人员可临时向大栗子警备部内该总队部内购备，至于临时补充，该总队都将于应挂休息球期间，以卡车运送干粮，分配给马路各防空洞，市民及防空洞长管理人员，如途员该卡车，均可招呼停车洽购云，兹附志是项办法如下：

（一）陪都空袭服务总队部，（以下简称本总队部）为普遍工作方法空袭期间市民干粮，特经常储备一定量干粮，委托各公共防空洞长，在空袭警报时，于各公共防空洞内依照规定价格售与洞内避难市民食用。

（二）各公共防空洞长依据洞内容量，得随时备开列人数向本总队部领购干粮储存，于警报时转售，其领购价格，得按照规定价格九五折计算。

（三）空袭时间过长，由本总队部适时用运货卡车，将干粮送往各洞补充，各洞洞长除傍马路各洞，应赴邻近各该洞马路旁招呼停车，以期运送迅速。

（四）各洞洞长于收到干粮时，应掣给送货人收条，凭条结帐，其折扣与平时领购同。

（五）干粮之购存工具，由各洞长自行设法，勿使受潮霉烂。

（六）各公共防空洞长领购干粮，以现金领购为原则，如由本总队部运送到洞，仓卒（促）间无法付现时，得凭条结账，但于下次领购或运送时，应把价款付清，否则停送。

（七）本办法经本总队部商得重庆市防空洞管理处同意后施行。

93．敌机昨竟日袭渝，在市区及郊外滥施轰炸，连日警报市民仍极镇定[①]

（本市消息）敌机九十余架，昨日分六批竟日袭渝，在市区各处投掷炸弹及燃烧弹数百枚，滥肆轰炸，我防空部队振奋精神，当敌机每次投弹后，均迅速出动抢救，故死伤尚微，又防空司令贺国光氏，连日昼夜亲在某处指挥，对于判断敌机情况发布警报，异常缜密，故市民休息机会甚多，闻有数处警报球曾被炸毁当即派工修复云。

（本市消息）敌机八十六架，昨日复分批袭渝，在市内及郊外滥施轰炸，并投掷烧夷弹，幸我防护设备周密，操作极微，数处火头，即时扑灭，市民虽连日

---

① 《国民公报》1941 年 8 月 14 日第 2 版。

遭过多次警报，然情绪仍极镇定，一部分老弱妇孺市民已自动疏散下乡，各机关多在防空洞内布置办公，而防空救护人员之英勇奋发，尤足称道云。

（本市消息）昨日敌机袭渝，□□□一带中弹起火，卫戍总司令刘峙，曾督饬所部及消防人员抢救，旋即扑灭，据刘氏语记者，敌机连日昼夜袭渝，意在疲劳我后方民众抗战精神，但我陪都同胞，均能谨守秩序，镇静如常，不惟不稍怀此种坚苦抗战意志，可充分表现我大中华民族之精神云。

94．安得："中制"被炸详记[①]

经验告诉我们：当敌人拼命轰炸我们政治、经济中心重庆的时候，也就是敌人军事侵略最没有办法，最苦闷的时候，最近敌人南侵北侵举棋不定之踪，一再滥炸重庆，尤足证明这个事实。

谈到重庆的空袭，如果我的记忆不错，今年大概是从五月三号开始的，这三个月来，重庆共拉过几次警报，正如重庆电灯的停电一样，多得使人记不清它的次数，但是在我个人的生命史上七月二十九日的空袭，却是我永难忘的一个苦难的日子——因为那一天，我们差一点成为轰炸洗礼下的牺牲。

二十六号夜间，就听得人说，日本广播，要从次日起连续轰炸重庆五天，当时我并没有十分介意，一则是我对这种谣传的可靠性表示相当怀疑，二则我过去在南京已"领教"过此类的"恫吓"，而且不止一次，结果，南京是我们自动放弃的，不是敌人炸毁的，七月二十七日清晨，谣言似乎成了事实，红球挂起来了，不久敌钟与飞机声相继传入耳鼓，我们避在防空洞中，前后有四五小时之久，隐隐约约的听到稀疏的爆炸声，空袭解除了，我们出洞从容不迫的吃了一顿午饭。

二十八、二十九、三十日，这三天连接着空袭，而且三次空袭时间都很长，大概敌人听到前月大隧道的事件，想再导演几次"六五事件"的惨剧，所以把空袭时间弄的特别长，可是敌人的主意完全打错了，自从"六五事件"以后，重庆各防空洞隧道的设备，已大加改善，最近几次空袭，死伤人数减低到最少数，足为"幸灾乐祸"的敌人的最好的答复。

话再说到本题上来，现在我要叙述二十九日那天我们遭劫的经过。大约下午一点半的光景，报告敌机已离市空的红球刚挂起一刻功夫，又从杆上降落下来，

---

① 《国民公报》1941 年 8 月 17 日第 4 版。

隔不多久，就听得沉重的轰炸机声自远而近，慢慢到达顶上，接着隆隆炮声从洞送进来，坐在我旁边的一位同事，用铅笔写了一张纸条悄悄递给在看报的日本反战同志——现在是我们同事，条子上写着："贵国飞机又来送炸弹了！"那位日本反战同志接过条子□□，不安的一个苦笑，引得许多同志都大笑起来。就在这个时候，炸弹着地声渐渐的近了，震得悬在中央的油灯摇摇欲坠，一转眼间，防空洞上像天崩地裂的轰隆的一阵，洞中涌进一股狂风，把几盏油灯一齐吹熄，大家好似坐在渝磁路的长途汽车上一样，颤了几颤，也不知道外面丢了多少炸弹，炸着了什么，只紧紧的挤靠着，仿佛这样一来就炸不到似的，一声不响的过了几分钟，直等菜油灯从（重）新点起，大家才缓缓的舒了一口气，刚静了一会儿，防空洞另一端的进出口又骚动起来，在嘈杂的人声中并夹着劈拍的爆炸声，接着洞内的空气发生急剧的对流，传达兵跑来报告，本厂□□室中弹起火了，现在已延烧到掩护防空洞的竹，据说□□室中还存着不少容易着火的东西，刚才的爆炸声，大概就是这些东西燃着了火。这意外的消息虽然刺激了全洞的人心，但此时敌机还没有离开市空，大家在紧张依然保持着镇静，厂长对特务排的命令是：等敌机离市空时再抢，但等红球挂起，我们跳出洞来时，□□室的火已给我们的武装同志救熄了。厂长的慎重，动机是顾虑他们的安全，而他们的冒险抢撤，则由于厂长平日的价格感召，故把厂看得比自己的生命还重要，表现了最大的英勇。也正为如此，□□室的火焰，才没有延烧到厂的本部。

我们走到洞外，首先映上眼廉（帘）的，是满地的木片、瓦砾、和土块，经过两次炸弹洗礼的大礼堂，今天在旧创上又加了几处新伤，各办公室虽然屹立如故，但屋顶上，墙壁上都布满了絮絮的创伤，文具、书本、文件撒了一地，到处不能下脚。

视线再移向东边，南岸的山峦毫无阻碍的现在眼前第一□□场已全炸毁了，新建起来的□□堂，屋顶也全部震坍板壁被破片击的七零八落。第二□□场炸剩了一半，□□已沦为一片焦土，还有少数余烬吐着黑烟。此处与□□组只隔了一道砖墙，大火把砖头完全烧红，只要火势再拶一点，便可延烧到厂内，幸亏武装同志抢救得快，才使得全厂免受"火的洗礼"。在靠近□□的地方，也中了一颗燃烧弹，幸好还没有爆发，否则全厂的很少有人逃出的可能。这颗"家伙"就燃烧炮而论，是够"伟大"的，大概有七八尺长，直径约一尺二三寸，没有谁去称过它，也不知道有多少磅重，看样子，至少在二百磅以上。这颗燃烧弹当时中在树枝上，跌成两半段，下半段埋在沙土中约有三尺深，里面满装硫磺粉末。上半段和信管都进到几丈以外。在弹的顶部铜帽刻着"昭和 15 年 10 月"和"日立

738I"的两行字，弹壳全髹着灰色的油漆。现在这个"宝贝"还保存着，它将是我们永远忘不了的一个"友邦"送来的"仇恨纪念品"。在这一次被炸中，只死了一和死神开玩笑的石工，当敌机投弹时，他有防空洞不躲，却站在金刚塔的石柱旁边，说也凑巧，敌人的炸弹便丢在外部不远的前面，破片击中了他的脑袋，他石块一般的从塔上跌落下来，鲜血染红了金刚塔上的青草，连日大雨，塔上那一滩血迹还没有被冲去，使人从那里走过，便会引起下面一段刻着民族仇恨的血的回忆。

本厂此次被炸的损失毋庸讳言，相当重的，但是敌人纵能炸毁我们的物质，却不能炸毁我们的精神，相反的，只有加深我们对党国的热爱，对工作的忠诚，和对敌寇的憎恨！写到这里，不由的使我联想到两月以前，敌人广播，否认《东亚之光》的日本演员为日本人的事。最初告诉我这个消息的是曾参加《东亚之光》演出的日本反战同志高桥三郎和冈村甚，他说：他从他们的同志那里听到的消息，日本电台广播，说重庆中国制片厂摄制的《东亚之光》影片，那里面的日本人并不是真正的日本人，而是中国人装扮的。我当时便笑问这两位日本反战同志："你们以为如何？"说得他们都大笑起来。近年中国文坛上对鲁迅先生写的《阿Q》，曾有许多争辩，有人说阿Q根本没有，有人说阿Q是有的，但已经死去，想不到这位惯以精神上胜利自慰的阿Q先生，却投胎到日本去，真是天大的滑稽！"中国"摄制《东亚之光》之前，参加演出的几十个主要的日本反战同志曾立过誓词，完全出于自动，完全出于良心上的自觉人类的正义感，假使有半点勉强的话，那他们在拍战的场合，个个手有武器，大可来一次暴动。可是由于中华民族精神的伟大，主其事者的精诚感召，《东亚之光》终于顺利地完成。不仅如此，去年除夕在国泰荣誉献映本片时，并由参加演出的四位日本反战同志代表出场，与观众见面，报告拍摄本片的经过。那一晚，国泰来宾席上，各国驻渝记者和侨民，均有目共睹。在摄制前后，各国到渝名流，以及新闻记者也都曾往访问过这些日本反战同志。换言之，《东亚之光》中的日本人为真正不折不扣的日本人，不仅有无数中国观众可以作证，并且有许多友邦人士可以作证。何况，这些日本人现在都活生生的在重庆，除山本熏去年患病身故外，一个没有死，任凭日本阿Q的宣传家有几十张会狡辩的嘴，也否认不了这个铁的事实。可是，暴露敌人"家丑"的《东亚之光》在各地公映，都是使日本军阀大失"面子"的事，何况抗战以后，"中国"摄制的影片如《八百壮士》、《轿溅宝山城》、《保卫我们的土地》、《好丈夫》、《保家乡》、《热血忠魂》、《孤岛天堂》、《白云故乡》、《火的洗礼》、《胜利进行曲》，……以及正在拍摄中的《青年中国》、《民族万岁》、《日本间谍》……和历年所摄的《电影新闻》、《抗战特辑》与各种军事教育片，都是最具体最有力的抗日教材，尤其是《孤岛天堂》、《东亚之光》、《日本间谍》等片，描写敌人的罪恶暴行，无不淋漓尽致，入木三分，所以敌人的嫉视"中国"，轰炸"中国"，可以算是意料中的事。但是我们有的是一腔不屈不挠、再接再厉的决心，敌人三次毒炸，并没有能影响我们的工作，"五三"第一次遭炸后，《火的洗礼》照常在重庆献映，"七八"第二次遭炸后，《塞上风云》照常在市郊拍外景，这一次"七二十九"遭炸后，《青年中国》外景工作正在加紧进行，其余各部分的工作也丝毫没有停顿，而且前天厂长在纪念周上讲话。并坚决表示，本年内加紧完成《日本间谍》等片，以作对敌人迭次狂炸的答复，这一切都可说明敌人的轰炸本厂，是徒然的，其唯一的作用，只有提高我们的敌忾精神，提高我们的（工）作情绪，来回答敌人的丑恶！

自从本厂被炸以后，雪片而至各方慰问函电，表示了社会对本厂最大关切，我们接读之余，真有无限的汗颜和感奋，从今以后我们只有加备（倍）努力，来酬答各方的感情。七月三日，我们在废墟上举行过总理纪（念）周和国民月会后，厂长以身作则，领导全厂在渝同人实行劳动服务，已经将被炸的部分，作了一番初步的整理。好在我们的重要器材，事先都移放在安全的地方，除房屋外并没有什么重要损失，只要先决条件解决，是不难于最短期间恢复的。

八·五夜于弹痕累累之办公室。

95．被炸的文化区①

暴日竟于昨日午后大举轰炸陪都文化区，投下大量炸弹，空中爆炸弹及燃烧弹，愈显日寇死前挣扎的疯狂行为！

机声轰轰中，许多青年学生急赴被炸区救人救火，服务精神令人起敬。

□□道上，充溢着亲切的慰问与扶助，空袭中，不相识的人认识了，疏远的接近了，在危难中，许多颗心结成了一颗。

□□大杂家院，□□中学南国教职员宿舍被投弹，书籍笔记，多平铺完整。

□大兴□大中之"秀野"以下起火，消防队极速扑灭，一灾民说："鬼子炸吧，我们盖起还干！"松树坡下，□大数间教室起火，但当开学时茅草房里充满

---

① 《国民公报》1941 年 8 月 23 日第 3 版。

更多的抗日生力军。

重大，四大学，招考均已结束，交大、南开、市中，正举行招考，红球上升，考生鱼贯入洞，秩序颇佳。

空袭中，文化区学生在洞中读书，油灯一盏，空气凉爽，别具风味。

暑期将尽，开学在即，各校均积极修筑校舍，这正是以不断的建设答复日寇的狂炸。昨自文化区归来，记者没听见哭声与叹息，有的只是愤怒，仇恨！灾区火势扑灭，而人人心中得恨之火高燃。（博敏）

96．敌机昨扰川乐山合川梁山被炸，陪都平民区落弹①

（中央社成都二十三日电）敌机百余架，二十三日下午分批袭川，其中五十余架，会至蓉垣附近，以气候恶劣，云层太厚，同时又经我神勇空军稽空驱逐，故未投弹，即行折返。旋分批窜扰乐山、合川、梁山等地投弹，另三十余架，则先后侵入陪都市郊肆虐。据悉，寇机所扰各地，我均无甚损失。

（中央社恩施二十日电）敌机一架，今晨十时，在巴东近郊投弹数枚，下午得有三架，再炸巴东。

（中央社讯）敌机百余架，廿三日上午得分析袭川，内二批共五十四别相，抵本市高效某平民住宅区狂炸，逞其兽行，被毁民用房屋百余栋，死伤数十人，所有被炸受害难胞，业经救济机关收容，供应膳宿，并定廿四日晨发放全部急援。

97．雾季防空，市政府规定办法②

（中央社讯）目下时已渐临雾季，但市政府国防空洞管理以及市民疏散等工作，仍在积极进行，兹又决定次列办法，即日实施：

一、切实检查各私有防空洞，依照各洞容量，限令尽量容纳；

二、设法增请经费，扩充现有洞数；

---

① 《新华日报》1941 年 8 月 24 日第 1 版。

② 《新华日报》1941 年 10 月 12 日第 1 版。

三、禁止无居住证人民入区；

四、继续办理督促疏散事宜；

五、请中央转饬所属各机关人员，勿迁回市区。

98. 空袭展览会昨日开幕展品数千件[①]

（中央社讯）陪都各界扩大疏散宣传委员会主办之空袭损害展览会，昨日上午九时，在中苏文化协会开幕，自晨达暮，观者盈门，展览物品凡数千件，分陪都界、各省市、暨防毒三部分，搜罗颇广，血仇斑斑，陪都部分，有防毒总监部、空袭救护委员会、中央社等单位历年所摄空袭损害救护服务等影片，及各种有关之统计，各省市部分，粤、桂、黔、浙、赣等省，均有展品送到，防毒部分，系由防空司令部第四处主办，侧重在防毒常识之灌输，陈列有防毒装备、侦毒及消毒物品，派有专人在旁说明，此外，设有简单实验室，实际表演毒气防护，晚七时，并在川东师范操场放映防毒及空袭有关影片，展览会定十九日闭幕，为扩大宣传起见，日内将招待在渝外宾，及全市保甲长前往参观，昨晨开幕时，该会吴国桢、黄佑南等均在场主持。

99. 陪都记者筹募滑翔机两架，记者节举行献机礼[②]

（中央社）陪都记者联谊会筹募"陪都记者号"滑翔机公演，捐款三万四千二百八十九元六角八分，已全数送缴中国滑翔总会，备制滑翔机两架，并定九一记者节举行献机典礼。

---

① 《国民公报》1942 年 4 月 16 日第 3 版。

② 《国民公报》1942 年 6 月 30 日第 3 版。

100．恩施梁山昨日空战，敌机多架被我击落，残骸四架已在各地寻获①

（本市讯）敌机一批，于昨（六）日上午十二时许，由鄂丁窜入川境经我空军在恩施乐山上空分别予以拦击，敌机于梁山仓惶投弹后，向东逃去，本市于十二时四十分发布注意情报，十二时至十四分发布空袭警报，下午二时解除警报。

（《国民公报》1943年6月7日第3版。）

（中央社）匿迹几及两岁，敌机昨日袭渝，首批炸渝郊第二批袭万，空战剧烈敌机坠毁八架。

101．陆诒：《敌机狂炸了重庆》②

十一年前济南的血仇未报，五三纪念日敌机又来狂炸我们的战时首都——重庆！多少同胞血肉横飞，多少房舍化为灰烬？山城里弥漫了浓烟、火焰。疯狂的侵略者又造成了一笔血债！"五四"的午后，敌机再来作第二次的屠杀。市区，惨遭盲目的投弹，造成空前的火灾。当敌人的炸弹，随着"嘘嘘"的声响着地时，爆炸声和惨叫声成一片！男的，女的，老的，幼的，同胞们的血肉，和他们的家具器材，都细细的破碎地飞散漫天烟火的半空中！乌黑的烟幕，把太阳遮蔽了。入晚，多少枝火柱升在空中，照澈了扬子江两岸，火舌贪婪地吞食了一处，又席卷一处，人们疯狂似的抢出仅有的财物，呼儿唤女的逃奔到江边。人们想哭，但已没有眼泪，只有咬着牙诅咒着残暴的敌人！记者困在难民之中，由临江门下坡，被一位疯狂似的老太太揪住问："是东洋强盗毁了我们一家人吗？我也要拿起菜刀当游击队去！我要替我一家人报仇啊！"

从江边仰望火光烂天的山城，耳边夹杂着咒骂、呼唤的声音。这火光，这声音，将永远深埋在人们的记忆中，即使是幼小的婴孩，也不会忘却敌人所欠下我

① 《国民公报》1943年8月24日第3版。

② 《群众》第2卷第24、25期（1939年6月11日），第799—800页。

们的血债！难民，顷刻间变成无家可归的难民，流浪到街头，箱籍什物狼狈地堆在一旁，露宿度过那凄凉恐怖的一夜。健壮的，就在那一夜连晚下乡，长长的难民行列，突过余燃未熄的市区，伸到郊外。蒋委员长，当晚亲冒烟火，到市区巡视，一面慰问灾民，一面指挥全城党军政各机关，全体动员办理善后工作。

翌日，黎明前的空气中，杂着烧焦木炭的气息，难民像潮水一样的徒步到郊外去。可是另一方面，有大批国军开入市区，他们只是极少数带的有武装，大部分仅仅带了铁铲、扁担、绳子和担架。臂膀上贴着"助民队"的标记。他们是帮助老百姓搬运东西，救护、掩埋、清理火场的。在炎热的阳光下，在余燃未熄烧灼中，他们英勇的工作着。虽然形式上有别于前线打仗，但巩固抗战后方，救助难民，处理灾区，同样是光荣的任务！

起初，难民中还有对军队抱着畏惧的心理的，经过这一次事实的教训，他们恍然领悟军民要合作的重要！有的老太婆感动得掉泪，不断问那些帮助他们搬行李的士兵们："你们这样对待我们，叫我们怎样报答呢？"

军委会政治部派出做难民工作的孩子剧团，告诉他们军队帮助人民，老百姓也要帮助军队，就有好几十个老太婆自助跑到附近伤兵医院中，为战士们补缝衣服，洗衣裳。"五五"那天各机关的公私汽车，甚至是蒋委员长林主席的汽车，都贴上了招贴！输送难民专车，各机关的公务人员，执着小旗杆立在街头，照料难民下乡，开始，有的人畏怯不前，但经过一番解释后，大家都井然有序的上车，疏散到乡下去。

沿途有许多机关许多团体在各站设招待所，送茶，送粥，并免费医治疾病。新运总会，三民主义青年团，孩子剧团还有许多学校工厂等都设立了茶粥站。新华日报也组织了两个服务队积极的参加这个工作，他们一面照料难民，一面进行抗战宣传。每个人都在敌机狂炸下，改变了平时只关心自己不问他人的传统习惯。当你路过难民收容所时，一定可以听到下列的语句。"你走累了，我帮你拿些东西，好吗？""你渴吗？我的热水袋里还有些水！"

在抗战烈火的锻炼下，我们同胞的团结，越发显得牢固，敌人的狂炸，虽然使我们遭受损失，但绝不能动摇我坚持抗战的决心。相反，它只有促进了政府与民众的团结，促进了军民合作，更坚定可全民族一致的敌仇同忾！领导全国妇运的蒋夫人，数日来奔走巡视新运会主办的各站难胞招待所，慰问受难同胞。而且她会亲自护送数百难童至保育院。她又向孩子剧团训话，勉励他们努力工作，并竭力救助一切无家可归的难童。

有许多难民，即使是平时不关心国事的，这一次经过敌机狂炸的教训后，他们都自发的要求做救亡工作，实践"抗战报仇！"甚至有许多儿童，他们会向孩子剧团要求做服务工作，也有不愿再随父母逃亡到乡下，要求进保育院，去受战时教育的。

政府当局这次能以最快的速度，相当动员所处各机关，进行善后工作，使战时首都能在最短期内，恢复秩序，这是可喜的现象！不仅这样，而且各机关公务人员的服务工作，今由临时变为经常的，这更可以促进政府与民众间的团结，愈显牢固！最后，谨先提出三点意见，供进行工作时的参考。（一）据记者在难民区中调查，以及难民工作者的谈话，有一部分难胞，下乡只认为是临时逃避，待至相当时期仍想进城。因此做难胞服务工作的，特别注意这一点，进行说服解释，而政府机关，尤须予以一切方便，以达疏散人口的目的。（二）我们选择设站的地方，必须是需要工作，而又缺少工作人员的地方，不使得机关的服务队拥挤得一处，而有的地方，竟一队也没有。汽车输送比较减少了，船舶运输要增加，因此服务队应机动的转移到水上交通的要道去工作，尤其要注意延绵不绝的徒步难胞。（三）经过这次敌机狂炸的事实教训后，同胞们的抗敌情绪，异常高涨，尤其是受难的同胞。他们不仅要求救济，而且更要求做抗战的工作。现在是动员民众的良机，我们希望政府机关，不仅仅是积极的救济难胞，而且要积极的从事组织民众的工作。

蒋委员长训勉我们要使可耻的五月，变为雪耻的五月。愿我们将永远集注这一次敌机狂炸的血仇，全民族一致坚持抗战，向残暴的敌人，讨还血债。

——五九纪念日于重庆

102．余鸣：《敌机狂炸后的难民》 [①]

在火与血的磨炼中，重庆的市民渐渐镇静起来了。响应蒋委员长的号召，各机关、团体、学校的工作者，都努力参加紧急救济的工作。后来，统一联合办事处，及中央赈济委员会，各个服务团体，赈济机关，都一齐参加。

死亡的从瓦砾中赶忙发掘，葬埋于市区以外指定地点。重伤的运到重伤医院——一共有七处，轻伤的自行医治，或送到医院。抚恤的办法是：死亡者每人三十元，重伤者二十元，轻伤者五元。未受伤的难胞，在他们的家物被炸以后，

---

① 《群众》第3卷第2期（1939年5月8日），第64—67页。

会如潮涌似的泛滥，疏散到四乡。有的负着箱器，有的担着行李，挑着锅子，碗筷，米袋……（他们仅有的全部财产）牵牵拉拉，狼狈地走着，无目的地走着；赶清早的，早把离开市区较远的林荫处或空地占据，作为安身之地。迟来的，拖拿不方便的？家就在四乡！直到现在，沿着市外马路出去，远远耕地有很多人家，在马路两旁暂留。

就在这种情况之下，全市加紧疏散收容工作。被难同胞，领得难民登记证以后，另外再换取难民证，凭难民证可以到临时收容所请求收容，或到运输分配机关请求疏散。市区内设立九个临时收容所，无家可归，无力生活者可停留一天，而后再运至市区外的六个收容所，临时收容，将来再疏散到各地。

要疏散的，拿难民证换取疏散证，政府已指定江北、巴县的乡区，及江津、璧山、铜梁、永川、荣昌、綦江、涪陵、长寿等县安置，到乡间去的，在赈济委员会领取食用费，徒步者每日每人发伙食费三角，难民在当地政府可领取给养费，每人每月四元，小孩减半，以三月为限，在三月内政府设法介绍职业，或使难民参加生产。

这些，正一面进行，一面接洽办理。另外，新生活运动总会，正在建设"生产新村"，招收难民参加，容额在现在估计，虽然只千户左右，但报名的已经很多了。中国工业合作协会，也招收难民中有生产技术者，贷款开设工业合作社。

炸后的难胞，过着什么生活呢？踏过重庆市区内的被炸废墟，总不断地可以看见许多同胞，和失去了父母的孩子，他们跑到原来繁盛的商店已经炸毁了的破壁断垣下，捉着筐簸，拿着锄铲，一天到晚在那里刨掘，找拾些破玻璃、烂钉子等类。有的人且在找寻葬身火海的父母儿女——我曾亲眼看见一个年青的汉子领着他年幼的妹妹，在瓦砾中寻找他们的老母的尸首，然而找来找去，没有看见。后来另一个人告诉他：这块地方原不是他的家，可是他已经迷惑得认不清楚，整整找过两天了。

在重伤医院的病房，怯弱的眼，不，同情和悲愤的眼，不敢一个个挨次地看下去。那些由于剧烈疼痛而发出沉重急促的呼吸声呻吟声，又使你不忍听下去！病床的白色被罩，映着斑斑的血迹。我们充满了民族仇恨的心，看了这些，激发起强烈的怒火！就是国际的慈善友人们，也嫉恨地诅咒着法西斯的凶恶！人类今天已经蒙受了耻辱，法西斯强盗践踏下的血仇，要用人类的光辉来洗礼！

失去了手臂的，失去了腿的，仅剩下的一节肌肉在颤动着。六十岁的老太婆，和她两个年幼的孩子，抱着创痛，躺在一起。年幼的孩子，因伤重不救而死去了，老太婆含着眼泪，忍着伤痛，说不出什么话来。二十三岁的少妇，被炸伤了左腿，因生蛆过多，已经锯掉，但脓血交流，发着熏鼻的臭味，同时还未脱离危险时期，精神迷糊中，她还嚷着要回家啊！

孩子们遭了殃，同时孩子们也发出愤怒！十一岁的马祥生，全家死亡，自己抱了伤腿跑出来。他有着浓重的感情，提到妈妈和姐姐，便酸痛地哭起来！杨成桂才只六岁，已经念过书，头上的创口一痛，便拼命地哭，叫！然而使我惊奇而且感动的，是他在哭叫中骂"日本鬼子！"还有几个吃奶的孩子，他们细稚的身体上，也印下了日本法西斯罪恶的标记。

谁无父母，谁无孩子，民族的创痛，已经深入到孩子的心坎，这血债拖欠的愈久、愈多，将来所付出的利息也愈大！在收容所，因为是临时，而且隔开轰炸已经数天，所以收容的难民并不多，不过，这些被收容的倒真是无衣无食，一些也想不到办法的。有家口的也很少，有些是孤儿寡妇，只身单人，他们（或她们）的家、物、家里的人。都被炸毁了，间或有个别的提着一个小的包袱，那也是些非常简单零乱，并且不切实用的东西。

在短促的收容时间内，一天供给三餐稀饭，饿久了的肚皮，吃个满饱，不分白天和昼夜，他们躺在地上，或者靠在墙头，随意的闭上眼睛去休息。因为同在难中，同胞的友爱，热烈地荡漾在他们中间。相互间也怪客气的，而且能互相帮助。孤零和苦难，更把他们（或她们）锻炼得坚强、刚毅，在六个难民收容所里，我没有看见一个人滴眼泪！相反的，我曾看见一位三十余岁的家庭妇女，她没有受过什么教育，气愤地说："我真不该是女人，要是男子汉，一定报仇去！"

没有进收容所，自己还散着，在市区外的江边，和同口口的马路上，搭架起许多草蓬，一家老小暂以为安。有的在土地上掘制炉灶，架锅烧饭，一向雇佣娘姨的，现在也自己下手了。草蓬内的被盖，整理的相当整齐，曲膝而坐，一家人团聚在一起。这些人多半不愿在收容所，而自己可以想些办法。最多的难民，是要求疏散到各处的。他们期待着疏散迅速，好在在另一地方，新谋生计。

渝市虽然已经积极进行救济和疏散难民，然而我们觉得这个工作还须要注意几点：（一）把难民工作应该看成一种组织和教育工作，要有组织，有计划的救济和疏散。同时应该进行宣传和教育，桂林轰炸后兴起的"岩洞教育"便是应该吸取的经验。（二）疏散和救济，应该更迅速简捷一点，不要拖延时间和手续太繁杂，致使工作受到影响，难胞们多增加苦难和麻烦。（三）疏散和救济，应该成为积极的，不是消极的。所以不能单着做"避免无所谓牺牲"和"解救一时困难"，而是把疏散当做去建设广大的乡村，救济也要很快的走上有效的生产。（四）基本上，这些工作是一个广泛的群众工作，在这里又一次经验而后教训，证明我们要发动群众，用群众力量来解决这些困难，是很容易而有效的。

103．元甄：《与轰炸作斗争》^①

首都的平静，被空前的狂炸打破了。五月三日、四日、十二日、二十五日，"太阳牌"的轰炸机，四次带来巨大爆炸弹、烧夷弹。□□□、□□□、□□□、□□□……昔日的商业中心区，今日只剩下残墙缺壁，破砖乱瓦。一些老人、孩子，褴褛着衣襟，脸上蒙着一层尘土，驮着簸箕，像是来自不远的郊外，从被毁得辨不出方向的街道里住着几十年，或是世世代代住在这里，因而对于一转弯或是一个小胡同的熟悉，找到属于自己的那一块地方，翻着砖瓦，那怕是寻出一双火钳，一根铁丝，也抚摸着，爱惜地放入背上的簸箕中。□□□抹角的地方，一尊泥神被挖掘出来，孤独的坐在那儿，头上还被搭着一张红布，泥神菩萨也遭了空前的灾难，开头的几天，情景确乎是凄凉的，然而凄凉的情景只控诉了侵略者的狂妄残暴，中华民族抗战新生力量的培养，全民的同仇敌忾并未因此受到影响。很快地，一切进入了新的秩序中，与战争形势的需要配合得更紧密了。在这个新秩序得建立中，不可磨灭得要提出一些机关团体得努力。

疏　　散

要避免所谓得牺牲，疏散人口得工作在轰炸中更迫切了，过去依恋家产房屋不肯疏散得民众，在血得教训中已了解到疏散的积极意义了，再也没有顾惜，没有留连。离开市区，准备踏上抗战的艰苦新阶段。

三号轰炸以后，稀有的晴天继续着好些日子，太阳晒得如夏日，柏油路都有些融化，卡车、汽车整日不停的奔驰，在掀起的灰雾中，一些臂缠符号的青年在协助疏散工作。

通俗的标语到处都是，解释说明着免费供给交通工具的办法。三天之中，蒋委员长夫妇，国民政府主席及各级长官的私人小汽车都在各路运送难胞。设站在七星岗、两路口、小械子。从早到晚人们挤在那边。

绿色制服，缠着三民主义青年团符号的手臂，缠着军委会政治部服务队符号

① 《群众》第三卷第三期（1939 年 6 月 4 日），第 103—104 页。

的手臂过去，搀扶着那些颤颤慄慄的老人，把他们安排到车上，安慰的句子温暖了那些受创的心。温暖中，人们把民族的仇恨与同胞友爱的深情看得更清楚了。

太阳从东边转到了西边，一群一群的服务队，一直不停地忙碌在街头，一天，两天，而皮晒得由红变黑，睡眠不足得眼有些陷下了，可是没有疲倦，一直到运走市区里数十万同胞。

挖掘、掩埋、开辟火巷

我们的军队，在火线上能英勇作战，在战区里还能帮助农事生产。在后方新都，□□□的弟兄们在轰炸的善后工作中，也表现了可配的工作精神和显著的工作成绩。

淌着汗呼吸着饱和了腐臭的空气，他们以突击的精神进行着挖掘、掩埋、开辟火巷的工作。当做挖战壕一样，他们从胡乱堆集的砖瓦中拖出死难者，装进一口薄棺中，像一颗颗的种子，抬到郊外，直到埋入土里。

十个，八个，拉着一根长而且粗的绳索，另一端搭在兀立的残墙上，齐声呼喊着，在巨大的塌倒声里，高扬的尘土中，□的被清除了。没有感伤，他们是那样刚毅的进行着工作，让日本强盗毁灭吧，新的中国，新的世界都得从废墟里生长！

救护、重伤医院里

法西斯的毒火还在舔着舌，各种救护队已经出动，精悍的女救护员以飞速的步子向被烧炸区域中，在各个角落里找出那些被残害的同胞。好些轿夫都参加抬担架的工作。很快地，受伤者都分送到各个医院去。

童子军服务团妇女新运指委会都派有义务看护住院协助工作，两三天以后，重庆市空袭紧急救济联合办事处赈济协助委员会除在青年会发给死者家属恤金三十元，轻伤者医药费五元外，更亲往各重伤医院发给每个人恤金二十元。回民救国协会及新华报服务队均派有人参加这项工作。

日本法西斯毁灭了无数善良的生命。日本法西斯更把各种非刑加到中国人民的身上。折腿断臂要算是最轻的痛楚了。你曾看见过活生生的人被揭去腹部让肚肠往外直淌吗？你曾见过用弹片贯穿腹部的孕妇吗？你曾看见过不满周岁的孩子就被夺去手足吗？这些都是日本法西斯向中国人民所宣扬的"王道"！

人们忍受了这一切，甚至连呻吟都不愿发出，仇恨已随着新生的血肉永烙在心头，从八旬老妇到未离母亲的胎儿。当四张五元法币随着一句颤抖的话："这是国家给你养病用的。因为我们的敌人炸伤了你！"送到床边时，大家眼里闪着泪光。个人的利害与国家的利害再也没有今日这样的联系得分不开。

公私立医院，以及教会医院全都免费医治受伤难胞。只是有些物质条件，如难胞替换的襕衣、绷带，纱布的供给等等，还需各界人士帮助。

茶 粥 站

新运总会政治部，三民主义青年团，新华日报服务队等团体机关在各地设有茶粥站，平均每日就食就饮人数不下一二百。这项工作，在刚遭轰炸后更为急需。

救济、运送

与"疏散不是逃难"同样意义，救济亦不仅是消极的供养。所以除掉紧急救济联合办事处有临时收容所外，新运会在筹划"战时生产新村"，建造房屋，以低廉价格租给具有生产技术之店家及个人。中国银行等亦举办无利贷款。

临时收容所，在市区范围内不下二十所。市民（未因轰炸蒙受损失者）及难民可先往警察局或经三民主义青年团登记，择定疏散点，于运送前可往收容所居住及领取疏散证或难民证，联合办事处国际服务组，生活书店服务队，书业公司服务队，中华慈幼会等团体，均参加协助工作。三天以后，紧急救济联合办事处即准备车船运送。途中每口每日发给三角伙食费。

壁 报

大报纸受着物质条件的限制只能出联合版一份。壁报就挺身担负联合版留下的任务了。三民主义青年团、国民党市党部、重庆市抗战后援会、生活书店、战时书报供应所、新华日报服务队都经常出有壁报。新民报亦偶而出版油印壁报。每天，无数的人读者壁报。他们留心战况，更留意政治消息。国民党市党部及新华日报服务队的壁报刊载着汉奸汪精卫卖国的新消息，引起了读者特别的注意。

此外，尤其关于难胞救济的消息，大家就制成醒目的标语，如像新华日报服务队协助新运总会宣传"战时生产新村"办法时，一方作口头访问，同时把办法简章加以绘书，张贴各处，其他如像收容难童等均制有显著标语。这是值得采用的方式。此外，防疫工作，亦在重庆市卫生局、三民主义青年团，及其他医药卫生团体彼此合作下推进着。

敌人欲以狂炸动摇我抗战信心，所得效果却显然相反，即欲以狂炸破坏我后方秩序亦完全失败。成千成万青年男女在紧张严肃的工作着。他们和她们不仅要克服困难，渡过难关，争取抗战新阶段的到来。他们和她们紧张严肃通力合作精诚团结的精神，更指出了新中华的前途。

104．璞君：《渝市惨遭轰炸》[①]

五月三日四日，日机连袭渝市漫无目标，投掷多量燃烧弹，市内多处着火，延烧甚烈。重庆五四路透社电称："重庆自昨日空袭后，随即起火人烟稠密之地，木建房子全部被烧，人民无家可归者，达二十万人。自来水电灯电话，均告断绝，报纸仅有两家于上午刊发号外。昨夜中央社总社房子倒塌，职员何书元、李尧钦受重伤，萧同兹、陈博生于房子倒塌被压但未受伤。昨夜今晨，蒋委员长夫妇，同往灾区巡视。委员长昨令市内一切公私车辆，一律供疏散人口之用。今晨各车辆奉令集中于已指定之地点，由蒋夫人指挥疏散妇孺。救济人员终日忙碌，一面分派饮食与难民。一面又未之兑取居停处所。昨夜委员长命所有重庆报纸一律停版，集中力量，发期合刊。路透社记者昨夜巡视灾区，接到充塞火烬，难民救护队也难通过。德使馆也被焚去，且该馆处于两条火路之中间也。德使馆人员称彼辈眼见又妇孺百余人被焚而死，事缘该妇孺在一处，火势逐渐前进，彼辈即逐渐后退，火势将彼辈逼至城墙附近，妇孺不能进城而避，大声呼救，然无情火焰，已将彼辈送返幽冥矣，重庆重要街道，自昨晚起，至今日下午止，焚烧不辍，发电时，已将烧到中央日报馆址。火势甚难扑灭，一因自来水不及，二因火场过广。"

当时损害情形，据六日中央那社电传："（一）英大使馆及领事馆均被狂炸，一外人员负伤，死中国人二十余。（二）法领事馆落二弹，一未爆炸，一落走廊，房屋全毁。（三）德领事馆四围起火延烧，房屋损失甚大。（四）仓坪街美教育会全部焚烧。"日机此种不顾国际公法之暴行，关系威胁各国在我国之权利，企图遂其独霸东亚之迷梦。中央路透社等通讯社电传轰炸情形云："三日日本双尾九六式轰炸机四十五架为五队，布成方形队形，于午后一时四十分左右，由西向东侵入重庆上空投弹，我神鹰空军，于日机未袭之先，即升空准备迎击。日机投弹

① 商务印书馆：《东方杂志》第 36 卷第 12 号（1939 年 6 月 16 日），第 54—61 页。

之顷，我机迎面赶上，我先头队向之日先头队猛攻。我后续各队均向当面之日队攻击一时机枪四射，我机以蓄锐之余，均奋勇冒日弹火突进日机队形中，紧攻击，连续发射，日机队形遂行发散。我机或以数机围攻日之一机，或一机对日一机，直至击落为止。我各机均追击至油量最大范围，或弹尽为止，漏网之□机均慌散东逃，至石柱附近，方逐渐集中东窜，此战结果，日机三架被我击中，在空中着火，坠于广阳坝东方山谷中。又我某队长于进攻之际，见日机四架冒浓烟下落，坠于重庆迤东一带。另据某队员目视，见日机三十八架东飞，日共损失七架。后据石柱情报，在石柱以东日机因油箱击中，继而坠落，正详查中，我机两架跳伞，一架迫降警官学校附近。"

此役颇为激烈，为近来空战所罕见。日投弹大部落于长江及嘉陵江中，一小部落于市区，均为市民住宅区，渝市遭空袭后，多处起火，黑烟蔽天，救火队虽难极力抢救，但火势甚烈，焰头高约百尺，此次系重庆本年正月中旬以来之第一次空袭。观察家称，来袭之日机，有四十五架，但只有二十二架抵达重庆上空，余中途被华机截击也。美联社记者目击有日机师一人或两人用降落伞下地，空战自重庆上空起，继续追逐至长江上游。日机所投下者均为轻炸弹及燃烧弹起火七处，江滨火场长凡四分之一英里。外人财产之被炸者为中法输船公司，该公司直接被炸弹击中。街上充斥火后余烬，电灯熄灭，电话断绝。中央公园，满堆从火场运出之物。日机此次轰炸之目的，本欲毁坏全市，日机经过重庆市两次，即飞往长江上游，日机经过商业区住宅区及官府上空时，即胡乱投弹，绝无选择，且一面投弹，一面用机关枪扫射，故死伤特多，江滨落弹一枚，江上船舶亦有炸毁者。死伤当在千人以上。四日下午六时，日机二十七架，又袭重庆。此次空袭，为中日战争以来最剧烈的一次，重庆全市三分之一，被火焚烧，惨如地狱。该日日机排成阵势，在重庆上空出现，投下炸弹甚多，其中又一部分为燃烧弹。投弹最多之处。系英法德领事馆所在地。弹下后五分钟，火头高起，半天通明，街上满塞死者伤者。至火场区域之大小，目前尚无法估计，接连德领馆之某医院被落一弹，德领馆地甚为之动摇。英法两领馆直接中弹，工役之死伤者极多。德领署会被火三面围烧，幸火被救熄，未有殃及。新近派来之德总领事，偕其夫人该夜决意在使署逗留，企图营救该署，不再受损失。城内死伤人数，实际无法统计，盖全市仍在混乱中也。难民近万，或步行，或乘人力车或乘汽车，陆续在疏散中，平民木屋着火，无法扑灭。幸有消防队不停灌救，红十字救伤队分头救伤，故民众挽回不少。由德领署远望，火头多处，燃烧甚烈，间有黑烟涌起。重庆地形，为一斜坡，火场在斜坡中部，附近屋宇，恐无一幸存，间有外侨数人，内有德人两名。现在失踪，市中心电话不通，电灯熄灭，只城之外国尚有电灯及电话而已。市中商业区之都业街，亦有数处起火。目前重庆成为满目荒凉死伤枕藉之火场，实为空前浩劫。生命与物业之损失，实不可以数计云。英美鉴于日军暴行，罔视国际公法，会先后向日本严重抗议但日方发言人宣称"凡外人财产之傍，如系中国之高射炮位，日本飞机师，已奉有命令，随时得因自卫之必要向之投弹。以后日本飞机，对于在华外人财产，不论是否位外交官署，尚被炸毁，均不负责任。"此种强词夺理，企图掩饰其空军违法行为之声明，实属荒谬之至。

我国政府于炸后积极办理善后，蒋委员长亲自视察灾区。九日中央社电称：自日机于五月三日四日两次袭渝轰炸平民后，党政军各机关在蒋委员长训示指导之下，全体出动，凡被灾难民之迁移收容，伤者之救护医治，死亡者之收殓，以及交通秩序之恢复，灾区之整理，无不积极进行，有条不紊。记者每日周行视察，深感政府人民间患难相依，疾病相扶持，死丧相恤，确已充分发挥精诚团结抗战建国之精神。尤可感动者，蒋委员长于九日亲自视察各灾区民众一路致敬欢呼，有高呼"拥护救国救民的中央"者，有高呼"爱戴救国就民的领袖"者，有高呼"倭□愈残忍，我们愈坚强"者，甚至有感极泣下者。蒋委员长沿途对灾民作简短之慰问，并向党政军服务队督勉，努力工作。记者于时适过其地。于蒋委员长去后，熟询民众，无不同声感戴委员长之爱护人民。同时战指怒目，谓□人滥施轰炸。能毁吾人之身家，不能毁吾人上下抗□之精神，吾人誓必复此大仇云云，记者归途，遇中央某要人，告以遇蒋委员长视察事，某要人笑曰：□人方广播委员长已赴成都，中央亦将离渝之谣言，而君乃亲见委员长于民间；□人轰炸渝市平民，已足见其侵略之计已穷，至造作此种谣言，更可见其造谣之技亦穷矣。蒋委员长在渝之勤恤民众，君已见之，中央绝无移动之意，则为余深知，□人造谣技术，于此可怜可笑，乃复不自谅，姿意广播；在彼以为惟恐欺人之不多，实则广播扬其穷丑耳，不特此也，驻渝各国领事馆及教会等之四周，全系平民，此为各国在渝人士所周知，而□又希图捏辞卸责，谓为又军事设备，是则各国人士所尽知其妄，不仅为吾人所齿冷而已。又称：政府对于救济渝市难民，已全力进行办理，林主席蒋委员长尤为关切，现具以最大决心，救济难胞，关于救济事宜，现由赈济委员会及渝市空袭紧急救济联合办事处，主持办理。据闻中央决拨三百万元作救济费用，就中一百万元早已拨下，至其余二百万元，亦已持有筹集办法。至救济办法，政府现在各处设难胞收容所数十处，专事收容遭受敌机袭击后无家可归之难胞，难胞在收容所稍事休息后，再由政府遣送至各县。至输送办法，以水路为主，公路为辅，现当局已派员往各县寻见房屋，如无余房，则决另建新房，以备疏散后难胞居住之用，政府并给予难胞各项必需费用。当疏散时，无论男女老幼，均发给疏散费一元，启程后每日每人发给食宿费一元，以到达目的地为止。到达目的地者，对贫苦无力难以生存者，每月并发给养费四元，以资维持生活，此项费用以三个月为限。同时政府决定准备为难胞设法解决其永久之生活问题。现各救济机关，正计划与中央各生产机关合作，举办生产事业，介绍难民工作。闻此项救济办法，不仅适用于被难同胞，即一般市民愿自动疏散至各县者，亦充分使用云。

十六日，蒋委员长发表告各省政府与全国同胞书，全文如下：

"本月以来，□机狂炸吾全国各地平民住宅区域，已有五十余次，只就重庆一市而言，前后被炸死伤之同胞，总数已以千计。此外除福州、西安、洛阳、襄樊以及湘、鄂、赣前方各处，受其惨炸不计外，其他本无军事设备之城市，亦非军事机关所在地区。例如泉州、长汀、韶关、同安、汕头、宁波、金华、衡阳、芷江、沅陵、汉中等地，亦无不横遭轰袭，备受伤痍，血债遍地，火光流天，惨毒之状，罄竹难书。□寇每谓为其所轰炸者，只限军事设备之区，此种可鄙之认为，卑劣之惯技，已为中外所周知。岂能掩饰其野蛮狂暴之罪恶？□机之所以狂炸吾平民者，其目的不外乎三点：其一，欲以不断的轰炸，威胁吾全国同胞抗战之精神，希冀吾同胞之屈服投降；其二，欲以猛烈的轰炸，断绝吾同胞之生活，企图吾同胞于流离失所之中，减少生产，影响我抗战之前途；其三，欲以集中的轰炸，妨害我社会之安宁，妄想扰乱吾后方之秩序。□人抱此三种目的，而又深知我救国之基础，全在民众，故彼欲灭亡我民族，必先断绝吾民命，此其轰炸烧毁，所以必选择吾平民密集之区，不特重庆一地为然，其他各处，亦莫不皆然；而其未来残酷之兽行，必比今日为尤甚。吾全国同胞横遭凶暴，明烛毒谋，亟应有以防制而报复之。兹陈三事，以告同胞。"

"（一）抗战军与将及两年吾国民气之振奋，精神之团结，超越前古，震为世界，□人见之，以为若不恣其兽性，逞彼凶残，则其侵略之计已穷，崩溃之势立致。于是半月之内，盲目狂炸，惨无人道，历尽人世间未有之浩劫。吾同胞两年以来，受其荼毒，本已见惯不戴，而于最近遭受如此之轰炸，仍能镇定如常，行所无事，此种精神，已足□魄而制毒计。盖已各级政府爱勤惕鼓励，全力全力防护，举凡消极积极之设施，今已日臻完备，以后不仅不患其不断之轰炸，而且必使徒劳虚掷消耗殆尽，以粉碎其所挟第一之目的。惟吾同胞应知；□人以后之轰炸者，决非限于一城一市，而其目的，则在吾全国城市何整个之民族。至于政府及军事设备之处，虽屡遭轰炸，而损失无几，以其有所戒惧也。此于其过去轰炸之事实，不敢在我军事设备地区施行低空掷弹，可以证之。反之，凡我无军事设备之各处，则随时随地，皆受其滥施狂炸，漫无忌惮。由此吾人因知我国如不能积极充实武力，抗战到底，则必致全国缴械，行将任其屠杀，束手待毙。如此□焰更烈，危亡立至，不仅我现代之同胞，将听其宰割，且使吾民族世世子孙，万劫不复亦。故吾全国同胞，于此更应坚定抗战到底之决心，方能达成死中求生之目的，深信我民族必能于此惨扎饮痛之中，刻骨铭心，念念不忘此深仇大恨，以终此身，以传于后世子孙，直至歼□灭寇，为吾死难同胞复仇雪耻而后已。"

"（二）政府在发表市民疏散令以前，本已着手于必要之准备，而农村本为我国民生活之泉源，膏沃之壤，可耕可□，简朴之室，可息可作，环市邻邑之乡村，何止百万？只要每家收容一人，即已举市归之而有余。惟我市民之入乡者，皆应广守政府所定之规律；重庆各乡同胞爱护之热情。有技术者，当协助农村之发展；受教育者，当教养农民之子弟，互惠互助，共苦共甘。如此则不特市民有所安息，而农村亦将为之蓬勃；此虽为一时避难之计，亦为建国之基。盖必胜必成全在于广大之农村，充实农村发展生产，即所以奠立国本，增强国力。今因□机不断之肆虐，以树立我建国之宏观，则□人所挟之第二目的，不惟因之粉碎，而我建国之大业，且得因之而实现。惟此所当注意者。一面固应积极疏散，而一面仍应加强组织，以强固我抗战精神之堡垒。如此从倾□机之全力不断来袭，而于我国土地之广乡镇之多以视之，直无异于太仓之一粟耳。故我城市同胞乡居以后，□计必穷，更无所施其技矣。"

"（三）留于城市之居民，各级政府固应竭其全力防护，例如拆火巷，堆积沙包，预蓄水量，澈底实施，以尽职责。凡我市民，亦须确遵功令，努力不懈，则充□机之全力，后使其弹无不中，亦一弹只能灭我一宅，空室而火巷多，避灾更易。在□既得不偿失，在我则永免连绵被灾之苦。其他城市，皆应如重庆市区积极统制，避弹有定壕，进退有岗位，划一整齐，筹备妥善，如此留于城市者，危险日少，下乡者生活得所，心境既安，乃相与共同工作，各就岗位，无一人不在规律之中。无一人无工作之地。以后□机必不断来袭，且必集中轰炸，如我同胞能依一切规度以进退，则必能处变如常，不至再受无谓之损失。各级政府更须督励官兵，以及各公务人员与地方之保甲长，全体发动，厉行其职权，勿使社会之秩序，略受不良影响。如此则□之第三目的，又为我粉碎无遗矣。"

"兹就整个战事之经过，特为吾同胞一告之：今日□军日暮途远图穷匕现之真形，更于此二十二个月之战事以证之。盖自七七开战以来，□倾其全国之力，冀求一逞于我，而我军奋起抗战，百战不衰，至今战争之全局，被战场我军尚再卢沟桥平津及察绥之东北地区，再接再厉，奋勇无前。东战场我军仍再济京沪杭一带，驰骋纵横，攻守自如。南战场我军犹在广九广三路线，积极进攻，迭克重镇。而开对安庆等省城，虽已为□盘踞一年之久者，至今不仅为我军所控制，已屡为我军所攻取。此后渝陷地区各重镇，其攻守取，亦必权自我操。此为古今中外自有民族战争以来，凡抵御侵略者之斗争，未有如今日之奇迹者也。反观□军之现状，不仅其深陷泥淖，受我节节之腰击，实已困入我重重大包围之中，其危险窘迫之情景，当非局外人所能知其万一者，此又古今战争史所罕见者也。"

"至我民志之坚决，经济之安定，致胜诸条件，茆姑不举，即以此二十二个月所经过之战况，以及□我优劣之态势，而衡量将来之战局，已足证明我国最后之胜利，如操左券。夫以□人自豪于世界者，惟其所训练多年之陆军也，而乃一遇我军之抵抗，其经过之记录，不过如此，则其空军全部之兵力不过区区二千架之飞机，尚何足道？故充□机之力，只能驰突我两千州县之城市，断不能毁灭我九千万户之乡村，只能杀伤我猝不及避之生命，断不能摇撼我四千五千万同胞同仇敌忾之精神。自古以来，我民族不屈不挠之正气，常因异族入侵而更为之发扬，稽诸历史，炳若日星，忠臣志士兵，所以临难不苟视死如归者，皆此民族传统之精神。远之如扬州十日，嘉定三屠；近之如五三济南之惨案，及此次南京内城之被屠，皆在火光血泊之中，炳耀我民族之史实，至其空军之兽行浪掷，不特不能撼动吾民族抗战精神之毫末，且信吾民族人格之锻炼，行见于斯而益精，团结因之而益增，国基亦因之而益固。且知□机今日狂炸我国之创痛，必造成其自欲杀人之弹，最近之报应，不观其国内东京、西京、大阪、福冈、福井、千业等处之兵工厂化学厂，皆已次第为其厌战之军民，不断得作有计划之爆炸乎？"

"综上以言，□机此次到处狂炸行为，固残忍可恨，而其奇窘可知。吾同胞之择其弹者，或血肉糜烂，或家室为墟，苟有人心，能无悯恻，复念吾同胞之在渝陷区者，男为□人驱使束缚，女受□军之逼害污辱，仰伺人颜，俯私饮泣，如入槛柙，如陷囹圄，求生不获，拼死不能，凡诸苦痛，已蓰从于我今日空袭下之同胞。其尤甚者，强迫我同胞服其毒药，注其毒针，不特使我自杀其身，并且强我自灭其种。凡此吾同胞所受，倍蓰于轰炸之惨状，吾人若不共同一致，急图报复此不共戴天之仇恨，能慰我神明？而我各省市地方政府，尤应遵照中央之规定，指导民众，切实执行，竭力救护之职责，以济吾同胞之不给，与助吾同胞之所不及。更望吾国民军，自今以后，倍增团结，誓死雪耻，关爱精诚，共报国仇，树立我民族生存独立永久之基业，完成吾抗战建国伟大之使命。"

各方舆论，对于□军之暴行，莫不著文痛斥。香港南华早报社论云："当广州被狂炸时，香港屡为中国平民之遭屠杀所震动，直至日军占领广州，此种恐怖，始告消除，而本港人士对于人口稠密之城市之被摧残，始渐忘怀。不特此也，整个世界，对于中国民众之受苦，然已消失其注意。驻中国之新闻记者，若非遇有特别凶残之轰炸，已不再拍发电报，此实由于过去轰炸太多，致使世人神经有点麻木，认为轰炸乃战争中所不可分离之一部分。若使日本人较为聪明，固可利用世界人士之漠不关心，而争取同情；不料日人竟坚持其违反人道主义之行动，致使日本发言人素所期望之谅解无法保存。日空军最近之滥炸重庆，再度引起世界人士一年前对日本空军之唾骂，而改正世界人士谅解日本之趋向。会目睹破坏者，——特别是会恣意破坏遗迹者——固能知此种摧残行为之惨酷，然而电报消息固甚详明，实可以协助了解当时情景之惨酷，惨遭牺牲之男女孩童，约共五千人，而疏散于城外之流亡者，境况更属凄凉——轰炸则仍继续不绝。东京发出之冷淡报告，亦承认轰炸范围广阔，其实无需乎悔罪，迭次空袭之惨酷，因已暴露其真面目矣，唯一之问题，在于其作用，犹记日人已知英大使在渝，回溯最近关于日机计划追击英大使原拟乘搭之飞机之谣传，则其作用，固可谓具有政治关系也。假使日本政府，不顾军部之压迫，拒绝参加德意军事同盟，而不愿太过分触犯英国之说为确，则日本海陆军设法促使政府就范之说，或属真确，如此种之步骤，彼等固为之也。从今此关传疑，观察家仍得谓其作用系企图以最迅便方法，结束战事，藉炸毁中国战时首都，以摧残中国民众之抗战精神；然而从属如此，其效果徒足以再度引起伤感，悲愤，憎恶以及复仇希望，与中国还以颜色之祝福而已。若使东京果遭轰炸，则将无同情者矣。日本之道歉者谓，日机遭受高射炮火力之威胁，即在外国领事馆所在区域，亦感受同样威胁，但星期五抵港之外侨，则谓未闻高射炮声；然从使果有高射炮，日本之辩词，仍未能使人置信。日机来势如是之凶，欲肆行轰炸，而以军事目标为藉口，轰炸结果之惨酷，固所念知者也。此说已为报载之日方最后警告所证实，该警告以炸毁重庆为恫吓者，中国军队之总部，应为轰炸之目标，此点或为众所公认之事，若使日本空军镇静从事，勇敢进袭，投弹于军事建筑物，并其室内人员炸毁之，仍无伤乎人道主义，盖此为真正之战争也；然而由于技术之低劣，日本空军不敢低飞，炸弹胡乱投于人口稠密之市区内，密如串珠，似欲炸毁全城者，而谓所炸者为军事目标，又何以自圆其说？此实为赌徒之包围赌法，投买多份，以冀获中其一；此实为一简便战争，不多用部队，只胡乱残杀民众，而冀其中或有一系军官；此实非战争，殆为不能支持更长时间而又惧怕失败之狡猾侵略者之诡行而已。日人脑袋迟钝，然而今日当知此种方法，实不能取胜也。中国继续抗战，中华民族拥有世界人口五分之一，实力雄厚，日本企图摧残之，已感失望矣将来亦属失败无疑。"

九日伦敦路透社电称：今日孟哲斯报关于中国之抗战及重庆之空袭，发表文称：从道德上讲，在这次不平等中日战争中，不论为杀了一个人，或是一百个人，抑或是一千个人，其罪恶得结果，总是一样。不因所杀的人较少，而罪恶却会减轻；盖因此次战争之本身，即是罪恶也，但是从实际上讲，我们判断罪恶的标准，实在不能以该行为之本身，对于人类之快乐的影响如何，及对于人类的苦痛的影响如何以为断。持此而论，则中国民众，目前正受空前之浩劫，在吾人当前各种问题之中，自不能不认中国问题为最急，为最惨也。代表英国官方意见之泰晤士报发表一社论，题为"重庆之屠杀"，称：日机向重庆人口最密的住宅区投弹，死者几全为平民，而死者之中，大部分系由焚烧而致毙命。日本虽屡作屠杀之尝试，但如此大规模之屠杀，为前此所仅见，且最近日本空军当局，又声言将作更大规模之屠杀。两年前，甚而一年前，有几个国家尚欲以人道及文化为藉口，劝论日本制止其残杀非战斗人员之行为，但今日世界，应深知此种劝论为无效矣。重庆的轰炸，特别的可怕。很像日本以残杀为手段，来引起民众的恐怖。重庆在军事上无轰炸的价值，但是日本如要屠杀平民，重庆却是很好的地方，日本现在仍认此种残杀平民的手段对军事上有效力，他们的思想，真是匪夷所思。经过此次轰炸之后，日本也许会晓得此种手段不特未能屈服中国，且增强中国之抵抗意志。

105．梅林：《以亲爱团结答复敌人的狂炸——新"五四血债三日记"》[①]

五 月 四 日

我应该怎样的下笔呢？我决不可能像平日一样安静的坐在写字台前。我满心海样深的仇恨，我满心海涛样汹涌的感情。我在活了二十多年从来没有像现在这样受着两种极度的感情——仇恨和感奋交扭着的激动过！是的，从来没有过！当我置身在这次狂炸中看见敌机的亘古少有的残暴罪行和看见政府军民亘古少有的气乃团结事实的时候。

---

① 抗战文艺编辑委员会：《抗战文艺》第四卷第三四期合刊，1939 年 4 月 25 日。

丧失了人性的日本军阀所派遣的刽子手，昨日（五三）在重庆滥炸的罪恶火焰，我们刚刚扑灭，今天——这血债深仇的"五四"黄昏时候，又从朦胧的天空丢下将近三百颗的燃烧弹！于是，代表日寇的罪恶的火舌，从人口稠密的商业区住宅区的□□街，□□街，□□场，□□街，□□岗，□□街……从四面八方伸出来，腥味的浓烟卷上半天，火光耀红了整个重庆市。

整千的良善人民死亡在敌人的炸弹机枪轰击下了，难以统计的财产毁灭在敌人所投放的罪恶火焰中了。

我同未遇难者走出了防空壕，在耀天的火光下，我看见他们的脸庞痉挛着，而且磨动着牙齿；没有哭泣，没有叹息，没有为自己未遇难而存"幸免"之感，即连父母兄弟姊妹儿女亲戚朋友是否遭了毒手也来不及细想，只是在每个人的心头那么迅速的猛烈的燃烧起仇恨的火，对放火者，刽子手，杀人犯的日本军阀的火山样炽烈的仇恨的火！

逼之以死地，仍以死相威胁，这是枉然的！

因为新"五四"的血债深仇，连和平的月亮也愤恨红了脸庞。

五 月 五 日

天亮了，全市各处的罪恶的火仍在猛烈燃烧着。

我将"文协"的文件捆扎好，离开受四面火焰包围的会所，经过断梁的残瓦遇难同胞所躺卧的街道。晨曦中，空气充满了血腥和焦味。不必要再停留在市区的市民们，带了仅存的行李，亲人，和永远不会消解的仇恨到安全地带去。

不是逃走，而是为着保留下生命，为着后日的复仇。

严肃的工作随着晨光的照临更加悲壮展开。一群一群的钢盔救火员在勇敢的和火战斗，防护团，童子军，救护队，已死的和受伤的同胞的焦黑肢体，流着感动人神的粗汗瀑。他们并不为肩上的重量而"□育"一声，只是默默地那么悲壮的工作着。是的，那么悲壮的工作着啊！两个十八岁的童子军抬着一个过胖的受伤同胞，给电线绊住了脚，跌倒了，他们立刻爬起来，不管自己是否跌伤，又重新站稳脚跟抬起那超过他们的稚弱年龄力量所能担当的沉重担架。

在□□门，所有平民住的蓬屋给敌人的燃烧弹烧光，只剩下焦黑的竹竿愤怒的指着天空。十多副新木的棺材摆在石堆上，受难者的亲人坐在附近，没有哭声，凝视着仇恨的眼睛看向漫天火光的天空……

渡过南岸的江边，挤拥着成千的人们，争先抢到船上去。容量有限的船几乎沉没。宪兵站在跳板上阻拦，然而后面的人仍然向前猛挤，秩序难于维持了，宪兵大声喝道："不准挤！船要沉了！要是发生危险，谁负责任？你们另外想办法去，这里不能过了……"

人多轮渡少，的确应该另外想办法。于是有人不再等渡轮，而去雇划子，风船。然而船夫们坐在划子上风船上安详地吸旱烟管，再静待最高的雇价，在做乘机发财的梦！

我和一些人们正在给一只风船的主人讲渡江价钱，我们六十多人，每人愿意出五角钱，而船主人却必须每人一元。我们求他问问良心，他也用一种"我的船不怕没人坐"的傲然态度坚决拒绝，而且准备把船撑到别处去兜揽。就在这个时候，一队宪兵在用武力解决这"趁火打劫"的船夫的敲诈了。

"把他抓下来！岂有此理！乘机勒索！"

喊这声音的不是刚才站在船跳板上声言不负责任的那个宪兵吗？是的，正是他！现在他和其他的宪兵威严的调弄了几十条风船，亲和的，有秩序地扶助避难同胞上船！——义务渡江！

所有的拥挤，喧闹，紊乱，焦急，立即解决了。

这贤明的措置，是出自我们的最高当局的命令！

煎熬了一个通夜，上午十点钟渡过了南岸，滑竿和轿子贵得吓人，以倦乏的沉重脚步挽起文件箱走那陡峭的山路。将到黄桷垭，路旁边，石头上，树干上，贴着欢悦的青色底纸，写着亲爱的字：

亲爱的避难同胞们！请到三星饭馆去吃稀饭啊！军队给你们预备的，不用钱！

——第口师——

浓厚的，香美的，热腾腾的稀饭，摆在三星饭店的门前，避难的同胞们走上前去，立即就看到服务人员热情的脸和听到热情的语言：

"诸位，吃稀饭吧。"或者："请用一点吧，很干净的……"

一碗一碗的舀起来，从热切的手中接过，吃着，感觉到同胞之间的一种崇高的热爱的关联，而有的人因为过度激动，吃不下去，用他们红润的眼睛望着服务人员的脸傻笑……

下午五点钟，我将"文协"的文件安置好，从黄桷垭回市区去。滑竿，轿子，马，力夫，上山下山的价目，已经由当局很公平的两不损害的，明白规定了。

而在文告旁边贴着："趁火打劫的枪毙！"

这不算严厉，相反地，是一种慈爱，因为这可以使避难的同胞感动得流泪，因为这可以唤起偶有少数不明事理而想"乘机赚钱"的人们的天良。

——我们的政府，我们的军队，我们的工作人员，在努力的为同胞解决困难，而你——商人，力夫，反想赚钱，还有面目见我们的政府，我们的军队，我们的工作人员吗？

这差不多是遭受新"五四"血债洗礼的每一个同胞的一致感觉。

五 月 六 日

在两路口，再观音岩，在七星岗，在各处难胞集合的地方，停着卡车，私人汽车，公共汽车，每一辆车有达标某机关的服务人员，向难胞群中热爱的询问：

"朱文，到那里去的？坐车吧。"

于是有人走上去回答：

"我们到□□□的。"

"那末坐上来吧，这些车子是到□□□的，我来帮你们搬行李……这是给各位预备的车子，不用钱……"

不用钱！大家一拥挤上前去，争抢着，行李紊乱的掷向车上，而人拼命攀爬，小孩子哭起来，妇人们叫起来；但是大家并不互相埋怨或咒骂。只是一迳傻笑。服务员了解这些难胞的心理，感动得说话的声调起了颤抖：

"不必抢，车子多着呢，马上就有；不必抢……"

每一辆车子站满了，堆满了行李，人不分洁净和污秽，行李不分破烂和贵重，一样的挤堆在一起，在街上风驰电掣的驶过。每一个难胞满心感奋，路过有国旗飘扬的地方，投以亲爱的眼光，敬礼着。几十由卡车辗扬起来的灰尘也感到是亲爱的。

在□□坎，在□□坝，在□□口，总而言之，到处是慰护队的旗帜，服务员的热诚的招待，当各界的亲爱的慰问，没有困难，没有生疏，大家如同一家人。

不错，我们——中华民族，无论政府，军队，人民，在新"五四"血债的血海中亲爱的团结起来，凝成了顽强的一体，答复敌人这次残暴的无耻的狂炸！

这事实，在这里，我们可以威严的告诉卑鄙的日本军阀听着！

三天以后，重庆市的所有罪恶火焰扑灭了，秩序恢复，而且比以前更刚强更勇武地屹立在扬子嘉陵两江中间，它已成为可以击碎敌机再度滥炸的抗战大堡垒！

二十八年五月八日。于渝市

106. 国民政府外交部为美国索要六五大隧道惨案情形报告电
（1942 年 7—8 月）^①

（1）外交部电（7 月 13 日）

重庆防空司令部勋鉴：顷准美国大使馆来文称：准美政府人民防护处请于可能内代索上年六月五日重庆大隧道遭遇灾难之官方报告一份，以供美国管理防空洞当局研究之用为荷。协助获得此项报告一份，是所感切。等由，相应电请查照核办，并见复，以便转复为荷。外交部。元。

（2）重庆防空司令部电（8 月 5 日）

重庆外交部勋鉴：卅一年七月十三日美引空第三五八七号代电嘱咐将上午六月五日重庆大隧道遭遇灾难之官方报告检送一份，以便转送美国管理防空洞当局研究之用。等由。自应照办。兹检重庆六五空袭情形及改进办法一份随电送达，即请查收转送为荷。重庆防空司令部。未微。办。印、附重庆六五空袭情形及改进办法一份。

重庆六五空袭情形及改进办法

其一，空袭经过

民国三十年六月五日敌机二十四架，分三批（每批八架）袭渝，自 17：33 起于湖北宜都、松滋等处发现西飞

第一批于 19：28 侵入重庆市空投弹，至 19：54 始经丰都东飞。

第二批于 19：23 经鹤峰，19：59 经黔江，20：19 经丰都，20：47 侵入重庆市空投弹后，至 20：10 经丰都东飞。第三批于 21：05 经利川，21：29 经丰都，22：17 侵入重庆市郊外投弹后，至 23：13 经丰都东飞。

本部于 18：08 悬红球一个（注意），18：18 发布空袭警报，18：57 发布紧急警报，21：18 悬红球两个（休息），21：40 卸下两个红球（回复紧急警报），23：01 又悬红球二个（休息），23：27 发布解除警报。

按时日警报时间，自空袭至解除时止，共为五个小时又九分钟，中间在洞避

① 中国第二历史档案馆编：《中华民国史档案史料汇编》第五辑第二编政治（五），江苏古籍出版社 1990 年版。

难民众可以出洞休息之时间计两次：第一次二十八分钟，第二次二十六分钟，但十八梯（共计三个洞口）大隧道发生惨案。

其二，惨案原因

人数过多：此次空袭为今年来第一次夜袭，市民因于固习，早出晚归者甚多，故一闻警报，即仓慌避入该隧道内，且轮渡又系于每日午后六时半停止过渡，故于闻警报后无法疏散，只得入洞避难，于是拥挤之状，为历年来所未有，故洞内管理及空气均附带发生问题。

秩序紊乱，管制欠良：人数既极拥挤，则内部秩序当然欠佳，果能管制得宜或亦可无事，乃服务人员未能做到此点，避难者皆拥挤践踏，吵杂不堪，诚属有亏职守，但此问题亦有极大困难，因人既拥挤，复行吵杂，则指挥不灵，管制困难，亦势所必然。

空气过少：查是日机空袭经过共为五小时零九分，虽于第二次投弹后挂红球两个，原冀市民稍出换气，但据闻该洞口已拥挤堵塞，不便外出，以有限之容量，容过多之人口，复经过久之时期，则空气当然不够，复以电力通风机电力线被炸断，不能开放，而洞口之人皆行站立堵塞，空气之自然对流又失效，以致呼吸困难，渐窒息状态，但在隧道中部者以仅觉呼吸困难，未受拥挤，尚少死伤，事后多由纸烟公会洞外所死之人，大都死于互相践踏。

空袭服务及其他人员多不事先入洞，一有事故，即蜂拥而入，致生拥挤践踏：按此为一最大原因。该日适有本部防护大队长张乃辉亦在该隧道内，据伊口述：伊于第二次轰炸后始到十八梯，当时秩序尚不严重，进入洞之后，忽由门外挤来一种压力，洞口内之人全体被推入约二三十公尺。据该员云：此系因当时在门外之人极多，偶有声音与其他动态，即茫然呼啸挤进，以故无法抵挡。伊复挤出，离洞口不足五公尺时，又来一种不能抵抗之压力压进，又复挤推倒洞口二三十公尺时，以致满身流汗，四肢无力，头昏欲睡，至洞内机器房回复体力后，又复外出，此时洞内附近死人堆积甚厚不能通过，不得已，伊遂在离洞口约六七公尺处爬至支撑梁架上外出。此系身临其境者之谈话，当可较其他闻为确实。据救护时估计，自十八梯洞口外两公尺起至洞口内十公尺止，即此处死伤者约一百五六十人。

其三，施救经过

本部胡伯翰副司令于悬挂二个红球时，即由情报所赴市区视察督救，约十一时三十分抵十八梯，适此时解除警报，见状即督同本部防护大队第三中队从速抢救，吴国桢市长亦由他处来此，遂共议抢救方法，复调来担架营某连之一部队从速抢救，后以兵力不敷，而石灰市、演武厅之两出口亦极严重，复将担架兵十二、十三、十四、十五各连，本部防护大队一、二、四中队，陆军新编廿九师野战补充团第一营之一、三两连等部队调来施救，并限本部丁处长、潘副处长及督导员于六日午时完成。

为鼓励士兵及工作人员奋勇施救，当场发给各部队士兵及工作人员奖金五千六百余元。

因隧道过长，群众互相扭成一团，施救颇感困难，抢救未能遵限完成，延至六日十六时廿分始告竣事，计死亡八百二十七人，重伤一百六十五人，其余人民均系自行外出。

避难民众所遗什物，仍督部队跟续搬运完毕，当警察局会同宪兵暨有关人员清理后，由警察局负责招领。

隧道当时即命各队清扫消毒后，于六月二十一日递委座喻：暂时禁止人民避难。因恐消毒未尽，妥善故也。当复以苍术、艾叶等药水熏涤，并设法改善。

其他赈济、掩埋、治疗由救护委员会处理。

其四，改进办法

设备之改进，隧道内之设备原极简单，嗣因（1）感于洞内积水太多，遂于两侧开凿水沟以排除之。（2）于石质过松，随时有下堕，故增设支撑。（3）感于空气不足，一面整理电力通风机，一面在中部开凿天窗，电力抽风。（4）洞内照明不足，易使避难民众发生心里恐慌与互相践踏情事，因而增设电灯及预备灯油。（5）鉴于通信不灵，有碍救护人员工作及外方情况之难明，故有电话之装设。（6）洞口无屏障，弹片易于侵入，故有挡之添筑。（7）因恐洞内人员发生病症，故备医药，以资救治并改善卫生设备。以上各项，均"六五"惨案发生之后渐次增设者。

管理之改进：自"六五"惨案发生后，感于防空洞之管理极关重要，故隧道内配设洞长及段长，专负其责，而避难人民须凭证入洞，以免超出容量，发生意外也。

（国民政府军令部战史会档案）

107．兽机惨炸北碚，大屠杀小学生①

五十六人遇难校长夫妇同殉　医院病人炸死廿余

敌机于 6 月 24 日狂炸北碚，投弹百余枚，内有燃烧弹甚多，致一部分房屋被焚于火，□□湾一小学校长夫妇和学生五十六人惨遭非命，江苏医学院附设之医院亦中弹炸死病人 20 余，□□街一带被毁房屋 70 余栋，平民流离失所，垂待赈济。中央赈济委员会接报，于昨日特派重庆难民总站主任姚慈忍携款 6000 元赴碚，办理急赈，并告达中央德意。

108．英国驻华大使卡尔在中国国际广播电台演讲②

这儿的断瓦残垣，我们无庸掩饰，不过重庆人和英国人一样，满不在乎，炸毁的地方，他们已大半的从（重）新建设起来了。实在说，对于他们的断瓦残垣，我们感到骄傲，因为它们为争取自由而付出的代价，同时它的存在也象征我们愿意付此代价的符号。实在谈起来，在重庆若是住在一间完整的屋子，几乎是一种极坏的享受，这里对于像完整的屋子等等并不重视，这些差得太远，这里所重视得以及中国人民所具有的明显的美点，是勇敢的心和不能破碎的精神。并不是所有远东的炸弹足以挫折中国人民的精神。……他们和英国人一样，以不可动摇的坚毅和永久的愉快来接受这些炸弹，每个炸弹带来的爆炸、死亡、毁灭和废墟，看起来使他们的团结越密切，使他们一贯到底的决心越坚固。

---

① 《新民报》1940 年 6 月 28 日。
② 《中央日报》1941 年 11 月 17 日。

109．英驻华大使薛穆爵士对英国民众广播演说①

自日本开始进侵中国，迄今已有五载……中国仍屹立不移，足以象征中国不屈不挠的意志和决心之重庆，乃成为全世界各地家喻户晓之一名词。为各自由民族而言，重庆乃联合国家所有振奋之精神之象征；为独裁者而言，重庆乃若干民众甘冒危险忍受痛苦不接受侵略之束缚之象征。……例如余可提及日机故意轰炸各大学，然此等轰炸并未达到其预想之效果，中国学生于临时之大学，继续攻读不辍。吾人于亲眼获睹此等艰苦之余，实感无限欣慰。此乃中国前途最佳保证。重庆之民气仍极高涨，斜枕于扬子江上的重庆城，到处断垣残壁，然附近山丘与河流，均经开发，市民亦孜孜不倦，使一切生活照常进行。在空袭警报网及防空洞方面，重庆直可与世界上任何城市比较而无愧色，重庆之成为世界理想中之一项事物，实无足异。

---

① 周开庆编：《四川与对日抗战》，台北商务印书馆 1970 年版。

（三）口述资料[①]

1．弹片击中胸口，血流如注

1938 年 2 月大轰炸开始了。我家一共 5 人，父亲、母亲、大哥、我，还有弟弟。当时我们弟兄都很小，大哥 8 岁，我才 5 岁，三弟才 3 岁。父母亲的年龄多大，我就不知道了。父亲叫张隆华，以推过河船为生。

事情的开始是这样的，当时父亲承包了一艘法租界的兵船，在江北寸滩上面详坝滩，起后上岸维修，或大修。

当天船上有一名翻译官对我父亲讲说：今天日本飞机真的要来重庆轰炸，是我们驻汉口的法租界领事电话告诉的，所以你们这些起重临时工都得回家照顾。以往空袭警报都是预防，飞机从没有真正来过，人们还不十分恐惧。

我父亲从详坝滩回来了，母亲下河洗衣去了。路上不准通行，戒严了，父亲端了一个凳子在大门口好像在写什么。当时我站立在父亲的身旁，哥哥、弟弟和其他人在阳台上，望着天空。忽然间耳边听着飞机轰轰声，瞬间飞机已经能看得见了，飞得不高，往朝天门市区方向飞去了。霎时间市区浓烟冒起，直上天空，听到到处炸弹的爆炸声。忽然我们住房后面也被掷了炸弹，一声巨响，飞来一块无情的弹片正中在父亲胸口，当时血流如注，倒在门口石梯坎上，也就没气了。虽然我当时只有五六岁，从那时起什么事情都懂得了。

我父亲死后安葬了，母亲□□□气，甚至□□□□□□，家庭的生活负担全压在她身上，我们弟兄三人又年幼。1939 年飞机天天轰炸，甚至 7 天 7 夜不解除，吃不好饭，睡不好觉，母亲的病越来越严重，最后周身肿了。到 1939 年不知哪一日，母亲因病也去世了，我三弟兄年幼，也没法。最后经叔伯他们多次讨论，结果，只有叔伯每家去一个解决我们生活。我分到五伯家，哥哥分到幺爸家。三弟没人要，因为年龄太小，又是严重的近视眼。后来抱与同姓的张德宣中医生。我在五伯家只读了 2 年书，然后在他家做杂活，当时五伯是做杂货店，帮助做生

---

① 以下收入的口述资料，原件均保存于西南大学重庆大轰炸历史研究中心。

意，也就［如］学徒一样。

由于父母亲死得早，加上没有读好书，前途工作都不理想，最后到哪个单位都搞运输下力。总的来说：一辈子都是肩挑背磨。结了婚，有了孩子，没有爷爷婆婆带引孙子，这个滋味是可想而知的。这些都要怪罪日本侵略者对重庆的大轰炸所造成的灾害。我是大轰炸中没有被炸着的幸存者，要为我父亲讨还血债。

受害人的儿子：张仁才

2002 年 8 月 20 日

2．胎儿的一只脚都露了出来

我名叫朱国成，生于 1919 年农历二月，现家住重庆市长寿区凤城镇徐家坪。我在 16 岁时随伯父朱大贵到重庆朝天门力行帮下货。几年后，中日战争爆发，记得那年日本对重庆第一次的轰炸，九架日本飞机飞临重庆上空进行空袭。当时设在川江航务处楼上的高射炮进行抗击，日本飞机就疯狂轰炸，结果高射炮没轰着，把躲在附近茶馆里的力行帮和其他躲的人炸死了几百人。我平时也在此等活干，在茶馆被炸前十几分钟被人叫去抬货去了，才躲过这一劫。这次轰炸不但把我们力行帮平时聚集地茶馆炸为平地，还将附近的糖铺、药铺、面铺、仓库等全部炸毁。茶馆老板叫石祖高，是当时防护团的一个队长，也被炸死了。我的伯父朱大贵的膀子被炸飞了，死了。还有我的好友张汉清、李少成等人也被炸死。有一对年轻夫妻，二人平时对人很和气，人的样儿也长得美，妻子挺着的大肚子被炸破，胎儿的一只脚都露了出来，我们去收尸时，那真是惨不忍睹。

第一次轰炸后，防护团的人手不够，就吸收我们参加。一年后当时政府又把我们精壮劳动力如驳船帮、提装帮、木船帮、力行帮的人统一组成一个交通服务大队，专门负责空袭时的救助、收尸等。

第一次轰炸后，人们才开始大规模打防空洞。一人出六元钱，按人头数，在以前我们力行帮的人躲飞机是将盐巴包子、棉纱包子等货物垒成一个架子在里面躲。从第一次轰炸后日本的飞机就经常来，不定时，有时白天，有时晚上，隔一天两天，三五几天都不一定，搞得人心惶惶。那时规定我们服务大队的人一律不准走，说是国家有难，人人有责，有钱出钱，有力出力。

重庆的"5·3"、"5·4"大轰炸最惨烈。100 多架飞机不分白日黑夜地炸。

罗汉寺、长安寺、大梁子、较场口、临江门、都邮街、夫子池一带全成废墟。

还有一次，由于较场口防空洞容不下那么多人，很多人闷死在里面。我们去清理尸体就清了一天多，这就是著名的较场口大隧道惨案。从那以后，防空洞才不准锁门了。

我们把"5·3"、"5·4"大轰炸遇难者的尸体抬到河边，用船装到大沙溪去埋。当时较场口一带几条街都没人开门，一片阴风惨惨的景象。

还有一次我们防护队正在巡视中，突然有一个政府官员模样，夹着个公文皮包的人在小什字筷子街内向我们招手，急促地喊快去救人。原来是里面滴水岩的防空洞口被上面的房屋炸塌下来堵死了，我们马上展开营救，救出了200多人。

当年重庆的马路很窄，有一次小什字的马路被日军的炸弹炸了一个大坑，我们上百人填了一个下午。所有这些救护工作，我们都是义务的。敌机一来，我们就放下活去搞救护，经常是很多天回不了家。当时我家住在朝天门嘉陵江码头凉水凼，在一次轰炸中我的家被毁了，我长期下力挣来的一点钱（准备拿回老家养兄弟妹妹的）以及家具、食物全部毁灭。我妻子一人带着两个儿子（大儿3岁多，二儿2岁）到江北，由于受到极度惊吓，原本虎头虎脑的两儿子相继丧命。一直到晚年我和老伴想起这两个死去的孩子，内心都一阵阵的痛。

在整个重庆大轰炸中，我失去了两个儿子及伯父，财产损失殆尽。

受害人：朱国成
2004 年 3 月 30 日

3. 爆炸声震耳欲聋

我是日军轰炸重庆时的幸存者。1938 年的一天，日机轰炸重庆时，我还是一个8岁的小学生，学校常组织防空演习，我们把它视为游戏不感到害怕。这天日机第一次轰炸了重庆，经历了这次大轰炸才真正感到灾难临头。那天有数十架敌机从南山方向直奔市中区，飞临头顶时发出强大嗡嗡声令人晕眩。无数枚炸弹扔向市中区小什字和当时的美丰、川盐银行附近，爆炸声震耳欲聋。在放学的路上，7 个小伙伴吓得惊慌不已，边哭边叫，东躲西藏。从老师的讲演中知道日本侵略者已经占领了大半个中国，当时的陪都重庆则成了侵略者袭击的主要目标，并妄图以此来迫使国民政府投降。长达五年之久的狂轰滥炸，市民白天、黑夜，晴天、雨里，严冬、酷暑跑警报。日本帝国主义侵略中国，国无宁日，民无宁日，天天风餐露宿，提心吊胆度日，吃尽苦头。民族抗日大后方终日冒着生命危险，过逃亡生活，是日本侵略者给中国人民带来的灾难。重庆市民在抗日战争中还付出了长期惨重的牺牲。

日机轰炸重庆长达五年之久，死伤不计其数。最令人难以忘记的是1939年"5·3"、"5·4"敌机轰炸重庆达到高峰之时。白天黑夜连续不断轰炸，几天几夜未解除警报，出动敌机最多，持续时间最长。敌机常常在夜间轰炸重庆，市民无论刮风下雨，天热酷暑都要扶老携幼躲避日机轰炸，市民经常几个昼夜都无法回家过正常人的生活。轰炸造成人员伤亡，财产损失很大。

震惊中外的较场口防空洞千人窒息死亡惨案，就是由于敌机连续轰炸导致洞内人多缺氧窒息死亡。我家是那次大轰炸的受害者。被轰炸那天，幸好一家人都逃离到乡下，才幸免于难，但全部房屋及家产变成一片废墟。那天早晨发出警报后，我们离家躲避到后山一农舍，远离居民区，视野开阔，纵览市区全貌。早上大雾，午后才云开雾散，天空晴朗。下午两点多钟，人们都疲惫饥渴想回家烧饭时，朝天门警报台挂出两个红球，示意紧急警报。警报声刚刚鸣完，数十架敌机已临空，从南岸直奔市中区，面对高射炮的射击，敌机毫无顾忌，从高空俯冲扫射地面居民，同时向西南岸玄坛庙到市中区沿途投下无数炸弹和燃烧弹。强大的爆炸声震天动地，眼看一栋栋房屋倒塌，地上伴随响声冒出一根根烟柱，江面水柱冲向天空数十米高。等到警报解除后，在回家的路上，已陆续见到被敌机炸伤的伤员被抬进仁济医院（现市五院）进行抢救。到家后看到我的家一切面目全非，家已变成一片废墟。这里是老式二楼一底的木房，一下炸了好几十栋。少数抱侥幸心不愿离家去躲避的人，不是付出生命就是换个终身残废，家园被毁无处安身，我们就靠破席避风雨，临时栖身。

日机连续轰炸重庆5年，当时我家住南岸玄坛庙新院巷十三号，与市中心一江之隔，重庆全貌出门便尽收眼底。我无数次亲眼目睹日机轰炸重庆犯下的滔天罪行，一幕幕惨无人道的情景让我至今记忆犹新。我痛苦地看到受难同胞的尸体在朝天门河边堆积如山，国民政府无力掩埋，靠长江洪水冲走；转运过江到南岸坡掩埋的也不计其数。在"5·3"、"5·4"敌机连续轰炸死伤惨重时，运尸体路过我家门前开始装木匣，继后用席子卷，不少尸体手脚都露在外边，有的已腐烂发臭，沿路尸水外流，真是惨不忍睹。日机大轰炸使重庆几乎变成废墟，市民死伤成千上万，无家可归不计其数，造成重庆瘟疫、霍乱流行。我一邻居家一次暴病传染就死亡了3人，全市死于霍乱流行者是历史罕见的。

大轰炸是重庆历史上一大惨剧，重庆是"二战"中人员伤亡、财产损失比较严重的城市之一。如今 60 多年过去了，我们不能忘记同胞兄弟姐妹惨遭敌人杀害的历史，他们的血不能白流。作为历史的见证人，一个幸存者，我有责任有权利把事实真相告诉后人，这段历史不能被遗忘。

幸存者：涂国忠

2001 年 8 月 11 日

涂国忠，男，74 岁，身份证地址为：重庆市九龙坡区马王六村 9 幢 1 单元 7 楼 4 号。

4．街道一片焦土，尸横遍地

重庆上空当年铺天盖地的日本飞机群，街道一片焦土，尸横遍地，惨不忍睹的现状，恍如昨日，历历在目。我叫杨联城，1926 年农历十月二十六日出身于重庆市。1938 年家住重庆菜园坝，父亲杨正凡，母亲王月波，全家以开米店为生。我当年 12 岁，在求精中学读初中。那时日本飞机天天来炸重庆，我常随父母惊慌失措地在防空洞躲。有一次曾与父亲跑到较场口大隧道防空洞躲藏，防空洞里人山人海，空气闷热，出不了气，父亲紧紧拉着我的手。大约一个月后，较场口大隧道在日军轰炸中闷死一万多人，只洞口门缝边有几个存活的，我舅舅和姨婆家均在大隧道中遇难。我在现场看到尸体一车一车地从洞里拉出来，只有极少数用破筐筐装起。绝大多数就这样运到朝天门木船上，装到重庆长江下游河边，窖在黑石子山上。由于尸体太多，结果夏季暴雨一来，尸体全部从山上冲到长江，水面漂满了尸体与腐臭。从 1938—1943 年期间，日本飞机一直都在不断轰炸重庆，我家的房屋全部毁于战火。以后父母带着我们兄妹来到唐家沱对面的中窑乡下投奔亲戚，我由求精中学转到南岸弹子石金盖中学读书。

记得日本飞机有一次炸重庆时，中国飞机起飞拦截，被日本飞机打落，飞行员跳伞受伤，被学生们抬到医院抢救。有一次日机晚上来，南岸、北岸、歌乐山上的摆照灯把日机照白了，地上大炮一炮三响地往上打日机；有一次日机下午 5 点多钟来，由小三角形组成大三角形，由三架一组组成九架一组，又由九架一组组成 27 架一组，共有 100 多架，像一张网一样密密麻麻罩在重庆上空，把重庆炸了个稀烂。我当时在中窑乡下，由母亲带到山上躲飞机，不顾母亲的阻拦，抬起头来一组一组地数。经过无数次的轰炸后，中国地面部队已无能力回击日机，以至于后来日机一架一组，可以低空在重庆飞行侦察，从北碚——沙坪坝——南岸一路中自行无阻，日本飞机上的红巴巴我们都看得见。

重庆大轰炸已过去 60 多年了，日本早已战败而归，但日本政府从来没有认真向中国人民认罪，赔偿。中国人民受日本侵犯的人格、尊严受辱与财产损失是长久郁结在我心中的伤痛。

杨联城

2004 年 4 月 27 日

杨联城，现住地址：江安县农行宿舍，邮编：644200。

5．四合院被炸平了

我的父亲叫唐代洪，母亲唐秋氏；大哥唐丽仁，大嫂冉从福；二哥唐云航，二嫂姜洁冰；三哥唐永川，三嫂正谈；幺姐唐云嗣，幺弟唐云光，幺妹唐云碧，最小的兄弟唐云浩。当时我们老少及佣人共 28 人，居住在当年的梁山县梁山镇内的四排楼一个四合院内，现大众街 5—8 号。

在 1939 年 3 月 29 日这天，日本飞机大轰炸梁平县飞机场时，整个县城的人都躲警报去了。我家门侧有一个哨楼，一个炸弹把我家两个门市四间楼房，和楼房下的马房以及邻居几家炸为平地。整个四合院前部完全是炸平了的，只剩下后部了。当时我们家的两个门市的一切百货如布匹、手表、首饰、化妆品及我二嫂姜洁冰制作的新娘所用花冠花圈等均被炸毁。仅当时的各种百货，价值几十万元，房子还不算。

日军飞机乱炸，为了逃命，刚 7 岁的我只有跟着父母哥嫂兄妹们，逃到当时的老音场（现向前镇）中街，修了几间房子供大家居住（现在的前供销社全是）。只有二哥唐云航、二嫂姜洁冰一家搬到他岳父姜卫老家姜家湾暂住。后来我父亲唐代洪拿了一笔现金作为分家和修房开支，二哥住在四排楼原处修好门市后，仍然经营百货生意，并兼营二嫂制作的各花草工艺，从此一家人定居梁平。当时日本飞机炸坏了我们的家后，给我们家庭在精神上和经济上带来了极大损失，让人真是叫苦连天……

从解放到现在，我们家父母兄嫂弟妹均陆续死了，现我们这一辈只剩下我唐云茹。一个兄弟唐云光后过继到李家改名李名生,在新疆建设兵团农七师奎屯县。

二哥唐云航、二嫂姜洁冰去世后,剩下 3 个儿子。大儿子唐昌余、二儿子唐昌伦、三儿子唐昌立,1952 年抱到龚家去了。

今天唐昌余、唐昌伦两个内侄儿前来我处询问当年日本军队的飞机炸坏我们家庭的情况,经过仔细回忆,上面完全属实。虽然当时我只有 7 岁多,面对惨状还是记忆深刻。

唐云茹

2002 年 7 月 24 日

唐云茹,女,70 岁,明达镇新益村 11 组。

证　言

被问人:李本才,男,现年 70 岁,住梁平县东池街二组 265 号

问:当时日本炸梁平的时候,您老多大岁数了。

答:我当时十多岁。

问:是什么时间炸梁平的?

答:1939 年 3 月 29 日。当时是□时炸的。我们李家和唐云舫家离岗哨楼近。当时炸的是岗哨,所以把我们两家都炸了。唐家炸了两个门市一个马房,我们自己也炸了两间,还有其他几家人都炸了。

问:当时有没有人员伤亡?

答:当时我们都跑了,后来就不知道了。

证言人:李本才

执笔人:屈超平

2002 年 7 月 27 日

6. 祖父手断脚飞,祖母肚肠遍地

我家祖居重庆市梁平县梁山镇(当年的四川省川东梁山县城)。因县城边有较大的军用机场,苏军抗日英雄库里申科夫烈士(其陵园在万县市西山公园内)当年就是从梁平机场起飞去迎击武汉方向飞来的日军飞机而遇难的,日军飞机经常对梁平机场进行侦察、干扰、轰炸。县城居民百姓只要听到空袭警报一响,

就纷纷外出躲藏，有时一天响几次警报，群众就要出去躲几次。整个抗日战争期间，居民百姓长期过着提心吊胆的日子。平时日军飞机来偷袭均遭到驻梁苏军飞机的迎头痛击而逃窜，有时也扔下几枚炸弹，炸毁一些机场设施，县城少量民房，炸死炸伤一些居民百姓。

1939年农历二月初九（即民国廿八年三月廿九日，俗称梁平"3·29"大轰炸）早上八九点左右，由于汉奸给日机发信号，所以驻梁苏军飞机尚未起飞日军飞机已逼到梁平上空，9架日机一批，共几批日机轮番对梁平机场和县城民房进行了前所未有的狂轰滥炸。顷刻间，梁平机场的飞机、油库、弹药库被炸得震耳欲聋，火光冲天，紧靠机场的县城街道，如东门大炮台至北门的顺城街全部，北正街北段，西正街、西中街一部分被日军飞机炸成一片废墟，几乎半座县城被毁。炸毁民房数千间，死伤居民百姓近千人，血肉横飞，惨不忍睹，哭泣号啕，悲惨万分。我家祖居房屋27间全部被夷为平地，我的祖父王代钧、祖母王叶氏因躲逃不及，藏于卧室桌下被双双炸死，祖父被炸得手断脚飞，祖母肚肠遍地。我父亲当时正在山西中条山国民党军队参加抗日作战未在家中。父亲是独生子，家里当时有位表姑，姓巫，20岁左右，受雇在我家服侍祖父母二位老人，她年轻跑得快未被炸倒，是母亲姜自华找人安埋的。家中财物全部炸毁损失殆尽。

我家祖居房屋位于县城东门大炮台坎下，北门水洞门坎上，顺城街（又称万顺街）中段（即现在县政府背后空军宿舍院内），顺着当时的城墙有一条由大炮台至北门的半边街，大部分是做木材、木料、家具生意的。

我祖父王代钧也是经营木料、棺材等木材生意，俗称"王家木料铺"。自有门市房屋横四间，进深各三四间，其中一间门市又作通道，后面天井石板地坝两边横屋各一间，正面堂屋横三间一楼一底，另有猪圈、厕所。后面紧靠小水沟，水沟对面是方家大院。我家房屋共计27间，总面积共约565平方米。

受害人：王平凡

2002年7月10日

王平凡，现住重庆市梁平县梁山镇暗桥25—10号。

7. 我从死人中被救了出来

抗日战争时期,日本帝国主义侵略中国时,多次派出轰炸机到梁山(今梁平),不分白日昼夜到处狂轰滥炸,有的被炸得家破人亡。其中特别严重的是"3·29惨案",我家就是其中的一户。我的父亲李继荣这天娶我的后母亲(因为我原母亲在上年农历腊月二十六日生三弟染病于当月三十日死亡),当天被日本飞机炸死。我也是当时的受害者之一,我的头部和肩部被炸伤,至今还有一颗金属弹片在肩内。"我是从死人中被救了出来,三天后我才醒过来。"这是当时医院的病友告诉我的。我家被炸的地方,在北门水洞门附近100米的地方,当地的城墙坎下,即现今县水电局院内,整个房屋(房屋8间,200余平方米)被炸成平地,家具也全部被炸坏,当天所办的酒席被炸到遍地,我家来的客人被炸死被炸伤数十人。由于日本飞机的残酷轰炸,我的家全部被破坏,无住房,生活无依无靠,后母亲不得不改嫁,还不到2个月的三弟,不得不被送给别人当儿子,我们都成了孤儿,至今还不知三弟的死活。如果他还健在的话,应该是64岁的老人了。在这悲惨的遭遇下,我们不仅失去了亲人,失去了学习的权利,而且吃饭都成了问题。我和二弟李定寿在亲友的关照下,帮别人放牛,干小活而谋生。二弟当时才7岁多,我还不足10岁。由于日本帝国主义的飞机轰炸我们的家乡,破坏了我们的幸福生活,炸得我们家破人亡,使我的骨肉兄弟至今不能相见,多么悲惨啊!

受害人:李定福

2002年12月

李定福,男,生于1929年农历冬月十七日,梁平县星桥公社党委书记,现住梁平县梁山镇南正街核桃湾双桂啤酒公司家属院。

证　明

关于李继荣在"3·29"那天被日本的飞机轰炸,我们都知道。他那天是结婚,娶新娘,炸得他们家破人亡。我父亲陈富祯到北门水洞门去看,整个房屋炸成平地,他的二儿子李定寿就在我们家长大。到解放后,分得了田地后,才安了家。

证明人:□□□,城北乡狮子村六组

2002年12月22日

8. 字字血，声声泪

　　我的思绪痛苦地回到了血雨腥风的 1939 年，日本人的飞机在重庆轰炸的恐怖声和那悲惨的场景又一幕幕浮现在我眼前。

　　那时，我一家老小为了糊口，和许多穷人一样，也在重庆江北河边搭了一个竹木结构的棚子，靠卖稀饭度日。日本飞机不时在上空往重庆城丢炸弹，那段时间一天都要跑无数次警报。1939 年 5 月 3 日近中午，警笛再一次响起，我母亲让我和五姐、六哥去躲避，她自己带着我 3 岁多的小妹护着稀饭店，没能躲开。日机疯狂地在重庆上空盘旋、俯冲，丢下一颗颗炸弹，那一阵阵爆炸声震得人心咚咚地跳，头嗡嗡地响；炸得房屋建筑轰隆隆哗啦啦地垮塌。日机飞走之后，惊慌失措的我姐弟几个跟随大呼小叫的人们从防空洞里爬出来，一看，整个江北河边的房子都被炸倒了。我们哭喊着跑到废墟中找妈，只听小妹嘶哑的哭声，我们扒开竹瓦，见我妈趴在地上，我们边拉边喊妈快起来，可是我母亲——刘罗氏（别人都叫她刘九娘），她的头从脑后到左边的脸上被破成了两瓣，永远离开了人世。当时血肉模糊，一只眼还瞪着，那是她死不瞑目啊！那时她 53 岁，事后是我四姐夫蔡明武从政府那里领了一个"尸板"，含悲将我母亲的残尸敛了，埋在五里店的坎下。

　　我们失去了母亲，生活没了办法，姐妹几个整天在废墟周围哭声不断，几天后，小妹因惊恐和饥饿也断了气。我的五姐当时只有 15 岁，不得已送给别人家当童养媳，过着半饥半暖的操劳日子，我的六哥 11 岁，我 8 岁，只得各自流浪讨生活。后来我六哥有幸被富顺孤儿院收容，而我却是漂泊流浪，苦难辛酸伴随着我的童年和少年时期。8 岁的我，开始品尝了人间的所有酸咸苦辣，在那兵荒马乱的日子里，我没上过学，先后跟理发匠、木匠当过学徒，帮别人撑过河船，在铁匠铺面做过杂活，整日衣不遮体，捡过垃圾，当"狗屎娃"（靠拾粪来换一口粮食），去给地主家当看牛娃……这当中的苦难都不必细说了，稍有点阅历的人都想得到，就只说寒冬腊月我捞鱼虾卖的经历，现在想来浑身打抖抖。在那些冰天雪地的日子里，大人们都不敢去碰冰水，而我为了有东西填肚子，被迫用网罩、网口去深水口、河边打鱼卖，小小的我，任凭那刺骨的冰水淹到我的大腿、屁股、腰杆甚至胸口，在水中一遍又一遍地摸鱼捉虾，经常冻得手脚都麻木了，连被薄冰划起了口子都不晓得痛了。那年月我也命大，硬是从 10 年的苦难中滚大了。

我家这一笔笔血泪账，是日本侵略者欠我们的，我一直没有忘记，我告诉我的子孙们，日本政府欠我们家两条人命，欠中国老百姓的债就更多了。

口述人：刘少华

记录人：刘基群

2007 年 2 月 16 日

刘少华，男，74 岁，汉族，现住四川富顺县起凤乡堰塘村八组。

9. 妈妈一动不动

1939 年 5 月 3 日，当时我只有 7 岁，父亲陈万金，母亲谭陈氏，住重庆市江北区陈家馆田家院子，住房 3 间。当天空袭警报拉响后，我及家人惊慌地和邻居们一起向外跑，找隐蔽处，可当时街上到处是惊慌的人，一时也没有很好的隐蔽处，只得临时找地方藏身。母亲紧紧地把我护在怀里。接着，就听见飞机飞临上空的响声，先是三架、五架……一排一排的，一次比一次多的飞机飞来，紧接着向下扔炸弹，接着就听见爆炸声不断，马上周围一片火光冲天，到处是一阵惊叫声、痛哭声和爆炸声，使人心惊胆寒，恐怖万分。当时幼小的我更是惊慌异常，瞪大眼睛，把母亲紧紧抱住，心跳不止，一阵爆炸在耳边响起，我只觉得头上、手上一阵剧痛，接着看见鲜红的血从头上、手上不断流出来，母亲抱着我的手也一下就松开了，只见母亲一下就倒在地上，身边血流如注，临近的父亲已不见踪影。同我们在一起藏身的邻居双手从手掌处齐齐地被炸断，血从断处不断往外流，人躺在地上，痛苦地叫着。那时的我躺在地上，惨痛地哭叫着"爸爸、妈妈"，用没受伤的小手去拉躺在旁边的妈妈，可妈妈在地上一动不动，身上的痛和当时的恐怖环境让幼小的我更是心慌。爆炸还在接二连三不断，火越烧越大，烟越来越浓，四周一片悲惨叫声和痛哭声，母亲叫孩子的，孩子叫妈妈的，儿子叫爸爸的，丈夫叫妻子的，妻子叫丈夫的，声声悲惨，句句心酸。轰炸后，母亲和我被送到陆军医院医治，母亲到医院不久就因伤过重不治身亡，我虽捡回一条命，但右手已残，大脑受损留下严重的后遗症。双亲已被炸死，住家也被炸毁，年幼的我是东家一碗饭，西家一碗水，在风餐宿雨的痛苦中存活。大轰炸的阴影、恐怖时时缠绕我，到处是血肉模糊的尸体，残脚断臂的身体，血流如注的断肢，大火燃烧的房屋。那场面时时呈现眼前，恐慌，心痛，后怕不已。大轰炸使我受到的身体伤害，心理伤害更是无法用文字表达出来，也是任何未经历过这场大轰炸的人所不能想象和体会得到的。大轰炸使我家破人亡，残疾一生，对我的伤害是巨大无比的，更是无法弥补的。大轰炸中有成千上万同我一样遭遇的人和家庭，这些都是铁的事实，有人为证，有据为证，有史为证。可对铁的事实，日本国一些人至今还想隐瞒历史，扭曲历史，不承认在重庆大轰炸中犯下的罪行，不对大轰炸中幸存下来的受害者承担责任，是任何时候，任何民族，任何人都不能容忍的。我——重庆大轰炸中的一个受害者，用自己亲身的惨痛经历，真实的历史事件，要求日本国政府正视历史，向中国人民致歉，向大轰炸中的受害者致歉，向大轰炸中的幸存者致歉。

受害人：陈桂芳

2007 年 6 月

陈桂芳，女，1932 年出生，现住重庆市江北区苗儿石安全村 43—5 号。

10. 天天悬心吊胆地过日子

我从出生到 1952 年都住在梁平飞机场边缘，即现在梁平城北门地石航空指挥部附近。抗日战争大爆发时我全家 5 口，有土墙住房 2 通约 60 平方米以上。我父亲是做生意的，家庭还是比较富有。记不起是哪一年了，日军飞机将我家多次被炸烂又多次修复的房屋，一颗炸弹将地基就炸成一口鱼塘，所有财产一无所存，仅靠邻里和乡下亲戚东拉西借度日，直到解放才住上人民政府分配的租房安家落户。

日军飞机轰炸重庆的 5 年当中，日本飞机不分白日黑夜、天晴下雨都在轰炸我们梁平县城。我整个童年和少年时代几乎天天都在逃警报。父亲经常外出做药材生意，只剩我母亲带着我们三姐妹天天悬心吊胆地过日子，晚上睡觉从来没有脱过衣裳袜子，更不要说其他什么了。特别是冬天，我母亲经常将我从睡梦中打醒，还要背弟或妹，深沟浅坎都看不见，到处乱跑乱撞，经常摔得身上到处是伤。冬天又冷又饿，夏天被蚊子咬起全身都是红疙瘩，好像出麻子一样，那个日子硬不是人过的，但是没有办法，为了活命，也不怕血肉模糊的死人了。有时还要从死人身上跨过去，有时晚上躲警报挞扑扑到死人子身上，弄到自己身上都是血，有时在外面摸到死人子睡到第二天天亮才知道。我记得有回晚上，日军飞机来了，我们跑到辽叶河去躲，日军飞机就围着那一段轰炸，有一块破片（弹片）差点把我脑壳就削掉了。第二天天亮了，我的天哪！整个河坝到处都是死人子，血糊血海的。还有一次，日军飞机将南门防空洞炸了，洞里的男女老少是全部死完了。在这抗战8年当中，梁平城里很多都是全家一个不剩被日军飞机炸死完了的。我记得是3月29日，哪一年我记不得了，那天警报一响，日军飞机就已经到了梁平上空了，机场的飞机只飞上天一架还击落了一架日本飞机，机场其他飞机都遭了。我们那天也是菩萨保佑，好像电影里一样，我母亲拉起我们三姐妹管它是死是活，闷起脑壳在炸弹起的烟雾里跑就是，说起喊起话来，耳朵也听不到，我们几娘母反正互相拉紧不松手地跑。警报解除后，我们回来看到城里，我们屋前屋后地里到处都是死人子，树枝丫上到处都挂起碎衣服、布匹和断手断脚。在这8年中，我们家虽没伤到人，但是我们从儿时包括所有活着的人，每天都是胆战心惊、饥寒交迫、不分昼夜、严寒酷暑，又随时都伴着硝烟、血腥和死神过日子，我们都不知道怎样熬过这8年，求得了自己身体和生命的生存。艰难啊，艰难呐！1945年，听说日本鬼子投降了，全城人没有哪一个不欢喜得又哭又笑，唯一的一句话，晚上起码能睡安稳觉了。

受害人：张远珍，口述

受害人之子代笔

2004年4月2日

张远珍，女，生于1929年7月4日，75岁，现住梁平县盐井口恒丰纸业公司。

调查笔录

秦登明，男，汉，生于1938年9月15日，四川省梁平县星桥乡花园村5组。

时间：2004年10月8日

调查人：谢昌宜

调查地点：秦登明之家

被调查人：秦登明，男，67岁，汉族，四川省梁平县人，住梁平县星桥乡花园村5组，农民。

问：我是张远珍委托调查人，查日军轰炸梁平县她家遭受损害的一些事实，你是否可以如实地证实一下？

答：可以。

问：你认识张远珍吗？你对她的家庭情况知道吗？

答：认识，并且还比较熟悉她家庭情况，不知是哪年我记不得了，总之是日本飞机轰炸梁平开始，她和她母亲、弟妹长期就是跑到我们乡下来躲警报，我比她小几岁，但是那年代的一些事还是大体上记得。她家庭可能有点富裕，她们经常逃警报，拿到我们家来吃的和穿的都非常好，在我们乡村根本没见过。她们一家人也比较大方，也经常接济我们。记不起是哪年哪月，因为她们家就住在飞机场边缘，一次日军大轰炸将她家几幢房子全炸了，连瓦片角角都没剩点，后来她们全家就靠在我们乡下吃住，东挪西凑地过日子。要说她们一家人也算幸运，没伤到人，城里多少就是一家一家的被日本飞机炸死了。也可能是住在飞机场边边，没住在城里，警报发了跑起来快些。后来我才知道她父亲原来是国民党驻守机场的一个官员。最后又是一个药材商人，其他具体的我就不知道了。

问：你看一下笔录是否属实，请签个字画个押。

答：我不识字，你念给我听一下，我盖个指印就行了。

问：那我念给你听一下。

答：笔录属实，与我说的一样。

调查笔录

罗吉祥，男，汉，生于 1928 年 7 月 3 日，四川省梁平县天竺乡迎水村 4 组。

时间：2004 年 10 月 8 日

调查地点：罗吉祥家

调查人：谢昌宜

被调查人：罗吉祥，男，77 岁，汉族，四川省梁平县人住梁平县天竺乡迎水村 4 组，农民

问：我是张远珍委托调查人，调查张远珍在日军侵略中国时，她家所遭受的一些损害事实，你是否知道，可不可以如实地证实一下？

答：这有个哈子吗？这可以就我知道的一些事实给她向你们证实一下。

问：你怎么认识张远珍及其家人，又怎么知道她的一些情况的？

答：那时我很小，经常跑到城里来要，她父亲是国民党部队里一个当官的，很喜欢小孩子。我们乡下娃儿家里也穷，但我们很勤快，经常帮她家里做些零碎活，混点吃的穿的，所以我就认识了她们全家，她家里的情况也基本上了解。抗战爆发，她父亲可能是部队调防，就从事药材商。除她父亲外，她同她母亲弟妹一家 4 口经常躲空袭就在我们乡下。抗战 8 年，那龟儿日本飞机硬是把梁平县炸

了5年，城里好多就是一家一家的炸死了的。她一家人有时晚上深更半夜跑到我们家来躲空袭，大人娃儿一个个活像泥人样。我说呀，她们一家人也是好人上天保佑，日本飞机轰炸我们梁平5年，她家就在飞机场边边住，她家房子炸了修，修了又遭炸，最后不知哪年炸到房屋基本上没有了（后来作了鱼塘），就没有伤到一个人。住到城内的那些死得惨啰。有一次日本飞机，把南门防空洞炸了，不知洞里有好多人，那是全部死完了的。她们家的财产肯定是遭完了的，过后还靠我们乡下这些亲戚来救助她们的。总之，她们一家大小在8年抗战中虽然保住了性命，却没有过上一天安稳日子。

问：请您看一下笔录，是否属实，签个字盖个印就行。

答：我不识字，你念给我听听就行了。

问：好。

答：跟我说的一样，属实。

11. 奶奶的左胸被打烂

抗日战争时期，我家住在梁平县城东门东池堰的东南面（距东池堰约100米），全家有三代人：有奶奶、父亲、母亲、妹妹和我，共5口人。

1939年3月29日这天中午，有日机9架，从梁平县的西南方向飞来。我们听到飞机来了，立即向屋外跑去能躲藏的地方，我靠着奶奶谢周氏蹲着。这时日机向梁平城轰炸了，破片将奶奶的左胸及乳房打烂，血流满地及我全身，奶奶当时伤亡。我成了一红色的血球，别人看到我全身是血，都认为死了。好心的人把我身上的血擦掉，一看还有活气，检查全身没有受伤，当时是被日机的轰炸声吓住了。幸存的我，后来由于抗战的胜利，又获得共产党领导下的解放，人小命大的我，今年已到70岁。妈妈（姜清）当时抱着妹妹，炸弹将妈妈的右腿炸断，还用力叫我把妹妹带走，赶快跟着赵爹爹去躲藏。空袭结束后，父亲谢泽高将妈妈送到红十字医院治疗。医了3个多月，因破片打伤了有毒，家庭的钱用完也治不好，最后伤口腐烂，肚内又怀有6个月的孩子，悲惨地含泪痛死。家里留下我（7岁），妹妹（5岁），父亲为了生存，无法照管女儿，把我送给姑妈谢泽英，把妹妹送给舅公周家养着，不到几年又饿死了。

由于日机的轰炸，把我好好的一个家，瞬间变成了家破人亡。滔天罪恶的日本，不仅炸毁了我家 4 条生命，还炸、烧毁了我家的正屋 3 间，横屋左右各 3 间，牲畜房、生产工具、家具、生活用具等物。今特陈述，申请重庆市司法局，按国际法和我国的法律，要求日本现应给我偿还了。

陈述人：谢长凤

谢长凤，女，现家住重庆市梁平县梁山镇石马路南 66 号二单元 210 号，梁平县第二印刷厂退休工人。

2002 年 12 月 26 日

12．重庆大轰炸

轰炸前夕，一片恐慌

1939 年，日本人的飞机轰炸重庆时我还不满 15 岁。

我家当时住在重庆十八梯双栀子巷。当时，十八梯一带没有自来水，全家靠父亲给别人挑水换钱勉强度日。母亲常年在当铺里给别人缝衣服补贴家用。生活虽然贫穷，但在那年月，能有个稳定的生活环境已经很不容易了。

1938 年开春那阵，就听说日本人的飞机要来炸重庆。日本轰炸并占领上海、南京后，重庆方面也一天比一天惊慌起来了。保甲长开始挨家挨户筹钱准备挖防空洞。随后又成立了防护团，属于民间组织。那阵子，大家都很团结，有钱的出钱，有人的出人。但由于国民党政府的腐败，加上缺乏物资、经费、技术和人力，所挖的防空洞和防空壕很少，根本无法满足广大市民的需要。当时最大的防空洞要算十八梯旁边的观音岩洞。那时要进防空洞，每人要交 10 块钱办"防空证"。只有少数有钱人家才交得起。

为预防空袭，防护团和防空部队在许多高地都搭起一个架子，上面套上几根绳子，每根绳子上挂着个灯笼，有红色和绿色两种，类似于现在的红绿灯，只是要大很多，直径有 1 米多长。得知日本飞机飞来时，在预袭警报拉响的同时，架子上就挂出 1 个红灯笼。空袭警报拉响时，架子上就挂出 2 个红灯笼。紧急警报拉响时，架子上就挂出 3 个红灯笼。当日本飞机飞到重庆市区上空时，3 个红灯笼将同时放下，如空袭警报解除或两次轰炸的间隙时间较长时，架子上就会挂出 1 个绿灯笼，人们可从防空洞出来透透气，休息一会儿。

1939 年"5·3"、"5·4"之前，日本人的飞机已开始了对重庆的轰炸，但每次时间都不长，飞机数量也不多，投弹时也飞得高，炸弹只是朝着那些高烟囱、高房子等明显的建筑物丢，然后转身就跑。

经过好多次的躲躲藏藏，大家从高度的恐惧、害怕，到麻木，一些人认为轰炸也就那么回事，等到 3 个红灯笼都挂起时才找地方躲。

5 月 3 号那天天气很好，日本鬼子的飞机说来就来，从预袭警报拉响到 3 个红灯笼挂出，大概也就 10 多分钟。以前的轰炸，我们一家人和邻居差不多都躲过了，可这次却没能躲过。

家毁人亡，成了孤儿

5 月 3 日下午一点半过，三长两短的空袭警报突然拉响，较场口的架子上很短时间内便接连挂出了 3 个红灯笼，人们开始四处躲藏了。但是这次日本人的飞机来得太快了，两点钟还不到，就已经临头了，黑压压的一大片，像老鸦一样，飞得很低，很快就响起了炸弹的尖啸声。

江对面洋石灰厂的烟囱在那时是重庆比较高的建筑。飞机来时它还在冒烟，那儿开始丢炸弹，一路丢了过来。人们哪见过那阵势，都吓懵啦。这时，满街的人有的冲向防空洞，有的跑进屋子去躲藏，尖叫声、哭喊声、爆炸声震耳欲聋。

警报响起的时候，我父亲正挑了一担水走在街上，母亲也还在当铺缝衣裳，我在家煮好饭，正等着父母和在外玩耍的弟弟回来。飞机临头时，父亲搁下水桶高喊着母亲往家里跑。我站在门口大声喊着弟弟。

父母冲进屋里，像往常躲飞机一样，把吃饭用的大木桌抬到里屋，把家里所有的棉絮铺在桌子上。不远处传来炸弹的爆炸声和尖啸声，大地在剧烈地抖动。善良心细的父亲正扯着一张篾席，搭在桌上的棉絮上，他担心轰炸时，震落屋顶的尘土，搞脏了棉被。母亲听说弟弟还在外面，慌忙往外冲，想出去寻找。我急忙拦住母亲："妈妈，我去找！"母亲说："快去快回！"父亲道："找不到也快回来！"我迈出门槛时听到父亲的吼声，下意识地回了一下头，看见父亲拉着母亲的手往桌子下面钻……这是我最后一次看到他们的情形，我永远都不会忘记。

我刚冲出大门的一刹那，就听一声巨响，地皮一抖，眼前一黑，一股巨大的热浪从后面推来，自己好像在飞，然后便什么都不晓得了……

8 小时后，当我醒来时，已躺在了仁爱堂医院的病床上。仁爱堂医院是当时英国人建在重庆的一所红十字救济医院，我又痛又饿，哭喊着要爸爸、妈妈。有个护士给我端来一杯糖开水和一个面包。我才发觉自己的脖子上缠着纱布，一阵阵发痛。护士告诉我，我的后颈上戳了酒杯大的一个洞，流了好多好多血，多亏有个小防护团员把我背来，不然早没命了。

仁爱堂医院每间屋子每尺过道都是伤员，有的缺腿有的缺胳膊，到处都是血迹，哭声、叫声、喊声从早到晚不停息。有些受伤的，抬到医院不久就死了。医院东侧的一间停尸房太小，里面的尸体像粮店堆麻布口袋一样，从墙角的地下一直摞到屋顶。看到那情景真是惨得很啊！

我看到一个小女孩，大约只有两三岁，防护团送来时，她满肚子都是血，也不知伤在哪儿，一名护士给她救治时，她眼睛睁得大大的，白白胖胖的小嘴对着护士直叫"妈妈，我痛，妈妈，我痛啊……"不一会，我亲眼看见小女孩闭上了眼睛。

吃了饭，喝了水，我急着要找爸妈和弟弟，就偷偷地跑了回去。从仁爱堂到十八梯，10多分钟就可以跑到。可我转了大半天，也没有找到家。哪还有什么家？留在那儿的是一个大坑，整个十八梯一片废墟。

我绝望地哭着喊着："爸爸——妈妈——弟弟——"没有人答应我，我顺着十八梯往较场口方向爬，石梯上到处都是尸体和残肢。右边的观音岩防空洞口，不少防护团员在搬尸。走近一看，天啊，那尸体堆成了两座山！后来才晓得，那防空洞口被炸塌了，封死了洞口，尸体上抹下的手表和金戒指、金项链等首饰就装了几箩筐！

正走着，我突然看到了邻居"傅草药"的儿子傅二娃，他正拖着个死人往上走。我喊了他，他看着我，半天没回过神，突然丢下死人，跑过来紧紧抱着我号啕大哭："我的爸死了，我的妈也死了，我家只剩我一个了！"我急切地问他："我的爸妈呢？我的弟弟呢？"他告诉我，我们那条街的人几乎全死光了，有的是被炸死的，有的是被巨大的气浪高高掀起摔死的，有的是被垮塌的房屋压死的，还有的是被火烧死的。他还告诉我，是他救了我，原来炸弹爆炸时，我被巨大的气浪掀到了七八十米远，落在了一个铺面门前搭的布棚上，昏死了过去。日本人的飞机飞走后，傅二娃和另几名防护团员挨家挨户找有没有活着的人。发现我躺在软棚上，脖子上有一个洞，流出的血已经结了块。他们发现我还有口气，便把我背到了仁爱堂。

我再也见不到我那苦命的爸妈和可怜的弟弟了，这笔账，我要永远算在日本法西斯身上！

惨绝人寰，终生难忘

我和傅二娃哭累了，眼泪也哭干了。我跟着他来到防空洞口。那真是一个死尸场啊！尸体多得无法计数！我恐惧得瞪圆眼睛，现在想起来，脑袋马上就大了！傅二娃说拖了一天一夜还没拖完。

我到了较场口一看，景象更惨。整个较场口坝子都铺着尸体，哭声一片。靠老衣服街的一堆尸体前，有 30 多人在认尸、领尸，哭声一片。靠中兴路边停着四五辆大卡车，许多防护团员和士兵正将无人认领的尸体搬上卡车拉走。靠东面一帮人正在清理尸体，如果尸体身上有证件的，就登记；没有证件的就计个数。坝子中间有穿白大褂的人在对刚拖上来的尸体进行检验、分类……这些尸体后来被拉到江北沙嘴，在民生公司造船厂旁边的青草坝挖了一个"万人坑"埋在了那里。后来长江涨水，"万人坑"靠近江边，又是沙土，好多尸骨都被水冲走了。不过，现在青草坝那儿还有个大坑，到处都见得到白骨。听说有关部门准备在那儿修一个"重庆大轰炸死难同胞纪念碑"。

据说，十八梯防空洞本不该死那么多的人。这个防空洞有两个洞口，一个在十八梯观音岩，另一个在老衣服街附近。当时防空洞内人满为患，挤得像沙丁鱼罐头。两个洞口都遭到了轰炸。靠近洞口的人一听到爆炸声，就拼命往里挤，而洞里又没有什么空隙，挤死、踩死了一些人。就在这时，老衣服街那边的洞口的房子被炸塌并燃起熊熊大火。火光冲天，洞口又被倒塌了的房子堵塞住，少数挤出洞口的人，也被大火烧死。后来，垮塌的房屋将洞口堵死，浓烟钻进洞去，这边的人就拼命往十八梯洞口挤，而十八梯又是受害最严重的地区。这样一来，上万人挤成一团，洞内的温度越来越高，气不流通，氧气越来越少，大多数人就这样被活活地闷死、挤死、憋死在洞中。地上积满了汗水、尿和血。

"5·3"、"5·4"大轰炸，把昔日热闹繁华的重庆炸成了一个烂摊子。除了炸弹轰炸，燃烧弹焚外，还有机枪不停地扫射。日本飞机所过之处，房屋几乎没有一间是好的，躲在屋中的人十有八九只有死路一条，有许许多多都是整家死光了的啊！

开针线铺的刘新云，一家 7 口人，全部被炸死，房子也被烧成了灰烬。

"傅草药"一家除参加防护团的儿子当时活了出来外，其他 4 口连同草药铺连影子都没找着。

罗家染坊是当时十八梯最大的染坊。丈夫、儿子和 5 个伙计，全部炸死，连染坊的锅都塌了，上面还挂着人肠子。

那些天，整个重庆到处是死人，到处在冒烟，到处是火光。

朝天门的糖库烧了4天还没有熄火，白糖、红糖烧化了流得遍地都是。

太平门泰古公司的煤油、汽油烧红了半边天。

储奇门的粮仓和药材站烧了整整一个礼拜，药味久久不散，遍地都是焦米。

5月4号，120多架日本飞机再次轰炸重庆。那天中午，当警报拉响时，逃难的人们蜂拥着出城。当时南纪门有个城门洞，成千上万的人往洞口挤，混乱中，有近40人被踩死，好多都是老人、娃娃和妇女。

南区马路有许多拐弯处，有很多人躲在那里，4号这天有近百人被日本飞机俯冲下来用机枪扫死。

储奇门的轮渡码头当时是个露天交易市场。日本飞机轰炸时，几百人没地方躲。一枚炸弹落在竹子市场的人群当中，炸飞的烂衣服、人肠子、断手断腿挂在竹子上，血淋淋的，十多天都没收拾完。

那时，整个重庆成了一个偌大的坟场。房上、树上、岩坎上到处都见得到挂着的、躺着的尸体、残肢，长江里随时能看到漂浮的死人。

看到这一幕，我想起了我慈爱的父母和可爱的弟弟，想起我的那些勤劳善良的邻居，想起昔日的温馨和笑声，我没有哭，只有恨！我恨不得变成一发炮弹，冲上天去把日本强盗的飞机炸个稀巴烂！

我在仁爱堂医院待了4个月，医院伤员住得太多，我不得不含泪离开那里，然后就流落街头，和许许多多在大轰炸中失去父母和家园的孤儿一样，变成了沿街乞讨的小叫花儿。我捡过烟头撕开卖烟丝，我也为别人挑水挣钱，我睡过屋檐边，桥洞里，还在马家岩河边的洞里度过了半年。1945年，抗战胜利后，我被一个戏班子收留，开始学唱戏。解放后，1950年，共产党送我上了西南人民革命大学，从此结束了那段悲惨的生活。

后来，我去找过救我性命的傅二娃，据防护团他的同伴说，他早死了，如同他家其他亲人一样也是被日本人的飞机炸死的，炸飞了差不多半个身子，但是眼睛却睁得圆圆的……

1998年5月3日，重庆市为悼念那次大轰炸中遇难的同胞再次拉响了防空警报。我专程又来到十八梯，听着"呜——呜——呜"曾经熟悉、恐惧的声音，我的心像刀割一样，禁不住老泪直流……近60年了，我的心依然没有平静。我不晓得，那些埋在地下的成千上万的死难者的冤魂，是否和我一样，也没有平静……

（《华西都市报》1998 年 9 月 18 日）

李朝荣，男，78 岁，重庆市巴南区南彭乡甘家湾人，现住巴南区界石镇农贸市场 34 号棉花铺。

13．烟雾弥漫，血肉横飞

日本帝国主义发动的侵华战争已经过去 60 多年了，中日建交也已 30 余年，但是日本右翼分子仍在大肆否认侵华战争所犯下的种种残暴罪行，日本政府一些首脑人物还在不断参拜靖国神社，公开为日本侵华战争招魂。最近我们又目睹了电视里播放的日本飞机大轰炸重庆的幕幕惨不忍睹的残暴罪行，更加激怒了我们，日本政府否认历史的事实，我们决不能容忍。我以我家亲身遭遇血泪控诉日本飞机轰炸梁平的滔天罪行。

我们梁平原有一军用飞机场，日本飞机在侵华战争中，经常来侦察、干扰、轰炸。有时一天响几次警报，老百姓就要跑出去躲几次，整天提心吊胆，生怕炸弹落下来，百姓不能正常生活和做生意。特别是 1939 年 3 月 29 日早上八九点钟左右，日本飞机窜入梁平机场和县城上空轮番轰炸，到处乱投弹，一时间机场和县城到处被炸得火光冲天烟雾弥漫，血肉横飞，惨不忍睹。整个县城几乎有一半被炸，到处是死人。我家当时开的斋铺（长声斋）和邻居唐家、赵家均被炸毁，财产烧光。由于大家躲得快，人未遇难。我家祖居重庆市梁平县梁山镇大众街 58 号（原四川省梁山县城四排楼暗桥街）。我父亲丁召南从 28 岁开始就在这里开斋铺（清朝末年），铺名"长声斋"，到 1939 年"3·29"被日本飞机炸毁共计生活、销售 34 年之久，生产设备齐全，货源充足，每日都批发给区、乡各地，整天门市销售顾客很多，生意好。当时"长声斋"的门市较大有 50 来个平方米，各种粮食和副食，均有批发和销售。前面有 2 间楼房，后面 3 间住房，厨房 1 间，厕所猪圈 1 间共 8 间，共计面积 200 余平方米。家中当时 8 口人，父亲丁召南，母亲丁唐氏和我自己，2 位做糖师傅，2 个徒弟，1 个女佣人。由于日本飞机的狂轰滥炸，使我们全家房屋、财产损失干净，无力再生产经营，以致生活困难，只好到乡下明达乡堰上村九组居住。在此我们特向日本政府索赔房屋土地损失 200 平方米，每平方米按 1 500 元计算共计 30 万元；货物、财产损失（生产机器工具和家中财产）共计 50 万元，总计人民币 80 万元。

证言人：丁朝翠

代笔人：张宜均

丁朝翠，80 岁，重庆市梁平县明达镇长久村十组。

2002 年 8 月 6 日

证　明

"长声斋"地处四排楼繁华地段，由于经营有方，生意很好。1939 年 3 月 29日，日本飞机在梁平狂轰滥炸，把梁平县城炸得一片废墟，到处看不到像样的房屋，丁召南的"长声斋"斋铺也被炸成废墟，家中财产和斋铺的货物、工具，全被烧成灰烬，当时我在城里亲眼所见。

证明人：姜智华

2002 年 8 月 30 日

姜智华，86 岁，我现住梁平县梁山镇梁山路罗汉村 122 号。

证　明

我叫罗凤珍，女，今年 90 岁，祖居梁平县梁山镇大众街（原南门湾里，镇幼儿院左侧）。我家离正街只有 100 米左右，当时"长声斋"就在我们上街的巷子侧边，"长声斋"自己生产自己销售，顾客很多，生意也好。

1939 年"3·29"日本飞机大轰炸梁平时，我亲眼看见县城到处被炸成一片火海，烟雾尘尘，被炸死的人到处都看得见，真是惨得很。当时我也看见丁家斋铺"长声斋"和附近几家也被炸了，"长声斋"房屋全部炸毁，家中财物烧成灰。

特此证明。

证言人：罗凤珍

2002 年 9 月 1 日

关于"长声斋"被日本飞机炸毁的见证

抗日战争时期，我在梁平机场空军部队服务（电台）。那时我经常进城办事、买东西，完全知道。"长声斋"在四排楼暗桥（现在的大众街）。1939 年"3·29"日本飞机轰炸梁平时，警报解除后，我们进城看见到处被炸，死尸到处都是，当时县监狱、水冬门、四排楼这些地方到处都有被炸的，"长声斋"斋铺和邻近几家都被炸毁，这是我亲眼所见的。

特此证明。

见证人：陈显禄

2002 年 9 月 1 日

陈显禄，男，81 岁，现住西正街（工商银行隔壁）。

14．所有的房子都在燃烧

重庆市（当时简称陪都）储奇门，在当时那种动荡年代是人和汽车的主要渡口，也是最主要繁忙的码头，所以日军对它进行轮番的轰炸。

当时，我家住在储奇门，有一幢两楼一户木料穿斗房子。日军飞机进行第一次轰炸，储奇门一片火海，所有的房子都在燃烧。没有了房子只好搬迁到储奇门人和湾，重新修了一幢木料平房。没隔多久，日机对储奇门进行第二次、第三次轰炸，我的父亲就是在日军这两次轰炸的时候丧生的，左右邻居也在轰炸中死了很多，尸体堆积如山。储奇门人和湾一带陷入一片火海，尸体没有地方处理，就用木船拉到弹子石挖坑埋掉。日军又开始了新一轮轰炸，当时没来得及处理的尸体，只好往长江里面丢。

日机更加狂烈地轰炸，这一次轰炸比起头两次来更激烈，重庆在当时 7 天 7 夜没有解除防空警报。日机这一次对储奇门地区投下了更可怕的炸弹（毒气弹），我们在当时根本就不知道投下的是什么。当时，国民军里的红十字医生，叫我们每人带上一张毛巾。用水打湿捂住嘴，到处都在燃烧根本就找不到水，叫每人用自己的小便把毛巾打湿，把嘴捂住。我们这些住在河边的人每家每户都养了几头猪，这次日机投下的毒气弹，让猪的身上全部变为黄色。国民军的红十字医生把猪全部都集中在一起杀掉，所放出来的猪血全是黑色的。在解除警报以后，才知道日机所投下的是毒气弹。

看到我的父亲和邻居丧生在这次轰炸中，房屋财产毁于一旦，搞得家破人亡，悲痛万分。都是可恨的日本军，让我们承受战乱的痛苦。

受害人：包连成

2002 年 9 月 23 日

15．9个子女，死去6个

　　我是大轰炸幸存者，现年95岁。我一共生育9个子女，在大轰炸中死去6个孩子，死得好心痛啊！好惨啊！日本大轰炸，我虽然左手颈骨折，但我还捡了一条命，九死一生，人都吓死了，吓死人啊，没被日本人炸死都是天老爷保佑。1939年5月3日、5月4日，当时无防空洞，人们一片恐慌，到处乱跑。就在1939年5月躲空袭，人多乱跑，当时我抱着一个一岁多的儿子，被挤倒在地上，本人左手颈骨折，孩子头部被人踩伤（后生病无钱治己死亡），我的左手现在仍然经常疼痛，造成终身残疾和痛苦。当时只有邮政局在太平门桥上修有一个半截洞子，要凭工作证才能进去，但由于当时守洞子的人看我左手颈骨折疼痛不已，右手又抱着一岁多的小孩子，就让我拼命地挤进去了。大约躲了几个小时后，空袭解除，听尺其华说，你们房子遭炸烂了，死了好多人啊，我出来一看，我的房子全部被炸平了，我悲痛万分。当时好惨啊！靠坝子的外边平房6间，每间约20—30平方米，靠里边的一幢一楼一底，每层3间，每间约20—30平方米共6间，两幢共300平方米以上，租给朱文彬、刘东海、罗正祥、熊长皮、黄绍皮、泽良成、邓吉安、黄绍清居住，每年7月半收谷子或米或洋钱，剩的自己住。房子所修的土地是罗家世袭自己的土地，人称"罗家渣子堆"。房就建在现在的太平门邮电局上面滨江路旁，就是那个炸弹，门前炸死11人和我家的那片房屋（因为这些人无处躲）。我的房子全部被炸平，无处居住，所以又把烂材料拖到南岸海棠溪茶亭修了一处一楼一底作为一家老小的栖身之地。

　　我丈夫罗国清，生于1905年11月，是太平门大码头搬运的"夫头"。轰炸前，我家里生活较好，由于大轰炸，长江水运没有业务，没船来靠码头，生活无来源。当时我生了7个孩子，由于躲空袭，生活困难，生病无钱治，大人孩子颠沛流离在逃命，几年间共死去6个孩子。我的丈夫罗国清目睹这巨大的人间悲剧，精神极度崩溃，于1940年8月患精神分裂症成了疯子。

　　日本大轰炸给我国人民和我的整个家庭带来终身无法弥补的痛苦。

受害人：鲁长清

2002年7月6日

　　鲁长清，女，1907年7月20日出生，原住重庆市市中区太平门大码头河街

（罗家渣子堆旁），现家庭地址：重庆市江北区北城□□街 19 号。

16. 家园被毁无定居

我祖父王兴元早年在梁山县城东正街有门市两套，厢房数间到背后靠近东池堰，主要以经营丝烟（又称水烟丝）为业，是县城有名的"王记烟铺"。父亲王开印读书毕业后即到大竹县粮食储运站作职员。父亲兄妹共 4 人，祖父王兴元英年早逝，全家靠祖母经营烟铺维持全家人生活。

1939 年 3 月 29 日上午，日本飞机对梁山县城进行了前所未有的大轰炸，县志有（3·29）大轰炸记载。县城东、北、西门被夷为一片废墟，东正街被炸多处。我家被凝固汽油弹炸中，一时祸从天降，火光冲天，成为一片火海。空袭过后，我家先辈亲属赶到现场已快成为一片平地，忙于给残垣断壁扑火，并有一个受雇工作的当场被炸得血肉横飞，惨不忍睹，全部家庭财产损失殆尽，号啕哭泣之声震耳。我的大姑父雷光荣来帮助清理剩余物时，又碰上一个燃烧弹突发爆炸伤及眼部，后成了大观镇有名的"雷瞎子"。

我家经此巨大灾难，祖母一筹莫展而得重病，仅过两年即逝世了。两位姑母都已成家随其丈夫到大观乡下居住，后来我父亲王开印与母亲许清珍结婚后已无处可居，只好寄居在叔祖父王兴槐（又名王兰谷）家。至解放前夕，父亲被迫放弃工作，只好失业。从 1945 年抗日战争胜利，我们全家投亲靠友，颠沛流离求生，先后曾寓居于重庆、成都姨父家，直到解放后才回到梁山县大观乡投靠大姑父母家居下来，做点小生意维持家里的生活。

我名王明书，原意为 1945 年抗战胜利之年出生，全民抒畅，谓"民抒"，现习惯被同音字"明书"所取代，也意含终有讨回公道，牢记国耻家仇之意。

我家被炸毁房屋两套门市 6 间，侧厢房共 12 间，总面积达 500 多平方米。

受害人家属：王明书

2002 年 12 月 5 日

王明书，现住梁平县明达镇卫生院宿舍。

17. 日机炸毁了我家

我家原住四川省梁山县钟家老院子，位于梁山县西大街城门墩下边，老地名"双土地"有"四水归池"即四方院一座，仿古式庄园建筑，于 1939 年 3 月 29 日被日机炸毁，变成一片废墟；该院占地面积约 10 亩左右，有房屋 29 间，包括上厅 7 间，下厅 7 间，左、右厅各 3 间，另加厨房、烘房，男女雇工住房各 1 间，朝门侧边有平房 5 间，房屋面积约 3 000 平方米，院中地坝 500 平方米，过道 100 平方米，院后有果园 1 000 平方米，花园 1 000 平方米，大门外有菜地 1 亩，总共面积约 6 000 平方米。1939 年 3 月 29 日被日机炸毁后，损失重大，无处居住，后又在东大街买四合院一座 11 间约 1 100 平方米于 1941 年□月又被日机炸毁，同时炸死钟荫□之妻当时邓□□有孕 8 个月。事后我们家迁至农村重建平房居住至 1945 年抗战胜利，回城住西飞子和九家湾处至 1949 年解放。我家被日机炸毁两次，死亡 2 人，损失重大。

受害人的子女：钟荫玲

2004 年 4 月 5 日

钟荫玲，女，73 岁（1933 年 2 月生），现住重庆市万州区白岩三支路 27 附 1 号。

证　明

我与被证明人钟荫玲是表亲关系，她的祖母与我的祖母是姐妹。抗日战争时期，钟荫玲住四川省梁山县西大街双土地钟家大院，我住四川省梁山县余家乡村。1939 年 3 月 29 日，日本飞机轰炸梁山县城时（现为重庆市梁平县），将钟荫玲居住的梁山县双土地钟家大院全部炸毁，损失惨重，当时她家成员无处居住，她和她祖母钟彭代西祖孙暂时搬到我家祖母处居住约半年之久，待他们重建家园后才迁回新居。以上情况属实。

证明人：余怀中

2006 年 2 月 28 日

余怀中，男，75 岁（出生于 1930 年 5 月 22 日），现住重庆市万州区白岩路

141号。

18．燃烧弹烧个精光

我家原住重庆邹容路（号数记不得了），离现在的人民公园不远，我家公路的对面是一个剧院。"5·3"、"5·4"那年，我家被日本侵略者飞机投下的一个燃烧弹烧个精光。

我家那时的4口人（父母亲、弟弟和我）是怎样幸存下来的。当时我有10岁左右，经常听到拉空袭警报，有警报、紧急警报和解除警报之分。起初对炸弹对人类的严重危害还不知晓，所以听到拉警报了还不知为啥，我的妈妈刚生了弟弟（宋吉昌，现在北碚兼善中学任教）还没有满一个月，炸弹来了也不晓得怎么躲避。有一天拉警报，接着又拉紧急警报，当时搞慌了的妈妈把婴儿放在煤炭灶坑下面，父母亲用几床铺盖放在桌子上面，我们3人就躲在桌子下面，现在想来当时都很傻，那样哪里能躲避炸弹。发来解除警报了，听到外面都在说哪里又被投下了炸弹……炸弹炸得很，吓人得很，弹片到处飞，连房子的基脚石石磴子都炸得飞起很高。这下我们才吓到了。第二天又拉警报了，一开始就拉紧急警报，我们全家四口人才跑到公路对面剧院里面的一个蛮子洞（就是有进口没有出口）去躲避，一天一夜都没有解除警报，又没有东西吃，只听到炸弹的震声，洞子的人拥挤得很，挤得来把我妈妈手中抱的婴儿翁裙（包婴儿的裙）都拉去赛耳朵去了。因炸弹的震声很凶，等到解除警报在公司上看到我家被日本侵略者飞机投下的燃烧弹烧个精光，这下我们就倾家荡产了，无家可归，成了难民。我家的邻居陈婆婆没有出来躲避就被烧死在屋里，过了几天，我父亲去挖我家遗物，全是一片废墟，一片灰烬，挖到陈婆婆的尸体，都已烧成一个卷心了。最后我家挖到几个被烧得漆黑的瓷盘子。由于无家可归，只好到处逃难，就想离开重庆到乡下去躲避飞机，走到朝天门到处都看到死人，在朝天门几个蛮子洞也死了不少人。

在朝天门，想离城的人是人山人海，过河船都无法靠拢河边，否则又要把船踩翻，并且看到有的船已被踩翻了的。我和弟弟都是由大人从半人多深的水位顶在大人头上举起踩水上船，乘木船离城到寸滩的一个庙子里住下，那时我们根本没有钱租房子住，吃的都成问题，只好到山上去拣菌子吃。后来听说逃难的可以去重庆领碛子米吃（当时的霉烂米），我就从寸滩走河边路，走十几、二十里路到江北过河到重庆领米。在中途河边也看到炸出的大坑、小坑。

见证人：宋国珍
1998 年 7 月 16 日

宋国珍，北碚人民路幼儿园退休职工，现住校内。

19．呻吟、哭泣声，一声声刺痛了我的心

那是 1939 年 5 月 3 日下午，我在民生路字水小学读住读，正准备到校学习，突然紧急警报声响起，全家赶紧躲到铺满厚棉絮的桌子下面，糊涂中就听到接二连三的轰炸声。一个多小时解除警报后，推开门一团浓烟扑面而来，原来对面保长一家被炸毁了，我赶紧到学校去拿被子和衣服。往日热闹的大街上没有一盏灯光，凄凉的哭泣声、呻吟声可怕极了。赶到了学校，看到的更是惨不忍睹，学校已成了一个临时的伤员救护站，我们的同胞血肉模糊，呻吟、哭泣声，一声声刺痛了我的心。

深夜，接连的警报没有解除，那时人们害怕警报，害怕太阳和月光。全城的人连夜背着自己的家当，拥出城外，举家迁往郊区。我们家就迁到了 30 里外的马王乡农村，全家就靠种地来维持生活，经济十分困难，更不说上学了。

到了农村，仍然警报不断，只要是月夜就东躲西藏。这时，市区的上空，日机一串串投下炸弹，防空洞里死者无数，血流成河。我大伯和小弟都被炸死，怀孕的伯母被烧成重伤，堂弟成了孤儿只有到我家收养。我几岁的表妹，在南纪门防空洞里病饿交加而夭折。我家在磁器街（新丽服装店）本有两幢楼房，一夜之间炸成灰烬，父亲佃的住房，做生意的临时店铺（在八一路和中华路）都被炸掉。我们全家走投无路，只有回乡种田直到解放。

60 多年的时光，并没有减少受害者们内心的痛楚。

受害人：余顺华
2004 年 3 月 14 日

余顺华，女，汉族，生于 1925 年 9 月 2 日，现家住重庆市南岸区金紫街泰正花园名景苑。

证　明

　　我陈治惠，是余顺华的表妹，76 岁，小时家住南纪门川道拐。每逢寒、暑假，过年都要去表姐家玩。她家在市区磁器街，电影院斜对面，有三间门面，一间出租别人开面店，另两间门面自家经营重庆新丽服装店。后改修公路，她家就改修为两栋五层楼房，系砖木结构，一、二楼各约六七十平方米，三、四、五楼各约七八十平方米。

　　自 1939 年 5 月 3 日日本大轰炸，全城多数人民连夜人山人海各自逃命，奔向郊区，过着有家不可归的日子。后日本人又用燃烧弹、炸弹狂轰滥炸，顷刻表姐家的房屋成为废墟，化为灰烬。

　　我表姐全家当时迁往马王乡种田维生，生活艰难，度日如年，因此，解放前夕，表姐父母双双含恨去世。

证明人：陈治惠

　　陈治惠，现住高新区南方花园 C2 区。

证　明

　　我名柏大兴，男，现年 76 岁，重庆市人，现住九龙坡区九龙镇龙泉村，余顺华的父亲余秉璋日本大轰炸重庆期间，家住磁器街开设新丽服装店，店房五层楼，砖木结构，总面积约 500 平方米，1940 年日本飞机大轰炸重庆时，被日本飞机投炸弹及燃烧弹，整幢房屋全被炸光烧光，片瓦无存，在余秉璋开服装店期间，我们家里人与他们常往来，我比较了解，以上事实确实，特此证明。

证明人：柏大兴
2004 年 10 月 26 日

证　明

　　我名杨富珍，女，现年 78 岁，现住九龙坡区九龙镇龙泉村，有关余顺华的父亲余秉璋在日本大轰炸重庆期间，在重庆市市中区磁器街开设经营服装店（新义服装店），房屋系砖木结构，4 楼 1 底共五层，面积约 500 平方米，于 1940 年日本对重庆大轰炸时，整个房屋全部被日本飞机炸弹、燃烧弹炸光，片瓦无存，继后全家才迁到乡下居住，当时乡下地址是：重庆市巴县马王场余家湾，我与余顺华家是邻居，余秉璋是我男人的师傅，我男人名余顺江在服装店当学徒，以上

· 335 ·

情况是实。特此证明。

证明：杨富珍

2004 年 10 月 28 日

20．侥幸捡得一条命

1939 年 5 月 3 日（旧历三月十四日）晚上，我家住在储奇门老关庙（现叫储奇门）城墙下面。我们的房屋是住家，同时在门口卖些小副食，如烟和其他物品。中午，日本飞机就开始来投弹空袭，这次袭击带的全是燃烧弹，主要针对就是我们这些竹木结构的房屋，居民区。空袭开始后，我们全家（我和母亲两人）到太平门桥下去躲。空袭结束后，还没到家，远远就看见我住家的那一片全是一片火海，火慢慢地将房屋一点点烧去。晚上，我们那一片的很多人都无家可归了。只有在河边的烂船上去勉强度过了一晚。第二天人们就各奔东西，我和母亲只有到石灰市我姨妈处去投奔。母亲就在那住下帮忙做生意，我就到较场口石灰市（地名）旁的百子巷 28 号一个卖早点的铺面去当学徒。这种生活一直到 1941 年 6 月 5 日。那天晚上，敌机又来空袭，拉了警报挂了灯笼后，我就去姨妈家找到我母亲一起从石灰市洞口进入较场口防空洞躲难。由于今天挂灯笼出错，挂成了投毒气弹的灯笼，所以人们进入防空洞就相互传说，并纷纷向洞子的深处躲避。躲避了二三小时后，由于人员太多，造成洞内空气稀少，人开始走动，向门口有灯光处开始走，可还没有走多远，就听见前面的人说空袭没有结束，不能出去，又只有往回走。可是有些人实在受不了就倒在地上没有起来了，如此往返三次，倒下的人十分多了，我和母亲也走到接近十八梯洞口了。此时我们已受不了了，倒在了地上处于半昏迷状态。就听见有人在说，这小孩子还有口气，快救救他。我马上醒了过来，看见地上睡着很多人，实际大多数人都已窒息死亡。我在人堆中找到了母亲，她也昏过去了，经过救护也醒过来了。我们从洞内出来看见死了很多人，由于人太多了，尸体无法用棺材运，就用席子运，最后连席子也没有了，就直接将尸体扔上车，用卡车运。我看见卡车装满一车就拉走，装满就拉走，不知运走了多少车。那车就如现在的东风大卡车，可装 5 吨重的那种。此后，我母亲仍在姨妈家帮忙，我也仍在百子巷当学徒。

卓元生，78 岁。

2004 年 12 月 16 日

21．刚出生的婴儿头被炸裂

我们夫妻俩都是 80 多岁的人，在有生之年有必要把亲身经历的日寇对重庆的大轰炸告诉下一代。

日本帝国主义侵略中国，给中国手无寸铁的老百姓带来的灾难是罄竹难书的。731 部队的细菌战、南京大屠杀，对重庆地毯式的轰炸，还有在它占领区对游击区"围剿"的"三光政策"，我国老百姓惨死在日本军屠刀下的人是难计其数的。

我家 70 多岁的爷爷就是活活被日本兵的刺刀杀死的，爷爷的孙子，即我夫妻的儿子出生时遭到日军轰炸，头骨被震裂留下终身后遗症。七七事变前，我和我丈夫同在北平艺专上学，事变后我家的年轻人东奔西逃，相互不知音信，我夫妻俩由北平经山东流亡到武汉，又由武汉流亡到重庆。

1938 年年底我俩在重庆的大坪遇到了我们北平艺专的一位老师（北平艺术专科学校的国画讲师），他是四川人，在重庆有不少朋友，他介绍我去南岸上新街市十一小学教书。我们刚刚到"一碗饭"吃就遇到"5·3"、"5·4"大轰炸。我亲眼看见对岸市中区熊熊大火，当天晚上我们过河去看老师，只见从朝天门到小什字，除两座银行的高建筑尚存外，其余的房屋倒塌的倒塌，烧毁的烧毁，江边地上则是尸横遍野。从"5·3"、"5·4"大轰炸以后，重庆警报接二连三，有一次警报是七天七夜不解除，大家都不能煮饭，小孩在防空洞里饿得直哭喊。1941 年 6 月 5 日，由于空袭时间太长，竟把近万人活活地闷死在洞里，住在防空洞附近的人，不少是全家被闷死，其惨状使生者不忍观。

1940 年 8 月 22 日晨，我刚刚在南山文峰塔附近一个妇产科医院生了我的大儿子张睿，空袭警报拉响了，医院的医生、护士、所有的工作人员及产妇们，都进了防空洞。只剩下我一个人睡在产床上，我听见敌机的嗡嗡声，因为声音很大，估计又是百架以上，我正在紧张中，我丈夫走进来，他是半夜把我送医院后，又跑到歌乐山办了事赶回医院的。他刚刚进病房门，就听到炸弹下落时的尖叫声，他连忙跑到我床边，下意识地用身子挡着我，接着是轰隆隆巨大的爆炸声，爆炸的冲击波把病房窗户上的玻璃全部震得粉碎，整个房间的地板上、床上都是碎玻璃。我俩似乎炸傻了，相对无言，等了许久许久，听到轰炸机远去了，我忽然想起，才生的孩子被炸死没有？于是我对丈夫说，你去婴儿室看看孩子还活着不，他随即去了婴儿室。十多分钟回来说，婴儿室有几个婴儿睡在床上，好像是睡着了动都不动，地下床上完全是玻璃；丈夫说他认不清哪一个是自己（我）的孩子，当时我很着急，轰炸这么厉害孩子怎么会睡着呢？警报解除后，被炸弹震昏的婴儿经医生抢救先后苏醒过来，后来听说有的出院后就死了。这次轰炸整个南山一片大火，从市区拍下的照片[看]烟比山还要高，不少房子的房顶被炸弹的冲击波掀得片瓦无存，文峰塔旁的树不少是从半截折断，有个地方爆炸的气浪把一个活生生的人血肉模糊地贴在一面墙上。

我出院回家后，儿子全身不断渗出黄水，黄水沾在衣服上又变成固体黄甲，头上有几条软沟，把头骨分成几大块，左侧睡左面的头就扁下去，右侧睡，右面的头就扁下去，脸向上睡，后脑勺就扁下去。于是我到处借钱，把儿子抱到当时儿科名医周伦大夫那里去看，周大夫说，你儿子的头骨是炸弹爆炸时巨大的震动震裂开的，只有细心照顾不要让他侧一边睡久了，只好慢慢等它自己长拢，别无办法。身上流黄水可能是皮肤接触了炸弹爆炸后产生的气体，你回去给他洗澡后用麻油抹，或许能好。我儿子一直到八九个月把头朝上抱起，不是朝前栽，就是向后仰，头直不起来，一直到两岁后头上的几条软沟才渐渐消失，比较正常的[地]说话。直到三岁还走不稳路。由于出生就遭到日寇的轰炸，婴儿脑震荡给我儿子的健康造成终生的危害，他体弱多病，记忆不好，学习和工作，都要比健康人付出更多的努力。

日本帝国主义的侵华战争，使我国受到巨大灾难。虽然我国政府放弃了日本侵华的赔偿，但对于在战争中受害的个人，有权向日本索取赔偿。

受害人：张民权

赵　艇（执笔）

1998 年 7 月 16 日

张民权、赵艇，现住渝中区苍白路九尺坎 63 号 7—3。

22．50 多年过去，惨剧记忆犹新

我是日机轰炸重庆时的幸存者，1938 年 1 月日机轰炸重庆时，我还只是个 8 岁的小学生。学校常组织防空演习，视为游戏不感害怕。这天日机第一次轰炸重庆，才真正感受到灾难临头。侵略者数十架敌机临空头顶，强大嗡嗡声令人可怕。无数炸弹投向市中心小什字街和当时美式、川盐附近。强烈爆炸声震耳欲聋。面临灾难降临，在放学的路上，个人小伙伴吓得惊慌失措，边哭边逃。在朦胧中知道日本侵略者已占领了大半个中国领土，对当时的陪都重庆，则成了侵略者袭击的主要目标。进行长达五年之久的狂轰滥炸。市民仍不分白天黑夜，晴天雨里，严冬酷暑跑警报。天天风餐露宿，提心吊胆度日吃尽苦头。在抗日大后方，终日冒生命危险，过逃亡生活，重庆市民付出惨重的牺牲。

1939 年"5·3"、"5·4"，日机轰炸重庆达到顶峰，白天黑夜连续轰炸。几天不解除警报，轰炸次数最多，持续时间最长。市民几昼夜不能回家生活。造成人员伤亡财产损失最大。震惊中外的较场口防空洞上千人窒息死亡惨案。就因敌机连续轰炸，发生在洞内窒息死亡上千人，我家住南岸区玄坛庙，被炸那天，幸好一家人都逃离到乡下。才幸免于难，那天发警报后，我们一家躲避到南山一农家。这里远离市区，视野开阔。当天天气晴朗，午后才雾散云消。时间久了人们都疲惫饥渴，想回家烧饭时敌机来了，朝天门警报台挂出两个红球，紧急警报声刚刚鸣完，数十架敌机已临空，从南岸黄山方向出现直奔市中区上空。面对无数高射炮射击，敌机毫无顾忌。从高空俯冲向地面，用机枪扫射居民，从南岸至市中区沿途投下无数炸弹和燃烧弹，强大的爆炸声震天动地，如同就在眼前。阵阵风浪几乎将人冲倒。眼看栋栋房屋随响声倒塌，冒出根根烟柱。江面水柱冲向天空数十米高。等到警报解除后，在返家的路上，已陆续见到被敌人炸伤送仁济医院（现市五院）进行抢救的伤员。到了家看到的一切面目全非。家已变成一片废墟，侵略者就如此残忍地夺走了同胞生命和生存权利。这里都是老式二楼一底木屋，一下炸毁了几十栋，家家户户无一副完好的东西。左邻右舍厌倦跑警报存在侥幸心不离家去躲避的，个个付出了生命或者伤残的代价，成为终身痛苦。侵略者毁灭了我们家园无处安身。靠亲友接济以一张破席避风雨临时栖身。想如今，一家有难政府社会大众伸出友爱的手主动帮助。那时的国民党政府从未关心过百姓的痛苦，有苦叫天天不应。

日机连续轰炸重庆五年之久。我家住南岸玄坛庙新院巷 13 号，与市中心一江之隔。重庆全貌出门尽收眼底。无数次亲眼目睹日机轰炸重庆犯下的滔天罪行。一幕幕惨无人道的情景。我至今记忆犹新。痛苦看到受难同胞尸体在朝天门河边堆积如山。转运过江南岸山坡掩埋的也不计其数。在"5·3"、"5·4"敌机连续轰炸死亡惨重时，运尸路过我家门前开始装木棺，继而用席子卷，不少尸体手脚都露在外，有的已腐烂发臭，尸水沿路溢出，真是惨不忍睹。日机大轰炸使整个城市变成废墟。市民死伤成千上万，无家可归者不计其数。大轰炸带来重庆瘟疫流行，霍乱蔓延、我一邻居家一天暴病传染死亡三人，全市死于霍乱症者也是历史罕见。

大轰炸是重庆历史上一大惨剧，是二战中人员伤亡、财产损失最重的城市之一。如今 50 多年过去，我们不能忘记同胞兄弟姐妹惨遭敌人杀害的历史。他（她）们的血不能白流。时至今日侵略战争造成重庆市民的这一惨重损失的责任，日本政府并未承担。公然还允许少数人为这场侵略战争翻案。日本电影《自尊》是表现之一。作为历史的见证人，一个幸存者我有责任有权利向侵略者要求赔偿，讨回公道。希望全市广大受害者联合行动，强烈要求日军这一侵略罪行得到日本政府的正视。向死难者赔罪，向受害者赔偿。

幸存者：涂国忠
1998 年 6 月 22 日

涂国忠，住重庆大渡口区建设村 28 栋 14 号。

23．到处是死人和逃难的人群

在 1939 年 5 月，日本对重庆进行了大轰炸，5 月 3 日、4 日两天是日本轰炸重庆最凶的日子，我家就是在 1939 年 5 月 4 日下午被日本炸的。当时我家住在大阳沟（现渝中区）二公馆，轰炸时，我们躲在二公馆客厅大房内，用了两张古式方桌并排放在一起，桌上面放了十多床铺盖，以防炸弹和弹片伤人。5 月 4 日下午，日本飞机又对重庆进行第五轮轰炸，我们住的大院第二层中了一个炸弹，而后又中了一个燃烧弹，房屋剧烈震动，大量砖瓦灰尘往下掉，山崩地裂，房屋快倒塌了。我们在桌下躲不住了，只好出来逃命，躲在桌下的人，各自逃命。当时我妈顾不了另外的人，抱起我妹范少容，牵起我手出了桌子往外跑。一出桌子，只见烟雾弥漫，眼前一个黑暗，眼睛都睁不开，每个人的脸又黑又花，满脸灰尘，房子的砖瓦满地，房梁掉下来了。妈妈、我、妹妹三人逃出房子往街上逃命，见到街上到处是死人和逃难的人群，房屋倒塌，大火在燃烧，树上、电线杆上挂满了人肉、人头、肠子、腿子、手膀等，满地是血，走的路都没有，方向难辨。我们只好从尸体上走过，到处是哭声、叫声，一片不停。日本人丢炸弹还丢燃烧弹，当时没有电、没有水、无法救火，只有看着房屋燃烧，悲惨得很。妈牵起我终于逃到了谢家湾二公馆，我们全家六人（妈、婆、父、三姐、我和妹）住在一间房子。逃难没有吃的、住的，生活困难。

而后，从大阳沟二公馆逃出来的人（黄德明、黄德祥、黄德惠）等人都到谢家湾二公馆躲难。

在这次轰炸中，我们损失了住房约150平方米，一楼一底共四间，三间住房一间客房，全部家具衣物、财产全部被炸，起火烧光，因婆婆是做瓷器生意，留下些财产，因事隔多年，当时人小，财产有多少不清楚。只知道房子被炸，房屋内家具衣物，财产全部都烧光了。

范少祥

2003 年 12 月 18 日

证　明

本人黄德祥，今年 77 岁，现住杨家坪西郊天赐佳园 56 号 17—3。1939 年以前住在自己家院内，重庆市市中区大阳沟二公馆内，因范少祥的母亲与我母亲系姐妹关系，所以范少祥当时也住在大阳沟二公馆内，1939 年 5 月 4 日下午，日本大轰炸，我们同时分别逃出。因二公馆被炸后又烧光，所以再也未回去过。

证明人：黄德祥

2003 年 11 月 30 日

证　明

我叫张国英，现年 76 岁。1939 年 5 月 4 日，日本大轰炸重庆我是见证人之一。大阳沟二公馆在 5 月 4 日下午被日本大轰炸，二公馆是黄义文所有（俗称是半城）。进二公馆内左边是黄义文的长子住，右边是二子住。进里面有两个小院，左边是四子住，右边是五子住，再往里走是个大院，范少祥父亲范和淹一家住这里。我住在范家照顾范少祥之妹范少梦（双脚残疾）。范家旁住一家姓刘的，记不起名字了，还住有一个叫唐绍伍是重庆"袍哥"六爷，商人。还住着薛少彬一家，再进去还有一个小院，再进去是大西洋钟表行，就是过去的都邮街，大西洋的后面是唐绍伍住，所有的房子都是木料穿斗结构瓦房一楼一底，四个小院都是一楼一底，约 2 000 多平方米。唐绍伍对面的住户记不清名字了。唐绍伍住的很宽，一个巷子的右边全部是他一家住。唐绍伍等住户都是黄义文的租赁户。

5 月 4 日下午天快黑了，警报响后日本就丢炸弹，我当时就与大姨妈和其子女黄德祥、黄德明及范少祥、范少梦和其母亲宋世霞、范和淹的母亲一起在桌子下，桌上堆了很多床被子棉絮，炸弹落在大西洋钟表行，当时是铺天盖地的黑，烟尘满天，眼睛都睁不开，我和外婆（范和淹的母亲）一起逃到南岸黄桷垭。范少实、范少梦和他们的妈就逃到鹅公岩谢家湾避难。大家分别逃难，逃出的人什么东西都没有拿。5 月 4 日轰炸的当天，我和外婆从大梁子下去，要过河是难上又难，去趸船乘船的人掉在河里，死了很多。我们看到有一条木船，船上是军人，我们给他们说了很多好话，才让我们乘船到了海棠溪，最后到了黄桷垭亲戚家。

5 月 4 日大轰炸后到处都是死人，我们晚上走到了公园，坐一阵又走，一路走一路上都是死人，晚上看不见未爆的炸弹，有人照了一支蜡烛，我们走起来很困难，走一阵又停一阵，在地上坐着等到天亮才又走，最后走到了黄桷垭亲戚家。

见证人：张国英口述

记录人：黄德录

2003 年 11 月 19 日

24．死的人到处可见

"5·3"、"5·4"大轰炸期间，我在兴隆街三兴巷住。当时我十五六岁，住了六间房屋，系木材捆绑结构，加夹壁混合起来的房屋，其周围基本上都是一样的结构，有高有低的一些木材房屋。

三兴巷上面有一个庙子可进出，下面是双龙巷子也可出去，两边都是木料捆绑结构加夹壁的房子。

"5·3"轰炸储奇门，轰炸后我去那里看过，那些死后的人都是坐起的，像是观音菩萨。

"5·4"轰炸兴隆街，我即住这里。当时我们这里是街上面落一颗燃烧弹，下面落一颗燃烧弹。由于当时人们对燃烧弹的认识不深刻，以至于后来想跑都跑不出去（燃烧弹开始落入地面的，只有一点点火，过一会儿火就越来越大，横竖几十米射火）。整个兴隆街就这样全部燃烧毁灭，除了几个人先跑出去的，其余的全部烧死，死时有的人是站起来的，有的人是坐起的，一个挤一个，惨不忍睹。我对门住的陈国韩的小婆子脚被炸断一只死去，刘云岁的妈被炸死。

房屋被炸后，我被迫去学石匠，由于没有入洞证，只有在训练团去学石匠，那时就开始轰炸七天七夜……

十八梯（现较场口），就是轰炸七天七夜时，约有一万人遇难……当时，十八梯较场口那里有一个防空洞，不要入洞证，其他都要，而洞子只有洞门口一个出口。因此，空袭警报一拉，人们都纷纷往这个洞子里跑。国民卫兵为了不让这些出来乱跑暴露目标，因此把洞门关起来。结果洞里的人全部闷死。

我的家属和她妈就去慢了一点，结果幸免于难，当时她还小，只是认识。我和汤盈帆去看的，国民卫兵把汤盈帆拉去拖死人，他当时比我大，我呢个子小，没把我拉去拖。汤盈帆拖了三个死人才走了路。

洞子门口隔几米远，放一个箩筐，专门用来装死人的金银财宝。

大凉子厚时坡公园，有个大人叫赛宝，天天打扫清洁。

敌机来轰炸时，人们都躲在树林里，飞机上看不到地面的人，于是前面两架敌机投下两根长方形的石头，地面的人看到以为是炸弹，就纷纷乱跑，这一跑就暴露目标，后两架敌机就投下炸弹，死的人到处可见，人们的肉、肠子、内脏到处挂在树上，看到真可怕。

在化龙桥狗头山，我在洞门口看敌机轰炸时，忽然看到离我不远处余海清倒下了。当时我不知道为什么，我立即喊余伯伯，可怎么喊也不起来，我把他拉起来，才看到他胸前有一块破的弹片。

我亲眼目睹了日本军国主义轰炸重庆，造成重庆人民数以几十万人的生命和无法估计的财产损失。

在李子坝石庙子一条支马路上，有一个陶福济（林森主席认的儿子）公司，我们给他起房子时挖起一枚重磅炸弹，当时被陶福济公司奖励中央币五元，使全厂的人吃耍了一天。

我只认识这些人在场，田利堂，肖字忠，李光一，赵云州，龚真利，龚栋梁。

重庆"5·3"、"5·4"大轰炸幸存者：张明奎

儿子张有权代笔

2002 年 9 月 15 日

25．日本的轰炸太残忍

中日战争爆发时，那时本人才八九岁，当时全家共计人口 15 人。我现回忆起我们全家曾住过南岸□角沱大有巷，那时居住的是 100 多号记不清，当时住房大约是 100 多平方的瓦房。家里很困难，大人小孩人很多。我的父亲叫王绍清，母亲叫方素珍，我父亲为老大。我家有三姊妹，两男一女，妹妹叫王兰荣，弟弟王明德，我叫王明友。二爸叫王绍洲，二婶叫李素华（现已去世），他的小孩一个叫王明新、王明珍、王长寿、王国英现还在。幺父叫王绍文，幺婶叫赵成孝，小孩子叫王明芳，王明国，王明秋，王明国，王明星，王明兰。另外姑姑王绍华现已去世，另外祖母叫李素华已去世。现我幺爸幺婶还在是在嘉陵机械厂（双碑），是退休工人，现年 79 岁，家庭情况大概就是这样。

1939 年 5 月 4 日轰炸重庆时，拉了紧急警报，大人叫赶快去躲警报，我人小，没有跟大人一路。当时，懂得到事，我独自去大佛□红土地庙上，里面没有□砂。就在那时，日本飞机来到了，十多架，就投炸弹，声音很大。后来解除警报后，我们全家回家，大有巷全部烧光，那些大人回家一看烧个光坝坝，那时听说日本投的是燃烧弹。当时，我们全家回去，看到这情形全家抱到一起大哭起来，现在我们怎么办，现成了无家可归。当时国民党发出有钱的出钱，没钱出力，也有老年人小孩子被炸死和烧死等情况，我们全家及其受灾人民，全部集中（我现回忆起住当时的瑞丰在粉厂门口）坐成了一排。当时国民党乡公所，扯起了一个临棚房屋居住，每天由他们供应饭吃，早晨吃稀饭。我那时小，我去打稀饭排轮站队，每人两瓢清稀饭，这样过日子。当时，我父亲遇上好人，被别人介绍到伪政府三十兵工厂去打工，我父亲、二爸、幺爸及全家人搬到了伪三十兵工厂，住在河边的厂方修的茅草房。住下后，被子也没有，全家东西全部都烧光了。这时厂里借钱给我们去买被子及家里用的餐具等，这样慢慢地过日子。当时我们全家，我爸爸掌权当家。现回想那时遭受日本的轰炸，太残忍，甚至妻离子散，无家可归，看不到自己的亲人。那时我家的损失很多，瓦房两大间有 100 多平方，还有灶屋一间。当时，是找了亲戚借 50 个大洋购买的房子。那时我父亲、二爸、幺爸年龄很小，当搬运工人，挣钱养家糊口，过后才由别人介绍去伪三十兵工厂做临时工。过后，才慢慢地做工。当时我十一二岁，在兵工厂子弟学校上学。

受害者：王绍文、王明友
2004 年 4 月 1 日

王明友，男，73岁，重庆铸造机械厂退休工人，现住渝中区化龙桥化新村139号6—2号。

26. 尸体运了三天才运完

抗日战争期间，我曾先后在重庆市中区陕西街、朝天门水市巷盐井坡等地居住过。我曾经历了被日本飞机多次轰炸的悲惨境况，也在那战火纷飞、遍地狼烟的战乱岁月里多次幸免于难。

记得是1939年冬天，日本飞机又一次轰炸重庆市中区，那时，我住在陕西街。那天，我正临产生大女儿，接生婆刚走，日本轰炸机就临头了。街上一片混乱，"警报声"，人们的喊声，叫声，混成一片，人们拼命地奔跑、逃命，刚生了孩子的我，为了活命，只好赶紧抱着孩子跑出去，找防空洞，躲飞机轰炸。

1939年"5·3"、"5·4"日本飞机连续几天几夜地轰炸重庆，那惨状是触目惊心的。据当时的警报员报告，日本鬼子简直是到了丧心病狂的地步，一次就出动了轰炸机120架之多。几天下来，小小的重庆山城半岛，被炸得满目焦土，一片瓦砾。当时，在朝天门一带建筑最好的美丰银行、中国银行都被炸得稀烂，连建筑最牢固的用大理石花岗石修的川盐银行顶楼也被炸烂，更不用说一般的民用建筑了！

在这次大轰炸中，我家遭遇最惨的是"5·4"那天，那时，我住在朝天门水市巷盐井坡。

那天早上，我上楼去刚给孩子晒了尿布，忽然又响起了紧急的警报声，刹那间，外面一片混乱。我在楼上首先看到的就是江北那边的居民像潮水一样涌向江边。成片的黑压压的人群拼命地奔跑，想找个地方躲飞机轰炸。

这时，我不顾一切冲下楼去，抱起床上不满半岁的大女儿赶紧跑出楼去，冲向当时的川盐银行底楼，那里有个地下室可以暂时躲过飞机。人们拼命地挤呀，都想快点挤进去，只听大人喊娃儿哭，一片混乱。我好不容易刚挤进去，日本轰炸机就临头了。只听见轰轰的炸弹声爆炸声，可以透过门缝看见外面一片火光，人们这时早已停止了喊叫，孩子们也被大人捂住了嘴，不敢出声。当时，我坐在地上，紧紧抱着孩子，心里不停地求天老爷保佑我们母子平安。

一直等到外面轰炸停止了、警报解除了，守洞门的人才开了门，人们赶紧向自己的家跑去。这时，我抱着女儿，刚一出门，就听水市巷盐井坡被炸了，我的心顿时紧紧地缩成一团，我急忙跑回去一看，啊呀，哪里还有家，我家的房子连周围附近的居民楼房全被炸成了一片瓦砾，遍地是烧焦的糊臭味，家具衣物等全变成了焦土，我气得差点昏了过去。天哪，没有了住房，没有了家具等财产，我一家人今后怎么过活呀。刹时间，我一家人成了无家可归的流浪汉。连住的地方都没有了，当天下午，我只好抱着不满半岁的女儿找寻亲戚暂住。

这次日本飞机轰炸重庆，我的家产全部毁于一旦，水市巷盐井坡的住房面积有 60 多平方米，全变成了焦土。

以后，日本飞机就越来越疯狂地对重庆市中区进行狂轰滥炸。有时［是］一连几天几夜地大轰炸。"警报"不解除，人们就几天几夜地不能出防空洞，没有饭吃，没有水喝。许多人在洞里长时间地挤在一起，洞里又没有通风设备，空气很差，人们想出防空洞，消防队员又不准许，不开洞门，人们又渴、又闷、又热，开始就挤，后来就互相撕扭，洞里乱作一团，大人孩子们你推我挤，大哭大喊，拥挤不堪，就这样许多人没被日本飞机炸死，也被活活闷死在防空洞里。1941年 6 月 5 日较场口防空洞里悲剧就是这样发生的。后来，当"警报"解除后，我亲眼看见了成堆成堆的死难者尸体被运往朝天门河坎，尸体运了三天才运完。那境况真是惨不忍睹。

受害人：蒋昌前

2002 年 6 月 23 日

蒋昌前，86 岁，生于 1916 年，现住渝中区地母亭（七星岗国美商场旁）2号楼 20—14。

27. 死 里 逃 生

我们全家七口随父母由宜昌到重庆经商，当时［在］最繁华商业区，即新丰街，现解放东路，开设四楼一底层门面，招牌"美西美"糖果店，生产正色蛋糕，二楼设中西餐厅是综合性商店，全家过着十分幸福的生活。

1939 年 5 月 3 日，这一天是我们七口之家永远难忘的日子，遭到日本侵略对重庆人民犯下滔天罪行。

5 月 3 日，我在道门口一学校（现 26 中）上课，上课中途，开始警报，全校师生下课，同学们各自往家中跑，看到人们在街上争先恐后奔跑，我飞快跑到家中，已经一身大汗，洗澡后，妈妈忙着无时间给我衣服，那天的气候十分闷热，妈妈爸爸他们忙着将家［里］的棉絮搬下楼来，放在一张结实的工作台上，工作台上堆着厚厚的十床棉絮，这桌子就是我家的掩体，这种工作台像乒乓球桌大，桌面木料很厚，听到飞机响，全家人急忙钻进去，日机在头上盘旋，我顽皮跑到屋顶上玩，看敌机，抬头一看一架敌机在上空盘旋，飞得很低，机翼上贴着大红膏药，日机国徽和敌机驾驶员头上带的飞机帽，双方都看得清清楚楚，敌机马上开机枪扫射，这一时之间，我大哥很机智及时将我从屋顶口推下楼梯，滚了下来，但墙上留下好多弹孔啊，当时有枪能将敌机打中。我俩才避过死亡一关，好危险啊。

回忆起敌机双翼黄色，像现在的拉练面一样，敌机在附近上空不停轰炸，炸弹远处同时爆炸，我们全家躲在工作台下面，突然，地动山摇的一声巨响，接着铺天盖地的倒塌声，霹雳儿压下来，倾泻声足足半小时，终于被十几床棉被抵挡住了，对我们没造成伤害。敌机疯狂肆虐后，渐渐远去，但是敌机远去，为什么敌机机枪照样不停地扫射呢？全家还是躲在工作台下，时间久，大家都不行，赶快钻出工作台，呀，眼前出现的景象，把我们吓一跳，店中遍地是货物和货筐，全部倒在地上，但是爸爸妈妈首先检查，全家人有受伤吗，结果全家人没有受伤，真是不幸中的大幸，但全家人都变成煤矿工形象，个个成大花脸。又发现顶上的大吊扇都落下了。向对面马路一看火光冲天在燃烧，不断的机枪声，结果对面一家杂货店的鞭炮还在燃着，发出的像敌机机枪不停扫射着的声音，见到要开张一家叫大同公寓门口停放一辆小车顶上大火熊熊燃烧着，见一个妇女上身全部都是血，在路上哭天哭地，马路上人们慌乱地逃命。

爸爸妈妈想到楼上去拿点东西时，上楼的楼梯炸断了，无法上去，听说敌机还要飞回，全家人慌慌张张，跑到望龙门下面的防空洞躲到下午后，家中整个房屋在燃烧，全部财产一烧而光，只剩下几根砖柱，原来日机在我家后面投下燃烧弹，人口稠密的商业场大火蔓延到处焦土烟火，这场火又烧到环球影院，我家隔壁西三街口，一家做年糕的主人，全家人被日机轰炸下屋房倒下，全家人被活埋了，惨不忍睹，日机轰炸时，将人民公园内（原中央公园），中山先生的站着的塑像和公园门口的狮子连同大孔雀炸毁，我们当时听到大孔雀声音很大地叫着。

而且树上挂着衣服和手足，到处是血，中国人民必须吸取历史教训，不然我们还吃二遍苦，受二次罪，勿忘国耻，落后就要挨打，几十年来绝不会忘记当年日本鬼子让我家破，生活极端困苦的仇恨，重庆大轰炸是重庆人民遭受日本军国主义蹂躏的一场浩劫。我们要向日本索赔。

李宏章亲笔
2002 年 8 月 12 日

李宏章，现住九龙坡区石桥铺钟表公司 26 栋 6—2 号。

28．欲哭无泪，凄惨至极

空袭前，我家住重庆市东水门平街子，一家三口，有房屋三间，经营着日杂，小商品，日子过得十分安稳。哪知噩梦从 1938 年开始，日机开始侵略重庆，对重庆实行大规模轰炸，空中大屠杀开始了。

第一次空袭炸了广阳坝机场，10 月份，又再次炸了广阳坝一带。此后，日机长期进入重庆骚扰，当时之情景我记忆在心。虽然 65 年过去了，却仿佛就在昨天，一想起就心酸，真是欲哭无泪，凄惨至极啊！

从 1939 年开始，每隔两天日机又来袭击。一来就是二三十架，甚至上百架的飞机，不分白天黑夜光顾重庆。特别是 5 月开始炸得最惨、最残忍。市民每天都是提心吊胆过日子，害怕突然一颗炸弹掉下来。当时市政府还每人发了八卦丹、金灵丹、万金油、头痛粉等防暑急需品，以备急用，因当时正是五月之夏。政府还在最显眼、最高处挂上了红球或红灯笼，只要红球或红灯笼拉下，警报就紧急拉响，市民就开始进洞子，特别是这个时候，街上大人喊小孩，小孩叫大人，草鞋、凉鞋满街都是，硬是个个人心惶惶、不知所措。市中区中央公园、朝天门一带，街道全部变成了火海，遍地浓烟滚滚，燃了几天几夜都没熄，到处都是哭爹喊娘的惨叫声，市民十分恐惧，东奔西跑。大火过后，这一带全是一堆堆的瓦片。日机不分白天黑夜地轰炸，国泰电影院看戏的一二百人也被炸死，其中还有我的一个亲戚，还有两个远房亲戚在罗汉寺也被炸死，听说连尸体都没找到，七星岗教堂被烧后只剩下一个钟楼。在我们住的东水门，我亲眼看见电线电话线很多根一齐被弹片齐刷刷割断，线的另外一头掉进了长江里。

川盐银行当时是不幸中的万幸，只被炸弹炸掉了房顶的一个角落，才基本上保存了下来。可是道门口川康银行就惨了，银行被炸后，大火把里面的银圆烧化成了水，白汨汨地顺到街面流。还有弹子石玉华纱厂也炸得很惨，被轮流轰炸。

地里玉米棒子被机枪扫射成了丝丝。我亲眼看到的惨状不计其数，三天三夜都述说不完。

就在当时的第二天，警报又响了，我们又紧急进洞，当时进的是望龙门那个洞子。朝天门、东水门下半城一带被炸，爹妈儿女哭成一片，叫天天不应，喊地地不灵。警报解除了，我们再来一看，住的地方一片火海，到处是浓烟，呛得人喘不过气来。东水门一带都是平民的［房屋］，多是穿斗、楠竹房，易燃烧，没多久全部化成灰烬。我老婆当时就气昏了过去，在邻居帮助下，才慢慢地醒过来。一阵忙乱后，才想起我弟弟，我们在进洞时就跑散了。当时我弟弟才十六岁，我到处去找，找啊，找啊！找了好几个洞子，每个洞子都有死人，但都没有我要找的人。第二天天亮了，听说十八梯洞子死了不少人，我赶紧去看，看到了当时之情景十分惨状，一辈子、二辈子都忘不了，整个洞子死了一大半。当时我亲眼看到死了的人鼻子口中都还在流血，脸色都是青的，紫的，在洞子口堆了好大一堆尸体。后来因尸体太多，没地方放，又才来一边清理，有亲人来认的一边认亲，一边用车运出城外去埋。我挨个地找，洞子里没有一个人了，我望眼欲穿，没看到我弟弟，最后在望龙门下面一个小洞子里才找到我弟弟。我弟弟的眼睛都被老鼠吃掉了，我用手去一拉，皮都掉了一把，我赶紧出来请了两个熟人帮忙，用几片薄木板订了一个棺材，当时埋都没有地方埋了，还是政府的运尸车运到了黑石子集体掩埋的。临走时棺材里又放进一个人的尸体，此情此景，无不叫人心痛啊！亲人啊！就这样走了，离去时才16岁，多么年轻的生命啊！

当时我隔壁一家三口人也被炸死两个，女主人的腿被炸飞到树杈上，小孩连尸体影子都没看见。1940年8月，日本再次用一种飞机，实行低空轰炸，速度特别快，大田湾、两路口、通远门、都邮街、大梁子等中弹起火，燃了数小时，望龙门、半边街、会仙楼、千厮门等到处起火被烧，小什字、棉花街一带全部在浓烟之中，就这样，重庆基本上去了一大半。几乎每天都有炸弹投下，整个街道变成一片灰烬。

从那次轰炸后，我老婆潘氏就得下了恐惧症，当时又已怀孕在身，从此以后，只要哪里炮声一响，她就全身发抖，惊叫，反反复复经常发作。孩子生下医生说是先天发育不好，可能是受母体影响，在没有办法之下，家钱全无。最后经九块桥一个姓赵的甲长介绍，才去帮一个开酱油厂的老板（福建人）帮工卖酱油，当时卖的是"金鸡牌"酱油。就这样过了几个月，我老婆还是病常发作，当时没有钱看医生，在第二年春就去世了。我之后就带着孩子回到了老家，因那里有堂兄堂弟，有远亲之戚，孩子一岁都没有奶吃，依靠讨人家的奶吃，讨了五六十人的奶才活过来了，喂到两岁时还是因病死去了，本来就身体不好，又没人照顾。唉！没办法！在我心痛之时，又想起安了家，安家不到两年，家属又去世了，双重灾难，双重打击，我都快撑不下去了，后来又成家到现在。我这一生是悲惨的一生，是痛苦的一生，我愤恨，这完全是日本侵略者带来的苦难。

叙述人：刘天信

证实人：刘天颖，刘泽红

2004 年 10 月 29 日

刘天信，男，83 岁，现住重庆市垫江县曹回乡莲花村四组。

29．我们的家不存在了

我是当年"重庆大轰炸"的一名见证者、幸存者，同时也是一名受害者。日本轰炸重庆前，我家住在望龙门张家凉亭。两个姐姐，一个弟弟和妈妈于 1934 年至 1935 年先后去世，只剩下我与爸爸相依为命，有四间木质结构住房一套，约 60 多平方米，家庭生活靠做卖米花糖维持。1938 年，正月二十五（农历），防空警报第一次拉响在晴朗的重庆上空。待解除警报后，我跑上街却看到惊人的一幕，朝天门被炸得面目全非，街上到处横躺着许许多多被炸死的人，许多尸体不完整，还有一些被埋在残垣瓦砾中，原本的房屋变成了残墙断壁。最令我毛骨悚然的是树上还挂着往下滴血的残肢……至今我都不能忘记让我初闻战争硝烟弥漫的那一天。

一天我到家住弹子石的表姐家去。上午 10 时左右，警报又一次拉响，警报一天一夜都没解除。后来我回家住过东水门时，听哭喊声一片，原来是在防空洞待了一天一夜的人们急于出来，而在拥挤中被踩死了几百人。那里我才注意到树上挂着残肢，还往下滴血，还有人的手、脚、膀子，吓得我发抖，后来还是双手支撑着身体"迈"上一步并不高的阶梯。地上全是尸体，有被烧死的，有被炸死的，我在死人堆里寻找是否有我的爸爸，许多人也和我一样都在找自己的亲人。负责清理的人把死的放进棺材，比较完整的就一具装进一方棺材，被烧炸的就二三具装在一起，我们挨着一个个找，后来发现我父亲平安无事，我抱着父亲哭了，一半是高兴，一半是吓坏了。

1939 年，重庆人噩梦的日子"5·3"、"5·4"，令人恐惧的空袭警报一次次地拉响在重庆上空,代表三种不同意思的黑绿红灯笼也高挂不下。每当警报声响,忙于逃命的我在慌乱之中都只带了一条被水浸湿的毛巾躲进防空洞。带毛巾是为了防止日本人投下毒气弹,挤在防空洞里的我们耳边满是外面在狂轰滥炸的声音。洞里很潮湿,浓浓的霉味使人喘不过气来,由于大量的人集聚在这样一个没有通风设备的地方,许多人因为缺氧而死去。待日本飞机远去,被轰炸的地方变成一片废墟,一幢幢房屋成了残瓦断壁,还有很多残尸,哭声、喊声和咒骂声混合在弥漫的硝烟里,这让我生平第一次感到残酷,成了我永远抹不去的不堪回首的记忆。

1939 年秋,一天我和爸爸有事出去,突然防空警报响了,我们来不及回家,就躲在距家较远的东水门公路防空洞里。第二天警报解除我们走在回家的路上,就看见我们家及附近一片全被炸成废墟,我们的家还在燃烧,家里的衣物、家具、米花糖和所有财产全被烧光。爸爸紧紧拉着我的手,带着绝望和无奈离开了家,从此成为无家可归的难民,住的是政府发的两张黄篾席子在江边河沙坝用几根竹竿撑起来的席棚,吃的是每天两顿救济稀饭。

疯狂的日本人轰炸猛烈了,警报三天三夜不解是常事,有时甚至达到七天七夜。还记得有一年五月初五端午节,日本人照炸不误,绿色和红色的传单随炸弹投下来,满天都是,飘在充满火药味的上空,传单上写着:这是给你们的"节礼"来了,少穿衣,多做□□,不管天晴下雨都要来。

我爸爸周成章,原本是一个有说有笑,十分活跃,开朗的人。可是,我们的家被日本飞机炸毁后,爸爸心里又气又恨,加上生活十分凄惨,他就变得少言寡语,整天闷闷不乐,体质慢慢下降,后来双目失明。

由于生活所迫,1940 年初,我还没满 16 岁,就进裕华纱厂做纺纱工,由于纱厂与朝天门仅一江之隔,也经常遭到日本飞机的轰炸。1943 年,在一次轰炸中,我住的女工宿舍被炸,衣物、被盖都没有了。经过日本飞机狂轰滥炸五年多,已经把我折磨得筋疲力尽,为了躲避日本飞机的轰炸和照顾双目失明的爸爸,我只好辞去了沙厂工作去了木洞。

日本飞机轰炸重庆,炸毁了我们重庆的所有财产,使我无家可归成了一无所有的难民,爸爸又因此而病倒,双目失明。日本飞机轰炸重庆,使我幼小心灵受到严重打击和极大的伤害,脑子里充满恐惧,变得胆小怕事,精神失常,失去了工作。我对当年日本人在中国犯下的滔天罪行表示极大愤慨,要求讨回一个公道。

受害人:周素华

2002 年 8 月 19 日

周素华，女，80岁，现住重庆市渝中区朝千路97—2—2。

30．街上已排满了尸体

1936年我考进南京中央高级护士专科学校读书,地址在中山门外的中央医院内。医院后面是国民党的卫生署，医院建筑宏伟，学校环境幽美，设备齐全，是个学习的好地方。医院房顶上有两个横竖约十米长的红十字，在数百米的高空上完全可以看得清楚。就在1937年日军侵华战争开始后，不断地有空袭警报，当时医院没有防空设施，一有警报大家都躲在底楼的过道里，并施行灯火管制一片漆黑。有一天下午，日本鬼子的一颗炸弹丢在医院后面的操场上，热浪和冲击波把我们都震倒了。医院的玻璃窗全部震碎，弹片打穿了手术室和四楼病房的墙壁，一片狼藉，无法继续使用。医院和学校就迁到明孝陵的一所学校内开办重伤医院，除收治被炸伤和前线送来的受伤的抗日战士外，也收治一些病员。后来日本鬼子步步逼近，医院和学校由南京、武汉、长沙，一路迁到贵阳。在南门外黔灵山下原国民党十九路军医院的旧址开办了中央医院，学校也正规上课。当时是 1938年的下半年。至1939年日军占领了长江下游的一些城市后，重庆1939年5月3、4日大轰炸后，贵阳也受到空袭的威胁。贵阳没有一点防空设施，一有警报就抬着病人向山上跑，坐在树下等死。我因重庆家中被炸，心里特别害怕，一有警报扶着病人或抬着病人拼命地向山上跑。有时一天也吃不上一顿饭，这种生活一直延续到1940年。

1940年2月份我完成了4年的学习，而且成绩较好，要我等候学校的分配（当时是不包分配的，我班毕业25人，中央医院只留了七名学生）。正当我等候分配的时候，在2月20多号的一个上午9点多钟，又拉响了警报，我刚刚9点钟下了早班，回到病房扶着两个病人跑到山上。一直没看到敌机，大家思想上有些放松。大约在下午1点多钟，看到医院方向随着敌机的俯冲投弹烟雾弥漫，房屋倒塌声，哭叫声响成一片，我实在吓坏了，病人和我抱成一团，闭着眼睛等待日本鬼子的处理。下午3点多钟挂起了解除警报的信号，我们回到医院，医院饭厅和部分病房成了废墟，我的两个同学和两个护士长被炸得血肉纷飞，有个叫辛安贞的同学半边脑袋不在了，有个叫王振华的护士长一条腿挂在树上，真是目不忍睹。立刻医院就乱了，病人也不结账都吓跑了，电线炸坏了，到了晚上一片漆黑，四口棺材，八支白色的蜡烛，号啕的哭喊声，呼啸的风雨声，这就是我看到的悲惨世界。

当时还有几个员工受了伤，内科医生郑伟如在厕所解手，厕所倒塌把他埋在底下，盆骨粉碎性骨折，虽然手术后保住性命，但造成终身残疾，到现在 80 多岁了还是一跛一跛地走路。

这件惨案发生不久，我就调到重庆歌乐山中央医院任内科副护士长。这时日本飞机仍不断地轰炸，因为在郊区的山上，相对安全，但经常看到空战。医院收治的伤员有国民党的空军战士和城里送来的重伤员，虽然思想的压力小了一些，但对日本鬼子的憎恨却有增无减。

1941 年我被调到市卫生局第一科任公共卫生护士长，因我学过公共卫生，工作是管理各卫生所的护理工作，以及防疫器材的保管。这时重庆城里的轰炸更加频繁，而且时间很长，老百姓叫它为"疲劳轰炸"。它的办法就是一次来三架或六架飞机，在你上空盘旋，有时狂轰滥炸，有时不丢炸弹。因为它起跑点就在长江下游，这批刚走那批又来了。老百姓只有一大早带点干粮和认为比较值钱的东西走进防空洞。因为这一去是否能够生还，还是回来后无家可归，在大家头脑中都是个问题。自己的生命财产都掌握在日本鬼子的手中，这日子比奴隶还难过。

1941 年的 6 月 5 日早晨，大概六点多钟我从南纪门卫生局走到金汤街市卫生局上班，还未来得及到办公室签到就进了防空洞。在防空洞一直待到下午三点多钟，挂起了"休息球"，我们才出来放风。我们站在凉台上（现在妇幼保健院）听到一片哭叫声，正在想不知哪里出了事，这时敌机又临上空，赶快跑进防空洞，过了不知道多久，梅贻林局长拿着电筒在洞内找人，说所有的医务人员统统出来，有紧急任务，我也被叫出来。他告诉我们说：大隧道出了惨案，挤死了很多人，立即组成救护小组分赴各道口进行抢救。我和一个姓张的男护士，一个姓杨的市区医院的护士三人组成一组，分配到磁器街洞口。当我们走到目的地时，街上已排满了尸体，从磁器街到十八梯都排满了，经过我们一个个检查都是因挤压缺氧导致窒息死亡，瞳孔都已散大，简单的急救设备根本无法抢救他们的生命。作为一个医务工作者，不能在他们最需要的时候帮助他们战胜死亡，实在感到惭愧和不安。我在医院工作不少看到死人，可一下子看到成百上千的死人摆在面前是我生平第一次看到，也是我第二次经历的悲惨世界。这时敌机不时地在上空盘旋，幸好没有再丢炸弹，一直忙到晚上才回到卫生所。第二天磁器街，较场口，十八梯一带都关门闭户，因为是一家人都死在防空洞了。据估计大概死了数千人，因为街上的棺材都卖光了，有人看到两个人塞进一个棺材，外面用草绳捆着，再后来就在黑石子一带江边挖坑埋葬。遇到江水涨落的冲洗，很多腐烂的尸体暴露，被污染的江水，又造成胃肠道的传染病流行，经历过这场灾难的老百姓，永远不会忘记日本帝国主义惨无人道的暴行，也不会忘记那些惨死在日本帝国主义炸弹下的亲人们。同胞们，我们要向日本帝国主义者讨还血债，讨回公道。

口述人：汪声闻，重庆市中山医院退休主任护师。

2002 年 9 月 22 日

补充材料：

1939 年我在南京迁到贵阳的中央高级护士专科学校读书，突然接到重庆家中寄来的信说当年 5 月 3 日住在观音岩附近罗家湾的家中被炸，年仅 10 岁的汪康孚也被炸死。当时对日本敌机的轰炸没有足够的思想准备，第一认为他们是有目的的轰炸，不会炸无辜的老百姓；第二防空设施太差，仅仅是政府机关或个别私人家中才有小小的防空洞。后来听我母亲说，5 月 3、4 日，日本鬼子的飞机没日没夜地轰炸，刚刚挂了休息球，就准备回家做点饭吃，就在那一刹那日本飞机又到了上空，她抱着刚满一岁的小弟弟向防空洞跑，走在后面的小弟弟就被炸弹炸死了。我们从南京逃难出来时，带了一些值钱的东西，有些古董、字画和高贵的皮衣。记得在南京时客厅里挂有徐悲鸿画的马和沈伊默写的条幅，还有一幅清明上河图，这些东西现在都是无价之宝。母亲写信要我遇着警报，要不顾一切地躲进防空洞，我们家再也承受不起任何损失了。1940 年我分配到重庆歌乐山中央医院工作时，看到家人在林森路（现在的解放西路）一家茶馆里租了一间小屋住着，真是家徒四壁，一无所有。当中央医院院长外科专家沈克非先生知道我的情况后，给了我 30 块钱在歌乐山上卢家厅房租了一间屋子把家人接到山上安家。我们从一个比较富裕的家庭一下变得一贫如洗，还死了一个弟弟，这些都是日本鬼子造成的，我要向他们讨还血债，讨回公道，以安慰惨死在日本鬼子炸弹下的亲人。

1944 年我结婚后，我爱人和母亲摆谈时还谈到此。当时他也住在罗家湾，轰炸那天他正在珊瑚坝飞机场，候飞机到缅甸出差。他们新华贸易公司的宿舍也被炸了，所有衣服被炸一空。当时在新华公司工作的还有一个叫王思源，几年前还看到过，现在情况不明。

2002 年 9 月 21 日

31. 炸 弹 有 毒

我们父亲郑接炉（又名郑周）能吃苦耐劳，勤劳勇敢，聪明精灵，善于钻研，是一个精于制糖技术，善于精制各种糖果、糕点蜜饯等美食的好师傅，引来一些青年慕名而来拜我们父亲为师学艺。我们父亲不仅是制糖高手，也是善于办理美食餐宴的好厨师。每当逢年过节，家里人生日，宾客来往，都由我们父亲主厨办席，表示喜庆，甚至设立在我们家里的佛堂办观音地会，信佛的男女来我家佛堂拜观音菩萨，要吃顿素食餐，也是由我们父亲主厨，一席素菜，也能做成美味佳肴，供人享用。

1940年5月27日是小弟友预满岁的生日，十分疼爱子女的父亲，决心为幺儿子办一个满岁酒，请三亲四戚，亲朋好友来庆贺一番。几天前就做好各种准备，要在5月27日那一天来一个"满岁酒、天长处、儿长大、老添寿"皆大欢喜的庆寿宴，谁也没有想到，父亲这个美好愿望，却成了永世难忘千古奇冤的悲剧。

1940年5月26日，就是小弟友预满周岁的头一天，杀人成性的日本侵略者，又派遣了杀人飞机对白市驿街上的平民百姓、民居、民宅进行惨无人道的大轰炸。警报响了，那悲惨的声音，通报人们赶快逃亡，逃出死亡线。父亲催我们母亲王吉福赶快带走4个娃儿，年轻的母亲王吉福抱着尚未满岁的幺儿，背着3岁的三儿，牵着6岁的女儿，跟着八岁的长子，拖儿带女离家朝水码头、何家湾、东山方向逃去。等母子离家后，父亲忙着铐门板关门面，然后才关大门，可是这时日本进行突袭的杀人飞机，掠过东山俯冲下来疯狂地对白市驿街上民居、民宅、平民百姓狂轰滥炸。这时，还未离家的父亲已无法逃走了，就躲在一个台子下面。一颗炸弹投在我们家门前的街上，炸了一个大坑，街都炸断了，两边的房屋也被炸垮了，我家的房屋也被炸垮了，只留下被炸弹弹片炸伤的几根石柱孤零零地屹立在那里。

在何家湾躲警报的母亲王吉福看见白市驿街上浓烟滚滚，火光冲天，又不知父亲的下落，心里十分着急，又拖儿带女往白市驿街上跑。家住保家湾的我们二爸郑海清一家见此情景，也带着他的弟弟哑巴等人陪同我们母子赶回白市驿街上，看见在我家天中斋门前街中间炸了一个炸弹坑，街被炸断了，天中斋的房子成了一片废墟，废墟上还在冒着浓烟，但不见我们父亲郑接炉，喊也没有人应声。二爸郑海清等人才去拨废墟堆找人，在炸烂垮塌的台下，找到昏迷不醒一身鲜血的父亲，腿上的伤口还在流着血，地上也被血染红了。母亲王吉福见此情景，悲痛欲绝，当时就痛哭昏倒，郑二婶才急忙给我们母亲王吉福刮痧，进行抢救。二爸郑海清等人忙把我们父亲用滑竿抬到诊所抢救，同时又去请求专治外伤的名医彭老中医，中西结合进行抢救医治。这时伤口开始流出黑血，人发高烧，牙关紧闭，浑身颤抖抽筋，口都张不开，吃药都要把牙齿掰开，才能把药一滴一滴地灌进去。医生说，这个炸弹有毒，伤口才会流黑血，中毒很深，药起不了什么作用，很难医治。因此，中医想尽各种办法虽进行抢救，但因中毒太深，毒性太大，抢救无效，我们父亲被活活痛死了，留下一笔血海深仇的账。

1940 年 5 月 26 日，我们父亲被日本杀人飞机炸中而死时，年轻的母亲王吉福才 28 岁，四个孩子长子 8 岁、姐 6 岁、次子 3 岁，幺儿刚满一岁，一家人沉浸在悲哀中。母亲多次哭昏，儿女们一个个也哭得死去活来，泪水洗面，哭得声嘶力竭，对父亲的丧事作何安排全无主张，全靠二爸郑海清一家料理。

受害人家属：郑友道、郑友葱、郑友德、郑友预
2005 年 10 月 20 日

32. 祖宗四代人 12 人惨遭炸死

日本帝国主义侵略中国轰炸重庆时，狂轰滥炸无辜人民群众，轰炸燃烧我老家园地，祖宗四代人 12 人惨遭炸死，所居住的房屋被燃烧成灰，而我家从此一贫如洗，伤惨已极。

1940 年 6 月 24 日午后，日本帝国主义者轰炸机群经由重庆上空飞来，沿长江北岸，上行至金界山转头向大中坝上空飞来，大中坝所在地被轰炸，所以临近大中坝周边的人民群众，也深受其侵害。加之日本帝国主义者的飞机肆意狂轰滥炸，也就伤害了无辜的民众。由于我老家园地临近中坝边约 200 米，所以我家遭受日机轰炸燃烧弹炸毁，祖宗四代 12 人惨遭杀害，被日本侵略者炸死，所居住房屋也一并被轰炸，家中的一切财产及食物皆被完全烧毁，成为灰堆。

我老家住在王家老坎之地方，是一个有 15 口人的一个大家庭，炸死我老家祖宗四代人，都是在同一时间、地点，同一座庄园房屋之内。我们家当时是无任何缺少，而是有穿有吃，应有尽有的大户人家。同时尚有木制织布机五台，家禽家畜无计其数，可是在这次轰炸中被彻底轰炸毁灭而成为灰烬。

死亡人：老祖婆杨舒氏，长子：杨金合，长孙：杨泽清，媳：杨李氏，女：

杨云全，女：杨家绍，次子：杨树堂，媳：杨余氏，女：杨泽乐，女：杨贵先、杨家润，三子：杨树山媳：杨卓氏，女：杨群先、杨泽玉，共计 15 人，被炸死 12 人。

综上所述家庭亲人，除杨树山、杨泽玉、杨家润未炸死亡外，全家 15 口人被日本侵略者炸死 12 人。3 人未死亡是因外出不在家中而逃离了死亡危险，其原因：杨树山出外捕鱼作业，两个女孩离家到他处玩，所以未受其害。

死者长辈有关年岁我回想是：老祖婆杨舒氏 75 岁，大伯父杨金合 54 岁，二伯父杨树堂 48 岁，二伯母杨余氏 46 岁，前母亲杨卓氏 30 岁。同代姐妹兄弟：杨泽清 32 岁，杨泽乐 22 岁，嫂子杨李氏 30 岁，杨贵先 14 岁，杨群先 7 岁，再下代姐妹 2 人：杨家绍 7 岁，杨云全 3 岁，以上死亡人员遇难时大致是如上所述。至于确切年龄、月日不详，实是因全家被烧为灰烬无家庭族谱可查。之所以能知道事实，有关详情是因家父杨树山待我们长大成人后告之。我们所知的一切，和见证人一致，差错不会有的，大致如此，无误。有关证词供参阅核查。

我的身世来源和姐弟同处重庆市区内，生父杨树山因外出捕鱼未被炸死，求亲友帮忙办理了丧事后独自一人带着二小孩离开中坝，常来往珞璜白沙沱街道上乞讨度日，帮人干活，最后于珞璜西码沱安居，安家再婚，生育的我后代女儿。抗日战争胜利后，我们家又从西码沱迁往中坝。我之前有姐姐杨泽芳，我之后有弟杨泽忠，生父于上世纪 60 年代病亡，未被炸死的两个姐姐也先后于 20 世纪 80 年代病亡。

受害人家属：杨泽友、杨泽中

2006 年 2 月 15 日

杨泽友，女，住重庆市巴南区鱼洞街道办事处大中村 1 社。
杨泽中，男，住重庆市巴南区鱼洞街道办事处大中村 1 社。

证　明

抗日战争时期，民国二十九年（1940 年）农历五月十九日午后，轰炸机由全城庙小南海方向飞来中坝机场及飞机场周边狂轰滥炸一通，致使飞机场附近的村民遭受日本帝国主义飞机的杀害。中坝老坎处家整个家庭被炸燃烧，当时炸伤亡 12 人，亲眼见惨状，有尸体被烧焦，特别是杨老太婆（我叫她杨幺婶）整个尸体只装了一个格子就完了。有的尸体血肉横飞，四处寻找装入木箱，其悲惨状况令人难以忍受，回到自己家饭都吃不下，以上情况完全属实可供申诉。

张树才，男，80 岁，住重庆市巴南区鱼洞街道办事处大中村 2 社。

证　明

经本人深刻的记忆和回想，中国抗日战争时期，1940 年 6 月某日（阳历）午后，亲眼所见日本帝国主义的飞机在轰炸重庆时，也同时轰炸了正在施工中的大中坝机场。轰炸机群狂轰滥炸，当年我的家在"四方土"离机场较为远一点边沿地带，和被轰炸燃烧的王家老板家是邻居。所以亲眼看见王家老板家人遭燃烧炸弹轰炸燃烧。凡是在家午休的人无一人逃离，人被炸死，房屋也被完全烧毁。惨状发生后，我们去亲临现场所见，一个很悲惨的场面。根据我们计算杨家全家有 12 人死于轰炸燃烧，其中杨家全家共计 15 人，只有杨树山因出外捕鱼，另有两个小女孩外出他家玩，逃离了被炸惨害。

据我的记忆回想，15 人分别是老祖婆杨舒氏，75 岁，以后是儿子，媳妇，孙子，曾孙。长子杨金合，54 岁，杨金合之子杨泽清 32 岁，杨泽清之妻杨李氏 30 岁，杨泽清之女杨家绍 7 岁，之女杨云全 3 岁。次子杨树堂 48 岁，媳杨余氏 46 岁，杨树堂之子杨泽乐 22 岁，杨树堂之女杨贵先 14 岁。三子媳妇卓氏 30 岁，杨卓氏之女杨群先 7 岁。

以上人员被炸死之时，年龄如述，确切年龄，我知不详，综上所述实情可供证。

陈尔礼，男，现年 80 岁，现居住于重庆市巴南区鱼洞街道办事处大中村 1 社。

33．合川县成了一片火海

我们老家原住重庆市合川县北门外杨柳街，我家大院的位置，左侧是商店，经营家具的老板姓刘，正中是蔬菜店，又是通往大院的必需通道。上石桥约 20

余梯，就可以进入大院第一个台阶，大院高低共计五层连接式的四合院，为古老建筑。出院如果过马路，再顺梯而下，就是嘉陵江边对岸叫东渡乡，现在地名仍叫杨柳街。

父亲刘平之，祖传行医，已逝，母亲刘雷氏已逝，大哥刘克忠已逝，大姐刘俊卿已逝，留下孩儿两个，大侄儿刘泽林已逝，小侄儿刘泽选现年75岁，与我同是在日本大轰炸亲身受害下的幸存者。那时我们在合川瑞山小学读书，我们的家庭是比较富裕的，家产是祖父遗留下来的，父亲行医，又有较好的医术，看病人不断，小时候我们享受着童年的幸福生活。可是在1937年7月卢沟桥事变发生后，日本军国主义，犯下了滔天的罪行，给千千万万的中国人民，带来深重的灾难，特别是对我们重庆的大轰炸。我的老家合川县城在1940年7月22日大约两点钟后，日本军国主义派出大批轰炸机，对合川县城等地，进行了轮番的又炸又烧，一会儿火光冲天，整个合川县城一片火海，轰炸声、机枪声、爆炸声，响彻不断，震耳欲聋。我家的位置杨柳街又是当时重灾区，我的老家也被烧毁，那时情景，惨不忍睹，喊爹喊娘的哭声动天，家破人亡的不知其数，我们一家死里逃生出来。父母年迈，侄儿幼小，我还是童年。面对当前的惊天打击，当时母亲昏倒在地，不省人事，父亲吓呆了，惊恐万状，只知捶胸。天啦，我们怎么办啦，一家人哭成一团，美好的家庭一下变成无家可归，露宿街边，这样沉重的精神打击带来了长期的后遗症。母亲不分昼夜哭啼怄气，眼睛哭瞎造成长期失明，而且身体虚弱，失去劳动力。父亲长期惊恐万状，造成精神失常错乱，本是医生，不能正常工作，一家人失去生活来源。我和侄儿还是童年，本依靠家庭养活，但生活的困难，侄儿只有寄人篱下，当学徒，过着吃不饱穿不暖的生活，我自己每晚噩梦不断，就跑警报，被丢炸弹的声音惊醒，身体健康受到很大摧残。

我家四合大院全属木质结构，主要建筑层高在6米以上，正厅有一层楼，盖小青瓦双层，多数门窗，刻有花鸟，木板墙体，屋基属梯形，约三亩地，整个房屋从未发生虫蛀，说明当时建筑材料是严格挑选的，属优质木材，被烧毁房屋面积约870平方米左右，还有家具及生活用品，特别是我们的大堂屋，中间是一个二龙抢宝神龛，四张八仙桌，雕刻着凤凰的靠椅，各边四个神龛摆设紫铜香炉，壁上挂画。

受害人：刘克英

2004年6月8日

刘克英，81岁，现住在江北五黄路金科花园。

34. 到处起火，人心惶惶

1935—1940 年间，我家住铜梁县巴川镇公园镇藕塘湾黄河（即现在巴川派出所宿舍楼一带）。南侧当时为高大的，呈东西方向分布的天主堂（现仍存在），其北 25 米处，有一排平房，长约 30 米，宽约 10 米，亦平行天主堂呈东西方向分布，其西部就是我家的住房与厂房，东端是黄世伟一家的住房（坐北朝南）。天主堂与住房，厂房之间，有一长方形院坝，长 30 米，宽 20 米，面积约 600 平方米。当时我家开的是"食谱香"酱园厂，主要产品有"食谱香"牌酱油、醋、豆豉、豆瓣、豆腐乳、甜酱及各种酱菜、咸菜等。我家当时人员有：爷爷李茂之，婆婆李谢氏，爸爸李庚白，妈妈张宗兰，大姐李远代、大哥李远业、二姐李远明，我李远图，弟弟李远略，妹妹李远慧等 10 人，加工人 5～8 人，共计 15～18 人。我家有住房与厂房 10 间，其中堂屋（即客厅）1 间，住房（寝室）5 间，发酵室一间，加工间 1 大间，储藏室一间，蒸煮室兼厨房一间，面积共 280 平方米。设备有住 15～18 人的生活用品与日用家具，粉碎设备，研磨设备，成套过滤器，大小蒸煮锅，灭菌箱，接种箱，醋化桶，压榨机，搅拌设备，发酵设备，大小容器，酱油池，醋池和院坝内装满甜酱、豆瓣、豆豉及各类酱菜、咸菜的 180 多口大瓦缸。

1939—1943 年间，日本飞机多次飞来轰炸铜梁，有时一天炸一次，有时一天炸几次，有时是三架飞机品字形飞来轰炸。开始飞来时，飞得较高、较慢，要扔炸弹时就俯冲下来，飞得很低，连机翼下面的圆形红块标志都能清楚看到。1939 年日本飞机在西门千傅崖处扔了两颗炸弹，其后在南门四牌坊扔了燃烧弹。有一次在正街（现在的步行街）钟楼处扔了几颗炸弹，其中一颗炸弹未爆炸，人们就把它挖出来，倒掉炸药，空炸弹高约 0.8～1.2 米。解放前一直把它放在公园坝文化馆阅览室供人参观。又有一次日本飞机还轰炸了南桥猪肉市场和老明月寺旁的猪兜坝等处。由于当时铜梁县城频繁受到日本飞机轰炸。有时一天多处被炸，形成到处起火，人心惶惶，铜梁县女子中学为了相对安全，就疏散到西门外侣俸乡去了。

1940 年 7 月 31 日这一天，我们都忙跑到公园坝西侧陡坎下小防空洞躲藏，但婆婆就是不顾去躲藏，她要留在家里看家。中午前后，飞来几十架日本飞机，婆婆赶忙跑到院坝里较远的一个菜落处的酱缸旁躲藏。一架日本飞机俯冲下来，在我家堂屋（客厅）处，扔了一颗重磅炸弹，炸了一个一间屋那样大的深坑（面积约 10～20 平方米）形成一片火海。我家和邻居黄家的房屋、厂房、家具、设备和院坝里的酱缸全部被炸烂。一块破弹片飞来，将婆婆的右手炸伤，血流满地，婆婆也倒在地上。我们跑到公园坝陡坎处躲藏的人，看到自家住地方向一处浓烟大火，急忙跑回来灭火、抢救。看到一片惨景，大家都痛哭起来。一些人忙去救火，我们急忙把婆婆送到新南街古师云（已死）诊所治病，检查后医生说要截肢，婆婆本人不同意，由于曾经大量出血，可能还有其他内伤，她的身体就此垮了下来，隔了不久就死了。其后爷爷李茂之因心里受到伤害，不久也相继死去。这是日本欠下我家的一笔血债。同时还有我们的邻居黄世伟，黄世丽一家人的住房也被炸毁。我家住房，厂房与财产全部被炸烂后，我们也就破产了，靠摆摊卖麻糖生活，我们当时连住的地方都没有。父亲李庚白的朋友孔子嘉（已死）在藕塘湾太保镇的北侧坡上，有一个四合院，他就腾了几间空屋，免费让我们住，当时隔壁还住有刘雪庵一家（流亡三部曲的作者，20 世纪 80 年代死于北京），由于那时飞机飞来轰炸得很频繁，我们三家就联合起来在房后的红色岩石处，挖了一个一人多高、深 3～4 米的浅防空洞（即猫兜洞），一有警报，我们就往防空洞里躲，这样才生存下来。我家藕塘湾黄河住房厂房地契和婆婆手受伤后的医疗证明及破弹片原都保存下来，但在 1967～1968 年间丢失。在那段悲惨的年代里，我们国家没派一兵一卒侵略日本，我们也在远离日本数千公里的铜梁过平静的生活，我们也没招惹谁，是日本的飞机飞来毫无道理地炸毁了我们的家园，炸毁了我们的房屋和财产，炸伤了我们婆婆的右手（不久后死去），其后爷爷因心里受到伤害，不久也死去。

铜梁县藕塘湾李庚白一家被日本飞机轰炸后，人员房屋、财产损失如下：婆婆右手被炸伤，流血过多，不久后死去。住房与厂房 10 间，其中堂屋（客厅）1 间，寝室 5 间，发酵室 1 间，储藏室（库房）1 间，大加工间 1 间，蒸煮室兼厨房 1 间，共计面积约 280 平方米。各类制酱设备：粉碎设备，研磨设备，搅拌设备、成套过滤器、大小蒸煮锅、灭菌箱、接种箱、醋化桶、压榨机、各种发酵设备、大小容器等。

幸存者：李远图、李远明、李远略、李远慧、李关伟、叶玉兰、李旭

2002 年 8 月 28 日

李远图，住沙区先锋街川东南地质大队。

李远明，女，住大坪正街 73—2 号。

李远略，住江北区 45 中学校。

李远慧，湖南省嘉禾县轻工业局。

李关伟，住重庆下罗家湾。

叶玉兰，大坪电影院旁大坪正街72—3号。

李旭，红岩村幼儿师范学校。

35．我印象中的重庆大轰炸

我世居重庆市市中区鼎新街1号（后移至7号）。从1938年日本法西斯对重庆进行空中袭击，大轰炸开始，持续到1943年的8月，我当时从5岁到10岁，在这5年多的时间里，我目击并经历了日本侵略者对重庆的大轰炸，经受着空袭的骚扰、恐怖和危害，对城市及我家房屋的严重破坏和两位亲人的遇难。

我出生在鼎新街1号，距离衣服广口，磁器街处的防空洞，也就是现在的较场口"重庆大轰炸惨案遗址"纪念地，约60公尺，那里，是我们全家七口人（我父母亲，一个哥哥，两个姐姐，一个弟弟）在日本空袭时避难的地方，只要一拉警报，我们全家就带着随身物品到防空洞避难。

印象较深的是：

一、1939年5月3日、5月4日，人们记忆中的"5·3"、"5·4"大轰炸，不仅给重庆市区造成了破坏，到处是一片废墟，由于日本鬼子采取疲劳轰炸，不断地空袭，市民无法出洞回家煮饭，造成了市民们的恐慌和饥饿。我父母亲看着我们几个小孩饿得直叫，只好冒着生命危险跑回家（因我家距防空洞很近）给我们煮了一锅稀饭来充饥，随后再有空袭都作了充分的准备。

二、1940年8月19日大轰炸，日本为了扩大战果，出动了大批的轰炸机对山城市区进行狂轰滥炸，我家鼎新街1号地处磁器口街处，灾情尤为严重，附近的都邮广、关庙、较场口都是重灾区，中弹起火，燃烧数小时，特别是我们的家，三楼一底约100平方米，已被炸成一片废墟，家产毁尽。空袭后，我们已无家可归，只好用一些破木板围住残墙断壁遮风雨，作为临时的避难所，随后我父亲找亲友借了一点钱，在鼎新街7号处买了一楼一底的用楠竹搭建的棚房，随着时间的推移，房屋的改建，一住就是54年，直到1994年修建"得意世界"时才拆迁，原鼎新街1号被炸毁后，无力修复，就搭个简易棚作个摊点，解放后，公路要扩建，就被扩建为人行道了。

三、1941年6月5日发生在我们全家空袭避难的较场口大隧道的惨案。1941年6月5日下午（约6点多钟）我们一家还在吃晚饭，忽听警报响了，碗都没收，就赶忙收拾随身物品往衣服街口的防空洞跑，到了洞里一两小时后，就感到洞里的人越来越多，也越嘈杂，慢慢又感到呼吸有些困难，我父亲对我母亲说，不行，在这里闷得很，我们往外走一点，于是我们全家开始向洞口方向走去，越走近洞口，就越拥挤，当接近洞口时，我们一家人基本上挤散了，喊声听得见，但也无法靠近，因为人太多，已挤得水泄不通，我被挤在离洞口拐弯的一个洞壁边，我被挤得站不住了，人小只好蹲下去，上面的人挤得很紧都不能动了，我蹲在下面又挨着洞壁下的小水沟稍好一点，时间久了就不知不觉地睡着了，一直到第二天上午，我上面的人被弄开后，我才被弄醒，一看周围的人都睡着了（实际上都窒息死了），我可能是由于下面的水沟，有水流在流动才幸免于难，我随着那些抬死人的人爬出了洞口回到家，回家一看，我父亲睡在床上，因腿被挤压伤了，他告诉我们，他拖着不满三岁的小弟挤到洞口木栅门时，再也挤不动了，怕把小弟挤倒，就把小弟举到头上，避免挤伤，但是手也就放不下来了，无法帮助卡在门边的腿，腿上的肌肉就卡伤了，后经过半个多月的休养，治疗，才慢慢好转，可是我的两个姐姐没见回来，找了两三天也没找着，就在重庆的隧道惨案中遇难了，也不知从哪个地方把尸体运走了，我们全家愤怒地声讨日本鬼子，这笔血债要用血来还。

以上是我亲身经历过的重庆大轰炸，记忆较深的几次。

附：我父亲、母亲和我大哥都先后去世，我和小弟都还健在。

幸存者：粟远奎
2003年12月8日

粟远奎，现住渝中区嘉滨路128号A7—1（庭嘉园）。

36．悲惨的历史，痛苦的回忆

1941年，当时我才16岁，重庆曾经遭受过日本帝国主义大轰炸，这段历史仿佛就发生在昨天。因为我是曾经死过一回的人了，日本侵略者给重庆人民和我带来的灾害令人终身难忘！

日本帝国主义在轰炸重庆前，人心惶惶，鸡犬不宁。听传闻说中国半壁江山已落入日本手里，武汉沦陷、宜昌沦陷，日本很快就要打到重庆了。警报声、喇叭声每天在喊叫，告诉人们防空袭，在江边和道路十字路口上，红灯笼到处可见，心中时时预感到：炮火就要打到重庆了！

大轰炸那年，是我结婚的第二年，家住在南纪门大佛寺。一家人在市中区小什字叫"白玫瑰"的餐馆做生意。5月27日那天，9点刚过，只听见空中响起了警报声，防空袭的红灯笼也纷纷落了下来。这时，大人叫，娃儿喊，我当时也想不了这么多，只顾逃命，我们慌慌张张收拾一些值钱的东西（由我携带着），其他的顾不了这么多，急忙离开家，就去找附近的防空洞躲飞机。当时，人们只顾逃命，没有哪个敢来维持秩序。逃命的、躲飞机的人黑压压的一片，乱得很。大人喊、娃儿哭、你踩我、我踩你，真是好惨哟。我们被躲飞机的人群冲散了，老头（戚震北，1986年去世）、婆婆各躲进一个洞子，我和四弟（戚树云，1999年去世）躲进离住家100多米远的名叫"菜帮洞子"的防空洞。洞子门口站满了人，挤都挤不进去。四叔当时年轻，拉起我的手，使劲往洞里的人群钻。洞子里的人多得很，挤都挤不进去，我和四弟只好躲在离洞口只有20多公尺的拐弯处。进了洞子后，里面至少有一两万人，密密麻麻的，叫人透不过气来。看到每个人的脸上都充满着惊恐万状感，预感到：一场灭顶之灾就要降临！

大约隔了一个小时，只听见天空中传来一阵阵震耳欲聋的声音，仿佛要把房屋震垮一样。当时，从南岸真武山方向飞过来六架飞机（后来听江边打鱼的人讲的），向市中心的较场口和下半城（储奇门、南纪门）方圆几十平方公里一带地方狂轰滥炸。顿时，整个市中心的上半城和下半城成了一片火海，好像日本的飞机看中了目标一样，飞得很矮，尽朝房屋密集的地方投炸弹，只听见房屋一阵阵倒塌声。这时洞子外面尽是一片哭喊声和叫骂声。

日本飞机在空中来回旋、不断俯冲，向来不及躲空袭的人群用机关枪扫射，有些人为了躲机关枪扫射，往长江里边跳边逃命。这时，洞子里的人看到这种场面更是害怕，有些人吓得屎尿都流出来了，洞子里头汗臭、屎臭和尿臭味道特别难闻，连气都喘不出来，洞子里的人想往外面走，洞子外面的人就想往洞子里钻，吵吵嚷嚷，乱作一团。

正当洞子里头的人群吵闹时，"轰、轰、轰"爆炸声，可以说是天崩地裂，日本的飞机就在洞口丢了至少两三枚的燃烧弹，炮弹炸开的火燎子和浓烟直朝洞子里钻。躲在洞口边和离洞口不远的人，一点防备都没有，当场被炸死的炸死，烧死的烧死，有的人脑壳都炸得没有了，手脚还在动，真的是惨不忍睹，没有死的，"妈呀、娘呀"的喊，造孽极了。

燃烧弹的火焰像火龙一样，直往洞里头钻。防空洞里也成了一片火海，这时，我也感到头发燃起来了，"吱吱"作响。焦臭味呛得鼻涕都流出来了，我的头发当场被火焰烧光，全身的衣服被烧烂，右乳房痛得钻心（后来才晓得中了一块弹片）。由于我个子小，被好多人压在下面，气都出不过来，全身沾满了血，压在我身上的人几乎都是死人，当时，我觉得已经死了一样，知觉都没得了。飞机好久飞走的，我在死人堆下面，一点都不晓得。

国民党收尸队来收尸时，我才恍恍惚惚看见他们把压在我身上的死人一个一个地抬到一边或抬出洞子，我"嗖"的一下站起来，一个烧得烟焦焦的光头，又是血人，人不人、鬼不鬼的样子，把那些收尸的人吓呆了。我的耳朵已失去了听觉，听不见他们在说些啥子，但从他们的神态看得出，看我还是活的，令他们吃惊。我只看见那些无头的尸体还在动，手、腿被炸弹炸得血肉模糊的人号啕大哭，哭得死去活来。洞子里的血腥味、焦臭味直呛喉咙，难闻得要死，我翻肠倒肚地吐。

这时，我看见老头来了，不晓得他哪来的力气，把一个个死人掀开，冲进洞里头直喊，我估计，在喊我的名字。我踩过死人子堆堆，大声喊"戚震北，戚震北，我在这里"，边哭边喊向老头跑去。不久，看见四弟（戚树云）头部及全身上下都是血，双手捂着头，看样子十分痛苦，结果，他遭了7块弹片。

老头把我背出洞子，从洞子出来，眼前的情景，真是不敢看：上半城、下半城一片火海，所有房屋几乎全部被炸烂和烧毁；死的人像小山一堆一堆的，死人里头大人、娃儿都有；没有被炸死的人好多都炸断了手和脚，面目全非，哭喊声震天。虽然我耳朵听不见，但看到那些没有死去的在痛哭，好惨哟。

我们被国民党官兵救出后，四弟立即被送往江北陆军医院抢救，取弹片疗伤（在医院住了一年零八个月）伤才痊愈。"大轰炸"把我家的房屋炸得稀烂，家没得了，没有安身的地方，我只好被送往外婆家——谢家花园（现在的南方花园）医伤，耳膜被炸坏，听不见人说话，头皮落了一层又一层，正值夏天，全身瘙痒得难受，一天坐也不是，睡也不是，不晓得怎么过来的。就这样，医疗了一年多的时间，我才慢慢康复过来，开始像个人样。

只要一想起"大轰炸"的情景，[就]胆战心惊，好像是做了一场噩梦。我和那些受过灾难的人，都损失好惨重哟。房屋炸得稀烂，随身携带的贵重物品也遭丢失，那是做生意慢慢积蓄起来的唯一家产。还好，命还算保住了。

几十年过去了，我现在身上还留有"大轰炸"带来的后遗症。一天到晚头皮瘙痒，只好用"采乐"药物水来擦，止痒，一年要用好几百块钱，我没有工作，无生活来源，很是困难。耳朵听力严重下降，别人说话，几乎凭感觉，给生活带来许多不便。我这么多的后遗症，怎么办？要让日本赔偿我的损失，并向那些——在1941年5月27日遭受"大轰炸"的人们，赔偿一切损失。

口述：何宗洁

整理：戚峰

2002年6月20日

何宗洁，79岁，女，重庆市杨家坪西郊二村51幢3—3—1号。

37. 大难不死留病根

朱光明（1949年解放前叫朱难民，乳名叫毛儿），男，64岁，1940年2月24日生（实际63岁，因1949年解放后上户口多算了一岁，我们老家习惯怀起后就要算一岁），现住在重庆市渝中区枣子岚垭114号附2号。

父亲朱金如（1900年生，1964年病逝），母亲兰荷香（1914年生）和四舅兰世柱（1920年生），在汉口做生意。日本侵略者侵略中国后，上海、南京相继失守，日本侵略者又向武汉进攻，在武汉大撤退前，1938年左右，父亲、母亲、四舅和大姐朱大毛（1938年生），四人逃难到重庆，先在南岸难民所住了几个月，后在十八梯中间路段，租了一个门面做香烟生意和做衣服维持生活。1938年后日本侵略者开始对重庆进行五年的大轰炸，只要没有雾，是晴天，日本飞机就来轰炸重庆，有时一天轰炸几次，分期分批来轰炸，有时几架或几十架飞机轰炸重庆。日本侵略者把重庆炸得稀巴烂。现在解放碑、较场口、小什字、储奇门、朝天门、两路口修房挖地基时，都挖得到烂砖头、瓦块。成千上万的人被日本的炸弹炸死，其中有很多都是全家人都炸死了。之惨道！之悲壮！举世所无！是日本侵略者欠下中国人民的血债。

1941年6月5日晚空袭警报响了，父母亲和四舅商量，分开躲，如有万一，不会全部死。如有人活着，就把死人尸骨带回老家。四舅躲在燕喜洞的洞子，父亲和姐姐躲在城外洞子，母亲和我躲在附近十八梯洞子。我们家离十八梯洞口有三四百米，父亲和四舅他们先走了，最后一次空袭警报后母亲背着我（当时只有三四个月）跑进十八梯洞门口的墙壁边边。不久大门反锁，外面有警察执勤，不准任何人进出。这次躲洞子的人很多，密密麻麻的，不能走动，大大超额了。洞子没有通风设备，灯也不亮，空气不流通，进去都有点闷人，进洞后不准人大声说话，不准小孩哭闹，否则就要被别人骂。一两小时后大家都感觉闷人，都忍受着，三四个小时后人有点不舒服了，心里有点难过，开始吵闹，但大家还是忍受克制，大家都想快点开门，平时躲不到这么久，不知外面为什么还不开门也不知道外面出了什么事情，有的大喊开门，外面没有动静。大约到了五六个小时后大家感到呼吸困难，心里难过，人没力起不来了，门口的人尽最大的力气喊开门，打门，外面的人就是不开门，里面的人埋怨，外面的人不开门，有些气愤了，乱骂起来了，开始动乱，洞子里面的人朝外面走，想出洞子，你踩我，我踩你，踩死了很多人，后来空气越来越少了，大家闷得心慌，心里非常难过，慢慢地开始不自觉地你撕我的衣服，我撕你的衣服，你抓我，我抓你，你咬我，我咬你，你踩我，我踩你，乱成一团，求生的垂死挣扎，慢慢地洞子就听不到声音了，闷死了很多人，也有些人昏死了，几乎所有的人衣服都撕烂了，脸上和身上都挖烂了，血迹斑斑，死的人脸［上］都具有痛苦的表情，太残酷了。七八个小时后才开门。宪兵、防护团来了，把有气的人放在一边，有人来抢救，死了的就扔在卡车上运到唐家沱方向去埋，约有十几车人死了，有宪兵把死人的金箍子、金腾子、金项链等丢在箩筐里，大约有几箩筐，说是充公。一个防护团把我的手拉着看了一下好像死了，准备往车上扔。当时看热闹的、找亲人的很多，隔壁四川人何老板娘（我们的关系很好），看到我穿的袜子是她做的红色猫头袜子，她就跑过来摸我的鼻子还有点气，就说这娃儿是活的，不忙扔在车里，是我隔壁下江人朱老板娘的娃儿，这双袜子是我亲自做的，送给他穿的，就放在一边。何老板娘又来找我母亲，也找到了。我母亲抬出来还有点气，就放在一边，慢慢就醒了，醒了后就摸身上没有娃儿了，第一句话就大声喊"我的娃儿，我的娃儿"，何老板娘说，你的娃儿在这里，还是活的，我也活转来了，母亲就喂我的奶。后来父亲、舅舅他们来了，把我们抬回家。十八梯洞子大约死了几千人，一个婴儿还活下来了，真是奇迹，可能是当时幸存者中最小的一个。

由于经常躲洞子，我和姐姐都得了痢疾，医不好，一天屙几十次。姐姐在1944年左右因痢疾医治无效死了。我当时是热天拉肚子，一天拉十几次，冬天哮喘很严重，一天到晚不停的咳，随便加多少衣服都不停的咳，人不能动，一动就要咳，一年四季不能下床，用棉絮做个窝窝坐在里面，一年四季不屙就咳，三四岁都不能走路，人很瘦，体质很差，要死不活的，医不好，父母亲都认为没有救了，没有希望了，只有等死。有一个四川人用了一个单方，才基本上医好了，但我从小到现在肠胃都不好，体质较差，比同龄人矮小，读书期间都是班上最矮小的一个。不管什么天气，吃东西都要超过自己的体温，如果吃的东西低于体温，肚子要痛，要拉肚子。吃了有一点点不干净的东西或没有煮熟的东西，肚子要痛，也要屙。由于躲洞子，得了肠胃病一直到现在成了一个后遗症，一直医不好。幼儿时期经常听到警报声的强烈刺激，听到了警报声就紧张，就害怕，就哭，对我幼小的身体和心灵造成严重伤害，又加上疾病缠身，差点死去，在痛苦艰难中生存，失去了儿童欢乐、幸福的生活，剥夺了一个正常儿童的生存权利。

日本侵略者侵略中国所犯下的滔天罪行，对中国人民带来了极大的灾难和损失，我们不能忘记历史，我们要和平！我们要索赔！由于日本侵略者轰炸重庆对我身体上、心灵上和儿童生存权受到（造成）了严重侵害，我要求赔偿我的身体上、精神上和生存权的损失并把病治好。

受害人：朱光明
2004 年 12 月 11 日

38．我们书局完了，完了

七七事变，日本军国主义对我国发动侵略战争，强夺前方土地，屠杀无辜人民，而且还不放过大后方的省份，飞越千山万水丢下残酷的炸弹，炸毁城市楼房，炸死炸伤无辜的老百姓若干，损失房屋财产数不清。

我丈夫罗文辉在重庆民生路 170 号（又名方家十字）重庆宾馆正对面开了一个北新书局，有四层楼房，库房两大间，约千余平方米，堂皇三个大门面，一个门面售书，一个售文具，一个门面是玻璃橱柜和柜台。各类古籍图书、科技医药、画册上千万册，各类文具几千万，单是美国派克钢笔上千支，美国复写纸若干，这是罗老板直接写英文信联系美商的。外国书也很多，全部财产集中在这栋楼房，全家十口，店员徒弟杂工合计 30 多人的生活全寄托在这栋楼房。即是说这几十个人离开了这个北新书局就无法生存。因此，老板员工们都兢兢业业地小心经营，也为文化事业作出一些贡献。

殊不知敌机偏要施展豺狼凶狠的手段，不分昼夜来丢炸弹，人们一听拉预行警报就不要命地飞跑。1940 年 10 月 26 日，我店全体人员跑到临江门岩下（自己修的）防空洞内躲炸弹，解除警报了又算是活了命。走出防空洞便看见空中纸片乱飞，地上、江面上到处铺起，对岸江北也飞去很多，罗文辉伤心地喊道："这是北新活页文选呀！我们书局完了，完了！"大伙一听全痛哭起来，老人立刻昏倒在地，年轻人把他抬回家。到了住处一看，偌大一座高大而富丽的楼房无影无踪，断砖颓墙一片废墟，还有火堆焦烂书籍残灰冒着浓烟，炸弹丢在房屋正当中，现出一大坑，见此情景气得五脏破裂，恨不得跟恶毒的日本强盗拼个死活。可怜啊，毫无办法，全体睡在地上，对着苍天痛哭，一天一夜吃不下一口饭，流出血泪，声嘶力竭咒骂日本鬼子，有什么用，大富豪之家，眨眼间沦为乞丐，流落街头，无路可走。老罗泣嘱员工们："你们用不着陪我受苦，各奔前程吧！"可是他们舍不得离开，伤心地说："我们要与老板共患难，有一份力出一份力。"后来在坑里挖出保险柜，里面有点钱暂时维持生命，又经书帮扶持，整好废墟在原地摆摊设点，重整旗鼓，谈何容易啊！

日本人的侵略使我国大后方的老百姓遭受无妄之灾，血肉横飞，房屋成灰烬，真是惨绝人寰，惨无人道。虽然时过境迁，血写的历史是洗不掉的。日本侵华的三光政策，我国大后方的老百姓在敌机不分昼夜的轰炸下遭受无妄之灾，血肉横飞，房屋财产化为灰烬，财主沦为乞丐，真是惨绝人寰，惨无人道。虽然时过境迁，然而血写的历史倾黄河之水也洗不掉。

受害人家属：沈宗香

2004 年 10 月 28 日

沈宗香，女， 83 岁，现住重庆市渝中区凯旋路 85 号 12—6。

证　明

在中国抗日战争期间，中国战时首都重庆被日本飞机多次狂轰滥炸，重庆人民生命财产损失惨重。罗文辉经营的重庆北新书局坐落在民生路 170 号，于 1940 年 10 月 26 日下午被日机投弹炸毁。当时国立中央大学从南京四牌楼迁重庆沙坪坝，我在此校读书，亲临其境，特此证明。

证明人：彭伯通

2005 年 6 月 1 日

彭伯通，重庆市文史研究馆原副馆长。

39．日机数次摧毁我的家园，夺走我母亲的生命

在 1938 年 2 月至 1943 年 8 月期间，日军为了摧毁中华民族的抗战意志，对战时首都重庆进行长达 5 年半的战略轰炸，重庆人民陷入水深火热之中。在日军轰炸之前我父母都以做皮衣翻新为生，收入虽不算太多，但由于我是家中独女，生活还过得去吧。在日军大轰炸期间，我们家里的房子被日军飞机轰炸过 3 次（我家当时房屋为一楼一底的砖墙结构，面积大约为 50 平方米左右）。1939 年 5 月 4 日我们一家躲进较场口防空洞，当警报解除后，回家一看，家已被炸成一个大洞，一片狼藉，所有家当化为废墟，我们无家可归，只有暂时借住在关圣庙。经过一番努力，我们才又搭成一间上下楼的木板房。然而过了大约一年多的时间，在 1940 年 8 月 20 日，我们家就再一次被日军扔下的燃烧弹烧毁，家又不复存在了，以后的生计更是难以维持。在邻居杨清泉的帮助下我们合伙才搭起一间一楼一底，砖木结构房，父亲为了生计起早摸黑的整日操劳，靠那一点点微薄的收入来支撑着全家人的生活。

然而没有想到的是，这才只是悲惨命运的开始。1940 年至 1941 年，随着日机越来越勤的轰炸重庆，躲防空洞已经成为我们生活中的重要部分。当时我父亲由于操劳过度，身患痨病但无钱医治，于 1941 年 4 月 10 日因病去世。我们家境更加困难，当时我只有 17 岁，与母亲相依为命。1941 年 6 月 4 日我到江北刘家台干舅舅徐志斌（现已去世）家中去玩。6 月 5 日傍晚，日军飞机分三批次轰炸重庆，我的母亲柳贺氏为了躲避大轰炸躲进了较场口防空洞，警报从下午六点至晚上十一点都没解除，大隧道里挤进上万市民，洞门却被紧紧锁住。随着洞内氧气逐渐消耗尽，惨剧的发生已经无法避免。当时我虽在江北，但心里却很担心母亲，警报解除后，我便立即赶回家中。听人说防空洞里闷死了很多人。因为在幸存者中也有认识我母亲的，其中一个叫杨国成（他的妻子也闷死在防空洞里）对我说："大妹你赶快去认一下尸，有一个像是你母亲。"当时我惊惶失措，心里隐隐有不好的预感，但仍怀着侥幸的心情，多么希望在死者中没有我的母亲。从十八梯（大隧道）洞中拖出的遇难者尸体堆积如山，惨不忍睹，死者有上千人。我在尸堆中寻找着，心里万分恐慌，却真的发现了我的母亲，她的头发散乱，全身都发青了，衣裤已被抓烂，鼻孔出血，带在身上的金耳环和戒指也被人抓走了，

这晴天霹雳的悲惨事实，使我悲痛欲绝，泣不成声，呼天天不应，叫地地不灵。当时的现场哭声、叫喊声一片。窒息的惨象是后来听幸存者说起的，一开始人们还在挣扎，后来洞内只剩下哀号。就这样在不到两个月的时间里，我就失去了两名至亲，成为孤儿。如果不是我那天碰巧到江北亲戚家里去的话，也许我们全家都葬身在日机轰炸下。我一个单身女子，举目无亲、无依无靠，在邻居和舅舅的帮助下，好不容易才把母亲安葬了。在失去父母后，我在舅舅和邻居杨清泉（已去世，其女杨凤君现在长寿化工厂工作）的帮助和照顾下，靠帮人打毛衣、洗衣服维持生计。1942 年经胥秀云的嫂嫂介绍认识了在储奇门瑞星和药材行做店员的张松甫。并于 1943 年结婚，1944 年 7 月生下大女张莉蓉。

（注：和我母亲一起躲进防空洞的邻居，有胥长发的女儿胥季云，她姐姐的儿子也被闷死在防空洞里。）

亲人的尸骨可以掩埋，轰炸现场可以覆盖，但是已经深深烙在心中痛苦的记忆，永远不会忘记、磨平，成为永恒的伤疤。我意识到，这是日本的炸弹夺去了我的亲人，使我和我的亲人、家庭受到的损失是难以言喻的。我作为受害者的亲人，绝不能袖手旁观，对日寇在重庆"大轰炸"时期犯下的滔天大罪，有提供证据的责任。

我永远永远也忘记不了这痛心的血泪仇，强烈要求日本帝国主义向中国人民谢罪和赔偿损失！！

受害人：杨明辉
2005 年 12 月 11 日

杨明辉，女，生于 1924 年 2 月 3 日，现年 82 岁。原住重庆市渝中区老衣服街二巷 12 号，现住址：重庆市江北区黄金堡天地豪苑。

40．人亡，财空，全完了

我是四川省大竹县粮食局退休干部，1933 年 6 月 1 日出生在四川省巴县（今重庆）霓溪河复兴寺银盘土的农村。回想过去，至今记忆犹新，小时候我家务农，我爷爷程宝山是主要劳动力，也是当家人，带领全家老少，十来口人辛勤劳动，我母亲和婶娘们轮流做饭，喂猪，或集体下地做力所能及的事，我 6 岁左右时，因我的小名叫牛儿，爷爷就安排我放牛，全家人分工又合作。每年收的谷子（水稻）基本装满仓，每年过年还杀两三条肥猪，全家人生活过得很愉快，为了生活得更好，还把每年的积蓄投资给我家三爸程永丰、姑丈伍仁杰、大姑程永芳，他们在重庆两路口做中药材生意。店有两间门市约 60 平方米，库房约 80 平方米，都堆满了各种药材一万多公斤。其中名贵药材 1000 多公斤。为人参、鹿茸、虫草、海马、天麻等。

我家离重庆很近，约十多公里。我的童年正处在日本大轰炸重庆期间，白天黑夜都经常看见日本飞机轰炸重庆，我国的飞机进行自卫还击；也看见苏联的"鸟棒"飞机（当时群众叫的）直向日机冲去，帮助中国抗击日机；也经常听见日本轰炸机沉沉的声音从上空飞过；还曾深更半夜逃警报，大人抱着棉絮，躲在岩坎下；还看见日机的探照灯，一道白光到地上，还从我们脚边擦过。在我八岁时，日本飞机大轰炸重庆时期的 1940 年 8 月 19 日是我家永远不忘的日子。据幸存者来我家说：当天先后有 100 多架日本飞机，在大田湾、两路口一带长时间地轰炸，投下了大量的燃烧弹和炸弹，我家三爸，姑丈，大姑不幸遇难，药材，房屋，衣服等全部炸毁。当得知噩耗后，全家人在我曾祖母屋里，痛哭一团，当时我爷爷气得双脚直跳，痛哭喊天"一生的养育、辛劳，全家寄托的希望，结果是人亡，财空，全完了"。我爷爷承受不了这样大的打击，因此被气病倒床，不久死亡。从此，一个兴旺发展的家无辜被害得人亡，财空，家败落。

在 1941 年 6 月 11 日，我和母亲去重庆经歌乐山，突遇日机轰炸，我和我母亲的耳朵被日机轰炸声震背。当时我就感到外界声音变小，听力明显下降，耳膜被震破，还流有血。从小就剥夺了我与人之间语言正常交流的权利（当对方声音稍小或稍快，就听不清楚），不仅影响了我的学习，还束缚了我的前途发展。

受害人：程宝山

2006 年 1 月 20 日

41．人被活活烧死

日本军国主义者发动侵略中国的战争，造成中国人民生命财产的极大损失。我们要向日本军国主义者讨还血债。

抗日战争期间，我父亲杨尊轩与杨怀安相约，在巴县白市驿衙门口空地，租用十余亩土地，成立蔬菜种植农场。杨怀安是丁家镇专门经营蔬菜种子的能人。

在江津至涪陵沿长江及白市驿一带很有声望。该农场生产的菜蔬主要供当地军民食用，并种植大量冬瓜供糖厂作制糖原料。农场由我父亲杨尊轩主持经管生产及销售业务。为了种植需要，雇请工人多达数十人，丁家镇去了杨光福、杨福圣等五人，其余的则是当地人。生产经营规模及业务十分可观。

重庆定为陪都后，日机大肆进行轰炸。白市驿因有机场，故成了日机轰炸的重要目标之一，经常被炸。农场的菜地及冬瓜架上，也不时挂着人们被炸后的血肉惨状。有一次我父亲不幸被炸伤，还是当地政府给予医治的。特别是在"5·3"、"5·4"大轰炸那年的初秋时节，天气还十分热，当天一连拉了两次警报，结果日机并未在白市驿上空出现，于是人们产生了侥幸心理，认为日机不会来了。不料第三次警报拉响后，人们还来不及躲避时，日机已飞临白市驿上空，顿时弹如雨下，农场被炸得房屋倒塌，菜蔬横飞。由于是燃烧弹，当即浓烟滚滚，烈火冲天，人在房里被封死，不能出来。农场八人被活活烧死。杨怀安因有事外出，幸免于难。出事后由王三铁匠连夜赶回丁家报信说："农场被炸，人死财空。"遂派人到白市驿用篾制盐巴包子，将我父亲杨尊轩和丁家籍的五个工人尸体运回来。杨尊轩葬在钟嘴，其余五人葬在黑龙林。而白市驿死者则就近做了处理。死者四肢被烧落，只剩躯干，面目全非，惨不忍睹。农场资产损失惨重。

死者杨尊轩之子杨万洪口述

同村人肖开国整理

2002 年 9 月 18 日

杨万洪，男，73 岁，现住重庆市璧山县丁家镇黑龙村。

42．重庆大隧道窒息惨案亲历记

抗战期间，重庆人口猛增，而能容纳市民躲避日机空袭的防空洞甚少。当时的国民政府就在人烟密集的市中区，修建了一条长约两公里的地下大隧道，供市民防空，大隧道在十八梯、石灰市、衣服街三处各凿了一较大洞口，互相连接。隧道深约 10 米，洞内两侧放有简单的木长凳，可供市民休息，墙上每隔一段挂有油灯照明，整个工程修建粗糙、设备简陋，通风条件差。这个大隧道在当时是重庆最大的防空工程，可容纳万余人。

1941 年 6 月 5 日傍晚，一个微雨初晴的黑夜，市区内白天疏散的市民纷纷返家，都以为可以平安度过一夜了。哪知事出意外，忽然四周空袭警报拉响，日机又来了，市民们闻警仓促入洞。我当时 16 岁，在磁器街一家杂货店帮工，又兼义务空袭服务队队员。紧急警报后，我随市民们从衣服街洞口进入洞内。后来得知，这次临空敌机只有五架，在空中盘旋扫射，投了少量炸弹在市中区和南岸地区，约一小时后返航。接着又来几架敌机，轮番扫射轰炸，这样连续 3 次，到晚上 11 时都未解除警报。

由于连续轰炸时间长，较场口中兴路口警报信号台的红灯笼又坏了，有人就用煤气灯套上红布代替空袭信号。这一来就使在大隧道口避难的市民顿生误会，以为是敌机要投瓦斯毒气弹了，顿时众人围着洞口蜂拥而入，秩序大乱。据说大隧道的凳子可坐 3000 人最多 5000 人，但这天晚上不知进了多少人。因人多拥挤，时间又长，空气不足，使避难市民受到窒息威胁，洞口的人想往里面挤，而里面的人又想往洞口挤去呼吸点新鲜空气，因人太多，引起洞内大乱。里面的人憋得慌大呼："遭不住了！"拼命往外挤，外面的人想躲命又拼命往里挤，这样乱成一团，洞内一片惨叫，几次骚动后，人们你抓我扯，就开始有人晕倒在地，后面的人又被人流推拥在倒地者身上，人越压越多越高，把洞口堵塞了。洞内中段尚未窒息的人流，又掉头朝石灰市、衣服街方向挤去，衣服街、石灰市的又向十八梯方向挤去，双方互不相让，把转变道和出口道一齐堵满了。我在洞内被挤到支洞转角处就压得不能动弹，当时我急中生智，就把双手搭在旁人肩上用力往上爬，终于站在防空洞石凳上。我的身体上半部浮在拥挤的人头上，可腰上肚皮上被挣扎乱挤的人咬了 10 多个牙齿印。我的下肢被卡在死人堆中，后搬开死尸，发现左下肢被一死人紧紧抓住不放手，由于时间长，造成了我左脚残废。

第二天（6 月 6 日），我父母到几个洞口去翻看抬出的死尸，都没看见我，认为我已死在洞里了，正准备买棺材收尸。有一认识我的防护团员进来抬死人，发现我还活着，忙通知我父母，等着抬人。

从这次大隧道惨案伤亡的人来看，多半是青壮年男女，老弱的人体力弱，没有拥挤，安坐在洞内深处移动不得，反而有些得以幸免。我父亲就是没有去挤，最后从石灰市洞口出来未遭劫难。

第二天下午大概三点左右，我被抬了出来，看见死难者的惨状，令人不寒而栗，余悸犹深。有的全家遇难，遗下孤儿无人抚养，有的婴儿死在母亲怀中，有的夫妻一方死亡另一方顿成疯癫，有的孕妇被踏死，赤身露体长发蓬松，其景惨不忍睹。在洞内抢救的防护团人员，抬担架的士兵趁火打劫，从尸体上剥夺金戒指、首饰、衣物等。我曾在洞内看见，也曾当场抓了几人关监牢。洞内死人抬出后，先用各善堂常务（备）的薄棺装尸，后又用粗篾席包扎，由于死尸太多，剩下的只好用 20 辆卡车运到朝天门河岸，用 50 只船运到黑石子地区掩埋，这项工作花了 5 天时间才告完成。

惨案发生的第二天，国民党社会部谷正纲命令详细调查，了解到衣服街、木货街、草药街、和平路、百子巷、十八梯等街道市民，凡进大隧道避难者几乎全部死亡，幸存无几，有的商铺几天都无人开门，全家死亡，我当时工作的店有五人进去，只有我一人幸免。

这次惨案究竟死亡多少，其说法不一，有的说上万人，有的说几千人。据官方在报上公布的伤亡人数，死亡 992 人，伤 115 人（据说死亡 1000 人以上，当地官员要被杀头），因此，报上公布的数字也不确切。

大隧道惨案发生后，激起了市民的无比愤恨，社会舆论大，死者亲属组织起请愿团，向国民党政府请愿，新华日报、民主报等不断撰写文章抨击，满城百姓民怨沸腾。蒋介石为了缓和舆论，假惺惺地手令国民党中央党部秘书长吴铁城组织审查团，查清案件，追究责任。结果，刘被免去防空司令，以贺国光继任，其卫戍总司令撤职留任，市长吴国桢，警察局长兼防空护团长唐毅记大过一次。防空洞工程大队长罗志英因走了关系，没被重办只撤职了事，追究责任的结果，是对有责任的头目，作一次虚假处分，欺骗人民。在社会舆论压力下，行政院委员会发出大人二十元，小孩十元的抚恤金，又请太虚法师主坛，由慈云寺方丈法云、罗汉寺方丈觉通召集僧众 108 人在较场口做了 21 天罗天大醮，超度枉死冤魂。这就是国民党当局对惨案死难者的所谓负责。

这桩 50 多年前的惨案，现在回忆起来，令人心悸，往事不堪回首。日本帝国主义发动的侵略战争，给中国人民带来了深重的灾难，日机对重庆大轰炸，是日寇欠下重庆人民的一笔血债。日军犯下的滔天罪行，铁证如山，不容否定。记下这段历史，从中总结血与火的教训，是我们当代重庆人义不容辞的责任。我是大轰炸的见证人、幸存者和受害者，将这段亲身经历讲述出来，是为了教育广大青少年"前事不忘，后事之师"，使子孙后代居安思危，进一步激发起振兴中华的民族志气。

高键文
（载《重庆政协报》1998 年 6 月 5 日）

43．人们一潮一潮地倒下

我于1921年2月2日在重庆城铜元局渣子蹬出生，3岁时，母亲去世，靠父亲（已故）摆小杂货摊生意，把我养大，居住在较场口附近的顶心街。当年，迫于生计，我经常到一个厂矿里筛煤灰卖，父女俩相依度日，邻居中一个叫杨德昌的（已故）是我的远房外甥，是他在我躲避日机轰炸过程中，曾两次救了我的命。日本飞机炸重庆，真是惨无人道，飞机一来就是几十架，又是机关枪扫射，又丢炸弹、燃烧弹，凶残得很，被炸塌的房屋和被炸烂的死人肢体随处可见，惨不忍睹。那年月，我经常跟邻居一起跑飞机（躲飞机），人们一听见空袭警报声和看见挂了红灯笼，就知道日本飞机很快要到，都争相跑出去躲避，有钻隧道的，也有去野外的……自己选路跑。有一次，我和几个邻居在一个名叫鸦片洞的地方躲飞机，杨德昌跑来叫我们随他去了另一处躲飞机，飞机走后，我们原先躲飞机的地方被炸成一片火海。使我刻骨铭心，感受死亡，一辈子忘记不了的是另一次躲飞机，即1941年6月5日那天，我又随着惊恐的人们跑到顶心街不远处的隧道去躲飞机，我们顺着石梯下去，进入隧道，挑选了一个离隧道口不远的石蹬坐着，背靠着紧贴隧道壁的一根石柱。这时，我看见有防务团的人在洞口指挥，人们扶老携幼，不断地进入隧道，不多时，隧道里就人满为患了。可这时候，隧道外仍有很多人往里钻、挤，当时又是热天，隧道里异常闷热的空气使人感到呼吸困难，隧道里开始有人受不了啦，就［往］外挤，却被往里涌的人流堵住了。就这样，洞外的人一个劲往洞里挤，洞内的人拼命地往洞外冲，碰撞中踩死踩伤的人不知有多少。隧道里，人们呼天喊地，混乱得很，突然间，我看见一道很强的亮光闪了一下，人们立刻一潮一潮地倒下（后来才知道有汉奸放了瓦斯），我当时被挤在隧道石柱壁上，丝毫动弹不得，脚被别人踩得生痛也无法挪动半点。这时刻，洞里没倒下的人踩着倒下的人的尸体上，不顾一切地往外爬，往外挤，在爬和挤的过程中，也相继倒下死去了。洞内的电灯早熄灭了，一片漆黑，我周围的尸体越积越多，已经淹浸过我的胸部，并继续在增加，我全身被越来越多的尸体压得无法动弹，我使出所有力气，使头部不被尸体捂住，我喘息着微弱的气息，心里充满着死亡的恐惧，朦朦胧胧地在等死，过了一些时间，我恍惚感到有水珠滴在我的头上，我本能地张开嘴接住下滴的水珠，正是这由洞顶不时下滴的水珠，使我的神志稍微清醒了一些，也正是这水珠，使我的生命得到延续。

不知道过了多长时间，我隐约听见有人在喊我的名字：杨相全，杨相全，您在哪里？我尽力睁开眼睛，循声望去，看见隧道口处，有几个人，提着煤气灯，从死人堆顶上往里爬。一边呼唤着一些人的姓名，当时，我绝处逢生，挣扎着，鼓起尚存的气息，回答他们："我在这里，我在这里呀！"进来的几个人当中，有我外甥杨德昌，他们几个爬到我身边，跟着把我从死人堆里拉了出来，我外甥背着奄奄一息的我，从尸体堆顶上爬出了隧道，我就这样九死一生地活过来了。

当我被救出洞外时，我被踩伤的右脚红肿得很厉害，剧痛难忍，在医院住院治疗了 15 天。洞内发生的惨不忍睹的情景，使我仍惊魂不定，根本吃不下饭，靠喝豆浆吊命，因脚伤严重，伤口感染，被剪掉了右脚五个脚趾，伤口继续溃烂，久治不愈，以致从脚掌至小腿的皮下组织全烂掉了，致使整个右脚严重变畸，被评定为二级肢体残疾的终身残疾人，直到现在伤口仍未愈合，仍需常年用药止痛。

是日本侵略者对重庆实施惨烈的大轰炸，才导致"6·5"隧道大惨案的发生。因此，我是大轰炸的受害者，是"6·5"隧道大惨案的受害者，幸存者。

大轰炸导致的 1941 年 6 月 5 日的隧道大惨案，迄今已 60 余年了，我人也由受伤致残时的 19 岁的青春少女变成了年已八旬的老妪，这段漫长而且还在与日俱增的岁月里，严重的残疾，给我生活上带来诸多不便和困难；严重的残疾，使我耗去了相当多的治疗费用；严重的残疾，使我身体上遭受了常人难以想象的伤痛折磨；严重的残疾，使我心理上、精神上遭受了莫大的痛苦和压力。严重的残疾对我的人生幸福造成了难以弥补的损失！

杨相全（口述）
儿子：侯自福（笔录）
2004 年 6 月 30 日

44．成群的日机轰炸开县

1941 年 8 月 17 日，我的祖父鄢孟屏就是在这天被日本侵略者轰炸开县时投下的罪恶炸弹炸死的。每当我们后辈在祭奠他老人家遇难的日子时，国仇家恨一起涌上心头，激起了我们对日本侵略者的无比仇恨。

当时我才 12 岁，住在北门外李家公馆的颐园内，在开县西津坝县立高级小学高二读书。假期中的这天，我正在家里温习功课，上午十点钟左右，忽然听到大觉寺（即现在刘帅纪念馆）的紧急防空警报。刹时间，城里人从北门像潮水般地朝着滴水岩方向奔跑。这时，大姐鄢梅生牵着我和二姐鄢逸君挤在人流中费力地向前走着，有的扶老携幼，有的背包提箱，有的在寻找失散的小孩，哭的哭，叫的叫。这时忽然有人高喊"快散开，飞机来了"，逃避空袭的人们一下子就大乱了，大姐拉着我刚跳下离滴水岩不远的一条干水沟石桥下的竹林下，就看见了日本飞机从宝塔寺（即现在的开县氮肥厂方向）向我们头上超低飞来，连飞机上的狗皮膏药旗子和驾驶员都看得一清二楚。这时我被大姐抱在她的胸前庇护着，我正数日本飞机一架、二架、三架……十五架、十六架时，就听到了震耳欲聋的连续轰隆隆的爆炸声和哒哒哒的机枪扫射声。这是我亲眼目睹的日本侵略者轰炸开县城的滔天罪行。

大概在下午两三点钟的时候才解除了警报。我们刚回到家里，忽然，祖父隔壁居住的熟人来报信，说我祖父被炸死了。我和逸君二姐两人抢先走在前面，从李家公馆沿山边抄小道的田坎近路。谁知这田坎路上到处都是炸死的人，被炸的人们有的肢体分开，有的脚手不知去向，有的脑浆四溅，真是血迹斑斑、尸横遍野，惨不忍睹！

我们快速跑到祖父居住的地方，得知了他遇难的经过：那天我祖父听到警报后正向凤凰山方向逃避，祁家丝厂到寻盛门城墙之间（即现在的县电影院延伸到县府、县委、县交通局后面的那段城墙）是一片开阔的稻田。当时正值收割小稻的大忙季节，打谷子和背笆篓谷子的人很多，这些抢收稻谷的农民来不及躲避，也遭到日本飞机的狂轰滥炸，他们将无数罪恶的炸弹成一字形铺天盖地的倾泻在这片丰收的稻田里，伤亡十分惨重。这时，我的祖父向山上逃避正好跑到这里，一颗炸弹落在他的身边，夺去了他的生命，整个下半身已不知去向，惨不忍睹！

同时，得知祖母娘家戴举人的侄儿五表叔（他的儿子叫戴世宾）在鲍家巷（即灵土地巷子）戴家院子的大门口，被炸死了，五表叔被炸死后，他的遗孀和儿子的生活一下变得十分艰难，只好靠帮人做手工活维持度日如年的日子。

轰炸后不久，那时的县文化馆还收到群众送来的一枚哑弹，曾放在展览柜中，以示后人不忘国耻。

我一想起这些往事，记忆犹新，历历在目，国仇家恨一起涌上心头，我要愤怒揭发和控诉日本侵略者轰炸开县的滔天罪行,向日本政府讨还我世代难忘的血债,以告慰我祖父和被炸死的所有遇难者的在天之灵!

鄢小清

2002 年 12 月 16 日

鄢小清,住址:万州区物价局。

45．大轰炸灾难殃及佛门

治平寺(罗汉寺)建于北宋治平年间(1064—1067)。金碧山巅崇因寺(明改为长安寺),建于北宋熙宁元年(1068)。1939 年春夏之际,国府官员请成都近慈寺能海上师等数十僧人于长安寺举办护国息灾法会,同甘共苦有喜饶嘉错大师,正修七日加行法始,侵华日机忽临重庆上空,进行轰炸,同胞伤亡,惨不忍睹。长安寺前饭店被炸,"护国息灾法会"横幅的"护、息"二字被弹片打坏,人说预兆不祥,国遭践踏,灾不能息,国府官员匆匆接走喜饶嘉错,而能海上师则率众移赴巴县丰门场法主寺继续安居修法,圆满归蓉。

1940 年 7 月中旬,日机 7 天 7 夜连续狂轰滥炸,全城 19 处大火,罗汉、长安两寺成为一片焦土,佛、菩萨和五百罗汉像及不同版本的藏经、文物无一幸存。其中长安寺明万历年间(1573—1619)铸造"西方三圣"丈六金身像炸毁,苏轼题书"天下第一山"石坊荡然无存。当时著名作家肖红深悉九一八事变后的东北人民在日伪统治下过着牛马不如的生活,于是 1934 年离开东北,颠沛流离,辗转来到重庆已是抗战军兴,长安寺甚是安静如世外桃源,喜欢与友人临寺喝茶,得知该寺遭到侵华日机野蛮轰炸,夷为废墟。于是她愤然将还未出版的《长安寺》一文特在文后加上附记,就把这篇文章作悼词吧!至少罗汉寺元、明两代法系传承和寺历沿革手抄本都付之一炬,化为灰烬。

大隧道惨案发生,南岸慈云僧侣救护队僧众赴之举行超度仪式。当时《中央日报》曾有报道。

这种无差(区)别轰炸的罪行,当年宗仙和尚及该寺两位纲领执事在炸毁的五百罗汉堂废墟上三人合影的 6 寸黑白照片,背景是几尊残存的罗汉像头戴斗笠遮蔽日晒雨淋,这是三宝弟子魏老居士净资购买供养劫后幸存罗汉的雨具。其次是宗仙和尚用毛笔题写的蝇头小楷"中华民国三十年十二月二十八日罗汉寺全体摄影" 40 余人黑白一尺照片，有劫后维艰等等的说明文字（此罗汉寺全体摄影照载 1998 年 12 月 30 日星期三《重庆晨报》10 版，曾与广大读者见过面。此二历史资料照片存罗汉寺藏经楼里）。

彭宗民

彭宗民，1926 年 2 月 9 日生，籍贯丰都，中国佛学院本科研究班毕业后在研究部文史组从事文史研究工作。市佛协会 4 届秘书长，协会第 6 届和市直辖后第一届顾问。

2007 年 6 月 13 日

谈话笔录

时间：2007 年 6 月 13 日上午

地点：重庆市公证处

谈话人：杨桂莉、张静

记录人：张静

被谈话人：彭宗民，男，1926 年 2 月 9 日出生，现住重庆市渝中区大坪正街 103 号 1—3 号。

问：你因何申请办理何项公证？

答：我是 1942 年到重庆华岩寺佛学院学习，那时我已经 16 岁了，我亲眼见到罗汉寺和长安寺被炸后的惨状，并且也听罗汉寺和长安寺里的和尚谈起罗汉寺和长安寺被炸的经过，所以我今天前来办理证人证言公证。

问：请你谈谈当时的详细情况？

答：我听罗汉寺和长安寺的和尚说：第一次被炸是在 1939 年春夏之交，能海上师在长安寺打护国息灾法会，他正在行持加行法的时候，侵华日机忽临重庆上空，进行轰炸，当时没有炸到长安寺，但长安寺前的饭店被炸。第二次被炸是在 1940 年 7 月，日机向全城丢燃烧弹，当时全城有十九处起火，罗汉、长安两寺被炸后起火，两寺中的佛、菩萨和五百罗汉像及不同版本的藏经、文物全部被烧毁，两寺成为一片焦土。其中最为珍贵的是长安寺明万历（1573—1619 年）年间也就是明朝时万历年间铸造的"西方三圣"丈六金身像被炸及罗汉寺元、明两代法系传承和寺历沿革手抄本都被烧毁了。在大隧道惨案发生的时候，南岸慈云寺僧侣救护队僧众赴之举行超度仪式。

问：请你陈述一下当时所见的情景？

答：1942 年我上华岩寺佛学院学习的时候，也去罗汉寺和长安寺看过，两寺都是一片废墟，什么都没有，罗汉寺只剩了一个山门、古佛岩。

问：请你阅读上述笔录是否有误，若无异议请签名。

彭宗民

2007 年 6 月 13 日

46．母亲和弟妹们在十八梯防空洞遭难

我叫余时彬，现年 72 岁，父亲余愚章（已于 1953 年病故），母亲陈玉珍。1941 年父亲在市中区经营证章店，店名"荣升工业社"。店址在青年路体育场对面，全家 5 口人均住在店内，该店为一楼一底房屋。

1941 年 6 月 5 日，日机空袭重庆，母亲及弟、妹共三人去十八梯防空洞躲空袭。父亲因饮酒未与母亲他们同行。我亦因到较场口看到警灯笼，返家时与母亲他们错过，因而我父子二人才能躲过这场劫难。

紧急警报发生后，我父子二人均在青年路店右面一防空洞躲空袭。（该防空洞未与其他防空洞连接，多数人认为不安全，均不愿去该洞躲空袭。）

警报解除后，很久未见母亲她们回来，父亲即往较场口去找人，继后我亦准备去较场口，途经石灰市时发现街道两旁，睡满了人，当时显然已失去知觉，有的在地上乱爬，就像疯子。当时全城停电，无照明电灯，景象十分悲惨，医护人员正为这些人护理，看到这些我很害怕（惨案发生时我年仅 9 岁），不再去较场口，即跑回家去。

回家后不久，父亲回来后对我讲，他们不能回来了，十八梯防空洞已出了事（指发生惨案）。

惨案发生的第二天一早，父亲会同我表兄刘福全去十八梯防空洞口守候，约 9 点多钟，母亲尸体拖出洞外，即认领回家。由于气候炎热，不再等候认领两个小孩尸体，母亲尸体抬回家后的第二天即送往南坪埋葬。

以上是我母亲及弟、妹三人遭难经过，回顾当时情况，令人万分悲痛。我小弟当时年仅 7 岁，小妹年仅 4 岁，这么幼小，就被万恶的日本战争狂人夺去生命。

"6·5"惨案防空洞内的遭难者尸体无人认领者居多（全家均惨死洞内，因此无人认领尸体）。

日本军国主义对中国人民发动的侵略战争，使无数的中国人民遭受空前劫难，而现日本政府要企图否定侵略战争罪行，不断参拜供奉日本战犯的靖国神社，这是受害国家及人民万万不能答应的。

1941 年"6·5"重庆大轰炸受害幸存者余时彬

2002 年 8 月 20 日

余时彬，住址：市中区上园水沟 13 号 1 单元 2—1。

证　明

余时彬的母亲和弟、妹共三人于 1941 年 6 月 5 日遇难于较场口防空洞内死亡属实。

大渡口重钢退休工人：余灿辉

2002 年 8 月 16 日

余灿辉，年龄：83 岁，住址：九宫庙□口二村 99 栋—3。

47．鲜血溅满我的全身

记得抗日战争时期，大约 1939 年至 1945 年间，日本侵略者的飞机对重庆进行了大规模的狂轰滥炸，老百姓天天提心吊胆过着日子，生活在水深火热之中，天天惶恐不安，战争给人民带来了无尽的苦难。我知道的就有好多家庭是全家人都死于大轰炸中，只要敌机临近，警报响起，满街的男女老少像赶鸭子似的奔跑，逃进各处防空洞避难。那时的情景现回想起来真是惨啊！我常说："我这条命是拣到的，我亲眼看见数不清的同胞惨死于大轰炸。"

大轰炸期间，我大约 20 岁左右，当时是在神仙口炒房当学徒，现炒房老板还健在，听说在乡下，已是 90 多岁了。记得那时敌机临近，政府先要凭防空证进指定的防空洞躲空炸，后来轰炸频繁，一天飞机要来几次，日本飞机说来就来，天空黑压压一片。人走到哪里，只要敌机一到，人们就争先恐后躲进附近的防空洞，天天担惊受怕，什么时候死都不知道。那个时间，我先后在人民公园行营、十八梯、衣服街、储奇门、三星店、太平门、邮局巷等处的防空洞躲过。

最大的惨案发生在较场口木货街防空洞。当时敌机还未进城，躲的人进洞后国民党就在外把洞门封了。警报未解除，时间一长，洞里的人太多没有空气，人在里难受得受不了，成千上万在洞里的人互相撕扯，人咬人，互相抓扯光衣服，捂死在里面，等警报解除，洞门打开，从里面拉出来的全是变形的尸首，洞里的死尸整整拉了三天三夜，倒在唐家沱。当时是尸体堆成山，尸水满街流，臭气冲天，惨不忍睹。我是亲眼目睹这一惨案，当时从洞里清理出的箱子、财物、衣物、珠宝还有死人的鞋子等在街上堆成了山。你想死了有好多人，洞里很多是一家人一家人的一起死在里面。好惨哟！

　　记得有一次，我躲在太平门邮局巷防空洞里，飞机丢下的燃烧弹炸进了洞里，紧挨着我们左右两边站着的两个男的，我亲眼看见飞来的炸弹片分别把他两个的脖子削掉了，我吓得看见他两人还站着，等我"呀"地叫了一声一看，那两人同时倒下了，鲜血溅满我满脸、满身，一个弹片又从我的裤脚腿穿过，竟没伤着我的骨头，我知道我是又一次活下来了。等警报解除，我是惊慌地从地上死人堆里踩出来的，我看见地上也有无数未被炸死的人，还张着嘴在出气，实在是惨！

　　记得还有一次，我躲在人民公园行营那个防空洞里，那个洞口到洞里有一块石梯，当时进洞人多很拥挤，后面的人就把前面的人推下了石梯，后进的人把先进的人扑倒地下，人重人，人压人，洞里马上被堵死了。当时踩死了好多人，我也被挤在洞里，完全出不了气，我感觉难受，以为自己马上要被捂死了。因当时我双手紧抱着炒房老板交给我拿着的装有钱财物的箱子，我刚好被挤在壁上，脸紧贴在壁上，动弹不得，壁上还有渗水往下滴，站的地方刚好有根大柱子。我想当时我可能是站的位置好，有柱子挡着，又有渗水，我才没被闷死，又一次活了下来。当时警报解除很久了，我挤在死人堆里根本无力出去，双手仍死抱住箱子。后来还是我炒房的老板打听到有人看见我进了行营这个防空洞，于是叫我两个师兄进洞来，发现了我还抱着箱子夹在那里，他们赶快把我扶出洞，一出洞口，一见光，我马上昏死过去了，人事不省，整整 2 天 2 夜什么都不知道，这次我又捡回了一条命，当时洞里踩死、闷死的人好多哟。

　　我没文化，日本飞机轰炸重庆期间的惨景，所见所闻太多了，真是说也说不完，我有幸捡回了一条命，活到了今天，又过上了幸福的晚年生活。但我们要记住历史，不忘国耻，牢记日本侵略者对中国人民犯下的滔天罪行，要热爱和平，让世界上不要再发生战争。

曹世禄

2002 年 7 月 20 日

曹世禄，男，汉族，四川水利电力局退休职工，现家住渝中区民安园（七星岗国美电器城旁）15 号 11—1 房。

48．取出的弹片堆了一大盘

抗日战争时期，日本帝国主义侵略中国时，多次派飞机不分白昼到处狂轰滥炸，有的被炸得家破人亡，有的被炸得终身残疾，而我也是成千上万个受害者中的一个，事情还是从头说起。

小时候，我住在武汉汉阳桥口，我的父亲是武汉申新纱织厂的一名专管棕扣的技术人员。家对面是武汉一家纱厂叫泰安纱厂，看门的是一个印度人，里面的纺织机器是日本的。后来，日本人走后，把里面的机器破坏了不少，特别是棕扣。国民政府把这些机器收缴后送到重庆的军政部第一纺织厂，我们全家也因为战乱迁到重庆，重庆纺织厂很多人对日本的机器不是很了解，所以当时很多人面对机器的安装束手无策，工厂无法开工，如果不能把棕扣安装好，工厂就无法生产，一个几百人的工厂就得停产。厂里派了一个姓向的师傅出去培训，培训两个月后仍然没有解决问题。后来有人想到我的父亲曾是武汉申新纱织厂专管棕扣的技术人员，而那时的我也是重庆军政部第一纺织厂的童工（当时未满 15 岁），因生性活泼，喜欢好动，厂里便让我去是试一试，最后我凭借自己的眼力便将这些杂乱无章的东西安装好，工厂才得以生产，而当时纺织厂内管生产的是一个姓陶的先生。

1941 年 8 月 30 日，是纺织厂为能够正常生产而开庆祝大会的日子，上午 9 点多，我当时正在小龙坎，在原国民政府军政部第一纺织厂内，突然传来尖锐的警报声，顿时马路上像炸了锅，惶恐万分的人们左冲右突，争相逃命。我直奔厂区附近的岩洞。当我跑进洞口时，约有两三架敌机已经临空！由于人多又拥挤，我被身后的青年人挤出了岩洞。接着，敌机开始俯冲轰炸了。这时日本飞机投下的一枚枚炸弹在我周围爆炸，随着一声声巨大的爆炸声，一阵剧痛袭击着我，我这时才意识到：我被弹片炸中了！数小时后，我慢慢清醒过来，发现弹片飞溅到我左脚踝关节，有十多处伤口，下身血淋淋的，全身都是硬的，在离我不远的地方还有一枚没有爆炸的炸弹，如果那枚炸弹爆炸的话，估计我也没命了。后来经过统计，当时左腿的伤口有大大小小 13 个，右大腿伤口一个，且右腿中部肌肉震裂。被炸后，第一个到现场救伤员的是土湾中华印刷书局的人，因为我的左大腿鲜血直冲，他们马上给我止血，但是由于我右腿的伤势较轻，所以右腿没有及时止血，当时敌机还在轰炸，他们把我从防空洞洞口抬到小龙坎马路大防空洞里，随着失血过多，我人也慢慢昏过去了。

一直到晚上 12 点左右，敌机在分批次轮番轰炸 6 个小时后才遁去，警报终于解除了！我被抬到七星岗宽仁医院，医院的医生用稀释的酒精倒在澡盆里给我的左腿清洗伤口，但是大腿不知什么原因伤口未能清洗。第二天清早，我又被抬到江北相国寺军队收容站，当天，我就动了一次大的手术，醒来时，看看腿上，真是伤口无数（至今还有当时残余疤痕的照片）。当别人看到我的伤后，他们都叫我"豆芽店老板"。因为伤口神经、血管等断裂，看上去就像一根豆芽，而这时，我已经一天三餐没有进一粒米饭了。

第 8 天，因左足发炎，被两次抬进医院做了左足切除手术。又由于臀部有个伤口没有愈合，而且伤口溃烂生蛆，才开始上药，这个最令我恼火的伤口在后来的几次手术中，都不曾痊愈。由于伤势过重，最终在 8 天后我没有能保住自己的左小腿，被截肢。永远地成为一个四肢不健全的残疾人。在做手术时，我看到自己血淋淋的肉堆了两大碗盘，敌人的炸弹片也堆了一大碗盘，后来我还特意把从我身上取出的弹片保留了下来做纪念，我要记住这笔血海深仇！可是，在 1951 年，由于保存不慎，那些弹片丢失了。

我在江北相国寺军队收容站住院 21 天后，我们又搬到当地的善后救济署第三厅（郭沫若任厅长）办第十重伤医院（当时院长叫郝觉民），主治大夫是两位湖南人，一个姓金，一个姓鲁，都是男医生，女护士叫罗香君，药剂师姓张，护士长是一位上海人。在那里，我住院治疗四个多月，主要对臀部及大腿的伤口进行治疗，半年后（1942 年），有些伤口还未痊愈，我就回家了。

经过截肢手术，我成了一名残疾人，几十年来，给我的精神上带来了极大的痛苦，至今残余伤口时而隐隐作痛，臀部伤口经常发炎，给我的生理、生活上带来极大的不便，日本侵略者在中国犯下了滔天罪行是铁的事实，不容篡改！尸骨可以掩埋，轰炸现场可以覆盖，但是当时的场面已经深深烙在我心中痛苦的记忆里，永远不会忘记、磨灭。

为了人类的正义、和平、为了民族的尊严，依据海牙陆战法法规条约的规定，我们强烈要求日本政府正视历史，给予赔偿，否则公理难容。

受害人：施生娣

施生娣，女，生于 1927 年 2 月 22 日，联系地址：长沙市天心区仰天湖送变电 14 栋 202 室。

整理人：张琼　黄升

2007 年 4 月 10 日

49. 日机轰炸后，房子没了，我家只好在电厂围墙边搭棚子居住

谈话笔录

谈话时间：2007 年 5 月 28 日下午

谈话地点：重庆市公证处

谈话、调查人：杨运惠　记录：杨运惠

当事、被调查人：关善举，男，1946 年 2 月 25 日出生。

问：我们是重庆市公证处的公证员，根据你反映的侵华日军在重庆轰炸中给你家造成的重大损失，我们将向你了解具体情况。

答：好的，我将我知道的情况如实告诉你们。

问：你反映的侵华日军把你家房屋炸烂烧光的事是发生在哪年？具体的地点是哪里及当时的情况？

答：发生的具体年头我记不清了，反正是第一次日军轰炸重庆时，具体地点是现在的渝中区大溪沟电厂（原来的名字叫重庆城国府路 100 号）。侵华日军在重庆大轰炸期间，重庆修建了许多防空洞，一旦有轰炸情况，政府就会拉警报，我的父母就把值钱的东西打包捆在一起，听到警报就拿起包裹往防空洞跑。由于有前几次拉了警报又没有轰炸的情况，所以我父亲就说这次不拿东西，人到防空洞躲起来就行了，谁知这次就大祸临头，日军投下的燃烧弹正好投在家门口，把我家的房子衣物及父亲的药丹药书全部烧光。等警报解除后回到家，全部东西都没有了，没有房子住，后来大溪沟电厂的工人帮忙在电厂围墙壁边搭了棚暂时住下来。

问：大轰炸时你多大？怎样知道这些事情？

答：我是 1945 年 2 月 25 日出生的，但第一次人口普查时把应查时间误写为 1946 年 2 月 25 日，我上面所讲的情况是我母亲关洁清和大哥关键，表哥冯天禄、钱应鸿讲的，但是我母亲在 1980 年去世了，我姨妈的儿子钱应鸿记性好，又亲

生经历了这段历史，他应比我记得更清楚。由于侵华日军的轰炸给我家造成了巨大灾难，所以长辈给我讲了这些我都记在心里。在抗战爆发前，我家世代行医，家境较好，日军一炸，使我家一无所有了，大轰炸后没有了房子，先住在竹篷（电厂围墙外），后来投靠朋友在罗家院的罗干妈处，我就是在罗干妈的阁楼下生的，所以都将这些事全部记在心里。

问：请你看本笔录，如记录属实，请你签名。

答：好的，我看过属实，我签名。

记录无误：关善举

2007 年 5 月 28 日

我家是满族，我曾祖父是清政府从京城派到四川盐井（现自贡市）任巡查私场的官员，曾祖父去世后，曾祖母带着财产和家人就从盐井经重庆回京城，来到重庆后，因长江事发，中断了长江的交通，就无法再走了，于是我曾祖母在我曾祖父生前好友的劝导下，就在重庆购置产业，于是就在重庆定居。我爷爷关先知（芝）在重庆府任官行医，是太医，我爷爷出诊是身穿官服，坐的是银子包轿杆头的八抬大轿，直到清王朝被推翻。清王朝被推翻后，我爷爷同样在民间行医，直到逝世。我父亲关少知（芝）继承了爷爷的医术，也行医，直到逝世，我爷爷和我父亲是当时的一代名医。

我祖辈在渝中区马蹄街、九块田各有一大院子，解放碑有一药房（名称记不起），大溪沟有房产业和药房门面，父亲就在这里行医给人治病。爷爷去世后，爷爷的轿子、官服，另有几百张医案就存放在库房里（医案是用黄金粉写的，医案就是凡治好了一例疑难病症，就用中国漆漆好的木板用黄金粉写下病症情况，用的什么药治疗好的情况）。

我家在国府路 100 号，即大溪沟发电厂旁，有二三百平方的一栋三层楼房（当时代的人们称我们的楼房为"洋房子"）。底层是中药房门面，我父亲的应诊室和我母亲为别人治疗的外科室、客厅、帮工住房、厨房、饭厅等。二楼是自家人的住房和客人来了的住房，三楼是书房、乐器房和我父亲的炼丹房等等，书房内最珍贵的书是《中华药典》。我家的家具是豪华的红木、楠木家具，有的桌子、凳子、面具用花瓷砖嵌的面子，有的是用玉石嵌的桌面和椅面，雕花大木床，玻砖衣柜、梳妆台，还有钢琴、小提琴等中西乐器。

日军对重庆进行大轰炸，我家被日军投下的燃烧弹烧个精光，财产损失以现在的人民币计算是上 1000 万元，如《中华药典》，我爷爷的官服、银包轿杆头的八抬大轿子等都是价值连城的物品。

以上情况是我母亲对我反复讲的，所以我从小就对日本帝国主义充满了仇恨！

日军对重庆进行大轰炸期间，因受强烈的炸弹声波的侵袭，我大哥双耳受到严重的伤害，现在左耳完全听不见声音，右耳能听度极低。我头上有三位哥姐，因轰炸受到严重的惊吓而病，因成天逃亡飞机轰炸，未能得到及时治疗而先后死去。

抗战期间住重庆的英国领事馆的一位官员，这位官员因生病晕死了多日，到重庆的各大医院治疗都没有将他救醒过来，后来英国领事馆的其他官员以试一下的想法，找到我父亲，经我父亲精心的治疗，后救活了他，康复后回到英国，第二次他又来时，特意送我父亲一条"船主牌"香烟。

解放前，特别是抗战期间家住大溪沟的居民都知道我家的情况，因为只要春天一到，我父亲就要熬中药汤放置在我家药房门前，让过往行人和大溪沟发电厂的工人，罗家院的所有居民喝，以防"伤寒"、"霍乱"病的流行，因此，这些人们对我们家的情况是非常了解的，印象是很深的。我家被日军投燃烧弹烧光后，就是大溪沟电厂的工人帮忙在电厂围墙边搭的棚。

日军投燃烧弹，将我家烧光后，我们过的是讨饭的日子，我母亲四处求资助，艰难度日。父亲于1947年春去世，母亲投亲靠友，艰难地把我们几姐弟拉扯大，直到新中国成立，我们才得到了新生。

受害家庭人员：关善举

2004 年 4 月 1 日

证人：冯天英（女，71 岁，重庆新华印刷厂退休）、钱应鸿（男，76 岁，渝中区石板坡重庆茶厂职工家属宿舍）。

三、大事记

1937 年

7 月 7 日　卢沟桥事变发生，全国抗日战争爆发。8 日，中共中央发布《中国共产党为日军进攻卢沟桥通电》，号召全国同胞与军队团结起来，筑成抗日民族统一战线的坚固长城，抵抗日本帝国主义的侵略。重庆广大人民投入到抗日救亡运动新高潮中，重庆救国会及其所属组织立即大力开展抗日宣传与动员工作。

7 月下旬　国民政府决定上海企业内迁，内迁以重庆为主。次月，国民政府军事委员会、经济部资源委员会成立工矿迁移监督委员会，负责督促沿海地区工矿企业内迁。

9 月 1 日　重庆市防空司令部正式成立。防空司令部在非常情况下有权指挥所有陆空军和水陆警察。

10 月 18 日　重庆市及江北、巴县各县民众在夫子池举行欢送出川抗敌将士大会。

10 月 29 日　蒋介石在国防最高会议上作题为《国府迁渝与抗战前途》的讲话。确定重庆为国民政府驻地，并表示将抗战到底。30 日，国民政府决定迁都重庆。

11 月 16 日　淞沪会战结束，上海失陷，日军直逼南京，国防最高会议批准迁都重庆，国民政府主席林森当晚乘船西上。20 日，国民政府发表移驻重庆宣言。26 日，林森乘船抵达重庆。重庆军政当局及各界代表 10 余万人前往码头热烈欢迎。12 月上旬，国民政府各机关继续迁入重庆。

1937 年　奉军事委员会委员长重庆行营令，防空司令部拟定《各区积极防空配备方案》，将全市划为城区、佛图关区、磁器口区、南岸区、江北区、广阳坝区六个防空指挥区。

1938 年

2月15日　重庆市举行第二次防空演习，分为城区、江北区、南岸区、浮图关区、磁器口区、广阳坝区六个区进行。

2月18日　侵华日军飞机空袭巴县，在广阳坝机场投炸弹12枚，炸伤4人，炸毁房屋2栋。这是日机第一次轰炸重庆。

2月　重庆市防空司令部升格为重庆防空司令部，其对空监视范围扩展至重庆市周围的32个县。同时，改组内部，统一对空指挥。由财政部拨款20万元开辟隧道，加紧防空建设。

3月　国民政府军政部兵工署开始在重庆调整、迁建各主要兵工厂，重庆开始成为大后方最主要的军事工业基地。陆续筹组的兵工厂有第一、二、三、十、二十一、二十四、二十五、二十六、二十七、三十、四十、五十工厂等。

4月17日　迁川工矿企业在重庆成立迁川工厂联合会。该会主张抗日和实业救国。到1940年底，迁到四川的民营工厂共250家，绝大多数在重庆地区。包括来自上海、汉口、南京、杭州、无锡、香港、青岛、天津、石家庄、郑州、长沙等地的钢铁、机械、电器、化工、纺织、食品等行业。

5月8日　第二期出川抗敌部队开始在重庆集中，轮运出川。30日，重庆市及江巴各界民众5万余人举行欢送第二批出川抗日川军大会，当晚并举行火炬游行，参加民众达10万余人。

6月9日　国民党驻武汉党政军机关开始撤退。党政机关移往重庆，军事机关移往湖南。8月4日，国民政府驻汉口各行政机关全部迁移重庆。

6月10日　为防备日军的轰炸，重庆市开始疏散人口。

7月27日　重庆市政府召集有关机关举行会议，决定成立重庆市疏散人口指导处，对于移驻人民，指导其交通、教育、住房、就业等事项。

8月2日　重庆举行防空大隧道开工典礼，该隧道由朝天门至通远门，临江门至南纪门，横贯老城区的南北东西。隧道共分7段，共有13处出口，可容4万余人。

9月9日　重庆市各界拥护国际联盟制日援华大会在夫子池体育场举行，到会群众5万余人。会议强烈要求国联实施盟约第17条"予日寇以有力之制裁，援助中国制裁暴日"。会后举行了火炬游行。

10月4日　重庆行营训令行营警备部、重庆市政府、宪兵司令部，切实实行疏散重庆市人口。

10 月 4 日　重庆市江巴民众防空委员会成立。

10 月 4 日　日机空袭重庆市区，在牛角沱、天台岗投弹 2 枚，炸死 3 人，炸伤 3 人。

10 月 22 日　日机 18 架空袭梁山县机场及北郊大坟垴，投弹 104 枚，炸死 4 人，炸伤 14 人，炸毁民房 5 幢。日机轰炸梁山后折返万县分水镇，投弹 1 枚，炸伤 1 人。

11 月 5 日　重庆白市驿机场开工兴建，并于 1939 年 6 月 30 日竣工，建成长 1150 米、宽 100 米的泥结碎石跑道一条。

11 月 5 日　日机 9 架空袭梁山县机场及大坟垴，投弹 30 余枚，炸伤 2 人，炸毁民房 3 院。

12 月 26 日　日本出动航空兵第一飞行团第 60、98 战队的 12 架 97 式重型轰炸机、10 架伊式重型轰炸机空袭重庆，企图给予重庆沉重打击。该机群在田中、服部等人的率领下侵入重庆市上空。但重庆浓云迷雾，能见度极低，日机第 60 飞行战队因不能确认目标，放弃攻击。随后，日机第 98 战队在云层间隙中发现一块像市区的目标，推测投弹，未造成伤害。

12 月 26 日　日机轰炸合川县，投弹 28 枚，炸伤 2 人，炸毁房屋 6 栋。

到 12 月底　除国营工矿企业和兵工厂外，外地迁渝工厂已达 124 家，迁渝的各科研单位、各学术团体近 100 个。

1938 年　苏联、英国、美国、德国、意大利、比利时、荷兰、巴西、葡萄牙等 30 余国驻华外交使团及代表陆续迁驻重庆。

1939 年

1 月 8 日　国民政府、军事委员会训令，要求机关学校最大限度地疏散到邻近各县。2 月上旬，重庆市政府限全市机关、学校、商店于 3 月 10 日前疏散。国民政府并令已迁重庆的中央、中国、交通、农民四银行沿成渝、川黔路两侧修建平民住宅。重庆市社会局划定江北、巴县、合川、璧山、綦江等县为疏散区。

1 月 10 日　日机空袭重庆市区，投弹 31 枚，炸死 7 人，炸伤 19 人，炸毁房屋 48 间。

1月15日　日机27架空袭重庆市区，投弹58枚，中国空军起飞迎敌，被击落6架，伤4架，日机4架中弹负伤。其中日机轰炸市警察局第一分局马王庙所三门洞街，炸毁房屋28栋35间，炸死235人，炸伤174人。日机轰炸警察局江北分局辖区，炸毁房屋3栋，炸死43人，炸伤31人。日机轰炸警察局第六分局辖区，炸毁房屋器具等，炸死123人，炸伤431人。

1月　重庆各团体、各界人士强烈声讨国民党副总裁汪精卫叛国投敌。

2月22日　重庆市成立紧急疏散委员会，要求以后每年雾季一过，即开始组织市民的疏散工作，以减少日寇空袭时的人身伤亡和财物损失。

3月1日　国民政府批准重庆市紧急疏散人口办法。

3月底　国民党中央、国民政府各机关组成迁建委员会，决定各机关迁散至重庆附近100公里范围内。同时，将成渝、川黔公路两侧重庆周围80公里范围划归重庆市区。重庆卫戍区也将江北、永川、璧山、铜梁、綦江、江津、南川等县划为卫戍范围。

3月　重庆九龙坡机场开工修建。1940年内建成长1125米、宽45米跑道一条，1942年进行了扩建。

5月3日　日机36架经酉阳、南川、綦江进入重庆市区。中国空军起飞迎敌，击落日机2架。日机在苍坪街、大梁子、打铁街、东升楼、二府衙、中下陕西街、朝天门河坝、白象街、左营街、神仙口、储奇门、南岸玛瑙溪、黄桷渡、南坪场乡间等城区密集地，投下爆炸弹98枚，燃烧弹68枚，炸毁房屋1068间，炸死673人，炸伤350人，随后，日机从丰都、石柱、忠县逸去。

5月4日　日机27架经合川、北碚进入重庆市区，轰炸上下都邮街、天官街、柴家巷、韦家院坝、会仙楼、黄桷街、领事巷、一字顺城街、打枪坝、中一路、兴隆街、保节院街、普林寺、太平桥、红十字会、小较场口、大阳沟等地，投下炸弹78枚，燃烧弹48枚，炸毁机关、学校、工厂、居民等房屋3699间，炸死3318人，炸伤1973人，随后，日机向南川、涪陵、丰都逸去。

5月5日　国民政府命令：重庆市改为行政院直辖市。

5月5日　重庆各机关设立空袭联合办事处。5日至7日，重庆居民紧急疏散至各县乡村达25万人。

5月12日　日机27架经垫江、长寿进入重庆市区，投爆炸弹65枚，燃烧弹51枚，炸毁房屋362间，炸死62人，炸伤348人，随后，日机从双河、酉阳逸去。中国空军击落日机3架。

5月13日　日机轰炸龙王庙，炸伤60人。

5月25日　日机39架分3批分别经巫溪、忠县、奉节进入重庆市区，投爆炸弹91枚，燃烧弹19枚，炸毁房屋560间，炸死404人，炸伤516人，随后，日机分别经南川、长寿、涪陵逸去。中国空军击落日机2架。

6月5日　日机轰炸重庆市区，市警察局第一分局太华楼所被炸；炸毁第三分局辖区房屋1栋，炸死5人，炸伤17人。

6月7日　日机9架轰炸万县，投弹20枚，炸死3人，炸伤8人，炸毁中央银行、四川银行纱业公会等9个单位和民房共92间。

6月7日　重庆发出空袭警报，疑日机来袭，中国空军驱逐机18架立即起飞迎敌，其中一架失事跌落，致8人死亡，1人受伤。

6月9日　日机27架分3批分别经忠县、石柱、丰都进入重庆市区，投爆炸弹57枚，燃烧弹20枚，炸毁房屋125间，炸死25人，炸伤19人，随后，日机经南川、涪陵、丰都逸去。中国空军及高射炮击落日机3架。

6月11日　日机27架经奉节、合川进入重庆市区，投爆炸弹116枚，燃烧弹17枚，炸毁房屋102间，炸死85人，炸伤180人，随后，日机经涪陵、黔江逸去。

6月12日　日机轰炸重庆市区，市警察局第六分局辖区部分房屋、器具被炸；南岸玄坛庙附近中弹，炸死5人。

6月15日　重庆市卫戍区总动员委员会成立。

6月28日　日机27架分三批空袭奉节永安镇，投掷重型炸弹129枚，并以机枪扫射，城区三分之二被炸毁，炸倒震垮房屋798间，炸毁、烧毁569间，炸死居民1013人，炸伤1264人，无家可归者1200多人，这是奉节历史上的一次罕有浩劫。

7月5日　日机21架分4批分别经万县、忠县、长寿、万县进入重庆市区，投爆炸弹26枚，燃烧弹11枚，炸毁房屋437间，炸死42人，炸伤71人，随后，日机经双河、涪陵、南川、涪陵逸去。

7月6日　日机18架分3批分别经垫江、奉节、云阳进入重庆市区，投爆炸弹30枚，燃烧弹26枚，炸毁房屋118间，炸死2人，炸伤92人，随后，日机经隆盛、双河、石柱逸去。日机被中国空军击落1架。

7月7日　日机轰炸重庆市区，市警察局第十一分局辖区被炸，炸死17人，炸伤12人。

7月20日　日机轰炸江北廖家台，炸死1人，炸伤1人。

7月24日　日机18架经巫山、奉节、云阳、开县进入重庆市区，投弹101

枚，炸毁房屋 205 间。

7 月 25 日　日机轰炸重庆市区，炸毁市警察局第四分局辖区房屋 189 栋。

7 月 31 日　日机轰炸重庆市区，炸毁房屋 20 栋，炸死 3 人，炸伤 12 人。

8 月 2 日　日机轰炸重庆市区，炸毁房屋 408 栋。其中日机轰炸遗爱祠派出所辖区，炸毁房屋 53 间，炸死 8 人，炸伤 4 人。轰炸菜元坝筲箕背，炸毁房屋 20 余间，炸死 15 人，炸伤 2 人。轰炸大水井，炸毁房屋 20 余间。

8 月 4 日　日机轰炸重庆市区，炸毁市警察局第四分局辖区房屋 7 栋。日机对中一路纯阳洞街投下燃烧弹，烧毁房屋 10 余间，受伤 1 人。炸毁牛角沱复兴面粉公司 4 艘木船。轰炸筲箕背，炸死 18 人。

8 月 5 日　日机空袭重庆市区，轰炸牛角沱，炸死 24 人，炸伤 36 人，炸毁房屋 2 间、汽车 2 辆。轰炸菜元坝、大水井、米帮河坝，炸死 1 人。

8 月 23 日　日机空袭重庆市区，轰炸沙磁区冷水沟、马家祠、黄葛湾一带，投炸弹 10 余枚，燃烧弹 2 枚，炸死 2 人，炸毁房屋 4 栋；轰炸土湾，投弹数枚，炸伤 2 人；轰炸军政部纺织厂、大鑫炼钢厂、裕丰纱厂附近，投弹 2 枚；轰炸化龙桥平坝，投炸弹 10 余枚，燃烧弹数枚，炸伤 10 余人；六店子亦遭日机轰炸。日机被中国空军击落 2 架。

8 月 28 日　日机分 3 批夜袭重庆市区，被中国空军击落 1 架。其间日机轰炸红岩嘴，炸死 5 人，炸伤 13 人。

8 月 30 日　日机轰炸重庆市区，在白市驿投弹 130 余枚，其中燃烧弹 40 余枚，炸死 23 人，炸伤 21 人，炸毁房屋 89 栋。

9 月 3 日　日机 36 架分批夜袭重庆市区，重庆上空发生激烈空战，日机被中国空军击落 2 架。其中日机轰炸红岩嘴，炸毁房屋 1 栋。

9 月 4 日　日机在军政部纺织厂投下燃烧弹，烧毁房屋及棉花，13 人受伤。

10 月 3 日　日机 9 架轰炸重庆市区，沙磁区小龙坎、土湾、化龙桥一带被炸。

12 月 20 日　重庆大中坝机场动工修建，于 1941 年 6 月竣工，建成长 1300米、宽 40 米的鹅卵石道面跑道 1 条。

至年底　中国空军有作战飞机 225 架，为保卫陪都重庆，反击日机空袭，国民政府军委会将大部分作战飞机集中在四川各机场，其中重庆有战斗机 30 架。同时组织高射炮部队，保护重点目标。

1940 年

5 月 13 日　日本"中国派遣军"总司令部和日本海军中国方面舰队司令部达成《陆海军中央协定》，对中国大后方实行轰炸，代号为"101 号作战"（第四次内地空中作战计划）。从 18 日起，日本海军联合空袭部队开始对重庆白市驿机场实施攻击，至 9 月 4 结束，历时 110 天。据日军统计，日本空军对重庆空袭日数达 37 天，投入飞机 2023 架次，投弹 10021 枚（1405 吨）。在"101 号作战"中，有 387 架日军飞机中弹，16 架被击毁。

5 月 21 日　日机 45 架分两批空袭梁山县城、机场，投弹 492 枚，炸死 9 人，炸伤 30 人，炸毁房屋 50 间。其中 1 架日机轰炸梁山后返回万县，投弹 1 枚，炸伤 1 人。日机轰炸巴县广阳坝、白市驿，投弹 110 余枚，炸死 6 人，失踪 6 人，炸毁房屋 11 间，机场部分设施炸毁。

5 月 22 日　日机轰炸巴县白市驿，投弹 100 余枚，炸死 26 人，失踪 14 人，大部分民房被炸毁。随后，日机由白市驿方向北返行至璧山县八塘镇投弹 1 枚，炸毁松树 6 棵。日机 24 架空袭梁山县，中国空军起飞迎战，击落日机 1 架，击伤 1 架。

5 月 26 日　日机轰炸巴县石桥乡、白市驿、小龙坎，投弹 810 余枚，炸死 32 人，炸伤 72 人，炸毁房屋 29 间。

5 月 27 日　日机空袭重庆市区，在小龙坎、磁器口、空水沱、化龙桥、猫儿石等地投炸弹 30 余枚，燃烧弹 10 枚，炸毁房屋 192 间，炸死 96 人，炸伤 225 人。

5 月 28 日　日机轰炸重庆市区，投炸弹 140 枚，燃烧弹 18 枚，炸毁房屋 360 余间、汽车 16 辆、人力车 30 余辆，炸死 174 人，炸伤 382 人。

5 月 28 日　日机 36 架轰炸巴县广阳乡、麻柳乡、姜家乡，投弹 163 枚，炸毁房屋 15 间，炸死 9 人，炸伤 6 人，失踪 11 人。

5 月 29 日　日机空袭重庆市区，化龙桥、磁器口、菜园坝等地交通部重庆电话局、中央电工器材厂重庆办事处、市工务局、重庆电力股份有限公司等大部分库房、办公室、职工宿舍被炸毁。

6 月 7 日　日机空袭巴县虎溪乡、含谷乡等地，投弹 54 枚，炸死 4 人，炸伤 1 人，炸毁房屋 2 间。

6 月 10 日　日机轰炸重庆市区，炸毁大田湾、两浮支路、中二路、观音岩、生生花园、学田湾、枣子岚垭等处房屋 50 余间，死伤近 20 人。日机 27 架轰炸军政部兵工署第二十四工厂厂区，投弹七八十枚，炸毁部分厂房、职工宿舍、机器设备，死伤 10 余人，失踪 10 余人。

6 月 11 日　日机 126 架分 4 批空袭重庆市区，投弹 200 余枚，炸死炸伤 60 余人，炸毁房屋 70 余栋，苏联驻华使馆，德、法两国驻重庆通讯处也中弹。日机第二次来袭，投炸弹 226 枚，燃烧弹 11 枚，炸毁房屋 490 余间、船 8 艘，炸死 30 余人，炸伤 80 余人。

6 月 11 日　日机 36 架空袭梁山县，投弹 200 余枚，炸死 2 人，炸伤 4 人，炸毁房屋 70 余幢。日机路过涪陵，用机枪扫射地面，蔡家坡多人中弹身亡。日机 37 架在彭水县太原乡投掷机枪 1 挺，弹盘 2 件，护心、护膝钢板各 1 具，未投弹。日机在彭水金龙山投掷炸弹 2 枚，1 枚落在半山腰并爆炸，炸毁农作物面积约 10 平方丈。另投下有色药沫包 1 个。

6 月 12 日　日机 117 架分四批（或说 154 架）继续对城区、新市区和江北大片区域轮番轰炸。新市区国府门首等 11 处地方中弹，城市区临江门、五四路、中正路等 27 处中弹，江北区东升门，野猫洞等 26 处中弹，日机共投掷爆炸弹 269 枚，燃烧弹 39 枚，其中不少是 800 公斤的重型炸弹，炸死 230 人，炸伤 463 人，损毁房屋 196 栋 1197 间，木船 27 艘、轮船 2 艘。轰炸还造成十八梯之观音岩防空洞发生窒息，死亡 73 人，受伤 140。都邮街重庆国货公司防空洞中弹倒塌，在重庆卫戍司令部的情况通报中只谈及已挖掘出 30 余人，没有死伤的报道。

6 月 14 日　日军侵占宜昌，由沿海及华中各地撤退入川的厂矿内迁工作告一段落。据经济部工矿调整处统计，迁川民营工矿企业共有 247 家，工厂迁入地点 90% 以上集中在重庆市及江北县、巴县一带。

6 月 16 日　日机空袭重庆市区、江北及南岸等地，投炸弹 170 余枚，燃烧弹 50 余枚，炸毁房屋 587 栋、船 20 艘、汽油 100 余箱，炸死 49 人，炸伤 37 人。

6 月 17 日　日机 27 架轰炸巴县白市驿镇，投弹 250 余枚，居民伤亡 10 余人，炸毁民房 2 院。日机数十架分 3 批空袭广阳坝，投弹 330 余枚，机场损毁严重，炸毁民房 130 余间，炸死 1 人，炸伤 2 人；在迎龙乡投弹 10 余枚，炸死 4 人，炸伤 10 人。

6 月 24 日　日机轰炸重庆，市区中炸弹 81 枚，燃烧弹 4 枚，炸毁房屋 244 栋；江北区中炸弹 12 枚，炸毁房屋 22 栋、船 1 艘，炸死 3 人，炸伤 10 人；北碚镇中炸弹 23 枚，燃烧弹 40 余枚，炸毁全镇一半房屋，炸死 45 人，炸伤 37

人。英、法驻重庆使馆均中弹。

6月24日　日机轰炸巴县大中坝机场，投弹100余枚，炸毁房屋34间，炸死32人，炸伤25人。

6月25日　日机轰炸重庆市区，在浮图关、菜园坝等地投弹80余枚，炸毁房屋424栋、船6艘，炸死9人，炸伤28人。日机被中国空军击落2架。

6月26日　日机轰炸重庆市区，炸毁房屋32栋130多间，苏、德大使馆被炸。军政部兵工署第二十工厂中弹54枚，炸毁房屋40余间，机器设备20余部，材料损失严重。

6月27日　日机轰炸重庆市区，在李子坝、华龙桥、新市场等地投弹多枚，炸死10余人，炸伤125人。电信机械修造厂中弹3枚，炸毁房屋多处，炸死1人，炸伤1人。电信机械修造厂第二修理工场炸毁8辆车。

6月27日　日机34架分5批空袭梁山县城及机场，投弹200余枚，炸死2人，炸毁房屋10幢。日机1架轰炸万县，投弹2枚，其中1枚未炸。日机空袭綦江汽配厂第二修理工厂，房屋、器材、工具等多被焚毁。

6月28日　日机轰炸重庆市区，投炸弹111枚，燃烧弹6枚，炸死10余人，炸伤60余人，炸毁房屋170余栋。中国兴业股份有限公司机器部防空洞被炸，炸死18人，距离四五丈远之防空洞又因房屋倒塌及燃烧，致使洞口堵塞，洞内人民无法逃生，死亡近300人。

6月29日　日机轰炸重庆市区，投炸弹20余枚、燃烧弹20余枚，炸毁房屋130余栋、船6艘，炸死15人，炸伤45人。日机被中国空军击落2架。

7月4日　日机分两批轰炸重庆市区，在沙坪坝、重大、中大、杨公桥等地投弹155枚，炸毁房屋47间，炸死12人，炸伤8人。

7月8日　日机轰炸重庆市区，投弹多枚，市工务局、川东师范、市社会局、军政部兵工署第二十工厂、中国兴业股份有限公司钢铁部等房屋及职工宿舍被炸毁，财产损失严重。

7月9日　日机轰炸重庆市区，投弹100余枚，炸毁房屋1间，炸死6人，炸伤4人，10人失踪。日机轰炸夫子池防空洞牛皮凼，炸死炸伤者数名。中国空军击落日机4架。

7月14日　四川水泥股份有限公司办公室、职工宿舍被日机轰炸。8月11日，该公司各处中弹约30余枚，生产厂房、职工宿舍损失惨重。23日，日机再次轰炸该公司，投弹23枚，财物损失严重，炸死1人。

7月16日　日机54架轰炸重庆市区，中央银行、太平门以及江边趸船及油管多处被炸起火，炸烧上清寺、曾家岩、太平门房屋 20 余间。中国兴业股份有限公司钢铁部、机器部、电业部等被炸，房屋物品等被炸毁。日机被中国空军击落 3 架。

7 月 18 日　日机轰炸重庆市区，市工务局路灯管理处部分材料被炸毁。中国兴业股份有限公司损失房屋 11 间。

7 月 18 日　日机 18 架在涪陵城区投弹 100 余枚，炸毁房屋数十栋，伤七八百人。

7 月 22 日　日机 125 架分四批狂炸重庆。第一批 27 架、第三批 36 架、第四批 35 间在合川县政府、民生公司等处投爆炸弹 484 枚，燃烧弹 18 枚，造成人口死亡 630 人，受伤 300 人，损毁房屋 210 栋 4300 间，木船 90 艘，合川县城 70%被炸毁。第二批 27 架在綦江城内、南门、沱湾一带等地投爆炸弹 70 枚，造成 10 人死亡、15 人受伤，20 间房屋损毁。

7 月 28 日　日机 80 架分三批轰炸万县、25 架袭击南川，并在奉节投弹。在万县投弹 321 枚，造成陈相善、陈占云等 367 人死亡，王兴文、张青泉等 422 人受伤，损毁房屋 99 间。在南川投弹 225 枚，造成 24 人死亡、46 人受伤，损毁房屋 565 间。在奉节永安镇，在水巷口、大南门外、九道拐、罗家巷共投弹 8 枚，造成 9 人受伤，15 间房屋损毁。

7 月 31 日　日机 108 架空袭重庆市区及北碚、铜梁、涪陵等地。第一批 36 架日机在北碚、铜梁投弹，第二批 18 架在涪陵投弹，第三批 54 架在市区、江北、北碚一带投弹。在市区投爆炸弹 121 枚、燃烧弹 5 枚，造成 2 人死亡、28 人受伤，损毁房屋 32 栋 30 间，木船 25 只；在涪陵投爆炸弹 141 枚、燃烧弹 20 枚，炸死 470 人，炸伤 340 人，损毁房屋 1400 间，是涪陵炸得最广、烧得最惨的一次。

8 月 8 日　日机轰炸重庆市区，中国兴业股份有限公司损失严重，市社会局公卖处 5396 号卡车被日机炸毁，炸死 1 人。

8 月 9 日　日机 90 架分 3 批轰炸重庆市区，投爆炸弹 237 枚，燃烧弹 41 枚，炸死 201 人，炸伤 173 人，炸毁房屋 517 栋 1286 间、汽车 8 辆、民船 6 艘、人力车 30 辆。

8 月 11 日　日机 90 架空袭重庆市区，投爆炸弹 165 枚，燃烧弹 17 枚，炸死 48 人，炸伤 65 人，炸毁房屋 228 栋 73 间、民船 4 艘。左营街医护委员会门前大隧道 9 人窒息身亡，147 人受伤。军政部兵工署第二十工厂落弹 10 枚，房屋及财物损失甚重，炸伤 1 人，炸毁木船 3 艘。日机被中国空军击落 5 架。

8月12日　日机轰炸江北县兴隆场，投炸弹3枚，燃烧弹1枚，炸死3人，炸伤2人。四川省政府驻渝办事处亦被日机轰炸。

8月17日　日机轰炸重庆市区，第十二补充兵训练所被炸，损失严重；重庆电力股份有限公司部分电力设备被炸毁。

8月18日　日机轰炸重庆市区及江北、南岸，投弹264枚，炸毁房屋143栋148间，炸毁黑石岩坎防空壕，炸死138人，炸伤134人。

8月19日　日机178架飞机分5次空袭重庆市区，投弹500余枚，重庆市商业区几完全焚毁损失，炸死181人，炸伤132人，炸毁房屋786栋1438间、民船24艘。炸烧罗家湾、枣子岚垭、燕喜洞、河街等地房屋数间。苏驻华使馆亦中弹。

8月20日　日机126架分5次轰炸重庆市区，投爆炸弹216枚，燃烧弹206枚，炸死133人，炸伤208人。市郊外市场营建委员会、市工务局、四川水泥股份有限公司等机关和企事业单位办公用房、厂房、职工宿舍约1600余家被炸毁，炸毁房屋889栋5060间、汽车5辆、民船8艘。

8月20日　因日机轰炸重庆，无家可归上万人。国民政府特拨赈金100万救济灾民，并指示紧急疏散。25日，重庆空袭救济联合办事处开始疏散市民。陆路疏散到璧山、綦江，水路疏散到合川、长寿、江津。

8月22日　日机135架分4次轰炸重庆市区，投炸弹267枚，燃烧弹19枚，炸毁军政部兵工署第二十四工厂囤船及大量器材等，炸毁房屋230余间，炸死27人，炸伤55人。

8月23日　日机81架空袭重庆市区，投爆炸弹211枚，燃烧弹78枚，炸死13人，炸伤24人，炸毁房屋183栋165间。

9月1日　日机轰炸体仁堂镇邓家院、江北潮音寺、三洞桥，炸死3人，炸伤1人。钢铁厂迁建委员会农场附近中弹，炸死佃户1人，炸毁4家佃户房屋及财产。

9月11日　日机90架分3批轰炸重庆市区，损失巨大。

9月12日　日机两次空袭重庆市区，投炸弹110枚，燃烧弹8枚，炸毁房屋100余栋20间、汽车2辆，炸死33人，炸伤55人。

9月13日　日机轰炸重庆市区，投炸弹49枚，燃烧弹3枚，炸毁房屋30余栋6间、汽车5辆，13人于夫子池门口公共防空洞避难室息死亡，曾家岩烧毁油库1座。

9月13日　中国空军第三机械大队36架飞机在璧山县境上空与66架日机

相遇，发生空战，该战被载入国民政府空军战史的"璧山9·13大空战"。空战中，中国飞机13架被击落，飞行员10人死亡，3人负伤。

9月14日　日机轰炸重庆市区，投燃烧弹5枚，炸弹95枚，手榴弹30枚，钢铁厂迁建委员会损失巨大，炸死38人，炸伤74人。

9月15日　日机两次空袭重庆市区，投炸弹60余枚，燃烧弹3枚，炸毁房屋20余栋40余间，炸死10人，炸伤39人。炸毁中国兴业股份有限公司钢铁部房屋、道路等。

9月16日　日机两次空袭重庆市区，投炸弹45枚，燃烧弹1枚，炸毁房屋6栋10余间，炸死17人，炸伤13人。中国航空公司康曼道飞机1架被炸毁。

9月16日　据重庆市警察局第一、第五分局调查报告，在日机轰炸重庆期间，炸毁观音岩、清真寺、长安寺、达善堂、忠孝堂、二郎庙、罗汉寺等18座庙宇。

10月6日　日机空袭重庆市区，投弹120余枚，炸毁房屋130余栋20余间，炸死30余人，炸伤110余人。

10月15日　重庆各界400多人举行反轰炸大会，发表宣言，声讨日本帝国主义滥炸民房和城市平民的滔天罪行。

10月16日　日机30余架分4批轰炸巴县，投炸弹14余枚，燃烧弹1枚，炸毁民房100余栋14间。日机在临江门、北坛庙、太平桥、罗家湾、机房街、正阳街等地投弹13枚，炸毁房屋22栋7间，炸伤6人。

10月17日　日机轰炸重庆市区，投炸弹58枚，燃烧弹7枚，炸毁房屋348栋57间、船29艘，炸死44人，炸伤49人。

10月24日　日机分批轰炸重庆市区，投炸弹64枚，燃烧弹7枚，炸毁房屋119间，炸死40人，炸伤87人。

10月25日　日机轰炸重庆市区，投炸弹80余枚，燃烧弹9枚，炸毁房屋210余栋、船32艘，炸死22人，炸伤76人。美舰"杜杜伊拉"号和英商太古公司的"万象"、"万流"轮被炸伤。

10月26日　日机轰炸重庆市区，投炸弹82枚，燃烧弹6枚，炸毁房屋164栋177间、邮政囤船1艘、小船8艘、汽车1辆，炸死68人，炸伤45人。炸烧字水街、陕西街、姚家巷等地房屋30余间。

11月5日　日机空袭巴县长生乡，在九保内高院地区投弹1枚，无损失；在七保红花园地区投弹1枚，炸坏居民房屋1栋。

1940年　据重庆市警察局第一、第五分局统计，在日机轰炸重庆期间，炸毁观音岩、清真寺、长安寺、达善堂、忠孝堂、二郎庙、罗汉寺等18座庙宇。

1941 年

1月22日　日机分批空袭重庆市区，第一批12架由江北侵入，投弹70多枚，军政部兵工署第二十四工厂中弹41枚，损失巨大，炸死2人，炸伤10人。第二批9架未入市空。第三批9架由南岸方向侵入，未投弹向长寿逸去。

2月1日　军政部发布全国各省市防空设施统计情况，其中重庆市有防空壕15个，避难室19个，防空洞664个，掩体38个，可以容纳223695人。

2月6日　日机空袭北碚，金刚碑翕泰炭厂的煤和煤船2艘被炸。

2月14日　重庆卫戍总司令部及市政府，奉命从即日起疏散市区人口20万。

2月17日至20日　在陪都各界出钱劳军竞赛大会期间，重庆市各界为慰劳抗日军人献金总额达398万元(法币)，超过预定计划4倍以上。陪都各界在2月至5月的春季出钱劳军竞赛中，总共捐献1126余万元(法币)。

2月　重庆市空袭服务救济联合办事处撤销，成立陪都空袭救护委员会，作为重庆组织空袭救护的最高指挥机关。

3月18日　日机18架分两批在新市区土湾投弹后，向东逸去，投弹31枚，炸伤1人，炸毁房屋45间。

5月3日　日机63架分批轰炸重庆市区，投爆炸弹173枚，燃烧弹9枚，炸死6人，炸伤31人，炸毁房屋150间。

5月4日　日机轰炸重庆市区，大祥煤矿损失块煤60吨、煤船1艘，同安煤矿损失块煤40吨、煤船1艘，重庆私立复兴补习学校被炸房屋2栋。

5月5日　日机轰炸重庆市区，玉和矿器具、工具及现款等被炸。

5月10日　日机分批空袭重庆市区，第一批27架由江北侵入市空，第二批36架由南岸侵入，共投弹190枚，炸死34名，炸伤31人，炸毁房屋144间。

5月16日　日机分批空袭重庆市区，第一批27架由南岸侵入市空，第二批36架由海棠溪方向侵入，共投弹134枚，炸死14人，炸伤38人，炸毁房屋220多间。

5月26日　重庆各界在抗建礼堂举行战时公债成绩大会，全市第一期募债数为12000万元(法币)，超过原定数额6000万元的一倍。

6月1日　日机 27 架由江北侵入南岸，然后由真武山直趋重庆市区，投弹 189 枚，燃烧弹 4 枚，炸死 49 人，炸伤 29 人，炸毁房屋 277 间。

6月2日　日机 27 架由江北方向侵入，在江北衙门金沙门小河中心及城区一带投弹 121 枚，燃烧弹 8 枚，炸死 64 人，炸伤 80 人，炸毁房屋 210 间。英国大使馆、法国驻重庆领事馆被炸。保安路、江北金沙门一带共烧房屋 20 余间。

6月5日　日机分批夜袭重庆市区，第一批 8 架，由江北方向侵入市空，分为两批，一批在复兴关上空投掷照明弹 20 多枚，一批在临江门外寄骨寺、上安乐洞保节院一带投弹。第二批 8 架由南岸真武山方向侵入市空，投掷照明弹后分向骡马店、水市巷、莲花池、和平路、海棠溪、盐店湾等处投弹。第三批 8 架由南山方向侵入市空，在上清寺、中一路、李子坝等处投弹。共投炸弹 55 枚，燃烧弹 14 枚，死伤 30 多人，炸毁房屋 860 多间。此次空袭时间过久，城区内隧道因空气不足窒息而死，石灰市、小观音岩、演武厅隧道共死亡 1010 人，救出因窒息未死市民 1600 余人。

6月7日　日机 40 架分批由江北、南岸方向侵入重庆市区，投炸弹 47 枚，燃烧弹 9 枚，神仙口、金汤街、桂花街同时发生火灾，炸毁房屋 280 多间，炸死 13 人，炸伤 9 人。

6月10日　日机轰炸重庆市区，中国兴业股份有限公司钢铁部附近同化堂药房及蒲草田坎上中弹 6 枚，机器厂汽锤及绘图房屋各有损毁。

6月11日　日机分批空袭重庆，第一批 36 架侵入市空，在军政部兵工署第二十四工厂投弹，第二批 26 架在巴县冷水场投弹，共投炸弹 61 枚，燃烧弹 4 枚，炸死 3 人，炸毁房屋 20 多间。

6月11日　日机 36 架由歌乐山镇上空经过，投下手榴弹 4 枚，3 枚落大王村附近，一枚落静石塆 10 号，炸伤 2 人。

6月14日　日机 34 架空袭重庆市区，投炸弹 67 枚，燃烧弹 7 枚，炸死 4 人，炸伤 16 人，炸毁房屋 227 间。

6月16日　日机空袭重庆市区，东升楼一带被炸，市警察局王爷庙分驻所被炸。

6月28日　日机 25 架空袭重庆市区，计投炸弹 32 枚，燃烧弹 15 枚，炸死 6 人，炸伤 18 人，炸毁房屋 48 间。

6月29日　日机空袭重庆市区，投弹 139 枚，炸死 175 人，炸伤 145 人，炸毁房屋 393 栋 147 间、小轮 1 只。英驻华使馆中弹被毁。

6月30日　日机空袭重庆市区，投炸弹 110 枚，燃烧弹 3 枚，炸死 38 人，炸伤 34 人，炸毁房屋 290 余间。日机 4 架被中国空军击中。

7 月 4 日　日机空袭重庆市区，千厮门一带受损严重；江北城一带中弹 10 余枚，炸毁房屋 10 余栋；王家码头、小河顺成街一带起火，城内烧去房屋 4 间，城外烧去捆绑房 200 余间；重庆轮渡股份有限公司嘉陵码头被炸，炸毁囤船 2 艘、跳船 4 艘、驳船 1 艘。

7 月 5 日　日机空袭重庆市区，投弹 5 枚，炸伤 1 人。中国兴业股份有限公司在重庆村 23、24 两号办公处被炸，房屋震塌。

7 月 6 日　日机空袭重庆市区，清洁总队第三区队库房等处被炸毁，中央电瓷制造厂重庆办事处被炸，美专校街一带被炸烧房屋 10 间，消防四队炸死队警 1 人，炸伤 9 人。

7 月 7 日　日机空袭重庆市区，市卫生局及市民医院附近中弹多枚；市卫生局办公楼被炸受损；市立第五诊所房屋全部被炸毁；市社会局中弹；上清寺、草药街一带被炸烧毁房屋 30 间；文华图书馆中弹 1 枚，燃烧房屋 1 栋；民权路、罗新街、鼎新街、兴隆街、荒市街、草药街 123 户民房被炸烧毁。

7 月 8 日　日机空袭重庆市区，较场口广场、较场口至南纪门马路、大梁子至玉带街马路等工程均被炸毁。军事委员会办公厅总务处庶务股库房被炸起火。英国大使馆被炸，损失惨重。

7 月 9 日　日机轰炸双巷子张家院电信局，炸死 1 人。

7 月 15 日　瑞华企业股份有限公司玻璃制造厂被日机轰炸，损失严重，炸死职工 4 人，受伤若干人。

7 月 17 日　日机轰炸重庆市区，大祥煤矿损失块煤 40 吨、粒煤 30 吨、煤船 1 艘。庆华煤矿损失煤船 1 艘、煤 65 吨。

7 月 18 日　日机空袭重庆市区，炸烧菜园坝、大水井一带房屋 3 间，同义祥矿损失块煤 90 吨、煤船 2 艘，荣记矿业损失块煤 95 吨、煤船 2 艘。

7 月 29 日　日机空袭重庆市区，炸烧纯阳洞、罗家塆一带房屋 6 间。苏、英驻华使馆均被炸。

7 月 30 日　日机空袭重庆市区，炸毁房屋 7 栋 180 余间，炸死 31 人，炸伤 190 余人。民生公司、磁器口一带被炸烧毁房屋 10 间。美国军舰"图图拉"号被炸。

7 月 31 日　日机轰炸重庆市区，王爷庙镇公所损失公物若干。

8 月 2 日　日机空袭重庆市区，兴顺和记损失粒煤 30 吨、块煤 20 吨、煤船 1 艘。

8月8日至14日　日机采用大机群、多批次，不分昼夜，以每次约6小时的间隔，持续7天7夜对重庆进行"疲劳轰炸"。市内水电断绝，市民断炊失眠，损失巨大。但抗敌意志更为坚强。

8月8日　日机空袭重庆市区，海棠溪码头东部被炸毁大半；停泊在凤溪路下陈家溪的运煤船被炸沉；市保安第二大队房屋被炸；江北体仁堂镇被炸；下南区马路第143号公共防空洞被炸倒塌，60人死亡，伤数十人；中二路、七星岗、菜园坝等地中弹起火，烧毁民房100余间；中三路、海棠溪一带被烧毁房屋20余间；中国兴业股份有限公司钢铁部中弹4枚；经济部工矿调整处材料库囤船被炸沉没。

8月9日　日机轰炸重庆市区，在黄沙溪、学田湾一带投弹，烧毁房屋数间。大川实业股份有限公司被炸，厂房及器具被毁。大川实业股份有限公司石棉厂落燃烧弹2枚，机器厂中重量炸弹1枚，公私财物损失严重。鼎丰制造厂房屋被炸11间，机器房被炸10间。

8月10日　日机空袭重庆市区，在娄妨段集中轰炸，房屋全毁，中基、涵洞亦被炸断。大溪沟、中一路一带被烧毁房屋数间。

8月11日　日机轰炸重庆市区、磁器口、弹子石一带，被烧毁房屋数间；市卫生局清洁总队南岸大兴场分驻班中弹炸毁；军政部兵工署第五十工厂驻巴县大兴场职工住宅区被炸，住宅全毁5栋，半毁9栋，轻毁34栋；驻江北郭家沱厂房区中弹，炸毁厂房10栋、竹棚2栋。日机18架在第二十四工厂投弹约10枚，文昌宫贮存洋灰库被炸毁。

8月12日　日机18架在军政部兵工署第二十四工厂上空投弹数十枚，约10枚散落厂内，房屋及公私财物损毁巨甚，炸伤约10人。日机在军政部电信机械修造厂投弹，公私财物损毁严重。馥记铁工厂房屋被炸毁。第十兵工厂损失车房2间、伏特卡车2辆。

8月13日　日机分批空袭重庆市区，第一批18架在铜元局投弹50余枚，炸毁军政部兵工署第二十工厂房屋60余间，炸死13人，炸伤21人。第二批2架在铜元局投弹50枚，炸毁第二十工厂房屋7栋7间，瓦房1所，震坏仓库1所、囤船1艘、米船1艘，炸死5人，炸伤20余人。

8月13日　日机空袭重庆市区，神仙洞街180号防空洞被炸，炸死161人，炸伤11人。

8月14日　日机轰炸重庆市区，投燃烧弹多枚，烧毁中二路胜锠五金机器厂；大田湾、江北陈家馆一带被烧毁房屋10余间；刘家台镇第四保办公处被炸；

南岸海棠溪工务管理处被炸；罗家坝职处道班中弹 1 枚，6 间房屋全毁；四川股份有限公司制造厂职员宿舍 2 栋全毁。

8 月 18 日　日机空袭重庆市区，炸毁房屋 11 栋 30 余间，炸伤 1 人。大成公司被毁煤炭、煤船。日机空袭重庆后返回，途经巴县三圣乡聂家沟时投弹 1 枚，炸毁熟稻约 3 石余、民房 2 栋。

8 月 20 日　日机轰炸重庆市区，重庆私立实验补习学校被炸；中国兴业股份有限公司机器部中弹被焚，数人轻伤；兴隆巷电信局被炸；观音岩、化龙桥被烧毁房屋 4 间。临江正街中弹 2 枚，炸毁房屋 10 余栋。

8 月 21 日　日机轰炸重庆市区，四川水泥股份有限公司三汇石膏厂驻金街坡办事处被炸焚物料若干。

8 月 22 日　日机 100 余架分批空袭重庆市区，市自来水股份有限公司厂房、设备受损严重；沙坪坝被烧毁房屋 20 余间；重庆中央各大学及南开中学皆中弹多枚；第六所诊疗所被震受损。

8 月 22 日　日机轰炸重庆市区，在钢铁厂迁建委员会厂区投弹 73 枚，房屋损毁严重，炸毁李子林与高昌庙路等处附近住宅 30 余栋，炸死 9 人，炸伤 20 余人。

8 月 23 日　日机轰炸重庆市区，在沙坪坝一带共投炸弹 113 枚，燃烧弹 5 枚，炸死 51 人，炸伤 30 余人，炸毁房屋 210 余间。

8 月 27 日　日机 3 次袭击万县城区，投弹 4 枚，聚兴诚银行驻万县分行被炸。

8 月 28 日　日机 27 架空袭重庆市区，炸毁房屋 1 栋 1 间，炸死 5 人，炸伤 9 人。军政部兵工署第二十四工厂第二米库被炸。

8 月 30 日　日机 158 架分 7 批空袭重庆市区，投炸弹 184 枚，燃烧弹 41 枚，炸死 28 人，炸伤 59 人，炸毁房屋 130 余间。

8 月 31 日　日机 144 架分批空袭重庆市区，投炸弹 51 枚，燃烧弹 1 枚，炸毁房屋 20 余间，炸死 14 人，炸伤 5 人。

9 月 1 日　日机 27 架空袭大渡口杨家码头及汉兴公司等处，投炸弹 15 枚，燃烧弹 12 枚，炸毁房屋 150 余间、民船 11 艘，炸死 18 人，炸伤 28 人（不包括钢迁会死伤人数）。在钢迁会厂区投掷爆炸弹、燃烧弹 100 余枚，房屋及设备均有相当损失，炸死 9 人，炸伤 15 人。

9 月 18 日　日机轰炸重庆市区，重庆市商业职业学校的教室、宿舍、办公室、礼堂等被炸。

10 月 10 日 日机轰炸重庆市区，广生公司的房屋、器具、机械、煤等被炸，裕济煤矿的房屋、器具等被炸。

10 月 16 日 重庆防空司令部宣布，本年日机空袭重庆已达 159 批。

11 月 25 日 日机轰炸重庆市区，长生乡中弹数枚，炸毁房屋 1 栋。

12 月 8 日 太平洋战事爆发。此后，日本空军因全力对付美国，故对重庆的轰炸大为减少。25 日，香港沦陷。在此期间，根据中共中央和南方局指示，香港、广东党组织和华南游击队抢救了大批在香港的文化人脱险，其中一部分转移到了重庆，进一步加强了重庆文化工作阵地。

12 月 13 日 重庆各界民众 10 万人举行反侵略大会。14 日，重庆市举行国际文化团体扩大反侵略大会，通过 5 大要案。

12 月 30 日 国民精神总动员会等 4 单位联合在重庆市督邮街广场建筑的精神堡垒竣工。全高 7 丈 7 尺，象征七七抗战；共分 5 层，基底 3 层是同一形式，象征三民主义。第四层为六角形，分别题制国家至上，民族至上，军事第一，胜利第一，意志集中，力量集中等标语。第五层是四方形，分别题制礼、义、廉、耻 4 字。顶悬国旗及各种标志，备极巍峨庄严。

1942 年

1 月 28 日 全国劝储总会发布第二届建国储蓄结果，共计 72540 万元(法币)，其中重庆为 13046 万元(法币)。

2 月 15 日至 5 月 5 日 重庆举行劝募飞机活动，重庆、璧山、江津、綦江、丰都、涪陵、广安等市县合献"中国青年号"飞机 1 架、滑翔机 20 架。成都市献"四川青年号"滑翔机 1 架。

6 月 14 日 重庆各界庆祝"联合国日"。英国驻华大使薛穆盛赞重庆"象征中国不屈不挠之意志与决心"，"成为联合国家所为振奋之精神象征"，"成为全世界各地家喻户晓之一名词"。

12 月 15 日 重庆市政府开始清查限制及取缔与抗战无关各业及其从业人口，强制迁出重庆。

1943 年

2 月 24 日　日机 9 架空袭梁山县机场，投弹 18 枚。日机 17 架分 3 批轰炸万县城区，投弹 28 枚，其中燃烧弹 4 枚，2 枚未炸，炸死 13 人，炸伤 17 人，炸毁房屋 271 间，数家银行被炸。

3 月 16 日　日机 27 架分两批轰炸万县城区，投弹 90 枚，其中燃烧弹 2 枚，3 枚未炸，炸死 43 人，炸伤 49 人，炸毁房屋 571 间、木船 28 艘。

5 月 10 日　日机 3 架分两批轰炸万县城区，聚鱼沱河边及王家真原堂附近居民房屋遭到损失。

5 月 29 日　日机空袭重庆市区，夫子池洞口市民过多，发生拥挤踩踏，造成 3 人死亡，13 人受伤。

8 月 23 日　日机 27 架对巴县及重庆市区进行轰炸，投炸弹 126 枚，燃烧弹 25 枚，炸死 21 人，炸伤 18 人，炸毁房屋 99 间。中国空军击落日机 2 架。

8 月 23 日　日机 27 架轰炸万县城区，投弹 64 枚，炸死 23 人，炸伤 29 人，炸毁房屋 529 间。

8 月 24 日　日机 41 架分两批轰炸万县城区，投弹 146 枚，炸死 19 人，炸伤 53 人，炸毁房屋 872 间。

9 月 5 日　日机轰炸重庆市区，市私立西南高级商业职业学校建筑物、家具、图书等被炸。

1944 年

2 月 22 日　重庆市警察局定于 3 月 1 日起，按户劝告市民自动疏散，并定期强迫执行。

5 月 17 日　美国总统罗斯福致书重庆人民："我以美利坚合众国人民的名义致书重庆市，以表达我们对英勇的重庆市民的敬意。远在全世界人民了解空袭恐怖之前，贵市人民在多次残暴的空袭面前，表现出坚毅镇定，英勇不屈的精神。这光荣地证明：决心争取自由的人民其意志非暴力恐怖所能摧毁。你们对自由事业的忠诚将永远鼓舞子孙后代。"

7 月 4 日　重庆 100 万市民开展节约献金救国运动。至 10 日，全市献金 8500

万元(法币)，创全川纪录。

9月8日 重庆市政府组织抗战损失调查委员会，调查"九一八"以来因日本侵袭造成的直接间接损失。

1945 年

1月上旬 国民党军队湘桂失守溃败，来重庆的战区难民日益增加，至1月上旬，仅市难民收容所就收容了1000余人。3月17日，国民政府行政院增拨1500万元(法币)，作为收容及救济湘桂来重庆难民之用。

8月15日 日本天皇以广播《终战诏书》的形式宣布接受波茨坦公告。日本无条件投降。重庆人民沉浸在狂欢之中。9月2日，日本在投降书上签字。9月3日，重庆举行庆祝胜利大游行，热烈庆祝经过浴血奋战的抗日战争取得伟大胜利。

9月5日 重庆市政府公布历年日寇轰炸重庆死伤人数初步统计：死亡6596人，伤9141人。对大隧道窒息案死亡确数未予公布。另根据防空司令部的统计资料为：死亡11148人，重伤12856人，合计24004人。

1946 年

2月5日 蒋介石接见外国记者称：政府准备5月还都南京。重庆将永久成为中国陪都。4月30日，国民政府发表自重庆还都南京令，蒋介石飞离重庆。

3月28日 陪都建设计划委员会举行全体委员大会，决定建立抗战胜利纪功碑，并决定将计划提请市参议会核议。10月31日，抗战胜利纪功碑在都邮街广场"精神堡垒"原址奠基，并于12月正式动工。1947年10月10日，抗战胜利纪功碑落成。

5月5日 国民政府正式还都南京，还都后重庆仍为陪都及行政院直辖市。

后　记

　　《重庆市抗日战争时期人口伤亡和财产损失》，是根据中央党史研究室的要求，重庆市抗战损失调研课题组对全市征集复印的 2000 余卷、5 万余页档案资料，5 万余册报刊、图书等文献资料，300 多份证人证言和 10 余万字的大事记进行精心筛选，编辑形成。

　　本书稿凝结了重庆全市党史工作部门课题调研人员多年的心血，他们的辛勤调研为编辑本书打下了坚实的基础。重庆市档案局（馆）编研处为编辑本书档案资料部分给予了大力支持。西南大学重庆大轰炸研究中心为编辑本书文献资料、证人证言部分给予了极大的帮助。重庆图书馆为本书提供了部分图片。在此一并向他们表示衷心的感谢！

本书编者

2014 年 1 月

总　后　记

历时多年的《抗日战争时期中国人口伤亡和财产损失调研丛书》终于问世了。参加这套丛书编纂工作的，主要是承担《抗日战争时期中国人口伤亡和财产损失》课题调研任务的各省、自治区、直辖市及其下属市、县的领导同志和课题组成员，以及部分著名专家。他们以高度的责任心和使命感，竭尽全力，攻坚克难，终于完成了各自承担的任务，并按统一要求，形成了调研成果的 A 系列书稿。同时，有关省、自治区、直辖市还从实际情况出发，编纂了主要反映市、县调研成果的 B 系列书稿。由于各地情况不尽相同及其他原因，呈现在读者面前的丛书，将分批陆续完成和出版。

为了保证质量，我们对本丛书中由各省、自治区、直辖市完成的 A 系列书稿（即省级调研成果）实行了四级验收制，即：所有的省级调研成果，先由有关省（自治区、直辖市）课题领导小组及其聘请的省级专家验收组分别审读通过、写出书面意见；然后提交到中共中央党史研究室课题组。中共中央党史研究室课题组审读后，再聘请国内知名专家审读书稿，提出书面意见。对每次审读提出的意见，各省、自治区、直辖市课题组都认真研究落实，对书稿进行反复修改，或是说明相关情况，直到符合要求。由一批专家完成的 A 系列书稿（即带全局性的专门课题调研成果），也通过类似的办法验收。主要反映市、县调研成果的 B 系列书稿，则由有关省、自治区、直辖市党史研究室组织验收。各种调研成果验收修改的过程，同时也是调研的深化过程、提高过程。经过反复修改补充的成果，在质量上都有明显提高。

中共中央党史研究室课题组在中共中央党史研究室室委会和分管室副主任的具体领导下开展工作。中共中央党史研究室几任主要领导同志即曲青山和孙英、李景田、欧阳淞主任，非常关心和重视本课题调研工作的开展。分管这项工作的室副主任李忠杰同志始终严格把握政治方向，精心部署和安排，明确提出创建"精品工程、基础工程、警世工程、传世工程"的要求，给工作指明方向，还及时领导解决调研过程中遇到的种种困难和问题。各地同志和有关专家同中共中央党史研究室课题组保持密切联系，对中共中央党史研究室课题组的工作给予了积极配合和支持。

中共中央党史研究室课题组由李忠杰、霍海丹、李蓉、姚金果、李颖、王志刚、王树林、杨凯等同志组成。先后担任中共中央党史研究室第一研究部领导职务的黄修荣、刘益涛、蒋建农同志参与了课题调研和审改的部分工作。中共中央党史研究室科研管理部、办公厅的部分同志也参与了有关工作。特别是在北京市和山东省召开的两次全国性会议，中共中央党史研究室科研管理部、办公厅的有关同志自始至终参与了繁忙的会务工作，付出了大量心血和辛勤劳动。

在李忠杰同志直接领导下，中共中央党史研究室课题组承担了组织指导与协调推进各地课题调研和联系有关专家完成全局性专题调研的繁重任务。在人手十分有限的条件下，课题组同志们近10年如一日，以对民族负责、对历史负责的自觉精神，克服困难，埋头苦干，为圆满完成任务做了大量工作。计先后编发213期达60多万字的《工作简报》，同各省、自治区、直辖市的同志和有关专家进行了数以千次、万次的电话联系及当面沟通，先后到10多个省、自治区、直辖市实地调查、参加会议，了解情况，当面指导，协助各地完成调研工作，或邀请有关地方的同志到北京进行座谈；还组织22个省、自治区、直辖市课题组编纂《抗日战争时期全国重大惨案》，同中央档案馆联合编辑《抗日战争时期解放区人口伤亡和财产损失档案选编》，同中国第二历史档案馆、中国人民解放军档案馆联合编辑其馆藏的相关档案资料，撰写有关专题报告，等等。将近 10 年来，课题组成员虽有变动，但工作始终如一，没有延误和懈怠。

需要说明的是，《抗日战争时期中国人口伤亡和财产损失》课题，有时也简称为抗战损失课题或抗损课题。虽然有学者认为"抗战损失"或"抗损"通常只能反映抗日战争中财产方面的损失，人口伤亡不能称作损失，但考虑到当年国民政府习惯采用"抗战损失汇报"或"抗战中人口与财产所受损失统计"等表述，所以本课题参照前例，以"抗战损失"或"抗损"作为课题简称。

2014 年初，根据中央领导同志的指示精神和中共中央党史研究室室委会关于做好出版和对外宣传全国抗战损失课题调研成果准备工作的要求，我们组织部分省、自治区、直辖市的分管领导和课题组成员对已经印出样本的 A 系列书稿再次进行复审和互审，并邀请部分承担了抗战损失专题调研任务的专家参加审稿工作。这次集中复审和互审的主要任务是：审核已经印出样本的 A 系列书稿，对相关数据、史实严格把关，保证课题调研结论的真实性，保证书稿没有重大差错。中共中央党史研究室主要领导同志和分管领导同志也提出要求：把工作做得再深入、再扎实一些，统一规范，责任到人，把问题消灭在书稿正式出版之前。

在复审和互审过程中，地方同志和邀请的专家以多种形式及时沟通，围绕审稿发现的问题研究讨论，和中共中央党史研究室分管领导进行交流，对一些重要的共性问题达成一致。经过复审和互审，对有关的 A 系列书稿做出进一步修改。在此基础上，中共中央党史研究室课题组同志又对拟第一批出版的每一部 A 系列书稿进行多环节的审读、检查、修改、校对，严格审核把关，尽可能如实、客观地反映调研情况和成果。

中共中央党史研究室的其他同志及一些外聘同志、从地方党史部门借调的同志，如徐玉凤、谢忠厚、杨延力、郭明泉、戴思厚、王俊云、梁亿新、宋河星、毛立红、王莹莹、茅永怀、庚新顺、李蕙芬同志等，满腔热情地参加了本课题调研的部分工作。不论是调研选题的讨论、同有关各方的联络，还是资料的整理、归类、建档等，他们都付出了辛勤的劳动。

这里，还要特别感谢国家社会科学基金规划办公室、国家新闻出版广电总局有关领导和同志对本课题调研工作的支持和帮助，感谢有关部门对丛书出版经费的支持和保证。中共党史出版社的领导汪晓军以及陈海平、姚建萍等同志，也为这套丛书的出版花费了很多心血。

我们相信，本丛书 A 系列和 B 系列各卷的陆续公开出版，必将大大有助于抗战损失课题调研成果的推广利用，有利于固化历史，更好地发挥以史为鉴、资政育人的作用。但是，我们也深知，本课题调研迄今所取得的成果，还只是阶段性的、部分的、不完全的成果。在已经取得的来之不易的成果的基础上，今后，这一课题的调研工作还要深入不懈地继续进行下去。

中共中央党史研究室课题组
2014 年 4 月 30 日